행정윤리

김성준 김흥회 배귀희 배수호 신충식 윤태범 이해영 정인재 최태현 공저

ADMINISTRATIVE ETHICS

양 성 원

머리말

굳이 행정윤리의 연원을 거슬러 올라가자면, 놀랍게도 우리는 르네상스기 악명 높은 정치이론가 마키아벨리에 이른다. 세상을 살아가며 자기 자신의 이익을 위해서라면 거리낌 없이 남을 희생시키는 처세방식(이른바 '마키아벨리즘')을 정당화한 그를 행정윤리의 창시자라고 하니 많이 놀라울 것이다. 일찍이 그는 모든 공직자가 지녀야 할 의사결정과 판단의 기준으로 '자아' 대신에 '세계'가 되어야 한다고 주장했다. 그는 당시 대부분의 사람이 영혼의 구원을 말할 때 공동운명체인 피렌체라는 국가를 중시했다. 자신이 살아가는 '세계' 대신 각자 영혼의 구원에 더 관심을 두려는 사람은 애초에 공직에 발을 들이지 말라는 마키아벨리의 준엄한 경고는 오늘날에도 유효할 것이다. 이 기준에는 전적으로 정치 · 행정적인 함의가 들어 있다.

이러한 점에서 모든 행정인은 누구나 할 것 없이 개별 관심사보다는 자신이 몸담은 공직사회를 우위에 둘 필요가 있다. 다시 말해서, 미래 공직자의 길에 들어서거나 현재 공무를 담당하고 있는 행정인에게 행정윤리로의 도정은 선택이 아니라 필수다. 즉, 행정윤리를 위배했을 시 삼진아웃이 아니라 원 스트라이크 아웃이 되는 것이다. 신행정학 운동을 기치로 대대적인 행정개혁운동이 일었던 서방사회나 지난 75년 동안 청렴사회와 청렴정부를 표방해 왔던 우리 사회 역시 공공성에 기반을 둔 윤리적 의사결정의 과정을 확고히 할 필요가 있다. 훌륭한 인간은 좋은 정부에서만 좋은 시민이 될 수 있다고 한다(아리스토텔레스). 이를 위한 필수요건이 공공성이다. 공공성이란 그 누구를 예외로 하지 않으면서 어떤 '비밀리에'(secretly)도 용납하지 않는 영역이다. 이를 위해서는 어디에서나 자신의 이성을 공적으로 사용할 수 있는 정치적 자유가 보장되어야 할 것이다.

도대체 행정윤리는 왜 필요한가? 행정윤리는 누구를 위해 존재하는 학문인가? 시대정신을 거스르지 않고 그에 부응하는 행정윤리란 어떤 모습이어야 하는가? 행정윤리는 어떻게 실천할 수 있는가? 본 저작이 이러한 질문들에 대해 확고한 답을 제시할 수 있다고 자신하지는 않는다. 다만 그 답을 스스로 찾아갈 수 있도록 하는 조그만 안내자의 역할은 할 수 있으리라 본다. 독자에게 공공영역에서 윤리적 의사결정을 위한 간단한 매뉴얼을 소개하고자 한다.

이 취지에 공감하는 일부 행정학자들이 지난 코로나 정국을 계기로 집중적으로 소통하고 역할을 분담해서 행정윤리 교재를 집필하게 되었다. 오래전부터 행정윤리 교재집필의 필요성에 대한 기대와 생각을 품고 키워 오던 중에 이제야 결단을 내리게 되었다. 이 과감한 결단의 배후에는 한국행정학회 산하 '행정사상과 방법론 연구회'가 공직윤리를 다년간 공부하고 그 결과를 번역서 출간으로 이루어 낸 경험이 큰 힘으로 작용했다. 2011년 미국에서나 중국에서 가장 널리 읽히고 있는 테리 쿠퍼 교수의 『공직윤리: 책임있는 행정인』(*The Responsible Administrator*)(조명문화사, 2013)을 행정사상과 방법론 연구회의 노력으로 번역 출간했고 한국행정학회에서는 저자를 직접 초빙해 매우 유익한 대화를 주고받았다. 2018년에는 미국 내 행정윤리 담론을 집대성한 1,200여 쪽의 『공직윤리 핸드북』(*Handbook of Administrative Ethics*)(조명문화사, 2018)을 출간하기도 했다. 내친김에 우리는 테리 쿠퍼와 도날드 멘젤 교수가 공동으로 엮은 『윤리역량: 공직리더십을 위한 윤리역량 성취』(조명문화사, 2018)도 출간하게 되었다. 그로부터 2년 후인 지금 행정윤리를 꾸준히 연구하고 가르쳐 왔던 분들이 합심해서 우리 현실을 반영한 행정윤리 교과서를 출간하게 된 것은 그 의의가 작지 않다. 이번 집필진의 다수가 위에 소개한 '공직윤리 3부작'의 번역 작업에 깊숙이 관여했다.

이 저작이 지향하는 바를 내용과 형식 측면에서 미리 소개하면 다음과 같다.

첫째, 내용 측면의 전체 흐름은 과정윤리로서의 행정윤리를 추구하려 했다. 이런 맥락에서 본 교재는 여섯 개 분야의 체계적인 분석틀로 이루어진다. 제1편은 행정윤리의 이론적 틀과 원리로서 행정윤리의 성격과 배경, 윤리적 의사결정의 이론과 실제를 다룬다. 제2편은 행정윤리 내의 철학적 관점으로서 윤리적 의사결정의 철학적 토대와 행정통제의 토대로 동양철학적 관점을 소개한다. 제3편은 행정윤리의 맥락으로서 조직구조와 조직문화, 나아가 조직 내 인간과 윤리적 딜레마를 분석하고, 제4편에서는 외부통제와 윤리행위로서 공무원 부패의 통제를 소개할 것이다. 제5편은 내부통제와 윤리행위로서 행정윤리와 내부통제를, 마지막으로 제6편은 윤리역량의 강화로서 윤리역량과 행정윤리 교육을 다룬다. 이러한 내용 체제를 고려해 학제 간 집필자를 모시게 되었다. 여기에는 김성준 제주대학교 교수, 김흥회 동국대학교 교수, 배귀희 숭실대학교 교수, 배수호 성균관대학교 교수, 신충식 경희대학교 교수, 윤태범 한국방송통신대학교 교수, 이해영 영남대학교 교수, 정인재 서강대학교 명예교수, 최태현 서울대학교 교수가 참여하게 되었다.

둘째, 이 책이 지향하는 형식적 측면으로서 우리의 바람은 다음과 같다. 우선 시대정신을 선도하며 그에 부응할 수 있는 행정윤리를 위해 학제 간 · 세대 간의 열린 공간을 확보하고자 한다. 또한 중용과 균형의 원리를 지향하며 동서양의 관점을 소개하고 이를 실제 윤리적 사례에 적용하고자 했다. 이러한 입장을 취함으로써 행정윤리는 규범행정학의 정체성을 가장 확고하게 제시할 수 있으리라 믿는다.

끝으로 이 책의 시대적 중요성을 이해하고 집필자의 사정을 배려하며 정성껏 도움을 주신 양성원 강철원 대표님을 비롯한 임직원분들에게도 감사드린다.

2021년 辛丑年 1월에

저자 일동 드림

차례

제2편 행정윤리 내의 철학적 관점

제3편 행정윤리의 맥락

제4편 외부통제와 윤리행위

제5편 내부통제와 윤리행위

제6편 윤리역량의 강화

제 1 편

행정윤리의 이론적 틀과 원리

제 1 장 행정윤리의 성격과 배경

생각해 보기

1. 행정윤리는 다른 응용윤리와 어떻게 다른가?
2. 행정윤리의 지식 축적 수준은?
3. 행정윤리의 이해와 실천은 왜 어려운가?
4. 행정윤리에 대한 우리의 관리 체계와 역량은?

제1절 행정윤리의 성립 배경

행정윤리는 인류가 공동체 사회를 구성하며 이를 어떻게 운영하고 그러한 공동체 안에서 어떠한 윤리 규범을 만들고 이를 따를 것인가를 다룬 인간 존재의 본질과 정체성과 관련된다. 동아시아권의 유교문화에 속했던 조선에서도 행정윤리는 국가와 사회를 규정하는 개념임을 부인하기 어렵다. 물론 서구 근대 이전의 사회에서는 근대적 개념의 사회적 · 학문적 분화가 이루어지기 전이라 행정윤리가 곧 개인 윤리이며, 국가윤리이며, 정치 윤리이고, 또한 사회 윤리였던 것이다. 이렇게 우리의 전통 사회를 규정하는 근본적이고 본질적인 행정윤리가 서구 근대화 과정에서 역사의 단절이 이루어지며 집단 무의식에는 남아 있겠지만 우리의 "마음의 습관(habits of the heart)"으로부터 멀어지고 잊혀져 왔다. 우리 근대사에서 역사 단절과 서구 제도의 지배적 도입으로 인해 우리 행정과 행정윤리의 정체성을 찾으려는 노력은 더욱 지난해질 수밖에 없다.

서구사회에서도 윤리는 근대 과학 발전의 이론적 토대가 된 논리실증주의와 경험주의 사조가 득세하며 형이상학의 영역으로 치부되며 주류학계의 관심분야에서 무시되어 왔다. 행정학에서의 행정윤리는 행정학이 정치학으로부터 독립 분화되며 논리실증주의 전통에 더욱 강하게 영향을 받아 온 태생적 한계 때문에 주류학자들의 관심과 주목을 받기 어려웠다. 여기서 말하는 행정학과 행정윤리는 19세기 후반에 시작된 진보주의 시대에 미국에서 탄생한 케이든(Caiden)의 표현에 의하면 특이한 행정(peculiar public administration)을 말하는 것이다. 행정학과 행정윤리가 가진 이러한 태생적 특이성과 한계에도 불구하고 일련의 전통적인 미국 행정학자들은 규범적인 행정윤리의 주제와 문제를 간과하지는 않았다. 이들은 행정은 정치로부터 분리될 수 없으며 윤리 문제이며 도덕적 사업이라는 것이다.

스스로 자각하여 행정학을 발전시킨 미국에서 행정윤리가 1940년대 관심의 대상이 된 이래로 여러 과정을 걸쳐 발전해 왔는데 이에 대한 본격적인 관심은 1960년대 말에 신행정운동(New Public Administration movement)으로 시작되었고 곧 이어서 미국행정학회에 윤리 연구분과가 구성되며 학자들의 노력이 결집되기 시작되었다고 평가된다.[1)] 특히 이 운동은 실증주의와 행태주의에 편향된 기능 행정으로는 1960년대 미국사회가 겪고 있었던 베트남 전쟁, 인종차별, 인권, 빈곤, 범죄 등 여러 사회문제를 적실성 있게 해결할 수 없다는 문제의식을 가진 드와이트 왈도(Dwight Waldo)를 포함한 일련의 젊은 학자들에 의해 주도되었다. 1968년에 개최된 미노브룩 회의 I(Minnowbrook Conference I)로 지칭되는 첫 회의에서 다루어진 행정학이 다루고 해결해야 할 주요

1) 미국 행정윤리 연구 역사 개관은 Cooper(2004) 참조.

주제와 대안(Marini, 1971)은 ① 여러 사회 문제에 대해 적실성 있는 연구를 해야 하고, ② 실증주의에서 벗어나 가치주의를 지향해야 하고, ③ 격변하는 환경에 대처할 수 있어야 하고, ④ 관료제 조직 형태에 대한 대안을 모색해야 하고, ⑤ 사회적 형평을 고려해야 한다는 것이다. 미노브룩 회의에서는 민주 시민성, 공익, 공직 서비스, 정부에 대한 낮은 신뢰, 부패 문제와 같은 윤리 문제가 핵심 주제가 되었다. 미노브룩 회의는 이어서 1988년 2차 회의에서는 사회적 형평과 행동주의(social equity and activism), 2008년에 3차 회의에서는 행정의 미래, 2018년 50주년 기념행사에서는 행정 국가의 재논의라는 주제를 가지고 독특한 전통을 이어갔다.[2)]

우리나라에서는 행정부패를 포함하는 행정윤리에 대한 연구가 개별학자들에 의해 오랜 동안 관심을 받아 왔고 상당한 정도의 연구 결과도 축적되고 있으나 일련의 체계적인 지적 공동체는 2010년 들어서 형성되기 시작할 정도로 행정윤리에 대한 조직적이고 체계적인 연구는 부족하다.[3)] 우리나라에서는 학회 내에 독자적인 공직윤리 연구모임이 부재하고 또한 학술지도 발행되지 않고 있다.[4)] 아직도 우리에게는 윤리관리나 윤리역량과 같은 개념이 생소할 정도로 행정윤리에 대한 이해가 부족하고 갈 길이 멀다.

의식적인 행정에 대한 연구가 1880년대 시작되었다는 전제하에 행정윤리에 대한 연구 역사가 결코 짧다고 할 수 없고 이에 대한 지식도 상당히 축적되었다. 오랜 동안 윤리 내용에 대한 규범 모형 연구가 주를 이루다 쿠퍼(Cooper, 1990)의 과정을 설명하는 기술 모형(descriptive model)제시로 공직윤리에 대해 역동적 이해를 하는 단계로

---

2) Denhardt(1988)의 표현을 빌려 행정에서 윤리와 가치가 고려되는 신행정과 이를 실천하는 신행정가 운동은 아직도 미완이라 하겠다.

3) 한국 행정윤리 연구 개관은 윤태범(2013) 참조.

4) 최근에 행정윤리에 관심을 갖기 시작한 연구 모임이 행정사상과 방법론 연구회, 행정이론 연구 모임, 공공가치 연구 모임들이 있어 고무적이나 행정윤리에 대한 연구, 학술지 발행, 교과목 개설 등을 위한 보다 조직적이고 체계적인 노력이 요구된다. 공직윤리의 한 분야인 부패를 다루는 한국부패학회보가 한국부패학회에 의해 발행되고 있으나 대부분의 참여진이 법학자로 이루어져 있어 공직윤리에 대한 체계적인 연구 채널로 한계를 가지고 있다.

발전해 왔다. 그럼에도 아직도 공직윤리에 대한 우리의 이해는 부족하다. 공직윤리 연구가 주로 서구 학자들에 의해 주도되다 보니 다른 문화권의 공직윤리에 대한 연구와 이해는 더욱 부족한 상황이고 공직윤리에 대한 고유주의자와 문화주의자 간의 갈등과 긴장(Hart, 2001)이 미국에서만 아니라 국제적 맥락에서도 해결되었다고 보기 어렵다.

본 장은 행정윤리의 성격과 배경을 다루는 장으로 이를 이해하기 위해 행정윤리가 얼마나 도전적이고 다루기에 불가능에 가까운 주제이며, 분야인지를 논의하고자 한다.[5] 이러한 내용은 한편으로는 행정윤리의 성격을 보여 주는 것이기도 하며 다른 한편으로는 행정윤리의 실천 배경이 되는 행정과 행정 관료 조직의 특성과도 관련되며 동시에 행정윤리에 관한 우리의 인식 수준, 지식, 역량을 드러낸다. 또한 행정윤리의 성격과 배경을 논하고 설명하는 것은 행정학의 정체성의 근본이 되는 행정학의 태생적 실체와도 관련된다.[6]

본 장의 목적은 행정윤리가 얼마나 어렵고 접근하기 어려운 주제이며 도전적인 실천 과제인지를 보여 줌으로써 행정윤리에 대해 겸손하고 열린 마음으로 대해야 한다는 것을 일깨우는 데 있다. 부수적으로 학생들은 본 장을 학습하고 나면 행정윤리가 행정학에서 얼마나 본질적이고 중요한 분야인지를 깨닫게 될 것이다.

이어지는 2절에서는 윤리와 행정윤리의 개념, 유형, 유사 용어를 간단히 살펴보고 본론에 해당하는 3절에서는 행정윤리의 성격과 배경에 대해서 살펴보고자 한다. 마지막 절에서는 행정윤리를 어떻게 다루어야 하는지에 관한 정책적 시사점을 논의한다.

---

5) 미국 행정윤리의 성격과 배경에 대해서는 덴하트(Denhardt, 1988) 참조.

6) 본 장에서 행정윤리의 성격과 배경을 논하지만 대부분의 내용이 서구문헌에 의존하여 한국 행정윤리의 성격과 배경이라고 하기에는 무리이다. 한국 행정학이 미국의 절대적 영향으로 형성되기는 하였지만 앞으로 한국의 역사와 문화적 시각에 초점을 두고 논의될 필요가 있다.

제2절 개념, 유형, 유사 용어

윤리의 일반적 정의는 의무, 원칙, 덕성, 사회에 주는 혜택에 관하여 다루는 것으로 인간이 무엇을 해야 하는가를 처방하는 옳고 그름의 기준을 말한다.

이러한 정의는 윤리에 관한 4가지 차원을 보여준다. 첫째는 의무론으로 불리기도 하는 것으로 어떠한 역할이나 직업을 수행할 때 취해야 하는 의무에 관한 것으로 그 역할에 기대되는 행태에 관한 것이다. 둘째는 덕성에 관한 것으로 선한 사람인지, 도덕적으로 우수한 사람인지를 규정하는 자질에 관한 것을 말한다. 셋째는 원칙에 관한 것으로 행태의 기초를 이루는 근본적인 진리를 다룬다. 마지막으로 결과론이라고 일컬어지는 것으로 최대다수의 최대행복을 이루는 행동에 관한 것이다. 윤리라는 용어는 그리스어인 "ethos"에서 왔는데 이는 사람, 사회, 문화의 특정한 성품이나 기질을 의미한다. 유사어인 도덕은 라틴어인 "mores"에서 왔는데 관습, 사회 규칙, 금지를 의미한다.

전통적으로 윤리는 메타윤리, 규범윤리, 응용윤리의 세 분야로 나누어진다. 메타윤리는 윤리적 언명과 태도의 성격을 조사하는 것으로 윤리 주장이 진실인가 그른가를 다룬다. 또한 윤리 원칙이 어디서 오고 무엇을 의미하는지를 조사한다. 규범윤리는 메타윤리와 응용윤리 간에 간격을 연결해 주며 옳고 그름을 어떻게 구별하고 도덕적 삶을 어떻게 살아야 하는지를 말해 주는 실용적 도덕 기준에 도달하게 하여 주는 것이다. 응용윤리는 실제 삶에서 특별한 논쟁적 이유에 규범윤리를 사용한다. 대부분의 이러한 윤리 문제는 직접적으로 공공 정책에 관한 것으로 예를 들어, '동물은 권리를 가지는가?' '안락사는 도덕적인가?' 등이 응용윤리 질문에 포함된다. 이러한 응용윤리에는 기업윤리, 의료윤리, 언론윤리, 환경윤리, 행정윤리 등이 있다. 메타윤리, 규범윤리, 응용윤리 간의 구분은 종종 명확하지 않다. 인간 행태에 관한 기본적인 윤리적인 전제는 문화 인류학, 정치학, 경제학, 사회학, 법학, 심리학, 행정학을 포함하는 모든 사회과학 학문 분야에 반영된다.

행정윤리(administrative ethics)는 응용윤리의 하나로 1940년 미국행정학보의 창간 이래로 꾸준한 관심을 받아 온 주제로 1970년대에 이르러 독립된 영역으로 연구되기 시작하였고 급속한 발전은 1990년대에 이르러 이룩되기 시작하였다(쿠퍼, 2018: 1). 행정윤리라는 용어가 가장 일반적으로 사용된다. 그 이외에도 정부윤리(government ethics), 공공부문 윤리(public sector ethics), 공직윤리(public service ethics) 등 다양한 용어가 사용되지만 정부 외에 비영리 조직을 포함하는 공적 영역을 다루는가 혹은 경영학의 영향을 받아 서비스를 강조하는가에 따라 미묘한 차이가 있으나 상호 교차적으로 사용하는 경우가 많다. 우리나라에서는 행정윤리와 공직윤리를 별 구별 없이 사용하는 것 같다.

본 장에서 말하는 행정윤리는 행정학이 미국에서 의식적으로 하나의 독립 학문으로 발전해 온 이래 이의 하위 분야로서 다루어지는 것으로 이러한 미국 행정학의 영향하에 한국적 맥락에서 연구되는 전통 윤리도 포함한다. 조선 시대를 포함하는 우리의 전통 행정윤리도 근대 행정학의 발전 과정에 통합되어 연구되고 있는데 오히려 우리의 전통 문화에서 윤리는 행정의 중추적인 부분이었음을 부인하기 어렵다. 그동안 한국에서 행정윤리는 행정 철학의 일부로서 다루어져 왔으나 1990년대 이후로 행정윤리 또는 공직윤리가 독립된 교과목으로 여러 대학에서 개설되기 시작하여 발전하고 있다.

다음은 윤리를 이해하는 데 밀접하게 관련된 용어와의 차이를 살펴보고자 한다.

1. 철학과 윤리

우선 윤리는 철학의 한 분야로 그중에 도덕 철학은 윤리와 더욱 가깝게 다루어져 왔다. 도덕 철학은 도덕이나 윤리의 철학적 연구와 논의에 관한 것으로 윤리 지식,

현실, 존재에 관한 근본적인 성격을 연구하는 분야로 행정윤리 이론의 정초를 제공한다. 그동안 우리나라 대학 행정학과에서 행정윤리 교과목이 분리되기 전에는 행정윤리에 대한 강의가 주로 행정 철학 교과목에서 이루어져 온 배경과도 관련된다.

2. 종교와 윤리

종교와 윤리는 상호 영향을 주는 밀접한 관계를 가지고 있고, 윤리는 종교에 근거하며 의존적이다. 특히 종교 윤리는 믿음을 가지고 있는 사람들에게는 이들의 윤리적 행태에 절대적 영향력을 가지고 있다고 할 수 있다. 차이를 말하자면 일반적으로 종교는 깨달음과 구원의 길을 제시하려는 반면, 윤리는 무신론자를 포함하여 모두가 사용할 수 있는 보편적 의사결정 기준을 제시한다. 종교는 우주, 사회 행태, 타인의 대우에 대해 말하지만 상대적으로 윤리는 전통이나 명령보다는 논리와 이성에 기초한다.

3. 법과 윤리

법과 윤리는 상호 갈등하기도 하고 보완적으로 작용하며 국가와 사회에서 개인과 조직의 행태를 구속하고 규율한다. 법은 공동체의 일을 통치하기 위해 지배하는 권위에 의해 만들어진 일련의 규칙과 원칙으로 구성되는 법적 체제로 규정되는 반면 윤리는 개인에 의해 정해지고 따르는 도덕 기준으로 규정된다.

법은 윤리에서 파생되고 윤리는 법이 끝나는 곳에서 시작하고 법의 한계와 역할을 넘어선다. 법은 개념적으로 일관되며, 보편적이고, 출판되며, 받아들여지고, 강제되는 성격을 가지는 반면에, 윤리는 그러하지 않다. 법은 공식적 구속을 하고 어기면 벌을 받는 반면, 윤리는 비공식적 구속을 받으며 어겨도 벌을 받지 않는다.

4. 윤리와 도덕

윤리와 도덕은 옳고 그른 행동에 대해서 말하는데 이 두 표현은 상호 구별 없이 사용되기도 하는데 구분을 한다면 윤리는 직업전문가의 표준처럼 외부에서 제공되는 규칙에 관한 것이라면 도덕은 옳고 그름에 대한 자신의 원칙을 말한다. 다시 말하면, 윤리는 보다 공식적이고 제도권에서 옳고 그름에 대한 행동 준칙을 말한다면 도덕은 개인의 내면화된 정서와 규범 원칙에 관한 것이다.

5. 가치, 이념, 문화와 윤리

이외에도 윤리는 가치, 이념, 문화와 같은 다양한 개념과 밀접하게 관련되고 절대적 영향을 받는다.[7] 행정윤리에서 중시되는 투명성, 정의, 책임성, 의무, 전문직업주의 같은 개념은 이러한 가치, 이념, 문화의 중요한 부분을 이룬다.

7) 윤리는 규범적인 것으로 보다 영속적인 반면 가치는 기술적으로 변하는 것으로 구분하기도 한다 (Denhardt, 1988).

제3절 행정윤리의 성격과 배경[8)]

본 절에서는 행정윤리의 특성과 성격을 결정짓는 배경 요인에 대해서 살펴보고자 한다. 이러한 성격과 배경은 행정윤리를 이해하는 데 매우 근본적인 토대가 된다. 이러한 요인들은 또한 행정윤리가 왜 그리 도전적이고 어려운 과제인지를 이해하게 하여 준다. 이러한 행정윤리의 성격은 톰슨(Thompson, 1985)이 행정윤리의 가능성(the possibility of administrative ethics)이라는 논문, 그리고 이문수(2013)의 행정윤리 가능성의 조건에 대한 연구 논문에서 보여 주듯이 행정연구가 가능한지에 대한 논의를 제기하기도 하였다.

행정윤리의 성격과 배경을 이루는 요소들은 행정학과 행정윤리의 정체성을 구성하는 요소로 그동안 행정학에서 공직윤리와 매우 밀접하게 관련되는 이슈에 해당한다. 이러한 요소에는 공직윤리의 모호성과 복잡성, 기능 행정(학), 관료제의 한계, 관료의 중립성, 구조의 논리, 외부통제와 내부통제, 개인과 조직의 자율성, 영성과 사랑, 공동화 정부(hollow-out government), 윤리 지성과 윤리역량을 포함한다.[9)]

1. 공직윤리의 모호성과 복잡성

공직윤리를 이해하는 데 중요한 것은 이의 성격을 잘 이해하는 것이다. 공직윤리를 가장 어렵게 하는 요소는 윤리 문제를 결정하는 상황이 하나의 가치로 결정할 수 없는 가치의 무질서가 실재하는 아노미 현상(Wildavsky, 1988)과 다른 두 원칙이 충돌하

8) 이 절은 김흥회(2020)를 일부 수정하여 가져옴.
9) 본 절에서 행정윤리의 성격을 나타내는 모든 요소를 포괄적으로 다룬다고 볼 수 없다. 전문직업주의와 관련한 행정윤리의 한계(Denhardt, 1988) 등 많은 이슈가 있음을 인정하며 이와 관련된 더 많은 논의가 통합될 수 있다.

는 이율배반(antinomie)(신충식 & 김성준, 2015: 69)이 일반적이라는 것이다. 인간 의사결정의 어려움이 조직이론에서는 갈등가치 이론(Cameron & Quinn, 2006)과 쓰레기통 모형(March & Olsen, March, 1994)으로, 정책학에서는 정책결정의 딜레마 이론(이종범, 2008)과 합리성의 한계(김영평, 2005)로 등장했다.

우리 사회 그리고 공조직에서 겪는 문제 자체가 대부분 매우 모호하고 복잡성을 띠고 있다. 공직자들의 정부 조직 내 비리 폭로가 내부자 고발인가 조직의 배신인가의 문제가 이러한 윤리 문제의 복잡성을 보여 주고 있다. "관료들은 일을 해도 비난받고 하지 않아도 비난 받는다"(신충식 & 김성준, 2015: 62)는 표현은 관료조직은 성과를 중시하기보다는 책임질 일을 만들지 않는 게 중요하다는 공조직의 성격을 잘 표현하여 주고 있다. 조직에서 윤리적 의사결정이 다양하고 복잡한 사법적 판단에 해당한다는 버나드(Barnard, 1964)의 설명은 윤리적 의사결정이 얼마나 도전적이고 지난한 과제임을 간접적으로 보여 준다. 버나드는 이를 "사법적 기능"(judicial functions), "판단적 기능"(the appellate functions), "예외적 사례를 다룸", "도덕적 갈등의 해결을 위한 도덕적 기초를 창안", "책임의 최고 수준의 모범화" 그리고 "리더십의 에센스"라고 표현하고 있다.

윤리 문제는 대부분 모호하고 복잡하여, 공직윤리에서 우리가 이해하고 해결해야 하는 이슈들은 해결하기 어려운 문제들이다. 쿠퍼는 이러한 공직윤리의 문제들을 행정윤리의 커다란 질문이라고 표현하며 설명하고 있다. 이러한 커다란 질문을 소개하면 첫째는 행정윤리의 규범적 토대가 무엇인가의 질문인데, 이러한 윤리적 토대로 체제가치(regime values), 헌정이론과 건국사상부터 시민성 이론(citizenship theory), 사회적 형평, 덕성, 공익이 있다. 이들 중 어느 하나 공직자들이 행정 현장에서 고민 없이 적용하기 쉬운 것이 없다. 두 번째 질문은 미국의 공직윤리 규범이 국제적 맥락에서 어떻게 적용될 수 있는가이다. 이 질문은 행정학이 태동하며 고민한 문제로 미국 행정이 유럽의 행정에 영향을 받으며 태동할 때 생겼던 질문이고 이후 미국이 전세계의 패권을 장악하며 다른 나라들이 미국의 발전 모형을 따라가며 가졌던 질문이다. 세 번째 질문은 조직이 어떻게 조직화되어야 윤리행태를 지지할 수 있는가의 문제로 관료조직이 고민하고 있는 가장 본질적인 질문이다. 쿠퍼는 행정현장의 실무자들에게서 수집하며 가장 많이 제기된 문제가 관료 계층제 조직이 윤리 행태를 방해하고 심지어는 윤리적으로 행동하는 사람에게 제제를 가한다는 것이다. 마지막 질문은 공정과 평등의 문제로 공직자들은 시민을 공정하게 대우하기 위해 언제 그들을 평등하게 다루어야 하는지, 그리고 언제 그들을 불평등하게 대해야 하는가이다. 이는 정의의 문제와 연결되어 행정윤리를 더욱 복잡하게 만든다.

위와 같은 윤리 문제는 어느 하나 쉽게 해결책을 찾기 어려움에도 관료제적 효율성과 해결책에 익숙한 우리는 공공의 문제뿐만 아니라 윤리 문제도 쉽게 재단하려는 경향을 가지고 있다. 공직자들의 윤리나 부패 문제가 부각되면 언론과 이에 영향을 받는 일반 대중들은 윤리문제의 본질적인 측면보다는 피상적이고 자극적인 측면에 관심을 갖게 되는데, 이는 특히 언론이 스캔들 또는 추문이라는 자극적인 용어를 사용하여 국민의 정서를 부추기는 측면이 있다(김해동, 1992: 210). 많은 경우 국민정서 또는 사회정서라는 이름하에 가히 마녀사냥 또는 인민재판의 분위기로 몰고 가는 경향이 있음을 부인하기 어렵다. 보다 합리적으로 그리고 제도적으로 윤리 문제를 대처해야 하는 공조직에서의 문제해결 방식도 이러한 마녀 사냥식 문제해결 방식과 그리 차이가 나지 않는다. 윤리 문제는 마녀사냥으로 해결될 문제가 아니다.

2. 기능 행정(학)

행정학의 규정과 정체성은 또한 공직윤리의 성격을 결정하는데 불행히도 우리의 행정(학)은 태동과 발달 과정에서 기능주의 행정학으로 전락해 왔다는 것이다. 공직윤리를 어렵게 하는 가장 근원적인 문제가 바로 행정학이 정치학에서 분화되어 나오면서 경영(학)을 흉내 내며 가치 배제적이고 기능주의 학문분야로 전락했다는 데 있다. 다른 말로 요약하면 공직윤리를 어렵게 하는 보다 본질적인 이유들이 학문 분야의 전문화 및 분화의 과정에서 발전한 행정학이 가치 중심의 정치학으로 벗어나서 가치중립적인 경영을 흉내 내려 했던 행정의 태생적 한계와 관련된다는 것이다.

미국의 진보주의 시대에 엽관주의로 타락한 정치로부터 행정을 분리하여 구제하려는 선한 의도를 가지고 윌슨이 정치－행정 이원론을 주창하였지만 다른 이면에는 결과적으로 행정학을 탈가치적인 학문으로 만드는 데 기여하였다. 행정학이 탄생하는 시대는 진보의 시기로 합리화와 탈신화화를 신조로 받드는 논리실증주의가 시대사조로 득세하던 시기로 이러한 시대사조하에서 태어난 행정학은 분열증적인 인식 구조를 가지게 되었다(김홍회, 2003). 또한 19세기 후반은 과학 발전과 기술 생산의 도구로서의 관료제화가 급격히 가속화되던 시기였다.

이러한 의미에서 근대 관료제는 세속화와 탈신화화를 중시하는 근대 의식의 전달자(Cooper, 1990: 194)로서의 역할을 충실히 수행하였다. 정부를 운영하는 원리로서 정치학보다는 경영학에 매료되었던 행정학이 기술 도구 학문으로 전락하게 된 것은 논리적 귀결로 이러한 기술학문에서는 가치보다는 이성, 당위보다는 사실, 민주주의보다는 관료주의, 담론보다는 일방적 지시가 더 중시되며 윤리 문제는 부차적 이슈가 된다. 행정학이 기능적인 학문으로 발전하다 보니 윤리문제를 바라볼 때도 기능적으로 바라봐서 윤리를 가치의 문제로 보지 못한다는 것이다. 행정학이 가치중립적인 기술학문이 될 때 우리가 겪어야 하는 문제를 왈도(Waldo, 1980: 78-79)가 매우 잘 묘사하고 있다: “행정이 윤리적 후광을 잃어버리고 단순히 정부 행정 또는 행정, 또는 관리가 될 때 … 이 세상은 지금보다 더욱 천박하고, 더러우며 잔인하게 될 것이다.”

행정(학)에서 민주주의와 관료주의의 갈등 문제는 매우 고전적 주제로 미국에서는 왈도가, 우리나라에서는 박동서 교수가 한국행정론에서 주장한 이후로 여전히 숙제로 남아 있다. 행정학에서 민주주의와 관료주의 구분과 대립은 행정학의 정체성에 관한 담론의 중요한 부분을 이룬다. 중립성과 능률성이라는 관료적 가치와 민주주의와 대응성이라는 민주주의 가치 사이에서 관료가 이러한 가치를 어떻게 화해시키고 균형을 이룰 수 있는가는 거의 불가능에 가까운 도전적 과제가 된다. 윤리 문제는 무엇이 옳은지 그른지에 대한 진정한 담론을 중시하는데 관료적 합리성을 중시하는 행정학의 전통에서 중요한 주제에 대한 민주적 담론이 이루어지는 것의 어려움을 예견하고 있었다. 행정학이 탈가치화와 탈신화화의 시대사조에 영향을 받으며 관료적 합리성을 강조하지만 숙의 민주주의의 발전을 저해해 공직자들의 책임성 확보를 어렵게 한다(김명환, 2013).

우리 행정에 있어서 시민 참여와 민주적 절차는 매우 형식화되어 왔음은 주지의 사실이고 관료들은 절차적 합리성과 능률성을 중시해 왔음을 부인하기 어렵다. 아직도 시민참여와 민주적 절차는 관료들에게 비용이 많이 들고, 번잡스럽고, 다루기 어려운 과정으로 치부된다. 4년마다 바뀌는 단체장의 임기와 순환보직에 의해 한 가지 일에 매진할 수 없는 관료들에게 시간과 비용이 드는 민주적 절차는 존중되기 어렵다.

기능행정(학)이 가지는 또 다른 문제는 행정학이 정치학으로부터 분리되어 경영학을 닮으려 한 전통 때문에 관료조직 이론도 일반이론화 되었다는 점이다(Rainey, 1997). 다른 말로 하면 조직이론 개발을 경제학자나 경영학자들이 주도하며 행정 및 정치 조직의 특성은 무시해 왔다. 경영조직이론으로 행정조직도 설명할 수 있다고 주장하는 것이 공공선택론 또는 조직 경제학자들의 주장이다. 경제 경영학자들에 의한 행정조직의 탈가치화와 탈정치화는 행정 또는 정부 관료제에서 민주주의 담론의 경시, 정치 및 민주주의 체제로서의 조직에 대한 인식 부족, 조직 운영에 있어서 헌법 권리의 무시라는 결과를 야기했다.[10)]

지난 20여 년 이상 우리나라 정부에서 충실히 도입 적용되었던 신공공관리론의 정

---

10) 정치－행정 이원론의 전통을 간직한 기능 행정학은 행정에서의 헌정관료제(constitutional bureaucracy)의 전통을 약화시키기는 하였지만 정부 조직을 헌법 전통과 연결시키려 한 노력이 전무한 것은 아니다. 자크(Jaques, 1976)가 말하는 "헌정 관료제(constitutional bureaucracy)"는 다음의 특징을 갖고 있다: 1) 권한이 모든 수준에서 엄격히 정해져 있고, 2) 권력이 관료제 피라미드의 최고층에만 있는 것이 아니라 여러 계층에 있으며, 3) 계층은 조직의 기능에 기초해 정당화되고, 3) 자문, 협상, 다양한 이해를 인정하고, 4) 개인의 권한과 설명책임의 전체 시스템이 조직의 의사결정과정에서 선출된 대표와 의사결정 규칙을 포함하는 궁극적으로 조직 전체의 헌정 구조에 기초한다.

부개혁 과정도 기술적이고 기능적인 정치–행정 이원론적인 전통을 충실히 계승하였는데, 이를 분석해 보면 개인의 윤리적 창의성보다는 조직의 기능적 합리성을 높이는 데 치중하였고 개인은 조직 변화의 역군이라기보다는 평가와 관리의 대상으로 전락하였다. 이러한 신공공관리 접근에서는 도덕적 실체로서의 조직 인식이 부족하여 우리의 행정은 도구적 합리성이 삶을 지배하는 세상(Cooper, 1990: 210)이 된다. 이러한 행정에서는 목적 달성에 관심이 없는 실질 합리성은 무시되고 개인적 실현은 경제화와 능률화라는 성과 가치에 종속된다.

3. 관료제의 한계

행정학이 과학화를 추구하며 탈가치적인 기능적 학문의 길을 걸어온 것도 문제이지만 행정윤리를 어렵게 하는 가장 현실적인 문제는 공직자들이 일상적으로 몸을 담고 행정을 구현하고 정책을 집행하고 있는 행정 관료제는 개념자체가 내포하는 부정적 이미지가 보여 주듯이 많은 문제를 가지고 있다는 것이다. 막스 베버가 지적한 대로 관료조직은 합리적 이성을 제공하기도 하지만 역설적으로 수많은 병리 현상을 낳는다. 이러한 관료조직의 병리적 현상에 대한 설명은 행정학자보다는 로버트 머튼을 위시한 수많은 사회학자가 주로 관심을 두었던 연구 분야가 아니었는가 한다.

이문수(2013: 3)는 행정윤리의 불가능성을 서구철학자를 인용하며 설명하고 있는데 바우만(Bauman, 1989)의 주장을 인용하기를 행정조직에서 윤리 불가능성의 문제는 행정이 능률성을 지고의 가치로 여기는 관료조직의 우수성에 매료되기도 하지만 이러한 관료조직은 행정윤리의 적으로서 사람(관료)의 윤리적 사유와 판단을 왜곡 변질시킨다는 것이다. 관료제 조직은 합리적이고 과학적 방법에 매료되어 정직, (자율적) 책임, 배려, 공감과 같은 도덕적 가치들에는 무관심해지고 그 대신 복종, 의무, 규율 등의 가치에 치중하게 된다는 것이다(이문수, 2013: 5). 이러한 조직에서 개인들은 관료제의 코드화된 규정과 규칙의 준수만을 강요당하는 비자율적이고 수동적인 존재로 전락한다는 것이다. 이문수(2013)는 윤리의 어려움을 설명하기 위해 더욱 급진적인 데리다(Derrida, 1992)의 주장을 소개하고 있다. 데리다가 말하기를 진정한 결정은 보편성과 특수성이 갈등하는 아포리아의 상황을 내포하는데 이는 결정 불가능성을 말하는 것으로 관료조직에서의 법규의 기계적인 적용은 결정이 아니고 윤리적 책임과도 거리가 멀다는 것이다.

덴하트도 같은 맥락에서 관료 조직에서 윤리의 어려움을 말하고 있는데 계층구조와 조직 규범과 가치가 윤리적 판단을 어렵게 한다는 것이다. 구체적으로 조직 규범에 있어서 수단적 합리성을 전제로 한 능률성과 효율성을 지고의 가치로 여기기 때문에 실질적 합리성에 기초한 정의, 자유, 평등과 같은 가치는 설 자리가 없고 승진과 포상이 기법적 역량에 초점을 두기 때문에 윤리 문제는 간과된다는 것이다.

프레데릭슨과 하트(Frederickson & Hart, 1985)도 관료제 조직에서 승진과 포상의 문제를 제기하고 있는데 관료들은 무엇보다도 현실에서 개인의 야심을 달성하기 위한 경력주의(careerism)에 집착한다는 것이다. 정부 관료제에서 공직자들의 가장 중요한 동기부여 행태의 하나는 승진으로 이것이 업무 성취의 동인으로 긍정적으로 작동하기도 하지만 이에 대한 지나친 집착은 조직 목표에 바람직하지 못하게 작용하기도 한다. 규범적으로 공직자들은 시민의 공복으로서 자유 정의, 법, 정의와 같은 모든 국민의 권리가 담겨 있는 헌법의 체제 가치를 수호해야 함에도 불구하고 많은 경우 자신의 출세 영달에 매달리게 된다는 것이다.

부패 연구 권위자인 케이든이 이러한 관료제 병리를 권위/권력/지위의 남용(abuse of authority/power/position)부터 외부인 공포(xenophobia)까지 190여 개의 표현이 담긴 "공통적 관료제 병리"(common bureaupatholgies)를 용어 목록(glossary)으로 잘 정리해 놓았다. 목표와 수단의 전도, 절차 중시[11], 형식주의(formalism)[12]는 수많은 관료제 병

11) 관료제의 병리 현상 중 책임의 문제에 얽히지 않기 위해 규정과 절차를 중시하다 보니 생기는 목표의 전도현상을 김병준(2017: 8)은 다음과 같이 설명한다. "법과 제도가 일을 하게 되어 있는 게 아니라

리 현상은 이의 일부에 해당한다. 행정학자로서 관료제 문제를 가장 날카롭게 설명한 학자 중 한 분은 험멜(Hummel, 1986)로 그가 주장하기를 관료제는 사람을 두뇌도 영혼도 없는(headless and soulless) 존재로 만드는 경향이 있다는 것이다. 고전경제학자, 공공선택론자, 조직 경제학자들은 시장 경제 논리로 관료제의 비효율성을 공격하는데 오스트롬(Ostrom, 1974)은 이러한 정부 관료제가 행정학의 지적 위기를 야기하고 있다고 주장했다.

서구 학자들이 지적한 관료제의 문제에 더해 우리 관료제의 문제도 우리 학자들에 의해 설명되어 왔다. 전통적으로 미국 정부 관료제에 대한 설명도 비판 일변도이지만 우리 행정에 대한 설명도 이에 못하지 않다. 현재 한국 행정문화에 영향을 준 조선조 유교 관료제 문화에 대한 행정학자들의 평가는 일부 긍정적 평가도 있지만 주로 부정적 평가가 다수를 차지하고 있다(윤견수, 2015).[13] 백완기(1996) 교수가 지적하는 한국 행정 관료제 문화도 주로 병리적 측면을 강조하고 있다. 이러한 한국 행정문화 전통을 토착적 개념으로 설명하기 위해 윤견수(2015) 교수가 제시한 "자리문화" 개념도 부정적인 뉘앙스를 담고 있다. 자리문화는 "서열과 권위주의, 명분과 형식주의, 정실과 연고주의, 파벌과 가족주의 등의 문화적 현상을 일목요연하게 설명"(윤견수, 2015: 1)한다는 것이다. 혈연, 지연, 학연 등 전통 및 사회문화적 요인도 공직윤리를 어렵게 한다는 것이다(사공영호, 2002).

오히려 일을 하지 못하도록 되어 있는 것이죠. 온갖 규정과 규칙 등이 관료에겐 밟으면 터지는 지뢰가 됩니다. 그러고 보면 도처에 지뢰밭이죠. 움직이면 당합니다. 그릇 깰가 봐 설거지 못한다는 말이 절로 나오는 거죠." "기업에서는 아홉 가지 사소한 잘못한 일을 해도 중요한 한 가지를 잘하면 그걸로 승진을 하고 하는데, 정부에서는 아홉 가지 중요한 일을 하고도 한 가지 작은 일을 잘못하면 목이 날아간다는 거였습니다. 말이 되지요? 온통 지뢰밭입니다. 아마 많은 분이 고개를 끄덕일 겁니다." (김병준, 2017: 8)

12) 리그스(Riggs, 1973)가 전통사회에서 발전된 국가로 전환기에 있는 개발도상국 관료제에서 흔히 존재하는 형식주의(formalism)를 프리즘 모형으로 설명하였다.

13) 유교에 대한 동아시아 국가 비교 평가도 우리에게 호의적이지 않은데 조선조 유교는 매우 교조적인 주자학 전통에 치중하며 지행합일과 도덕적 양심을 강조한 양명학 전통이 부족하다는 것이다(정인보, 2004; 정재두, 2014). 조선 왕조는 "유교적 통치 이념에 따라 덕치와 예를 강조하여 근대국가의 법의 지배라는 요소를 결여하고 있었다"(박종민 & 윤견수, 2013: 4).

4. 관료의 중립성

행정에 있어 공직윤리를 어렵게 하는 또 다른 중요한 이슈는 공직자에게 강요되는 중립성의 문제가 있다. 공직자의 정치적 중립성은 원래 서구에서 행정을 정치적 간섭으로부터 해방시켜 정치적 타락을 방지한다는 의미와 보다 적극적으로는 정치 관여를 금지하고 전문 직업가로서의 역할을 확보한다는 것이다(안병만, 1981: 8). 이리하여 중립성을 두 가지 측면으로 나누어 볼 수 있는데 전자는 정치적 중립성이고 후자는 가치 윤리적 중립성이라 부를 수 있다. 여기서 정치적 중립성은 선거와 공직 임명, 그리고 공직자의 권익과 관련하여 정의되고 가치 윤리적 중립성은 정책 결정과정에서의 권한과 책임의 구분과 관련된다. 이 두 가지 중립성의 문제는 모두 행정(학)이 가치 배제적인 정체성을 갖게 된 배경과도 관련된다.

공무원의 정치적 중립은 미국에서 엽관주의 폐해를 줄이고 직업공무원제를 확립하기 위해 도입되었으나 최근 우리나라에서는 공무원노동조합의 본래 목적을 벗어나 정치세력화 하면서 정치적 중립성을 위협하고 있다(한현우, 2011: 59). 정치적 중립성의 문제는 우리나라에서 심각한 가치 갈등의 이슈로 공직자도 국민으로서의 정치적 기본권을 가져야 함으로 오히려 정치적 중립성을 명시한 현행법에 근본적인 문제가 있다는 주장과 행정의 안전성을 위해 정치화는 제한할 수밖에 없다는 견해가 팽팽하게 대립하고 있다. 정치적 중립성은 관료의 권력 남용을 방지하고 선거 정치 과정에서의 중립성을 확립하고자 하는 의도에서 만들어진 개념이긴 하나 엄격하게 해석하는 입장에서는 공직자는 어떠한 정치적 견해를 가지거나 정치적 활동을 해서도 안되고 심지어는 의사나 영혼도 가져서는 안된다는 주장을 하기도 한다(한현우, 2011: 66).

정치적 중립성에 대한 입법과 제도는 나라의 역사적 경험에 따라 달리 제도화되어 왔는데 미국을 포함하여 서구 선진국에서는 대다수 공직자의 노조 가입을 합법화하면서 완화된 측면이 있지만 우리나라에서는 공직자의 정치적 기본권과 권익을 과도하게 제한하는 문제가 있기도 하면서 다른 한편으로는 다시 엽관제의 폐해를 걱정할 정도로 행정이 정치화되며 실정법의 한계를 노정하고 있다(한견우, 2011).

가치 윤리적 중립성 또는 중립의 윤리는 정치－행정 이원론 그리고 행정의 정치 시녀화와 관련되는데 행정가의 역할은 정치에는 무관심하고 오직 정치가가 결정한 정책을 가치중립적으로 충실히 수행해야 한다는 것을 전제한다. 톰슨은 이러한 논리를 조직 내의 조직운영의 원리로 적용하여 중립성의 윤리(the ethic of neutrality)로 표현하는데 이의 논리는 행정가는 상관의 명령과 기관의 정책을 수행해야 함으로 윤리적으로 중립적인 자세를 견지해야 한다는 것이다. 이는 행정가는 자신의 도덕적 원칙에 따라서 독립적인 도덕적 판단을 해서는 안된다는 논리이다. 이러한 중립적 윤리성은 그들의 의사결정 행위에 대한 외부적 책임으로부터 유리됨을 의미한다. 이렇게 공직자의 정치적 중립성을 옹호하는 주장은 정책 수단 자체의 평가인 “실질적 합리성”은 정치인에게 남기고, 관료는 규범적 목적에 대한 수단의 합리적 적용인 “기능적 합리성”만을 다루어야 한다는 것이다. 이러한 실질적 합리성을 억압하여 관료를 어떻게 통제할 것인가는 높은 수준의 행정책임을 지속하는 데 있어 제일의 문제로 간주된다는 것이다(Thompson, 1985). 행정에 있어 이러한 윤리적 중립성 견지는 결과적으로 행정(학)이 사회문제 해결로부터 유리되어 행정(학)의 사회적 실천성과 적절성을 떨어뜨려 행정(학)의 정체성 위기를 야기했다는 것이 신행정론(New Public Administration)의 주장이었다.

행정의 중립성 문제는 여전히 논란이 많아 한편으로는 우리 사회와 정치가 성숙해졌음으로 정치적 중립성을 완화하거나 폐지해도 정치 행정 제도의 안정성에 문제가 없고 오히려 행정의 민주화를 증진할 수 있다고 주장하지만 다른 편에서는 이는 우리의 현실을 직시하지 못하는 것으로 우리 행정에서는 다시금 엽관제적 요소가 강화되고 공직자들이 선거 때만 되면 줄서기 하는 등 정치화가 심화되었다는 비판론이 우세하다.

5. 구조의 윤리

공직윤리를 어렵게 하는 또 다른 요소는 로어(Rohr, 1998)가 말하는 권력분립의 구조, 덴하트가 말하는 행정조직의 구조, 그리고 톰슨이 이야기하는 구조의 윤리, 또는 절차적 합리성을 포함한다. 로어는 권력 분립의 부작용으로 행정부와 입법부, 사법부 간에 긴장이 있다는 것이다. 효율성에 매몰되어 있는 행정은 개인의 권리를 중시하는 사법부, 정치적 과정을 중시하는 입법부와 갈등과 긴장을 가질 수밖에 없다는 것이다. 따라서 행정책임을 확보하고 행정윤리를 제고하기 위해서는 대통령과 관료들은 헌법가치와 정신을 존중하고 따라야 한다고 주장한다. 덴하트는 행정윤리의 맥락적 측면에서 행정조직에 대해 논의하기를 관료 조직의 기능적 전문화의 특징인 과제의 분업, 권위와 통제의 계층제적 분리, 규칙과 절차의 정교하고 형식적인 체계 등과 같은 조직 구조는 관료들의 독립적이고 숙고적이고 비판적인 윤리 능력에 악영향을 준다는 것이다. 톰슨도 공직윤리의 어려움을 구조의 윤리로 표현하며 조직이나 정부의 정책결정이나 정책에 대한 책임을 개인보다 구조로 돌린다는 것이다. 개인의 도덕적 책임은 자신이 법적으로 책임지고 있는 자신 사무의 구체적 의무에만 해당하고 조직의 결과에 대해서는 개인은 책임이 없다는 것이다. 이는 개인의 의도와 집단적 결과 간의 인과 관계 간에 괴리가 있다는 것이다. 조직 내 구성원은 정해진 조직의 업무 과정과 절차를 규정대로 준수하면 개인은 이러한 절차상의 책임만 다하면 어떠한 부정적 결과가 야기되어도 책임이 면제된다고 보는 것이다. 조직이라는 기계와 구성원인 인간은 각자의 의도와 관계없이 다른 방향으로 일이 전개될 수 있음을 가정하는 것으로 비정의화된 조직을 상정한다. 책임지지 않는 리더십을 정당화할 수 있는 논리가 될 수 있다. 이러한 구조의 논리는 관료들의 부패에 대한 책임을 면책해 주는 논리로도 사용되는데 관료의 부패 현상은 단지 관료에만 국한되는 것이 아니라 복잡한 정치 행정 체제의 관계망 속에서 일어나는 현상으로 관료들에게만 책임을 지울 수 없다는 것이다.

절차적 합리성은 전통적으로 대륙법계의 전통을 이어 받아 온 우리의 행정에서 합법성이라는 이념으로 지고의 가치로 여겨져 오며 관료들의 책임의 문제를 다루어 왔다. 규정과 절차만 준수하면 행정책임은 확보된다는 절차적 합리성은 1990년대 이후 신공공관리론에서 경제 경영학에서 강조하는 결과와 성과를 강조하며 무시되기도 하였지만 전통적으로 가장 기본적인 행정학적 가치이다. 미국 행정학의 영향을 받은 신자유주의 · 공공관리 시각에서는 기업가적 정부를 강조하다 보니 절차와 법의 경직성은 비판을 받게 된다. 정부 관료제의 정당성은 규정과 법규의 준수에서 나옴으로 규정은 어떠한 상황에서도 지켜야 한다는 입장과 법과 규정은 모든 상황을 상정하여 만들어진 것이 아니기 때문에 결과와 성과를 중시하는 전통에서는 상황에 맞게 유연해야 한다는(rule-bending) 주장(Behn, 2001) 간의 대립은 해결되기 어려운 주제로 공직윤리를 어렵게 한다.

6. 외부통제와 내부통제

공직윤리와 관련되는 또 다른 이론적 논쟁은 관료 행태의 통제에 관한 것으로 외부통제가 중요한가 또는 내부통제가 중요한가에 관한 것이다. 이는 다른 말로 공직자의 행태를 통제하는 데 정치적 · 제도적 외부통제가 효과적인가 아니면 직업적 가치, 개인 가치 또는 양심과 같은 자신의 내적 기준에 의한 통제에 의지하는 것이 효과적인가에 대한 논쟁을 말하는 것으로 행정학에서는 1935~1941년에 허먼 파이너와 칼 프리드리히 간에 이루진 고전적 논쟁이다(Cooper, 2001). 근대사회는 외부통제수단을 강조하며 발전해 왔다. 조선조까지 우리 관료제 전통에서는 내부통제를 중시한 문화인데 근대에 들어와 서양의 공식적이고 법적 규제의 전통을 물려받아 외부통제 장치를 개발하는 데 치중한 것이 아닌가 한다. 합리적 · 법적 통제를 중시하는 근대 관료제의 전통에서는 외부통제를 강조하는 것이 당연한 논리적 귀결로 보인다. 관료들의 행태에 대한 입법부의 외부통제를 강조한 파이너의 주장은 막스 베버에 뿌리를 두고 있는 행정가 역할의 전통적 시각을 재확인해 주는 것으로 행정가는 합법적 권력을 가지고 있는 상관에 순종하고 국민이 무엇을 원하는가에 대해서 실질적 판단(substantive judgements)을 삼가야 하는 것을 말한다(Cooper, 1990).

이러한 외부통제에 대한 강조는 현대에 들어와서는 또한 고전경제학자를 포함하여 공공선택론자들이 강조해 왔다. 관료들의 권한, 특히 행정부의 권력과 관료들의 재량권에 의심의 눈초리를 준 학문적 전통은 시장의 역할을 강조하는 시장논자들, 특히 공공선택론자들에 의해서만 강조된 것이 아니고 로위(Lowi)와 같은 정치학자들에 의해서도 주장되어 왔다(Ginsberg & Sanders, 1990). 그는 관료들의 재량권 남용을 방지하기 위해 관료들이 따라야 하는 행정 절차를 입법부가 매우 자세히 규정해야 하며, 이를 사법민주주의(juridical democracy)라고 불렀다.

공직자를 신뢰하는 행정에서의 내부통제 전통은 전통 행정학자들에 의해 지지되는데 쿠퍼, 하몬, 하트, 프레데릭슨 등 신행정 이후 공직윤리에 관심이 많은 전통적 행정학자들에 의해 강조되고 있다. 신행정론자는 덕, 자비, 시민 인간주의, 인간적 가치에 대한 헌신, 정직성을 행정가의 가장 중요한 자질임을 주장한다. 우리나라에서는 전통적으로 내부통제를 강조해 왔는데 이는 특히 조선조 성리학적 세계관에서 그러했다. 그러나 최근에는 이러한 전통이 상당히 상실되어 학문적으로는 조선시대 성리학자들이 중시하는 인, 의, 예, 지, 충, 효, 경과 같은 전통 선비 사상과 청백리 사상에 대한 회고적 연구(이서행, 2001) 외에는 내부통제에 대한 관심과 연구가 부족해 보인다. 이는 미국에서 시작한 신공공관리론의 영향과도 관련되는데 우리 사회에서 최근에 일반 대중의 교육과 인사 채용에 있어서 인성에 대한 관심 이외에는 이에 대해 관심이 부족하다는 것이 이러한 시대적 흐름을 반영하는 것이다. 우리 사회와 행정에서 말로는 내부통제를 강조하지만 현실은 외부통제 위주로 제도화되어 있는 현실의 괴리는 여전히 공직윤리의 가능성을 낮게 한다.

7. 개인과 조직의 자율성

공직자 개인 행태에 관한 통제 방식이 외부통제를 중시하는가 또는 내부통제를 강조하는가의 문제는 이들 공직자가 갖게 되는 조직에서의 자율성과도 관계된다. 내부통제보다는 외부통제를 강조하는 근대 관료제에서는 개인의 자율성이 제약된다. 규정과 기능 중심의 관료제 조직에서 개인 공직자의 자율성이 제약됨으로 인해 공직윤리를 어렵게 하고 있다. 개인은 권위에 복종한다는 밀그램(Milgram, 1974)의 고전적 실험연구는 개인이 자율성을 갖는 것의 어려움을 잘 전달하고 있다.

라모스(Ramos, 1981: 126) 또한 현대 조직생활에서 개인의 자율성 부재를 비판적으로 설명하기를, 개인은 전체 사회가 조작화된 경험세계(an operationalized universe)로 변혁된 세상에서 처방된 역할(a prescribed role)을 가진 배우로 산다는 것이다. 이러한 몰가치적인 행정조직에서 개인은 비개인화되고 독립적이고 창의적인 개인 삶을 위한 "정말로 사적인 공간과 시간"을 위한 조건이 박탈되어 있다.

현대 조직 인간에 매우 비판적인 또 다른 학자인 화이트(Whyte, Jr., 1956)는 자신의 저서, 『조직 인간』(the Organizational Man)에서 조직의 시대가 도래했음을 선언하였다. 그는 "사회 윤리", "조직 윤리", "관료 윤리"에 구속을 받고 있는 개인들은 조직에서 탈피하려는 것보다는 "조직의 삶에서의 개인주의"를 유지하는 것이 중요함을 말하였다. "배를 흔들지 마라"(don't rock the boat)는 집단 중심의 문화에서 개인의 자율성과 선택을 지지하는 것은 매우 어렵다. 화이트의 메시지는 개인의 가치, 세계관, 행위의 조직 지배를 저항하라는 촉구이며, 또한 모든 것을 둘러싸고 있는 안전과 수동성의 그물망에 빠져들게 하는 조직의 유혹과 투쟁하라는 경고성 나팔소리이다.

조직에서 자율적이 못한 우리 현대 조직인의 모습은 자신의 목적을 실천하기보다 다른 사람의 바람을 실행하는 대리인으로 행동하게 되는데 이를 대리인으로의 전환(the agentic shift)이라 부른다(Cooper, 1990: 198). 이 대리인으로의 전환이란 태도의 변화를 말하는 것으로 자신의 목적을 실천하기보다 다른 사람의 바람을 실행하는 대리인으로 행동하게 된다는 것이다. 이를 전문적 용어로 표현하면 자율적인 자아지향의 양식(self-directed mode)에서 조직 기능(organizational functioning)으로 이동한다는 것이다. 관료 조직에서 개인의 자율성을 제한하는 요소로 규정의 준수를 강요하는데 이는 법원 조직의 판사에게도 적용되어 이의 문제점을 미국의 대법원장을 지낸 홈즈(Holmes)가 잘 지적하고 있다. 그는 주장하기를 많은 경우 공직자들의 판단은 법의 논리도 중요하지만 경험이 많은 역할을 한다는 것이다(Holmes, 1991, 신충식 & 김성준, 2015: 75에서 재인용). 재판에 있어 판사의 오랜 동안의 개인적 경험의 활용은 법의 규정을 넘어서는 자율성의 확보 수단이 되는 것이다.

전통적으로 집단주의와 계층제 질서가 강한 우리나라 조직에서는 개인의 자율성 확보가 더욱 어렵다고 할 수 있다. 특히 조직에서 모든 권한이 최상위층에 집중되어 밑에 있는 사람은 권한은 없고 책임만 지는 구조로 진정한 윤리적 행태를 기대하기 어렵다. 이러한 현상을 정치학에서는 소용돌이의 한국정치라고 표현하는데 이는 그레고리 헨더슨이 쓴 표현으로 한국사회를 이해하는 핵심열쇠가 동질성과 중앙집권에 있고 한국에서의 모든 행태는 중앙권력을 향해 치닫는 거센 소용돌이와 같다는 것이다(신충식 & 김성준, 2015: 71).

자율성의 문제는 조직 내 개인의 행태에만 해당하는 것이 아니라 권력 계층화된 조직 간에도 적용된다. 많은 정부 기관들이 상위 권력 또는 통제 기관들에 대해서 자율성을 가지고 있지 못하다는 것이다. 특히, 중앙집권적인 권력 구조와 문화를 가지고 있는 우리나라에서 하위 정부 기관들은 상위 기관과 정치가들에 대해서 매우 종속적인 관계를 유지해 왔던 것이 사실이다. 최순실 국정농단으로 불린 현상이 보여주듯이 문화체육관광부가 청와대와 비선실세에게 매우 종속적인 관계에서 자율성을 가지지 못함으로서 야기되는 여러 윤리 문제를 보아 왔다.

대학에 몸담고 있는 필자로서는 우리 대학이 속칭 돈줄과 규제 권력을 가지고 있는 교육부와의 관계에서 매우 종속적인 관계를 유지하고 있음을 일상적으로 목도하고 있다. 구조 개혁과 관련하여 재정적 인센티브를 동원하고 대학 평가라는 이름하에 대학을 줄 세우기 하는 교육부에 대해서 대학이 목소리를 내고 자율성을 유지하는 것은 불가능에 가까운 것으로 보인다. 대학이 마치 교육부가 기획한 사업의 하청업체 같이 보이기도 한다. 이러한 정부 조직의 상위 기관에 대한 종속 현상은 정도 차이는 있지만 미국도 그리 다르지 않아 행정조직이 대통령이나 의회 같은 정치적인 대의 기관과의 관계에서 자율적이지 못하다는 것이 테리(Terry, 1995)의 주장이다.

관료와 관료 조직의 자율성이 제약되어 있는 문제에 초점을 두고 논의를 하였지만 이러한 자율성의 문제는 위에서 논의된 관료의 외부통제와 내부통제의 문제와도 관련되어 관료가 가지는 자율성이 공공조직에 혁신을 가져오는 원동력인가 아니면 관료 부패로 이어지는가는 역설적인 문제로 관료제의 두 얼굴을 보여 주고 있다(오재록 & 전영한, 2012).

8. 영성과 사랑

공직윤리를 풍부하게 하지 못하게 하는 또 다른 불행 요인은 근대 과학에서 영성과 사랑 같은 개념이 근대 과학에서는 금기 언어가 되고, 반면에 종교의 전유 표현이 되어 왔다는 것이다. 서양 역사에 있어서 종교와 과학, 그리고 국가와 종교가 분리되며 논리실증주의를 주류 사상으로 하고 있는 사회과학 그리고 특히 행정학에서는 이러한 분리 현상이 더 심화되었다. 이러한 논리실증주의에 의한 편견은 자신들이 측정하기 어렵고 관찰하기 어렵다고 간주하는 개념은 형이상학의 영역이지 과학의 영역이 아니라고 주장해 왔던 것이다. 이러한 표현에는 우리 사회과학에서 문화, 감정, 영성, 믿음, 윤리와 같은 표현을 포함한다. 이러한 논리실증주의의 편견에 반기를 든 행정학자들이 우리가 소위 전통행정학자들이라고 부르는 사람들이다. 프레데릭슨과 하트는 공직자와 국민과의 관계는 매우 특별한 관계로 공직자들이 시민을 사랑하는 자비의 애국심(the patriotism of benevolence)이 공직자들의 동기 부여의 토대가 되어야 함을 역설하고 있다.

그동안 학계에서 무시되어 왔던 정신(spirit)과 영성(spirituality)의 개념이 최근에 폭발적으로 인기를 끌고 있는 데 반해, 행정학 분야에서는 비교적 미약하게 관심을 받아 왔다. 이는 사회적으로는 비정의적이고 물질중심의 사회에 대한 반작용으로 이해될 수 있는데 행정학에서 아직도 이 개념들이 주목을 받지 못하고 있는 것은 매우 아쉽다. 개인의 비전, 영감, 사명감, 헌신 등과 같은 개념과 연계하여 정신과 영성이 비인간적이고 몰가치적인 정부 조직에 윤리적 활력을 불어넣어 줄 개념이 될 수 있다. 영성과 사랑과 같은 인간 본연의 정서를 다루지 않고 공직윤리가 성숙한 단계로 나아가기는 불가능해 보인다.

9. 정부 공동화

능률성을 지고의 실천 이념으로 존중하고 있는 기능 중심의 행정이 행정보다 더 능률적이라고 생각하는 시장과 기업에 정부의 기능과 역할을 이관하고 위임한 것은 그리 놀랄 만한 사실이 아니다. 지난 수십 년간 행정에 있어 가장 큰 변화는 정부의 대부분의 기능이 민영화, 시장화, 위탁관리라는 개념하에 민간 기업과 비영리 조직으로 이관되어 정부가 공동화되어 왔다는 사실이다. 이제는 공사 구분의 개념이 약화되어 어디가 공적 영역인지, 사적 영역인지 구분하기 어렵게 되어 책임의 소재를 가리기 어려워졌다. 최근 최순실 국정 농단 사태에서 재단 비리가 보여 주듯이 누가 정부의 기능을 수행하고 책임지는지가 불분명하게 된 부분이 늘어난 것 같다. 업무만 위탁관리 되고 있는 것이 아니라 책임까지도 위탁관리 되고 있는 실정으로 보인다.

이러한 민영화와 위탁관리가 경영의 효율화에 기여하기도 하지만 문제가 되는 것은 책임 소재를 불분명하게 하고 심한 경우는 국민의 세금으로 개인 사업자의 배를 불리게 하는 것을 넘어 공직자들이 국가의 사무를 위임한 국민들을 위해 일하는 것이 아니라 오히려 자신들의 사익을 채우기 위해 사기업이나 다른 이익단체와 공모한다는 것이다. 공직윤리를 어렵게 만드는 이러한 국민의 신탁에 반하는 공모행태가 광범위하여 도처에 널려 있다. 세월호가 되었건 엘시티 사건이건 이러한 사회적 사건이 일어날 때마다 공모관계에는 공직자들이 관여되어 있다는 사실이다. 과히, 이러한 행정과 정부를 공모 행정 또는 공모 정부라 지칭함이 마땅하다. 공직자의 행태에 영향을 주는 매우 중요한 요소로 개인이기주의뿐만 아니라 부처이기주의가 있는데 이에는 단순히 관료조직 내의 선후배로만 구성된 것이 아니라 외부의 이해관계자와 고객까지 포함하는 커뮤니티의 이해 논리(김병준, 2017)가 작동한다는 것이다. 정부가 공동화되고 사적 이익 추구의 장이 될 때 공직윤리는 설 자리를 잃는다.

10. 윤리 지성과 윤리역량

공직윤리를 더욱 어렵게 하는 것은 관료 조직에 내재하는 수많은 속성과 윤리 문제의 모호성뿐만 아니라 윤리 문제를 해결하는 공직자의 능력과 역량이 부족하다는 것이다. 윤리역량은 윤리적 리더십의 충분조건은 아니지만 필요조건으로 윤리 지도자가 아니더라도 윤리역량을 가질 수 있지만 윤리역량 없이 윤리 리더가 될 수는 없다(Cooper & Menzel, 2013: 53). 윤리적 의사결정은 의식적이고 합리적 정보처리 과정을 거치는 과정임을 인식해야 한다. 윤리적 의사결정 상황이 개인과 조직에 어떠한 중대한 영향을 끼칠 수 있는가를 고민해야 하는 과정이다. 이는 윤리적 민감성을 배양하는 것이고, 무한한 창의성을 개발하는 것으로 결국 윤리 지성과 역량을 배양해야 하는 것이다. 이는 일시적으로 이루어질 수 있는 과정이 아니라 평생 교육과정에 속하는데 아직까지 우리 공직 사회에서 윤리 지성과 역량을 강조하는 담론을 보기 어렵다.

제4절 행정윤리의 지향점과 시사점

지금까지 공직윤리의 기본적인 개념 설명, 유사 용어, 공직윤리를 어렵게 하는 이의 성격과 배경에 대해서 살펴보았다. 본 장의 중심 내용이라 할 수 있는 3절에서는 공직윤리의 모호성과 복잡성, 기능 행정학, 관료제 한계, 정치적 중립성, 구조의 논리, 외부통제와 내부통제의 문제, 개인과 조직의 자율성, 영성의 문제, 정부 공동화, 윤리 지성과 역량을 살펴보았다. 윌슨의 정치 행정 이원론의 전통을 이어받은 기능행정학은 타락한 정치로부터 행정을 구제하기 위하여 정치적 중립을 강조할 수밖에 없었고, 이러한 기능행정학을 강조한 시대적 분위기에는 조직의 효율성을 우선시하는 관료제화가 지배적 흐름이었다. 이러한 관료제화가 지배적인 행정체제하에서는 조직의 이성을 강조하는 대가로 관료주의 문화와 관료제의 병리현상을 극복하기 어려웠고 또한 행정 민주주의는 고양되기 어려웠다. 이러한 관료제 전통하에서는 내부통제보다는 외부통제를 강조할 수밖에 없고 개인의 책임보다는 구조와 체제의 논리가 앞섰다. 또한 번문욕례와 규정 중심의 이러한 계층 관료제하에서는 개인과 조직의 자율성이 담보되기 어렵다. 학문적으로는 정부 조직을 연구하며 가시적인 제도와 기술에 대한 연구에 치중하였지 감성과 영성과 같은 부드럽고 형이상학에 가까운 주제에 대해서는 편견을 가질 수밖에 없었다. 조직의 효율성을 지고의 이념으로 채택한 관료조직은 시장 효율성을 강조하는 고전 경제학자와 공공선택 이론가들의 주장이 비슷하게 보이지만 사실은 매우 다른 사회 운영 원리인 시장 경쟁적 효율성 개념에 지배당하면서 정부의 시장화 또는 공동화 현상을 경험하게 된다. 기술 또는 기능 행정(학)의 전통은 관료제화된 사회와 관료 조직과 유기적으로 결합되며 행정을 몰가치적이고 윤리를 다루기 어려운 분야로 만들어 왔다. 이러한 문제에다 윤리 자체의 모호함과 복잡성, 그리고 우리의 윤리 지성과 역량의 부족은 더욱 윤리 문제를 다루기 어렵게 하였다.

지금까지 살펴본 공직윤리의 성격과 배경을 규정하는 여러 요소는 서로 분리된 이슈가 아니라 서로 매우 밀접히 연결되어 있는 문제들이다. 이러한 문제들은 개별적으로 해결되기보다는 얽혀 있는 실타래를 풀듯이 다루어야 할 것이다. 이러한 실타래와 같은 도전적인 요인들을 극복하고 행정조직에서 공직윤리를 기대할 수 있을까 회의가 들 수도 있다. 이러한 요소들이 보여 주는 것은 공직윤리가 불가능하다는 것보다는 효과적인 공직윤리가 가능하게 하는 것이 매우 도전적인 일임을 보여준다. 이러한 공직윤리의 성격과 배경에 대한 우리의 태도는 이러한 도전적인 문제들을 자만보다는 겸손한 태도로 접근하고 관료조직에서 이루어지는 수많은 결정의 불가능성을 인정할 때 진정한 윤리적 결정의 가능성을 엿볼 수 있다는 것이다. 진정한 결정은 규정의 기계적 적용이 아니라 갈등하는 수많은 가치를 가지고 망설이고 고뇌할 때 진정한 책임 있는 결정의 가능성이 보인다.

이렇게 공직윤리를 어렵게 하고 심지어 불가능하게 하는 요소가 우리에게 시사하는 점은 무엇인지, 그리고 우리는 공직윤리를 어떻게 다루어야 할지를 살펴보고자 한다.

첫째는 공직윤리 문제를 바라보는 마음이 조심스럽고 겸손해져야 한다는 것이다. 행정윤리에 대한 이는 마치 군인이 지뢰밭을 지나 적진으로 진격해야 하는 상황처럼 지난한 과정임을 보여준다. 윤리 문제에서는 모호함과 불확실성이 높아 하나의 답을 상정하기보다는 다양한 가치와 논리가 충돌하는 가운데 복잡하고 혼란스러운 상황에서 냉철하면서도 열린 마음으로 윤리적 딜레마 상황을 분석하고, 진단하는 윤리적 대안을 모색해야 함을 의미한다. 이러한 도전적인 과제는 많은 윤리 결정 상황이 무의식적으로 행동을 요구하기에는 너무 많은 위험이 도사리고 있음을 인식해야 함을 의미한다. 한편으로는 능률성을 고려해야 하고, 다른 한편으로는 정치적 합리성을 쳐다보아야 할 것이며, 동시에 윤리 문제는 법적, 행정적, 정치적 성격을 가지고 있음을 인정해야 하고, 나의 개인 윤리 행태를 조직 맥락에서 이해해야 함을 의미한다. 또한 조직 집단의 압력에서 개인적 자율성을 어떻게 확보해야 하고 수많은 유혹의 이익집단의 포로가 되지 않기 위해 깨어 있어야 함을 의미한다. 공직자는 관료적 틀에서 벗어나 나의 정체성이 전문직업적, 정치적, 지역 공동체 사회에서 확립될 수 있음을 깨달아야 한다. 윤리 문제 해결은 유연하고 열린 마음으로 상황을 바라보아야 하고 정해진 규정보다는 상황의 법칙을 찾아야 함을 의미한다.

둘째는 조직에서 윤리와 관리 개념이 결합되는 윤리 관리 개념이 도입되고 정착되어야 한다. 전통적으로 우리 행정에서 윤리는 규범적으로 강조되고 요식적인 교육의 의무정도로 취급되었는데 이를 넘어서 관리자들이 관리해야 할 내용이라는 것이다. 이러한 전통은 조선시대 이후 근대에 들어와 형성된 전통을 말하는 것으로 조선시대는 법규행정보다 오히려 윤리가 중시된 전통을 가지고 있으나 이러한 전통은 일제 강점기를 거치고 근대에 들어와 단절되고 법규중심의 행정이 자리 잡은 것에 기인하는 것이 아닌가 한다. 근대의 행정은 행정 관리보다는 독재적 권위주의를 타파하고 불법을 줄이는 데 관심이 있었지 조직을 관리한다는 경영학적 관리 개념과는 거리가 있었던 것이다. 서구 국가에서 윤리가 관리의 대상으로 등장하게 된 배경은 관리자들이 윤리를 잘 관리하지 못하는 경우는 경력상의 불이익은 말할 것도 없고 조직의 존폐 여부와 관련되어 온(특히 사기업에서) 관행의 발전과 관련된다. 윤리 문제가 관리의 대상이 된다는 것은 윤리가 조직 관리 과정에 표준 지침(standard operating procedures)으로 마련되는 것을 포함하여 평가 과정에 반영되어야 함을 의미한다.

셋째는 윤리가 조직의 관리 개념으로 도입된다는 것은 곧 역량강화 개념으로 이어져 공직자의 윤리역량이 조직의 경쟁력에 필수 요소임을 강조해야 한다. 윤리역량강화를 위해서는 공직윤리가 행정의 중추적인 교육 과정이 되어야 함을 말한다. 이러한 윤리역량은 윤리적 리더의 평생 과정으로 확장된다. 윤리역량에서 특히 강조되어야 할 것은 역설적이고 모호한 윤리 문제를 다루기 위해서는 도덕적 민감성, 창의성, 상상력의 배양이 강조되어야 함을 말한다.[14] 휘트백(Whitbeck, 1996)은 윤리를 설계에

---

14) Barnard(1964)는 도덕적 창의성을 갖기 위한 태도와 행동을 다음과 같이 설명한다(Cooper, 1990: 106):

1. 상황에 적절하고 확보 가능한 사실에 대한 명확한 이해
2. 강령이나 가치 하위체계를 포함한 각 역할 법규를 안내하는 관련 역할의 이해

비유해 공학적인 설계에도 하나의 해답이 있는 것이 아니라 다양한 창의적인 해결책을 찾는다는 것이다. 그가 주는 충고는 확실할 때 취할 행동은 오히려 행동을 하지 말라는 것이다. 설계와 마찬가지로 윤리도 시간의 제약 속에서 결정을 해야 함으로 한 가지 대안이 문제가 될 경우를 대비해 여러 대안을 검토해야 한다는 것이다. 윤리 문제는 매우 훌륭한 해결책이 되기 위해 향상의 여지가 있음으로 열리고, 건설적인 그리고 방어적이지 않은 대화를 견지해야 한다는 것이다.

넷째로 공직의 전문직업화가 강조되어야 한다. 선진국에서는 공직자들의 정체성과 소속감이 자신이 일하는 조직만이 아니라 자신이 속하는 전문 직업군에 소속되어 활동한다는 것이다. 우리나라는 공직자를 위한 전문 직업가 집단의 조직화가 미약하다. 한국행정학회와 같은 전문가 조직은 주로 교수와 연구원들을 중심으로 조직화되고 활동이 이루어져 있고, 공무원 노조는 공직자들의 모임이긴 하나 직업적 전문성을 훈련하고 배양하는 역할을 수행하기보다는 주로 노사관계 활동을 하는 정치 집단화되어 있다. 특히, 미국과 같은 경우는 직위분류제가 발달하여 공직자들이 전문 분야별로 별도로 전문가협회가 조직화되어 이익집단 역할도 하지만 이 조직을 통한 정보교환, 교육, 훈련을 통하여 동질적인 전문가 집단으로서의 규범, 실천관행을 공유하고 배양하게 된다. 서구 국가의 이러한 전통은 직위분류제가 정착하다 보니 자신의 직무 전문성을 배양할 수 있는 환경이 만들어진 게 아닌가 한다. 이는 공직을 전문직업으로 취급한다는 것이다.

다섯째로 위에서 제시한 공직 사회(professional community)의 전문직업화와 밀접하게 연관되는데, 공직자의 전문성 있는 실천 관행(practices)을 강조하고 진작해야 한다.

---

3. 가능한 모든 대안에 대한 고려
4. 각 대안의 결과에 대한 광범하고 상상력이 풍부한 투영, 즉 당신의 역할과 다른 사람들의 역할이 영향 받게 되는 방식의 투영
5. 만일 당신이 각 대안을 채택했을 경우 자신에 대해 어떻게 느낄 것인지를 예상하려는 시도
6. 광범위한 일반 대중에게 어떻게 하면 각 대안을 정당화할 것인가에 대한 숙고, 즉 당신이 각 대안의 선택과 그 결과를 근거 지으려는 도덕 규칙과 도덕 원칙에 대한 숙고

이 실천관행이라는 표현은 매킨타이어(MacIntyre, 1981)가 『덕의 상실』(After Virtue)에서 제시한 이후 많은 관심을 갖게 되었는데 이 개념은 덕성과 같은 "내재적 선"(internal goods)을 중심으로 조직화된다. 전문 직업집단은 자신들만의 폐쇄적인 구조를 가지고 있지만 전문가로서의 자신의 윤리 기준과 전통적 실천관행들이 중요한 행동 지침이 된다. 우리 행정에서는 덕성과 같은 내부통제에 관심이 부족하다 보니 관료들의 모범적 행태와 이러한 덕성의 배양을 통한 모범적인 실천관행(practices)의 진작과 개발에 대한 관심이 미약하였다. 공직자의 청렴성을 기준으로 청백리상 시상과 같은 제도화된 행사가 있으나 이러한 제도가 공직자들의 윤리적 덕성과 이상적 가치를 얼마나 고양시키고 있는가는 의문시된다. 공직자들의 실천관행은 기존의 법규중심의 행정을 넘어서는 것이다.

마지막으로 우리 공직윤리에서 간과되고 있는 점은 삼권분립이나 폐쇄적인 학문 구조의 영향인지는 몰라도 행정과 헌법을 연결시키려는 노력이 부족했다고 할 수 있다. 공직자는 업무 수행 과정에서 자신의 업무와 관련된 법령과 규정 준수에는 관심을 가져도 이를 헌법이나 법의 정신까지 연결하려는 의식은 부족했다. 이렇게 행정과 헌법을 연결시키려 노력한 학자는 로어로 그는 공직윤리를 논하며 공직자들의 중요한 의무의 하나가 헌법 정신(constitutional spirit)과 체제 가치를 구현하도록 노력해야 한다는 것이다. 정부기관의 자율적이고 적극적인 역할을 수행하기 위해서 행정가는 헌법의 정신을 수호하는 적극적인 이념의 수호자가 되어야 한다고 주장되는 것이다. 즉, 공직자들은 상관의 명령도 중요하지만 보다 근본적인 윤리적 행동의 준거로 헌법의 정신을 바라보아야 한다.

참고문헌

김명환(2013). 도구적 행정학, 전문직업주의 및 행정윤리 "Adams와 Balfour의 행정의 악을 중심으로" 국정관리연구, 8(1), 1-25.

김병준(2017). 대통령 권력과 그 운용: 집권하면 세상을 바꿀 수 있다? 행정사상과 방법론 연구회 발표. 2018. 11. 03.

김영평(2005). 정책이론에서 합리성의 한계와 모순의 관리. 행정논총, 43(3), 1-33.

김해동(1992). 관료부패 통제의 논리. 행정논총, 30(10), 202-221.

김흥회(2003). 분열증적인 행정학 이론의 해체와 노무현 "참여 정부"의 개혁 정책을 위한 담론. 한국행정연구, 12(1), 130-157.

김흥회(2016). 행정에서의 정신과 영성. 국가정책연구, 30(4), 461-487.

김흥회(2020). 공직윤리 왜 어렵고 힘든가? 한국부패학회보, 25(1), 55-76.

박종민, 윤견수(2013). 한국국가 관료제의 역사적 기원. 한국행정학회 제2013년 추계학술발표논문집.

신충식, 김성준(2015). 공공조직내 윤리적 의사결정 연구: 칸트의 '이성 사용'과 '설계적 관점'을 중심으로. 한국행정학보, 49(2), 61-91.

오재록, 전영한(2012). 관료적 자율성이 두 얼굴: 한국행정기관 실증 분석. 행정논총, 50(3), 153-174.

윤견수(2015). 한국 공직문화의 원형: 자리문화. 한국행정학보, 49(4), 1-28.

윤태범(2013). 우리나라 행정윤리 연구의 경향분석. 한국사회와 행정연구, 24(2), 291-317.

이문수(2013). 행정윤리 가능성의 조건에 대한 연구: Jaques Derrida의 윤리학을 중심으로. 행정논총, 51(3), 1-29.

이서행(2001). 전통적인 선비사상과 청백리의 공직윤리. 한국행정사학지, 10, 83-106.

이종범(2008). 형식주의의 재음미: 딜레마와 형식주의. 정부학 연구, 14(3), 5-34.

장승희(2002). 다산 정약용의 공직윤리 연구. 동양철학연구, 30, 77-103.

정인보(2004). 양명학 연론. 대구: 계명대학교 출판부.

정인재(2014). 양명학의 정신. 서울: 세창출판사.

쿠퍼, 테리 엮음(2018). 공직윤리 핸드북. 신충식, 김종술, 김성준 외 행정사상과 방법론 연구회 옮김. 서울: 조명문화사.

하트, 데이비드(2018). 공직윤리 핸드북(제10장 우리 존재 가능성에 대한 이상: 건국가치, 선서, 및 미국적 덕성인). 신충식, 김종술, 김성준 외 행정사상과 방법론 연구회 옮김. 서울: 조명문화사.

한승연(2007). 행정관료의 변화에 관한 역사적 연구-관료 임용시험제도를 중심으로. 한국행정논집, 19(4), 1009-1052.

Barnard, C. I. (1964). *The functions of the executive.* Cambridge, Mass.: Harvard University Press.

Bauman, Zigmunt(1989). *Modernity and the Holocaust.* Ithaca: Cornell University Press.

Caiden, G. E. (1991). What is really maladministration? *Public Administration Review, 51(6):* 486-493.

Cameron, K. & R. E. Quinn. (2006). *Diagnosing and Changing Organizational Culture: Based on the Competing Values Framework.* Beijing: China Renmin University Press.

Cooper, Terry L. (1990). *The responsible administrator*. Jossey-Bass.

Cooper, Terry L. (2004). Big questions in administrative ethics: A need for focused, collaborative effort, *Public Administration Review,* 64(4): 395-407.

Cooper, Terry L. & Menzel, Donald C. (2013). *Achieving ethical competence for public service leadership*. New York: M.E. Sharpe.

Denhardt, Kathryn G. (1988). The Ethics of public service: Resolving moral dilemmas in public organizations. New York: Greenwood Press.

Derrida, Jaques(1992). *Given Time: 1. Counterfeit money*. Trans. Peggy Kamuf. Chicago: University of Chicago Press.

Frederickson, H. George & Hart, David. K. (1985). The public service and the patriotism of benevolence, *Public Administration Review*, (45): 547-554.

Holmes, Oliver Wendell, Jr. (1991). *The common law*. New York: Dover.

Hummel, Ralph (1986). *The bureaucratic experience*. New York: St. Martin's Press.

Jaques, E. (1976). *A general theory of bureaucracy*. New York: Halsted Press.

MacIntyre, Alasdair(1981). *After virtue*. Duckworth, Gerald & Company, Limited.

March, James(1994). *A primer on decision making: How decision happens*. New York: The Free Press.

Marini, F. M. (1971). *Towards a new public administration: The Minnowbrook perspective.* Pennsylvania Scranton: Chandler Publishing Co.

Milgram, S. (1974). *Obedience to authority: An experimental view*. New York: HarperCollins.

Ostrom, Vincent(1974). *The intellectual crisis of American public administration*. (2nd ed.). Tuscaloosa: University of Alabama Press.

Ramos, A. G. (1981). *The new science of organizations: A reconceptualization of the Wealth of the Nations*. Toronto: University of Toronto Press.

Riggs, Fred(1973). *Prismatic society revisited*. General Learning Press.

Rohr, John(1986). *To run a constitution.* University Press of Kansas.

Rohr, John(1998). *Public service, ethics, and constitutional practice*. University Press of Kansas.

Thompson, Dennis F. (1985). The Possibility of Administrative Ethics, *Public Administration Review,* 45(5): 555-561.

Waldo, Dwight(1980). *The enterprise of public administration*. Novato, CA: Chandler & Sharp Publishers, Inc.

Whitbeck, Caroline(1996). Ethics as design: doing justice to moral problems, *The Hastings Center Report*, 26(3): 9-16.

Whyte, W. H. Jr. (1956). *The organizational man*. New York: Simon & Schuster.

Wildavsky, Aaron(1988). Ubiquitous anomie: public service in an era of ideological dissensus, *Public Administration Review,* 48: 753-755.

제2장 윤리적 의사결정의 이론과 실제

생각해 보기

1. 성찰적 행정인이 활용할 수 있는 윤리원칙을 "공리"(功利), "의무", "덕"의 차원으로 구분할 수 있는가?
2. 윤리적 의사결정 과정에서 우리는 무슨 계기로 사유하게 되는가?
3. 윤리적 의사결정 과정은 윤리관리로서 설계적 접근방법과 어떤 관계에 있는가?

제1절 행정윤리의 탄생

학문 분야로서 '행정윤리'의 역사는 아주 짧은 편이다. 1970년대 초반 미국이 월남전에서 철수하고 이어서 발생한 워터게이트 사건이 행정윤리의 탄생에 지대한 영향을 미쳤다. 1973년 10월 20일에 발생한 이른바 워터게이트 사건에서 "토요일 밤의 대학살"로 당시 대통령이었던 닉슨이 물러나게 된다. 워터게이트의 특별검사인 아치볼드 콕스가 조사 중인 사건과 연관이 있는 닉슨 대통령의 녹음테이프를 제출하라는 소환장을 발부하게 되는데, 이에 대통령은 법무부 장관 엘리엇 리처드슨에게 그 특별검사를 즉각 파면하라는 명령으로 응수한다. 리처드슨도 그 명령에 따르기를 거부하고 돌연 사직해 버린다. 마찬가지로 법무부 차관이자 차기 승계자인 윌리엄 러켈스하우스도 콕스의 해임에 반대하면서 자신의 해임을 기꺼이 받아들인다. 결국 수석검사 로버트 보크가 법무부 장관 서리로 임명되고 대통령의 명령을 이행하게 된다. 특별검사 콕스를 해임하라는 대통령의 명령에 그 누구도 희생하려 들지 않아 한 명은 사직하고 다른 한 명은 해임되었다. 다만 보크 혼자서 그 직분을 순순히 받아들이고 명령에 따랐다. 아마도 보크는 자신의 가치, 신념, 태도에 심각한 위협이 되지 않는다고 생각했기에 대통령의 명을 따랐을 것이다.

엘스버그 박사에 의해 만천하에 드러난 베트남 전쟁에서 미국의 치명적인 정책실패와 워터게이트 사건이 지금까지 당연시되었던 과학행정의 패러다임에 의한 윤리공백을 진지하게 반성하는 계기가 된 것이다. 미국에서 윤리공백에 대한 성찰은 정확히 1960년대 말과 1970년대 초반 '신행정'(New Public Administration) 운동을 표방했던 35세 이하의 소장학자들에 의해 공론화되었다. 1968년 행정철학자 드와이트 왈도가 주도한 미노브룩 회의(Minnowbrook Conference)에서 처음으로 조직적인 모습을 드러낸 신행정운동가들은 다수의 행정인이 정책결정 과정에는 관여하지 않고 다만 상부의 지시를 집행하는 가치중립적 태도를 문제 삼았다. 이어서 그들은 시대의 현안들에 대한 공공행정의 적실성, 민주적 행정, 행정 분야에서의 공정성 및 윤리적 기획으로서 공공행정의 가능성을 제창했다. 더욱이 이 소장 행정철학자들은 행정인의 역할에서 시민의 역할을 배제할 수 없다는 것과 행정으로부터 정치의 분리가 무모함을 강조했다. 모름지기 행정인은 자신이 당면한 현실을 두고 행정재량의 불가피성을 수용해야 한다는 것이다. 행정의 정치적 성격을 감안할 때 투철하고 책임감이 있는 행정인은 자신의 행동을 주도하는 어떤 가치, 신념 또는 입장에 헌신할 수 있는 사람이어야 한다. 나아가 그는 공조직 자체가 꾸준히 어떤 유연성을 발휘하고 일상적인 변화에 기민하게 대처할 수 있는 조직으로 이끌어 가야 하는 책임도 함께 져야 할 것이다.

신행정운동에 대한 평가는 추후 더 엄밀하게 이루어져야겠지만, 이 운동이 지난 50년 사이 행정 분야에서 윤리 중심의 연구가 자리 잡는 데 결정적으로 기여한 점은 분명해 보인다. 다원주의 사회에서 신행정운동의 지지자들은 행정인이 공공정책을 결정하고 집행하면서 전문직업상의 윤리원칙이라 할 수 있는 사회형평의 원리와 시민의 참여에 따라서 재량권을 행사하는 데 헌신할 수 있어야 한다고 역설한다.

일반적으로 행정윤리는 선출직 공직자나 임명직 공직자가 복무하는 영역에 따라 공직윤리, 정치윤리, 정책윤리로 분류된다. 이 장에서는 주로 행정윤리에 그 무게중심을 두고자 한다. 행정윤리 차원의 공직윤리는 공공선의 전문적인 수호자로서 자신의 내면적인 확신과 일치하는 방식으로 행위할 수 있는 것을 의미한다. 그러기 위해서 공직자는 자신의 행위에 대해 확고한 주체적 입장을 견지하면서 객관적인 설명책임과 전문직업인으로서 자기 가치 및 원칙에 일치시켜 나갈 필요가 있다. 이를 위해 책임 있는 행정인은 자신의 실무능력 못지않게 윤리역량을 갖출 필요가 있다. 즉, 행정인은 자기 행위가 공공의 이익에 복무하는 방식에 관해 일반 시민을 설득할 수 있도록 윤리적으로 정교해져야 하며, 전문직업인으로서 인품의 일관성을 유지할 수 있도록 자신의 윤리적 약속을 명확히 드러낼 수 있어야 할 것이다.

윤리가 의무, 결과, 궁극적 목표를 두고 실질적인 추론의 과정을 거치게 되는 것처럼, 행정윤리 역시 자신이 처한 현실을 '팩트'에 의거해 세 가지의 궁극적인 윤리원칙인 공리, 의무, 덕을 적극적으로 활용함으로써 현명하게 결정하고 판단하는 과정이라 할 수 있다. 행정학이 근본적으로 의사결정의 학문이라는 허버트 사이먼의 명제에서 볼 때, 모든 행정연구는 윤리적 의사결정과 밀접한 연관이 있다. 사실 모든 결정에는 윤리적 차원이 수반된다는 점에서 행정윤리는 행정학의 가장 현실적이고 복잡한 영역이라 할 수 있다. 예를 들어, 어떤 공공조직의 안녕, 근무자의 실천 및 한 사회의 공적 행복은 이 조직의 관리자들이 내리는 윤리적 결정에 심대한 영향을 받지 않을 수 없다. 최근 우리나라에서도 검찰개혁을 두고 국회 법제사법위원회의 청문회에서 벌어진 뜨거운 논란은 윤리적 의사결정을 통한 윤리적 행동에 투신하는 것이 얼마나 외롭고 위험천만한 일인지를 생생히 보여 주고 있다. 이처럼 행정 분야에서 윤리적 의사결정은 자체의 긴박한 '윤리적 상황'에서 이루어진다. 곧바로 무엇이 윤리적 상황이고, 이 상황을 '윤리적'이도록 하는 차원은 무엇인가의 질문들이 떠오른다. 이른바 "윤리적 의사결정"(Ethical Decision Making)이란 행정현안을 두고 일부 원칙, 규범 및 가치들이 서로 충돌할 경우에 "현명하게 판단하는 행위"(the act of judging wisely)이다. 윤리적 의사결정 과정에서 우리는 '팩트'를 중요시하는 접근방법을 편의상 윤리적 의사결정의 기술(記述)모형이라 하고, 행정인이 여러 공직가치를 고려하며 의사결정에 이르는 과정을 처방모형이라 한다. 재판과정에서 법의 8할은 "팩트"에 있다는 격언처럼, 관건은 문제시되는 윤리상황을 최대한 정확히 분석하고 기술해 냄으로써 규범적 판단에 도달하는 데 있을 것이다.

그러나 조직 내에서 기술적, 처방적, 윤리적 의사결정만으로 어떤 사안이 해결되지는 않는다. 조직 내 중대한 윤리현안에 효과적으로 대응하기 위해서는 윤리적으로 이루어진 결정을 사회적·조직적 맥락에 의거해 최대한 숙의하면서 실행에 옮겨야 할 것이다. 우리는 이러한 과정을 미국의 대표적인 행정윤리학자 테리 쿠퍼의 용어에 따라서 "설계적 접근"(the design approach)이라 부를 것이다. 윤리문제를 현장상황을 고려해 실천에 옮기려는 접근법을 설계할 때 무엇보다 조직의 구조와 문화를 진지하게 고려할 필요가 있다. 즉, 조직의 위계구조가 너무 탄탄한 것은 아닌지 또는 조직 내에서 하급자가 이의를 제기할 수 있는 창구는 갖추고 있는지를 윤리적 행동에 앞서 검토해야 한다. 이처럼 일종의 전략적인 사고가 수반되는 과정이 곧 조직의 윤리관리(ethics management)이다. 여기서 윤리관리나 설계적 접근방법은 자칫 조직을 통제하려는 것으로 오해받기 쉬운데, 사실은 윤리적 행동을 지지하는 쪽으로 조직을 변화해 가는 행동양식의 설계와 관련이 있다. 조직 내 윤리관리의 궁극적인 목적은 윤리역량(ethical competence)의 고취, 즉 공공서비스 기관에서 처리하는 여러 업무에 배어 있는 윤리감수성과 윤리의식을 가질 수 있게 하는 것이다.

그래도 여전히 문제는 남는다. 기본적으로 윤리가치가 개인적 측면이 강한데 과연 조직 내에서 표현될 수 있을 것인가? 어떤 근무자는 조직 내 상황과 거의 무관하게 늘 윤리적으로 행동하지 않는가? 공공조직 내 윤리논의가 생산성, 직원 사기진작, 문제해결에 거의 기여하는 바가 없다는 속설도 있다. 윤리나 도덕교육은 밥상머리에서나 하는 것이지 어떤 조직이나 단체가 심도 있게 학습하거나 가르치기 어렵다는 의견도 있다. 나아가 윤리정책을 공개적으로 작성하고 보급하는 것보다 조직 또는 조직의 지도자가 떠맡아야 할 더 심각한 책임이 있다면 어떻게 할 것인가? 이렇듯 조직 내 윤리관리가 해명해야 할 불투명한 부분이 많지만, 실제 근무현장에서 무엇이 윤리쟁점인지를 감지하고 자신이 처한 윤리적 상황을 기술하면서 대안적 행동방침을 확인해 가는 윤리적 의사결정을 가장 기본적인 윤리원칙들, 예컨대 의무론이나 목적론에 준해서 내릴 수 있다는 것과 조직의 여러 복잡한 상황을 충분히 반영해서 그 결정을 실행에 옮길 수 있다는 사실은 윤리적 의사결정 과정과 '설계적 접근방법'을 통해서만 가능한 커다란 진전이라 할 수 있을 것이다. 다음 절에서는 먼저 윤리적 의사결정과 윤리관리에 원용할 세 가지 주요 윤리원칙을 꼭짓점으로 하는 윤리삼각형을 중심으로 검토해 볼 것이다.

제2절 행정윤리의 세 원칙: 공리, 의무, 덕

윤리의 가장 단순한 정의는 행위의 원칙이다. 누구에게나 각자 자신만의 궁극적인 행위의 원칙이 있기 마련이다. 여기서 궁극적이라 함은 그 누구도 피해 가지 못하고 대면할 수밖에 없음을 의미한다. 이 세 가지 원칙으로 행동의 동기, 결과 및 덕 또는 맥락을 들 수 있을 것이다. 어떤 근무자는 자기 행위의 순수하고 선한 동기를 가장 먼저 고려할 것이다. 다른 근무자는 자신의 업무를 이행하는 과정에서 빚어질 결과에 대한 책임에 민감할 수 있다. 두 근무자가 보여 주고 있는 행위의 동기와 행위의 결과는 공히 중요하다. 이에 대한 가장 실질적인 입장은 독일의 사회과학자 막스 베버(Max Weber, 1864-1920)에게서 찾아볼 수 있다. 베버는 1919년 독일이 제1차 세계대전에서 패배한 이후 '자유학생연합'을 대상으로 행한 '직업으로서의 정치'라는 제목의 강연에서 행위의 윤리원칙을 크게 두 유형, 즉 '신념윤리'와 '책임윤리'로 구분했다.

베버에게 신념윤리란 신념의 실현이 가져올 수 있는 결과물에 대해서는 아랑곳하지 않은 채로 이 신념의 실현 그 자체에만 매진하는 경우이다. 순수한 신념윤리 또는 선한 의지를 따르고자 하는 행위자는 모든 정치행위에 개입되어 있을지도 모르는 불순한 의도를 의식하지 못할 수도 있다. 결국 이러한 행위자는 신념 실현의 실제 결과가 자신의 선한 의도와 어긋났을 경우, 신념윤리가는 결과에 대한 책임이 자신에게 있지 않고 다른 사람들에게 있다고 말하게 된다.

이에 반해 '책임윤리'는 인간이 어리석고 비열할 수 있음을 인정한다. 따라서 책임윤리를 강조하는 행정인은 자기 행동의 결과에 대한 책임을 져야 한다는 원칙에 따라 행동하는 사람이 된다. 예를 들어, 신념윤리가가 사회질서의 불공정성에 대한 저항감과 같은 순수한 신념의 불꽃에만 책임감을 느끼는 데 반해서, 책임윤리가는 인간이면 누구나 가지고 있는 평균적 결함 가능성을 충분히 인지하고 있으며, 자신의 행동결과를 다른 사람에게 뒤집어씌울 수 없다고 생각한다. 누군가가 "이런 결과가 나온 것은 내 행동에 책임이 있다."라고 당당하게 밝히고자 할 때 지난 탄핵정국에서 보듯이 당연히 큰 용기가 필요하다. 물론 신념윤리는 무책임과 동일시될 수 없고, 책임윤리는 무신념과 동일시될 수 없다.

나아가 베버는 공무를 담당하는 누구나 이 두 원칙 사이에서 발생하는 윤리의 역설을 자각하고 있어야 한다고 했다. 이 역설의 압박에 짓눌려 '그 자신'이 변질된다면 이는 자기 책임임을 자각해야 한다. 무릇 행정인은 자신이 합법적으로 행사하게 될 일종의 강제수단에 잠복해 있을지도 모르는 악마적 힘들과 관련될 수 있음을 늘 자각해야 한다. 관건은 양 원칙 사이에 빚어질 수밖에 없는 역설을 어떻게 적절히 아우를 수 있는가에 있다. 이렇게 볼 때 신념윤리와 책임윤리는 서로 적대적 대립관계가 아니라 보완관계에 있다. 이 두 윤리를 함께 아우를 수 있을 때 행정인으로서 소명을 다할 수 있는 참다운 인간이 될 수 있다. 이렇게 볼 때 그의 소명은 자신이 제공하려는 것에 비해 세상이 너무나 어리석고 비열하게 보일지라도 이에 좌절하지 않을 자신이 있는 사람과 어떤 상황에 대해서도 '그럼에도 불구하고'라고 말할 수 있는 사람이다. 예를 들어, 어떤 행정인이 상관의 지시를 되묻고 이의를 제기하며 '그럼에도 불구하고'라고 할 수 있으려면 자기 이성을 과감하게 사용할 수 있는 용기가 필요하다.

막스 베버의 용어로 윤리삼각형을 표현하자면, 세 번째 꼭짓점은 행정인이 대면하게 될 신념윤리와 책임윤리 사이의 역설적이고 보완적인 관계에서 적절한 균형감각을 발휘하는 지점이다. 베버에게서 균형감각이란 "내적 집중과 평정 속에서 현실을 관조할 수 있는 능력, 즉 사물과 사람 사이에 '거리'를 둘 수 있는 능력"이다. 균형감각에 해당하는 독일어 "아우겐마스"(Augenmass)는 문자 그대로 일종의 '눈대중'이다. 행정인이 갖추어야 할 자질로서 균형감각은 일종의 분별 있는 관찰자의 입장에서 비롯된다. 무엇보다 관찰자에게는 어떤 일이 벌어지고 있는가를 알려고 자신의 목적과 계획에 편향되는 것을 막기 위해 여과된 정보가 필요하다. 분별 있는 관찰자에게 중요한 도덕능력은 자신이 머릿속에서 그리는 상황에 처한 사람들 각각의 처지와 느낌을 생생하게 상상할 수 있는 힘이다. 따라서 베버는 현실에 대한 거리감 상실이 "정치적 무능"이자 "모든 공직자의 가장 큰 죄과 가운데 하나"라고 단언한다.

이러한 의미에서 베버적 의미의 윤리삼각형은 신념윤리와 책임윤리라는 두 꼭짓점과 이들 사이의 균형감각이라는 세 번째 꼭짓점으로 이루어진 삼각형이다. 따라서 행정인의 바람직한 품성으로 신념윤리의 발로인 열정(Leidenschaft), 책임의식, 균형감각을 들 수 있다. 이 열정과 균형감각 둘 다를 가지고서 단단한 널빤지를 강단이 있으면서도 조심스럽게 조금씩 뚫어 가는 작업이 행정인의 본분이 될 것이다. 이러한 작업과정에서 '열정'은 널빤지를 뚫어 내는 추동력이 되고, '균형감각'은 단단한 널빤지를 망가뜨리지 않도록 하는 신중함이 되며, 여기서 '널빤지'는 실제 행위당사자를 이러지도 저러지도 못하게 하는 복잡미묘한 이해관계와 가치들이 뒤얽혀 있는 윤리적 딜레마의 현안이다. 이는 분명 냉혹한 권력투쟁의 장이면서 동시에 궁극적인 가치, 신념, 태도가 각축하는 장이라 할 만하다. 지금까지의 논의를 아래와 같은 윤리삼각형으로 나타낼 수 있다.

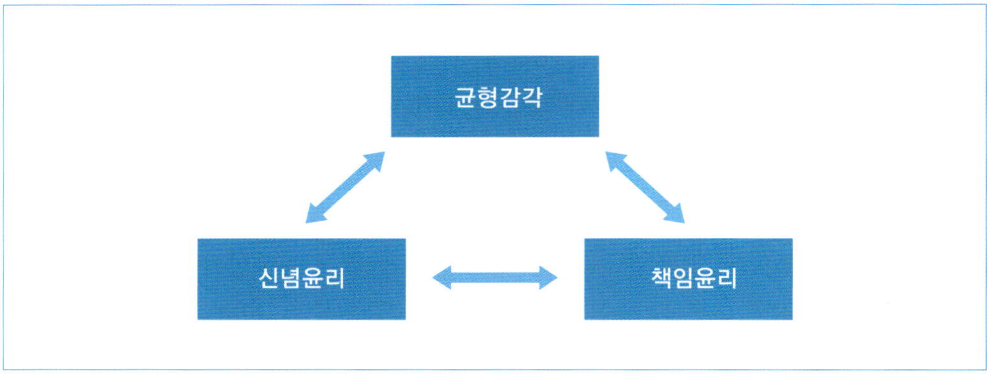

[그림 2-1] 베버의 윤리삼각형

이제 본격적으로 윤리의 세 기본원칙을 중심으로 윤리삼각형을 구성해 보도록 하자. 행정윤리의 맥락에서 윤리삼각형은 윤리적 의사결정을 위한 일종의 도구상자(toolbox)이다. 이 상자에는 자신의 필요에 따라서 자유자재로 꺼내 쓸 수 있는 세 가지 윤리원칙 또는 이성이 들어 있다. 예컨대, 한 행정인이 상사의 명령에 대해서 '그럼에도 불구하고'라고 말하는 일은 상황의 재해석을 의미하므로 사실 용기가 필요한 순간이다. 이처럼 이의를 제기할 수 있는 능력, 즉 자신의 이성을 사용할 수 있는 능력이나 용기를 18세기 계몽주의 철학자 칸트는 "사페레 아우데!"(*Sapere Aude!*)라 부른다. 이는 곧 나 스스로 어떤 후견인의 도움 없이 자신의 이성을 사용할 수 있는 능력이자 용기이다. 이러한 용기를 내는 순간이 바로 사유(thinking)이다. 그래서 정치이론가 한나 아렌트는 공무원의 무사유(無思惟, thoughtlessness)를 가장 경계한다. 아렌트가 예루살렘의 법정에서 나치 전범 아이히만을 지켜보며 가졌던 강렬한 인상은 그가 아주 정상이었으며, 평범하면 평범했지 전혀 악마적이거나 괴물 같지 않았다는 사실이다. 아이히만의 유일한 특징은 어리석음보다는 무사유였다. 그는 틀에 박힌 과정이 아닌 상황에 직면할 때는 무기력했으며 상투적 문구를 사용하는 언어'습관'으로 자발적인 사유능력에 심각한 곤란을 겪고 있었다. 다른 사람의 처지에서 사유하지 못하는 무능력은 현실적으로 우리가 마치 벽을 상대로 말하는 것과 다를 바 없다. 이러한 점에서 고분고분한 성정을 무작정 좋게 보는 우리네 풍토도 자칫 무사유를 조장할 수 있다.

아이히만뿐이겠는가? 잠시라도 '멈추어 서서' 사유할 짬을 내기 어려운 현대인 역시 일상생활에서 사유의 부재에 직면한다. 사유의 갈증을 풀어 줄 수 있는 영역이 바로 이성이다. 자기 상사에게 '그럼에도 불구하고'라고 이의를 제기하며 현상세계로부터 물러나 앉아 자신과 조용히 대화하려는 일이야말로 이성에 기반을 두고서 의미를 추구하려는 사유의 과정이다. 사실은 정부에서 제공하는 모든 공공서비스의 운용체계 역시 이성의 사용에 뿌리를 두고 있다. 그렇다면 행정인은 어떤 범주의 실천이성을 활용할 수 있는가?

대체로 행정인이 이성을 사용한다 함은 과학, 종교, 정부 차원의 권위에 의지하기보다는 스스로 생각할 수 있음을 의미한다. 그의 이성 사용이 무슨 대수인가 하겠지만, 이는 가령 직장상사로부터 어떤 명령이 떨어졌을 때 아무 생각 없이 바로 실행에 옮기지 않고 이를 곱씹어 보며 해석하는 결단의 순간처럼 결코 간단한 사안이 아니다. 단순히 권위에 순응하지 않고 자신이 처한 상황을 재해석하려는 행정인 특유의 감수성과 실천이성은 윤리적 난국을 헤쳐 나가는 데 필수적인 요소이다. 다시 말해서 공공업무는 특정 사례가 어떤 법조항에 저촉되고 왜 그런지에 대한 정치적 · 윤리적 판단을 통해 이루어질 수 있다. 따라서 자신의 이성을 사용하는 일은 용기 있는 행위임이 분명하다. 성찰적 행정인이 활용할 수 있는 윤리원칙은 "공리"(功利), "의무", "덕"의 차원으로 구분될 수 있다.

첫째, 공리의 원칙은 가능한 한에서 사적 이익의 축적을 그 목표로 한다. 영국의 공리주의 철학자 벤담에 따르면, “옳고 그른 것의 척도는 최대 다수의 최대 행복이다.” 이러한 공리의 원칙은 다른 사람 또는 집단과 의사소통적인 교섭을 할 때 자신의 이익을 극대화하고 비용을 최소화하려는 공리의 계산(utility calculus)을 중심으로 작동한다. 시장사회에서 공리의 추구는 자연스러운 출발점이 되었다. 이 상황에서의 합리성은 부분적으로 자신이 원하는 것이나 합리적인 선택수단에 의해 결정된다. 당연히 여기에 원용되는 합리성은 목적적 · 도구적 합리성이 될 것이다. 오늘날 경제학, 사회과학 전반, 정책결정 과정에서 선호하는 합리성이 합리적 선택모형에 의존하고 있음은 자명한 일이다.

윤리적 판단에서 유용성(utility)이나 결과의 범주를 채택하는 방식을 “목적론적 접근법”이라 한다. 공리(功利) 또는 유용성 원리에 필요한 점은 어떤 특정한 행위나 규칙이 전 사회성원에 미치는 상대적 혜택과 부담을 개략적으로나마 양을 기준으로 측정해 총합을 내 보는 것이다. 공리의 원칙은 가능한 한, 사회의 많은 구성원(“최대 다수”)을 위해 악보다는 선의 순균형(“최대 행복”)을 극대화하는 것이다. 결과는 의사결정자의 관점에서나 광범위한 사회적 합의, 예를 들면, 정부기관 또는 일반 대중의 관점에서 상대적으로 좋거나 나쁜 것으로 판단될 수 있다. 정부가 최근 코로나 바이러스의 확산을 차단하기 위해 국민이 누릴 수 있는 이동의 자유를 제한해서라도 사회적 거리두기를 강행하는 과정이 공리주의 원칙의 적절한 사례라 할 수 있다.

공리주의 추론방식은 대체로 ‘행위공리주의,’ ‘일반공리주의,’ ‘규칙공리주의’로 구분된다. 행위공리주의는 행위 자체가 행위의 실제 결과 또는 기대된 결과로 판단되는 것을 의미한다. “내가 만약 특수한 경우에 어떤 개별행위를 한다면 공동체에 미치는 결과는 무엇인가?”에 대답해야 하는 행위공리주의는 행정인이 채택하기에는 효율적이지 않은 기준이 될 수 있다. 행위자는 일련의 유사한 행위들 가운데에서 모든 행위의 혜택과 부담을 산정할 필요가 있기에 그러하다. 나아가 일반공리주의는 모두가 유사하게 행동할 때 공동체를 위한 결과는 무엇이 되는지에 대해 행위자에게 답할 수 있어야 한다. 여기서 문제는 불완전한 정보를 가지고 있는 상황에서 모든 사람이 똑같이 행동하기를 기대하는 일은 그야말로 비현실적일 수 있다는 점이다. 마지막으로 규칙공리주의가 일관된 규칙적용으로부터 발생하는 결과의 집약을 다룬다는 점에서 흥미롭다. 여기서 관건은 이러저러한 경우에 규칙이 적용되면 어떤 규칙이 최대의 선(善)을 증진할 수 있는가이다. 규칙공리주의의 장점은 어떤 특별한 행위가 최적에 못 미치거나 심지어 해로운 결과를 가져옴에도 일관된 규칙적용이 최소의 결정비용으로 최적의 결과를 산출할 수 있다는 것과 모든 경우에 있어서 진정한 선의 재검토를 불필요하게 만들기에 행위를 단순화하고 능률성을 높일 수 있다는 데 있다.

그렇다면 공리주의 관점에서 행위자의 윤리적 책임은 무엇인가? 이는 물론 결과에 따라서 판단된다. 실수를 범하는 일이 비윤리적이 아니라고 말할 수 있으나, 정황은 이러한 판단을 바꾸어 놓을 수 있다. 예를 들면, 행위자가 충분한 시간이 없어서 요인들에 대해 정확히 평가할 수 없음은 아마도 비윤리적 행위의 책임에 대한 변명이 된다. 충분한 분석이 이루어질 수 있었더라면 이러한 요인들은 결과에 영향을 미쳤을 것이다. 결정 요인들의 영향을 예측하고 산정할 도덕적 의무는 행정가가 그 요인들이 초래할 결과를 합리적으로 예측할 수 있을 때만 발생한다. 따라서 모든 결과는 지금 당장 합리적으로 가용한 지식이 주어질 때, 즉 시간, 비용, 수중에 있는 분석 도구의 제약이 주어질 때 어떤 일이 일어날 수 있는가의 측면에서 고려되어야 한다. 요컨대, 전문직업적 일반직(a professional generalist)이라 할 수 있는 행정인에게 공리주의 관점에서 윤리적인 측면은 인사, 예산, 근무단위활동 조정, 기획, 다른 관리기능과 관련된 전문지식을 제대로 갖추었을 것이라 기대되며, 더구나 부족한 지식이 있다면 이러한 분야의 기능을 개선해야 하는 것이 윤리적으로 요구된다.

지금까지의 논의를 정리하자면, 첫째, 행정과 정책결정의 결과를 예측하는 능력을 향상하는 기법이 앞으로 비약적으로 발전하게 될 것이다. 이러한 점에서 정책분석은 바로 의사결정의 기초가 되는 이런 유형의 합리적 결과분석연구를 보장할 수 있도록 "과학"으로 변모하고 있다. 둘째, 공리주의 차원에서 공공조직 내 실험의 장려와 체제의 안정적 유지 사이에서 선택의 어려움에 직면하게 될 것이다. 이 두 가지 사실은 목적론적 가치의 또 다른 조합을 끌어내는 경쟁적 산물이다.

이에 반해서 두 번째 윤리원칙은 칸트의 실천이성, 즉 의무론적 입장이다. 개인 차원의 실천이성을 강조하는 칸트에게는 행위 결과보다 행위의 선한 동기와 개별적·공적 자율성이 중요하다. 그에 따르면, 자율적으로 행위 하는 일은 천성이나 사회적 관습에 따라서가 아니라 '내가 나에게' 부여한 법칙(autonomy)에 따라 행동하는 것이다. 이러한 자율적 행위가 곧 자유롭게 행동하는 것이다. 이 관점에서 실천이성은 상황과 무관하게 보편타당한 생활양식을 지향한다. 따라서 두 번째 유형의 실천이성은 공리주의 유형과 달리 그 기준이 "상대적인 당위"가 아니라 보편타당성을 주장하는 정언명령의 원리가 된다.

칸트의 관점에서 볼 때 누구에게나 보편타당한 윤리원칙은 한마디로 인간 '존엄'이다. 윤리적 삶의 유일한 동기라 할 수 있는 존엄은 이성이 자체의 권위를 가지고서 우리 안에 스며드는 유일한 감정이다. 칸트는 이러한 감정에서 양심의 목소리를 듣는다. 동시에 그는 이 감정에서 이기적 만족을 추구하는 인간의 탐욕을 본다. 그래서 그는 인간의 순수의지를 어떤 욕망에도 기울지 않게 하는 자유, 즉 자율성으로 이해한다. 자율성이야말로 "인간 본성과 모든 이성적 본성의 존엄 근거"가 된다. 우리는 일반적으로 자유를 자의성, 즉 법에 맞서거나 인간이 어떤 억압과 제약으로부터 해방되는 것으로 생각한다. 하지만 진정한 의미의 자유는 모든 자의성을 극복하는 데 있다. 그러기 위해서 개인은 자기 자신에게 설정한 불가침의 엄격한 법을 따를 필요가 있다. 이것이 곧 이성의 자율적인 속성이다. 다시 말해서 우리는 법 제정과정에 관여하지 않았거나 자신이 승인하지 않은 그 어떤 법에도 복종할 수 없다. 그래서 칸트는 인간이 도덕적으로 행동하는 데는 "선의지"(good will)만으로도 충분하다고 한다.

지금까지 살펴본 공리의 원칙과 의무의 원칙 양자 사이에 아리스토텔레스가 강조한 덕 윤리가 있다. 아리스토텔레스는 인간의 공동생활에 가장 필요한 덕목으로 탁월성의 측면에서 서로 닮은 사람들 사이에 이루어지는 "우애"(philia)와 사람들에게 올바르게 행동하도록 하고 올바른 것을 원하도록 하는 "정의"를 꼽는다. 흥미롭게도 기원전 4세기에 활동했던 아리스토텔레스(384~322, B.C.E.)도 베버의 균형감각과 유사하게 절제, 용기 및 탁월성의 발휘 과정에서 중용의 중요성을 강조했다. 예를 들어, 무슨 일이든 회피하고 두려워하며 어떤 자리도 지켜내지 못하는 사람은 비겁한 사람이 될 것이다. 반대로 무슨 일이든 두려워하지 않으면서 모든 일에 뛰어드는 사람은 무모한 사람이 되기에 십상이다. 마찬가지로 모든 즐거움에 탐닉하면서 어떤 것도 삼가지 않는 인간은 무절제한 존재인 반면에, 즐거움이라면 모두 피하는 사람은 일종의 목석 같은 존재이다. 그러므로 절제와 용기는 과잉과 결핍에 의해서는 파괴되고, '중용'에 의해서는 보존된다(아리스토텔레스, 『니코마코스 윤리학』, 1104a). 판단의 지혜를 위해서는 추상적인 이론과 실질적인 기능, 즉 선(善)에 관한 지식을 익히는 것과 선으로 나아가는 길을 몸소 경험하는 것의 통합이 중요하다. 아리스토텔레스에게 윤리적 결정은 "실천적인" 결단이다. 이는 여러 선(善)이론을 통합하는 숙의 과정을 거쳐서 실천에 옮기는 과정의 결과물이다. 아리스토텔레스처럼 윤리모형에 준해 구체적인 업무상황에서 전문직업인의 책임을 정립하려는 과정을 "운영상의 윤리"(an operational ethic)라 부르기도 한다. 운영상의 윤리가 시간이 지나면 어떤 사람의 전문직업적 품성의 실체가 된다. 이 품성은 특정한 방식으로 행동하게 하는 경향이나 성향(predisposition)을 만든다. 이것이 '품성'(character) 또는 덕이라는 용어의 의미를 이해하는 일상적인 방식이다.

행정인이 윤리적 딜레마의 상황에 처할 경우에 여러 가지로 곤혹스럽겠지만 여전히 중요한 점은 무엇을 해야 하며 왜 고민을 하고 있는지를 분명히 하는 일이다. 따라서 심각하고도 위태로운 충돌의 와중에 행정인 자신이 스스로 설명책임을 유지하려는 방안을 모색하는 것이 관건이다. 가장 기본적인 의미에서 우리는 바로 이러한 종류의 분석적이고 규범적인 성찰을 통해 운영상의 윤리를 만들어 내고 청렴성을 개발하며 책임 있는 행동을 견지하게 된다. 능동적 설계과정으로서의 운영상의 윤리는 행정인이 심각한 갈등, 긴장, 불확실성, 모험을 다루어야 하는 정황일 때 항상 발생하는 지속적 과정이다. 그는 크고 작은 특정 윤리적 딜레마를 해결하려고 자기 책임의 내용과 소재를 명확히 규정할 때 스스로 윤리적 정체성을 갖게 되고 품성도 형성하게 된다. 이는 흔히 일관되고 의도적이며 체계적인 성찰 없이 이루어진다. 하지만 반드시 그럴 필요는 없다. 만일 우리가 그리해야 하는 중요성을 인지한다면 윤리쟁점을 다루는 기량은 학습될 수 있고 함양될 수 있다. 윤리문제를 처리하는 일은 시간과 정보의 제약 내에서 우리가 당면하는 특정한 상황을 위한 최상의 행동방침을 설계하는 지속적인 과정이라 할 수 있다. 윤리문제를 처리하는 초기 단계는 정태적이기보다는 역동적인 용어로 윤리를 이해하기 위한 준거틀을 수립하는 것이어야 한다.

지금까지 살펴본 벤담의 공리론, 칸트의 의무론, 아리스토텔레스의 덕 윤리는 또 다른 윤리삼각형을 형성한다. 이 삼각형의 각 꼭짓점은 아래 그림에서처럼 상황에 대한 다른 양상을 설명하고 프레임할 수 있는 분명한 필터를 제공한다.

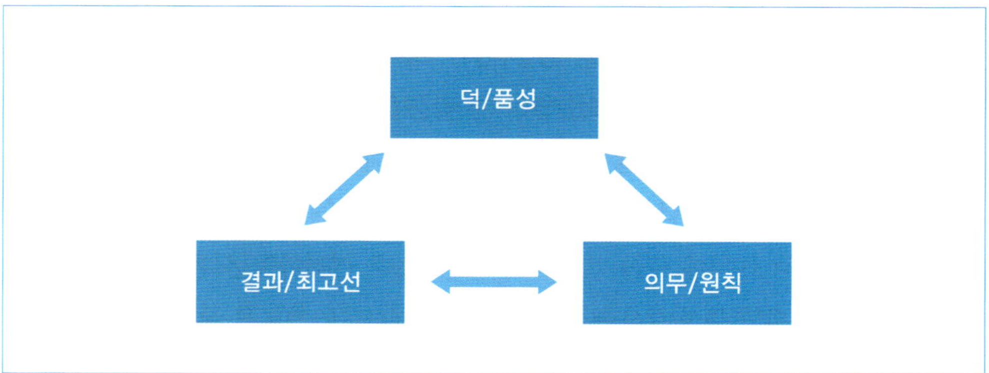

[그림 2-2] 스바라의 윤리삼각형

제3절 윤리적 의사결정의 모형

대부분의 행정인은 특정한 조직의 환경 가운데 자신의 이성을 사용해서 공무에 필요한 의사결정을 내리고자 한다. 그의 의사결정 과정에서 가장 어렵고도 중요한 점은 공적 삶에서 어떤 후견인 없이 자신의 지성과 이성을 사용할 수 있는 용기와 능력이다. 윤리적 의사결정에서 이루어지는 윤리적 판단에서도 이성의 사용, 특히 '이성의 공적(公的) 사용'이 중요하다. 베버가 공직자의 소명의식을 어떤 상황에 대해서도 '그럼에도!'라고 말할 능력이 있는 것이라고 했던 것처럼, 우리가 자신의 이성이나 지성(understanding)을 공적으로 사용하고자 할 때도 큰 용기가 필요하다. 이야말로 한 개인으로서 주체가 모든 것을 비판하고 판단할 수 있는 정신적인 자유의 영역에 속하기 때문이다. 이성의 공적 사용에서처럼 개인의 수준에서 우리는 윤리적 행위방안을 추론하는 데 거의 어떤 어려움도 없지만, 자신의 윤리적 결정이나 판단을 실행에 옮기고자 할 때 문제는 달라진다. 사회제도 내의 집행과정에서 무엇보다 중요한 점은 자신이 소속된 조직의 구조와 문화의 특징에 대한 고려이다. 이는 칸트가 언급하는 '이성의 사적(私的) 사용' 또는 '시민적 자유'처럼 자신에게 맡겨진 어떤 시민적 지위나 공직의 범위 내에서 이성을 사용하는 경우를 의미한다. 이성의 사적인 사용에서는 그 누구도 자신이 속해 있는 제도와 조직의 권위에서 벗어날 수 없다.

행정인의 윤리적 의사결정을 위한 선결 조건은 사유할 수 있는 능력이다. 앞 절에서도 간단히 살펴보았던 것처럼, 나치 시대의 공무원이었던 아이히만이 보인 피상성이 문제였다. 그의 행적들에 내포된 악의 심층적 근원이나 동기를 추적하는 일은 거의 불가능하겠지만, 한 가지 확실한 점은 그가 보였던 피상성이나 어리석음보다는 그 스스로 무사유, 즉 '영혼 없는 공무원'이라는 사실이다.

그렇다면 사유할 때 우리는 어디에 있는가? 영국속담에 "멈춰서 생각하라!"(Stop and think!)라는 말이 있다. 누구라도 멈춰 서지 않으면 생각할 수 없다. 무엇보다 아렌트에게 사유는 물러남이다. 사유는 모습을 드러내는 모든 것에서 물러남으로부터 시작한다. 따라서 사유는 모두에게 현상하는 세계, 즉 공통감에서 물러나 앉는 일이다. 무릇 모든 정신활동은 나타남으로부터의 의도적인 '물러남'을 통하지 않고서는 있을 수 없다. 그렇다고 의도적인 물러남이 세계로부터 완전히 벗어났다기보다는 감각들에 잡히는 현상세계로부터의 물러남이라 할 수 있다.

궁극적으로 행정윤리가 세계에 대한 응답(responsiveness)이라면, 마키아벨리의 주장처럼 우리가 더불어 판단하고 결정하는 기준은 자아에 선행하는 세계가 되어야 한다. 이러한 맥락에서 사유활동은 감각들에 잡히는 세계로부터의 물러남과 동시에 사유하는 자기 자신으로 되돌아감이다. 이렇듯 사유활동은 항상 현상세계의 질서로부터 벗어나 있기에 내 앞에서 친구가 아는 체를 해도 몰라보게 되는 경우가 발생한다. 우리가 무엇인가를 골똘히 사유할수록 조용히 주위 사람들로부터 스스로 물러나 이미 그 자리에 없는 것처럼 행동하는 경향이 있다.

한편 사유하는 자아의 활동에 선행하는 '세계'(world)는 시각이 있어 가시적이고, 청각이 있어 청취 가능하며, 촉각, 후각, 미각이 있어서 만지고 냄새 맡으며 맛볼 수 있다. 이처럼 내가 지각한 사안의 실재는 한편으로는 나와 마찬가지로 지각한 타인들을 포함하는 이 실재의 세계적 맥락을 통해서, 다른 한편으로는 내 오감의 공조를 통해서 보증된다. 우리가 이른바 상식 또는 공통감(sensus communis)은 내가 보고 만지며 맛보고 냄새 맡으며 듣는 동일한 대상을 보증해 줄 뿐만 아니라, 나의 오감이 함께 유지되도록 하는 데 필수적인 일종의 제6감이다. 흥미로운 사실은 이 공통감도 사유능력처럼 공히 보이지 않는 영역을 지향한다는 점이다. 그런데 공통감이 감성의 영역에 속하는 한 이는 우리 신체의 생물학적 조건에서 벗어날 수 없지만, 가장 치열한 정신활동인 사유는 모든 감각이 가능한 나타남의 세계로부터 물러나 과거, 현재, 미래로 확장해 나갈 수 있다. 정신활동이 과거로 되돌아감이 '판단'이라면, 그 활동이 미래로 확장되는 과정은 '의지'의 영역이다. 현재를 중심으로 확장되는 '사유'는 자신과 하나가 되어 자신이 처한 상황에 대한 의미를 추구하게 된다. 사유는 소리로 표현될 뿐만 아니라 명료화되는 말이 필요하다. 무엇보다 사유에는 전적으로 활성화되는 말이 중요하다. 사유가 가장 활동적일 수 있으려면 인류 최초의 경이인 "사유의 대화"(the dialogue of thinking), 즉 나와 나 자신 사이의 소리 없는 대화의 양식을 필요로 한다.

아렌트가 분석한 나치 전범 아이히만은 사유능력의 부재로 판단이 표상하고자 하는 타자를 자신의 눈으로 상상할 수 없었다. 나아가 그는 주관적 자아와 객관적 자아 사이의 암묵적인 대화를 이어갈 수 없었으므로 수용소로 보내지는 유대인들의 처절한 운명에 대해서도 무심할 수 있었을 것이다. 그는 이미 자기 자신을 기계의 단순한 톱니바퀴로 생각하고 있었음이 분명하다.

사유능력의 측면에서 볼 때, 즉 이성의 사용과 관련해 행정윤리는 행정인이 속해 있는 제도와 조직의 권위 내에서 자신의 실천이성을 최대한 공적으로 사용하려는 노력으로 정의될 수 있다. 이는 우리에게 행정인의 윤리적 의사결정을 기술적(記述的)·규범적 관점에서 접근할 수 있는 가능성을 열어 준다. 무엇보다 '있는 그대로의 세계'를 다루는 기술적 차원에서 윤리는 근본이 되는 가정들을 밝혀 이들이 행동과 어떻게 관련되는지를 드러내고자 한다. 여기서 기술모형(記述模型; descriptive model)의 윤리는 어떻게 우리가 일상생활에서 전형적인 방식으로 윤리적 결정을 하는지에 초점을 둔다. 이에 반해 규범 차원의 윤리는 특정한 행동방침이 구체적 상황에서 다른 방침보다 더 낫다는 것을 제시해야만 한다.

기술적 접근방식을 강조하는 윤리적 의사결정모형은 단순히 합리적이거나 원칙 중심적이지만은 않다. 본질적으로 이 모형에 윤리적 의사결정과 행동의 '정서적 차원,' 즉 감정변화의 추이를 반영하는 것이 중요하다. 윤리적 의사결정 당사자가 가질 수 있는 동정심의 크기는 감정을 이입하는 정도와 외부평가에 달려 있다. 예를 들어, 당사자가 갖는 연민, 공포, 분노, 기쁨과 같은 감정들은 분명 믿음과 추론에 근거할 것이다. 행정인의 삶에서 적절한 정서의 함양이 전적으로 중요하다. 일반적으로 정서는 우리가 무엇을 할 수 있는지를 보여 주는 데 유용하며, 그 자체로 도덕적인 가치가 있을 뿐만 아니라 적절한 행동을 촉발하기도 한다.

그러기 위해서는 윤리적 의사결정을 진행하며 시간의 추이에 따른 단선형적인 과정과 자신이 직면한 현안을 복합적으로 고려하는 비선형적인 과정을 동시에 가동할 필요가 있다. 전자는 윤리문제를 지각하고 윤리상황을 기술하며 윤리쟁점을 정의한 후에 가능한 대안들을 찾아보고 그 대안을 선택하는 과정이다. 이에 반해서 후자는 도덕규칙, 윤리원칙, 자아상, 정치공동체의 규범, 공통감각, 취미 등을 포함한 여러 핵심요소의 부합 관계를 탐색하는 과정이라 할 수 있다. 이 과정에서 우리는 심리적으로 불편하거나 의기소침해질 수도 있고, 일부 사안과 관련해 호의적이거나 적대적인 감정을 유발할 수도 있다는 점에서 정서적인 요소와도 관련이 있다. 특히 비선형적인 과정에는 상황에 대한 명확한 이해, 강령이나 가치 하위체계를 인도하는 관련 역할의 이해, 가능한 모든 대안의 고려, 각 대안의 결과에 대한 광범위하고 풍부한 상상력의 투영 및 예견적 자기 평가와 같은 이른바 “도덕적 창의성” 또는 “브레인스토밍”이 요구된다. 브레인스토밍 중에 윤리적 의사결정의 합리적 차원과 정서적 차원이 결합한다. 예를 들어, 상사의 지시사항이나 법이 더는 문제가 되지 않는 경우에 곧바로 마음속 깊이 자리하고 있는 정서가 의사결정의 핵심요소로 작용할 수도 있다.

따라서 행정인이 공공역할을 수행하는 데 윤리적 의사결정의 기술만으로는 충분하지 않다. 오히려 어떻게 윤리적 의사결정을 해야 하는지를 다루는 처방이 더 중요하다. 처방은 윤리쟁점을 다루며 ‘문제의 인지’에서 이를 해소할 ‘행동방침의 설계’로의 이행을 의미하기에 이행과정은 기술과 처방 둘 다 포괄한다. 여기서 중요한 점은 우리가 기술과 처방의 두 행동 사이에서 도덕규칙과 윤리분석 수준의 성찰을 수행하며 스스로 이해하고 필요한 기량을 계발하는 일이다. 우리는 이러한 기술과 처방과의 성찰적 연계를 [그림 2-3]으로 정리할 수 있다.

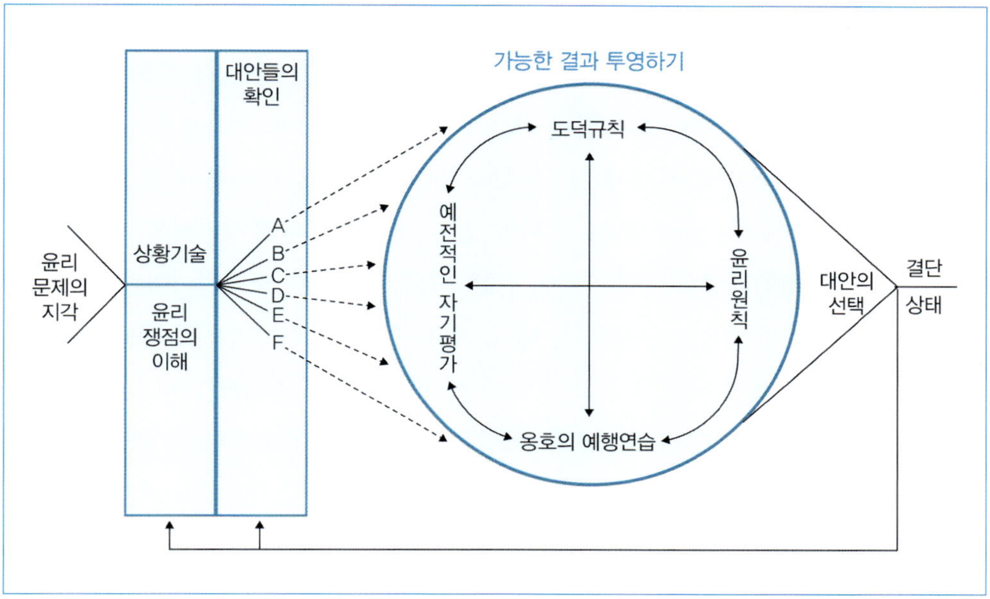

출처: 쿠퍼(2013: 41).

[그림 2-3] 윤리적 의사결정의 처방모형

예를 들어, 윤리적 의사결정 과정은 내가 직장에서 어떤 딜레마 상황을 목격한 연후, 즉 어떤 사건의 발생과정에 연루된 연후에 방금 내게 무슨 일이 일어났는지를 숙고하기 시작할 때 진행된다고 할 수 있다. 먼저 그 일에 관해 나 스스로 일종의 이야기 형식으로 기술할 필요가 있다. 이를 두고 가족을 포함한 다른 사람들과의 소통을 위한 이야기를 준비하는 과정도 윤리적 의사결정을 위한 중요한 사유활동이라 할 수 있다. 물론 같은 경우라도 나 스스로 조용히 숙고한 주제가 직접 나와 연관된 문제라면 훨씬 더 심각하게 받아들여질 것이다. 방법론적으로 나와 나 자신 사이에 이루어지는 사유의 대화는 홀로 있을 때, 즉 현상세계로부터 물러날 수 있을 때만 발생한다. 물론 현상세계에서 우리는 다른 사람들과 함께 존재한다. 나와 나 자신 사이의 소리 없는 대화의 양식인 하나-안의-둘은 친구이고 동료이며, 이 둘 사이의 '조화'를 유지하는 것이 사유하는 자아의 최대 관심사임이 분명하다.

[그림 2-3] 모형은 행정인이 자신의 가치순서를 정하고 윤리적 딜레마에 관한 의사결정 과정을 이해하기 위한 준거틀이다. 이 준거틀은, 첫째, 우리가 시도 때도 없이 무언가에 관한 감정을 쏟아 내고 싶어 하는 표현의 수준, 둘째, 처음으로 진지한 문제가 제기되고 심각한 대답이 제시되는 도덕규칙이나 준칙(maxims)의 수준, 셋째, 도덕규칙이 비효과적이거나 상충할 때 우리의 일상 행동규범의 윤리원칙을 재검토하는 윤리분석 또는 정언명령의 수준, 넷째, 근본적으로 왜 내가 도덕적이어야 하는지를 묻는 윤리 이후의 수준으로 구성된다. 네 층위의 준거틀은 순차적으로 작동하는 것이 아니라, 실제 생활에서 무엇이 좋고 무엇을 해야 하는지를 추적해 가며 상호 교차하는 역동적 과정이라 할 수 있다. 이 분석틀의 이점은 우리가 윤리적 의사결정의 단계에 주목할 수 있도록 한다는 것이다.

윤리적 의사결정 과정에서의 주요 역량은 실제 경험을 이론화하고 일반화하려는 이른바 "운영상의 윤리"의 결과물과 관련이 있다. 구체적인 행정상황에서 전문직업적인 책임을 규정하는 과정과 실제 의사결정에서 윤리문제를 생각하는 기량이 함양되는 과정을 "운영상의 윤리"라 한다. 운영상의 윤리과정을 거치며 우리는 윤리의 가장 중요한 요소인 '진실성'을 이루어 간다. 진실성이란 단일한 성품이나 몇몇 특정한 역할에 제한되는 것이 아니라, 오히려 합리적 분석력, 도덕적 판단, 창의성 및 직관능력을 포괄하는 가운데 세계의 경험을 계속해 나가는 복잡한 상태이다. 결국 행정윤리의 장(場), 즉 행정상의 정치가 이루어지는 제대로 된 '공공성'의 장은 바로 이러한 윤리적 · 도덕적 판단과 결단이 이행되고 축적되는 과정에서 형성된다. 엄밀한 의미에서 윤리적 결단은 의무론적 정향과 결과론적 정향 사이에 완벽한 균형도, 정서적으로 충분히 만족할 수 있는 최상의 합리적 대안도 있을 수 없다. 행정인의 실질적인 판단은 아무래도 이에 근접한 특정 상태에서 이루어진다고 보아야 할 것이다. 이어서 윤리적 의사결정을 어떻게 실행에 옮길 것인지를 고민해 보자. 실행의 주체인 사유하는 나는 고정된 자아가 아니라는 점을 상기할 필요가 있다. 나는 사랑하는 사람들 앞에서는 용감해질 수 있고, 자신의 고용주 앞에서는 소심해지며, 자녀에게 지시할 때는 원칙주의자가 되고, 어떤 비밀스러운 유혹을 받으면 부패하는 성향을 보이기도 한다. 이 '나'는 진지하기도 하고 경솔하기도 하며, 떠들썩하기도 하고 조용하기도 하며, 공격적이기도 하고 쉽게 머뭇거리기도 한다. 그러면서도 이러한 내가 망가지거나 미치지 않는 한, 보통은 우리가 누구인지에 대한 비교적 분명한 감(感)을 가지고 있다는 점에 주목할 필요가 있다. 이 '나'는 끊임없이 또 다른 자신과 침묵의 대화를 이어가는 것이다.

제4절 설계적 접근방법과 윤리적 의사결정의 집행

지금까지 개인 차원의 윤리적 의사결정 과정과 특성을 통해 윤리난국을 분석하는 데 치중했다. 우리는 어떤 결단을 두고 홀로 고심하건 직원이나 상사와 같은 다른 누군가와 논의하건 간에 그 상황을 스스로 기술하고 윤리적 판단을 내리게 된다. 하지만 윤리문제에 당면한 사람이 판단만을 하고 있을 수는 없지 않은가! 행정윤리연구의 초기에는 주로 개별적 의사결정자를 강조한 나머지 윤리적 사고와 행동을 지지할 수 있는 조직을 설계하는 일에는 관심이 미치지 못했지만, 이제는 당장 무엇을 해야만 한다. 우리는 이러한 사실을 주변에서 거의 매번 접한다. 어쩌면 윤리문제에 당면한 행정인은 디자이너처럼 이리저리 많은 생각을 짜내야 할지도 모른다. 개인 수준에서 윤리행동방안을 추론하는 데 무리가 없지만, 조직 수준에서 윤리결정을 실행에 옮길 때 내가 소속해 있는 조직구조와 조직문화가 어떠한지를 적극적으로 고려해야 한다. 설계적 접근방법(Design approach)이란 조직 내의 집행과정에서 자신이 소속된 조직구조, 문화, 규칙, 정책, 절차의 변화를 반영해 행동과정을 설계하는 방식이다.

먼저 다음 상황을 상상해 보자. 모 회사의 환경안전관리 팀장이 사측으로부터 장마

철에 폐수를 무단으로 방류하라는 압력을 받고 있다. 여기서 문제는 내가 사측의 명령을 따라야 하는지가 '예'나 '아니오'로 간단히 대답할 수 있는 사안이 아니라는 데 있다. 위 사례에서 제시한 것처럼 나는 그 지시가 부당하기에 이를 무시할 것인가? 그저 거부할까? 아니다, 이 사실을 누군가에게 보고하는 것이 좋을 것 같군. 그렇다면 회사 내의 결정권자에게 보고할까? 이 어려운 상황을 환경청 담당 부서에 보고해 버려? 그 밖에 무엇을 해야 할까? 이 상황에서 내 선택에 자문을 구할 수 있는 기관은 어디인가? 여러 채널을 가동할 때 예상되는 결과는? 장맛비가 오는 이때 나는 폐수를 어떻게 해야 한다는 말인가? 이처럼 도덕문제에 직면했을 때 마땅히 해야 할 일을 어떻게 시작해야 하는가?

이러한 질문들은 구체적으로 회사 직원, 공중보건 담당 직원, 상사와의 공정성을 논의할 때 매우 심각한 함의를 띤다. 무엇을 해야 할까에 대한 적절한 답은 다양한 요인에 달려 있음을 알 수 있다. 어떤 요인들을 고려하고 평가할 것인지를 학습하는 것 또한 책임 있는 행위의 핵심요소이다. 매일 여러 실무에 종사해야 하는 행정인이 머리만 싸매고 있을 수는 없는 일이다. 무엇보다 그는 자신의 윤리적 고려와 결단을 행위와 조직에 연계해야 한다.

절실한 행위과정을 구체적으로 설계해 보려는 접근방법은 의외로 과학철학자이자 MIT 공학도인 캐롤라인 휘트백(Caroline Whitbeck)에 의해서 도입되었다. 그는 윤리문제와 다년간 대학에서 가르쳐 온 "설계문제"가 이와 흡사한 구도를 가졌음을 발견했다. 우리가 자라나는 청소년에게 적합한 의자 하나를 출시하더라도, 제품의 재질, 스타일, 가격, 인체공학적 설계 등 여러 문제를 고려해야 하는 것처럼, "윤리문제에 당면한 사람은 단순히 판단에만 머무를 수는 없는 일이다. 당장 무엇을 할 것인지를 생각해 내야 한다."

간단히 말해서 설계적 접근방법은 윤리적 결단을 집행하는 과정으로서 우리가 단순한 의사결정 그 이상을 행하지 않으면 안 된다는 점에서 착안한 것이다. 앞서 언급한 폐수문제와 관련해서 요지는 담당 팀장이 상사나 사측의 명령에 따라야 하는지의 여부를 '예'나 '아니오'로 대답해야 하는 단순한 선택사양으로 인식하지 않는 것이다. 올바른 해결책이 유일하게 존재한다는 사실을 부인함으로써 우리에게 최선책은 아니지만 다양한 차선책을 고려할 수 있는 길이 열린다.

윤리문제에 적절히 대응하려는 설계문제의 해법을 위해 다음 사안들을 유의해야 한다고 본다. 첫째, 바라고 있는 행위나 목표를 성취하고, 둘째, 주어진 사양이나 명백한 기준에 따르며, 셋째, 우연한 것에 반해서 이성적인 것으로 확고히 할 필요가 있고, 넷째, 기존의 배후제약들과 일관성을 유지하는 일이다. 그래서 설계문제와 윤리문제의 유비(analogy)가 가지는 의미는 폄하되기 쉬운 윤리문제의 특징들에 주목하도록 한다. 이러한 특징들을 충분히 고려해 조직 내 윤리문제를 떠안고 있는 행정인 역시 설계자(designer)처럼 주도면밀하게 숙고할 필요가 있다. 행위의 설계자로서 행정인은 무릇 자신의 결정을 이행하기에 앞서 구체적 윤리상황에 대한 실상, 예컨대 조직의 구조, 문화, 제약, 기회 및 이 모든 관심사의 함의 등을 진지하게 고려해야 한다.

가능한 모든 대안을 모색해 보는 '윤리적 의사결정'의 과정에 이어서 공공제도의 여러 실제 상황을 고려하고자 하는 '설계적 접근방법'이 필요하다. 윤리문제의 분석에 중점을 두고 있는 윤리적 의사결정모형만으로는 현실 세계의 행정에 제대로 대응할 수 없기 때문이다. 많은 경우에 행정윤리의 성패는 '설계적 접근'에 달려 있다. 어떤 면에서 설계적 접근방법은 특정 조직이 처한 상황을 신중하고 체계적으로 고찰하며 법 또는 사명이나 역사에 뿌리내린 조직의 궁극적인 한계를 이해하려는 노력이다. 윤리문제의 실질적 해결을 위해 어떤 행동은 후원하고 또 다른 행동은 저해하는 조직의 맥락 및 구조를 그 누구도 무시할 수는 없는 일이다.

지금까지 논의를 요약하면 설계적 접근방법은 최상의 윤리적 행동방안의 결정을 뛰어넘는 "윤리적 사고"라 할 수 있다. 이를 통해서 우리의 윤리적 사고는 조직구조와 조직문화를 포함한 조직환경 전반으로 확장된다. 관리자의 가장 중심적인 윤리의무 역시 조직 내의 윤리적 행동을 지지할 수 있는 적절한 환경을 설계하고 관리하는 일이 될 것이다. 최적의 설계란 조직 내에서 개인의 특성, 조직구조, 조직문화 및 사회적 기대와 같은 요소가 균형 잡힌 방식으로 다른 요소들을 강화하는 효과를 극대화할 수 있도록 섬세하게 조율될 수 있는 환경을 조성하는 것이다. 조직의 구조와 문화에 대한 설계적 접근방법이 우리에게 요구하는 바는 자신의 윤리적 추론과 성품 양쪽에 뿌리를 내리고 있는 신중한 판단능력이다. 이 방법을 구체적으로 적용하는 일은 동료나 상사로부터 오는 반발로 많은 고통을 당할 수 있는 매우 복잡하고 까다로운 과정이다. 그래서 무엇보다 요망되는 것은 "행정인의 역할과 자신의 윤리적 행동에 대한 헌신 사이에서의 균형"이라 할 수 있다.

윤리적 의사결정과 설계적 접근방법의 보완적인 관계에서 가장 중요한 쟁점은 "조직 내 윤리적 자율성"의 문제이다. 개인 차원에서 윤리적 자율성은 부패한 권위에 저항하는 양심의 행사를 가능하게 하는 데 얼마간 필요할지 모르지만, 조직 차원에서 윤리적 자율성은 모든 행정인이 항상 대면해야 하는 대단히 심각한 사안이 된다. 이는 곧 조직, 제도, 사회의 맥락에 있는 그가 자기 양심 또는 일반의지를 행사하는 문제이기 때문이다. 즉, 개인이 계층제적 관계에 합류하는 경우에 주로 양심의 제약을 받았던 행동은 적정한 위상과 질서에 맞춰 조정되지 않으면 안 된다. 누군가가 계층구조 안으로 들어서자마자 양심은 움츠러들고 자아는 자기도 모르는 사이에 자율적인 기능에서 조직을 지향하는 기능으로 이행하게 된다.

윤리적 자율성과 정체성의 측면에서 볼 때 한국의 조직사회 구성원들이 윗사람에게는 복종하고 아랫사람에게 명령하는 인간관계나 강한 자 앞에서는 비굴하고 약한 자 앞에서는 큰소리치는 인간형은 일종의 대리인(agent)이라 할 수 있다. 이러한 계층구도에서 아랫사람일 때는 윗사람을 따르지만 윗자리에 올라가면 아랫사람에게 과도한 권위를 행사하는 것 또한 심각한 문제이다. 우리가 흔히 듣는 "모난 돌이 정 맞는다" 및 "억울하면 출세하라"와 같은 여러 속담도 조직 내에서 대리인으로의 전환을 부추긴다. 대리인적 전환의 최종결과는 "사람이 자신에게 명령하는 권위에는 책임감을 느끼면서도 권위가 지시하는 조치내용에 대해서는 일말의 책임감도 느끼지 못한다는 점”이다. 이처럼 행정인은 상부의 권위를 인정하는 면이 너무 몸에 밴 탓으로 조직 내에서 윤리적 자율성을 견지하는 일은 매우 어려우면서도 큰 대가를 치러야 하는 중대 사안임을 알 수 있다. 경력사다리를 올라갈수록 상사를 존중해야 한다는 규범이 관료적 사회화 과정을 통해서 내면화되고 강화되는 경향이 있음은 더 말할 나위가 없다.

그럼에도 조직 차원에서 어느 정도의 윤리적 자율성을 유지하기 위해서 다음과 같은 실천방안을 고려해 볼 수 있다. 첫째, 행정인은 자신이 근무하는 조직에 책임의 한계를 의식적으로 정하고 이 경계선을 넘어서는 윤리적 정체성을 키운다. 둘째, 개인의 권리와 양심을 보호하기 위한 법적 · 제도적 장치가 마련되어야 한다. 셋째, 의식적으로 자기 지각(self-awareness)을 계발할 필요가 있다. 이는 우리가 자신의 직업과 관련된 쟁점에 대해 어떤 입장을 취하고 광범위한 정치적, 철학적, 사회적 관심사 중에서 무엇에 입각하고 있는지 정기적으로 성찰함으로써 가능하다. 넷째, 원칙적 사고를 함양한다. 조직 내에서 윤리적 자율성을 몸소 체험하게 될 때야 자율적 존재로서 인간의 존엄과 이에 따른 책임감도 따르게 된다. 요컨대, 우리 시대가 절실히 요구하는 새로운 윤리적 감수성 또한 조직성원 각자가 윤리적 자율성과 조직 내의 민주적 체험을 거치지 않고서는 기대하기 어려울 것이다. 윤리적 자율성과 관련해 공직생활에서 대면하게 되는 대부분의 윤리적 딜레마가 궁극적으로 외부로부터 강요된 기대로서의 ‘객관적 책임’ 및 자신의 기대와 관계 있는 ‘주관적 책임’ 사이의 충돌에서 기인함을 알 수 있다.

문제의 심각성은 우리의 통제범위를 넘어선 사안에 대해서도 책임을 지지 않으면 안 되는 사정이 발생한다는 데 있다. 예컨대, 행정인은 공식적인 명령계통을 통해 어떤 긴박한 사안을 독자적으로 결정하는 데 방해를 받게 되는 경우에 여러 어려움에도 이성적으로 자신에게 주어진 공무를 수행하기 위해서는 심각한 성찰적 판단이 요구된다. 이 근거는 법의 자구(字句)가 아니라 ‘법의 정신’을 분별해 내는 일이라 할 수 있다. 이러한 의미에서 공공행정은 ‘행정권력과 행정재량의 사용에 입각한 규범의 영역'임을 알 수 있다.

마지막으로 행정인이 설계자, 즉 디자이너처럼 생각하는 일이 무엇을 의미하는지 조명할 필요가 있다. 테리 쿠퍼에 따르면, 설계자로서 행정인의 사고방식은 특정 조직이 처한 상황을 신중하고 체계적으로 고찰하며 법, 임무, 역사에 뿌리내린 조직의 궁극적 한계를 이해하려는 양식이다. 조직의 한계를 자각하며 근무하고자 할 때 중요한 점은 행정인 자신의 윤리적 추론, 책임, 의사결정의 기법, 탁월한 감지력 및 도덕적 상상력을 가지고서 창의적으로 사고할 수 있는 능력이다. 따라서 행정인에게 윤리역량은 법이나 형식적 규정을 이해하고 이들을 획일적으로 적용하는 것과는 거리가 있다. 그렇다고 윤리역량이 덕 윤리나 의무에 의존한다는 것도 윤리역량의 개념을 너무 자의적이게 하는 경향이 있다. 윤리역량을 추구하는 일은 개인의 영역을 뛰어넘는 사안이다. 행정인에게 절실히 요구되는 윤리역량은 바람직한 조직환경을 설계하고 관리해 "기대되는 윤리행동을 후원하며 동시에 윤리적 자율성을 위한 공간을 유지하려는" 데서 찾아야 할 것이다. 이 과정에서 개별적인 의사결정자에 주목하기보다는 윤리적 사고와 행동을 장려하는 조직을 설계하고 "맥락 속의 윤리역량"을 끌어내는 일이 관건이다. 요컨대, 윤리적 의사결정모형의 설계적 접근은 우리가 윤리를 어떤 이상세계나 고립된 경우가 아니라 윤리문제가 발생하는 실제 세계의 한계와 문제점에 주목하도록 하는 데 크게 기여할 것이다. 결과적으로 이 접근법이 우리에게 요구하는 것은 윤리적 추론과 성품 양쪽에 뿌리를 둔 신중한 판단이다.

그러나 모든 상황에 설계적 접근방법이 적용될 수 있는 것은 아니다. 중요한 것은 책임 있는 행정인이 필요하다면 언제나 이 접근법을 활용할 수 있다는 점이다. 그저 윤리문제를 제기하는 일은 아주 초보적인 수준에서도 가능하겠지만, 여기에 설계적 접근방법의 적용은 대단히 복잡하고 까다로운 사안이다. 예컨대, 우리는 가볍게 제기한 윤리문제가 기관 차원의 문제로 판명되는 경우에 동료 또는 상사로부터의 반발로 심각한 고통을 당할 수도 있다. 매 순간 행정인에게는 매우 어려운 결정이 요구된다.

참고문헌

루소, 장 자크(2003). 에밀. 김중현 옮김. 경기: 한길사.
매킨타이어, 알래스데어(1997). 덕의 상실. 이진우 옮김. 서울: 문예출판사.
밀, 존 스튜어트(2007). 공리주의. 서병훈 옮김. 서울: 책세상.
밀그램, 스탠리(2009). 권위에 대한 복종. 정태연 옮김. 서울: 에코리브르.
벤담, 제러미(2013). 도덕과 입법의 원칙에 대한 서론. 강준호 옮김. 서울: 아카넷.
샌델, 마이클(2010). 정의란 무엇인가. 이창신 옮김. 경기: 김영사.
스미스, 애덤(2009). 도덕감정론. 박세일, 민경국 옮김. 서울: 비봉출판사.
아렌트, 한나(2000). 칸트 정치철학 강의. 김선욱 옮김. 서울: 푸른숲.
아렌트, 한나(2006). 예루살렘의 아이히만. 김선욱 옮김. 경기: 한길사.
아렌트, 한나(2019). 책임과 판단. 서유경 옮김. 서울: 필로소픽.
아리스토텔레스(2006). 니코마코스 윤리학. 이창우, 김재홍, 강상진 옮김. 서울: 이제이북스.
짐바르도, 필립(2015). 루시퍼 이펙트. 이충호, 임지원 옮김. 서울: 웅진하우스.
칸트, 이마누엘(2002). 도덕 형이상학을 위한 기초 놓기. 이원봉 옮김. 서울: 책세상.
쿠퍼, 테리(2013). 공직윤리: 책임있는 행정인. 행정사상과 방법론연구회 옮김. 서울: 조명문화사.
쿠퍼, 테리(2018a). 공직윤리핸드북. 행정사상과 방법론연구회 옮김. 서울: 조명문화사.
쿠퍼, 테리(2018b). 윤리역량: 공직리더십을 위한 윤리역량 성취. 행정사상과 방법론연구회 옮김. 서울: 조명문화사.
톰슨, 데니스(1999). 공직의 윤리. 황경식, 정원규 옮김. 서울: 철학과 현실사.
하버마스, 위르겐(2007). 사실성과 타당성. 한상진, 박영도 옮김. 서울: 나남.

제 2 편

행정윤리 내의 철학적 관점

제3장 철학적 관점에서의 윤리삼각형

생각해 보기

1. 윤리적 의사결정의 토대를 만드는 데 어떠한 철학적 자원이 중요하게 기여할 수 있는가?
2. 윤리적 개인주의, 공리주의, 의무론, 덕 윤리에 대한 이해와 더불어, 각각의 관점이 지닌 강점과 한계는 무엇인가?

제1절 행정윤리의 철학적 자원

이번 3장은 윤리적 의사결정의 토대인 윤리삼각형(ethical triangle)을 살펴볼 것이다. 기본적으로 윤리삼각형은 개인의 성실성, 원리, 결과에 기초한 의사결정의 도구이자 철학적 토대를 제공한다(Bowman & West, 2007). 현대 윤리학의 발전과정에서 어떻게 윤리적 개인주의를 극복해 나가면서 규범 윤리학이 정립되었는지 그 과정을 윤리삼각형을 토대로 살펴볼 것이다. 규범윤리학의 원리를 강조하는 의무윤리와 결과를 강조하는 공리주의는 개인의 개별 행위의 옳고 그름에 대해 초점을 두는 것이지만 개인의 성실성에 강조점을 두는 덕 윤리는 개인의 성품에 관심을 두고 있다. 이러한 세 가지 윤리삼각형은 윤리적 선택이 요청되는 상황에서 서로 다른 측면의 윤리적 관점의 필터로서 사용될 수 있다(Svara, 1995; Collins, 2009).

제2절 윤리적 개인주의

1. 상대주의

어떤 사람들에게 옳은 행위가 다른 사람들에게도 옳을 수 있을 것인가? 이러한 질문은 서로 다른 문화는 서로 다른 도덕률을 가지고 있기에 옳고 그름의 문제는 시간과 장소, 즉 문화에 따라 다르게 나타날 수 있음을 가정하고 있다. 서로 다른 문화에는 서로 다른 도덕률이 존재한다는 말은 모든 문화에 적용될 수 있는 보편적 진리는 존재할 수 없기에 신화와 같은 것이라 치부할 수도 있다. 즉, 옳고 그름에 대한 기준이 문화에 따라 다르게 나타날 수 있기에 모든 행위 판단에 대한 보편적 기준의 존립 가능성은 신화라는 것이다. 이러한 생각은 문화상대주의라고도 불리는데 이 주장에 의하면 윤리학에는 실제로 보편적 진리가 존재하지 않고 다만 문화적 가치만이 존재한다는 것이다(레이첼스, 2006).

문화상대주의의 입장을 그대로 받아들일 때의 문제는 다음과 같은 결과를 초래하기에 이에 대해 많은 학자들은 문화상대주의를 인정하지 않고 있다. 첫째, 이제 더 이상 다른 사회의 관습이 우리 사회의 관습보다 도덕적으로 열등하다고 말할 수 없다. 우리는 어떤 사회가 우리 사회와 다르기 때문에 그 사회를 비난하는 것을 멈추어야 하는 사실에는 동의할 수 있다. 그러나 노예제도를 인정하고 어떤 사회가 반유대주의로 인해 유대인을 말살하기로 한다고 해도 문화상대주의라는 논리로 인하여 우리는 그러한 사회에 대해 비난의 여지가 없다는 것을 인정해야 하는 불합리성에 빠지게 된다. 둘째, 우리의 행위가 옳고 그른지의 여부가 우리 사회의 기준만을 참조해야 판단할 수 있다. 남아프리카 공화국에서의 인종차별제도의 시행이 올바른 것인지의 여부가 자신의 속한 사회의 도덕률에 의해 결정된다면 그 국가에 사는 시민에게는 전혀 도덕적 문제가 안될 것이다. 그러나 이러한 문화상대주의는 다른 사회의 도덕률이나 혹은 자신이 처한 사회의 도덕률도 비판할 수 없게 된다. 셋째, 도덕적 진보라는 개념이 의문시 된다. 서구 역사에서 여성의 사회적 지위가 처음의 많은 제약에서 점차로 재산을 소유하거나 선거에 참여할 수도 있게 되었다. 이러한 변화를 우리는 우리 사회의 진보라고 생각할 수 있는데, 문화상대주의하에서는 18세기, 19세기의 서구에서의 여성의 지위가 향상되는 것에 문화적 판단을 할 수 없게 된다.

이처럼 외견상 달라 보이는 문화에도 모든 문화에는 공통적인 가치기준이 존재한다는 것이다. 예를 들면, 살인이 금지되지 않는 사회가 존재할 수 있을 것인가? 사람들이 자기 마음대로 살인을 해도 그것이 잘못된 것이라고 여기게 되면 그런 사회는 자신의 안전을 보장하기 위해 끊임없이 경계하고 가능하면 사람과의 접촉을 피할 수밖에 없게 된다. 이러한 사회는 지속될 수 없고 결국 붕괴될 수밖에 없을 것이다. 즉, 모든 사회에는 사회가 존재하기 위한 필수적인 도덕률이 있어야 하기에 문화 간의 상대적 차이를 과대평가하는 것은 문제가 있다.

이와 함께 개인주의적 상대주의도 존재하는데 이것은 회의주의라고 부를 수 있다. 도덕의 유일한 판단 기준은 개인의 가치관과 철학이다. 즉, 도덕의 판단 기준이 개인의 판단차원으로 환원될 수 있다는 것이다. 이러한 개인주의적 상대주의는 주관주의로 연결된다.

2. 주관주의

도덕에 관한 한 사실이란 없고 누구도 옳을 수 없다. '사람들은 단지 다르게 느낄 뿐이고 각자 자신의 의견을 가지고 있을 뿐이다'라고 주장하는 것이 윤리적 주관주의의 기본적인 사상이다.

이러한 윤리적 주관주의 문제는 동성애에 대한 태도에서 선명하게 나타난다. 동성애가 또 하나의 삶의 방식으로 수용되어야 하는가에 대한 질문에서 사람들의 반응을 보면 잘 이해할 수 있다. 이러한 질문에 대한 대답에서 사람들의 도덕적 견해는 우리의 감정에 기초하고 있을 뿐 그 이상도 이하도 아니라는 것이다. 이 관점을 취할 때 객관적으로 옳거나 그른 것은 없다. 동성애는 옳고 이성애는 나쁘다거나 반대로 이성애는 옳고 동성애는 나쁘다는 것이 아니라 이것은 단지 동성애에 대한 각자의 감정을 전달하는 것이다.

윤리적 주관주의는 동성애뿐만 아니라 다른 모든 도덕적 문제에 대해서도 동일하게 적용된다. 예를 들어, 나치가 수백만 명의 유대인을 학살한 것은 사실이지만 윤리적 주관주의에 따르면 그들이 한 행위가 악한 행위였다고 하는 것은 사실이 아니다. 그들의 행위를 악하다고 비난하는 경우 이것은 단지 그들의 행위에 대해 부정적인 감정을 가지고 있다는 것을 의미할 뿐이다. 어떤 대상에 대한 도덕적 판단은 자신의 감정에 대한 서술과 동일하다. 윤리적 주관주의는 도덕성이란 사실의 문제라기보다는 감정의 문제라는 흄의 말에 잘 표현되어 있다. 이러한 윤리적 주관주의는 단순 주관주의에서 정서주의로 발전하여 나타나게 된다(레이첼스, 2006).

단순 주관주의는 도덕적으로 좋거나 나쁘다고 말할 때 이것은 단순히 사물에 대한 시인이나 비난을 의미한다. 단순 주관주의의 한계는 오류를 범할 가능성을 설명할 수 없거나 의견의 불일치를 설명할 수 없다는 한계에 직면하게 된다. 즉, 단순 주관주의에서는 사람은 오류를 범하지 않는다는 가정이 내재되어 있기에 단순 주관주의가 옳다면 사람의 오류를 교정하는 작업이 불가능할 것이다. 또한 동성애에 대한 찬성과 반대의견 등에 대해 단순 주관주의하에서 의견의 불일치를 설명할 수 없다. 동성애에 대한 의견 불일치는 없으며 단지 각기 개인들은 다른 사람들이 말하고 있는 바가 참이라는 것을 인정해야만 한다. 이러한 논증에는 단순 주관주의에 결함이 있음을 보여준다고 볼 수 있다(레이첼스, 2006).

단순 주관주의에서 발전한 이론이 정서주의이다. 정서주의에 의하면 도덕적 언어란 사실을 진술하는 단어가 아니고 정보전달에 사용되는 언어 또한 아니다. 도덕적 언어는 사람의 행위에 영향을 주는 수단으로 사용된다. 또한 도덕적 언어는 화자의 태도를 표현하는 데 사용된다. 즉, 정서주의에 의하면, 도덕적 주장은 사실에 대한 보고가 아니라 명령이거나 표현이라는 것이다. 정서주의에서 도덕적 판단과 그것을 뒷받침하는 이유 사이에 존재하는 연결고리에 대한 설명이 부족하다. 정서주의에서는 도덕적 사실과 도덕적 사실에 대한 주관적인 감정의 표현으로만 이해하는데, 도덕적 판단에서 이성의 역할과 가능성은 적절하게 제시되지 못하는 한계를 보이고 있다.

3. 이기주의

일반적으로 이기주의는 심리학적 이기주의와 윤리학적 이기주의로 구별된다. 심리학적 이기주의는 인간 본성에 관한 이론으로서 인간은 항상 이기적으로 행동한다는 것이다. 즉, 심리학적 이기주의는 인간의 모든 행위는 자기자신을 위한 행동이라는 것이다. 우리는 스스로 고결하며 자기희생적이라고 생각할 수도 있지만 그것은 환상에 지나지 않는다는 것이다. 실제로 우리는 자기 자신에만 관심이 있을 뿐이다. 심리학적 이기주의에 대한 타당성은 동기에 대한 재해석에서부터 출발할 수 있다.

이타적인 현상이나 행위를 보는 것은 사실이다. 그러나 이타적으로 보일 수는 있지만 실제로는 그 행위를 한 개인의 이기적 동기에서 출발한 것이라는 것이다. 심리학적 이기주의의 대표적인 인물로 토마스 홉스를 들 수 있다. 그는 이타적인 동기들의 유형을 열거하고 각각의 동기들이 어떻게 이기적이 될 수 있을지를 설명하고 있다. 첫째는 자선이다. 타인에 대한 배려로 어떤 행동을 할 때 그 사람의 행위를 자선이라는 동기로 설명할 수 있다. 홉스에 의하면 자선은 사람이 자신의 힘을 과시하면서 느끼는 희열이다. 자선을 베푸는 사람은 남들보다 더 많은 재화를 가지고 있음을 증명하고 있다는 식으로 해석하고 있다. 둘째는 연민이다. 연민이란 타인의 불행에 공감하는 것이거나 혹은 불행에 대해 함께 슬퍼하는 것이다. 홉스에 의하면 연민을 느끼는 것은 우리 자신에게도 언젠가 그런 일이 생길지도 모르기 때문이라는 것이다. 또한 다른 사람의 재앙을 통해 우리에게 닥쳐올 미래의 재앙에 대해 상상하거나 가정하기 때문이라는 것이다.

심리적 이기주의의 한계는 사람의 심리적 이기주의하에서의 모든 행위는 이기적으로 행동할 것이라는 지배적인 가정상황이 설정되면 이후 일어나는 모든 일은 이 가정에 맞게 해석될 수 있다는 것이다. 두 번째 한계는 사람들 각자는 자신이 가장 원하는 일을 한다는 것이다. 봉사, 자선, 희생도 원해서 하는 것이기에 자신이 원하는 것 이외에는 어떤 행동도 자발적으로 하지 못한다는 잘못된 가정을 하고 있다. 우리는 우리가 원하는 것은 아니지만 의무감으로 당위의 차원에서 행동하는 경우도 있기 때문이다. 마지막으로 모든 자발적 행동이 자신의 욕구에 의해 동기부여 되었다고 해도 반드시 이기적인 것은 아니다. 즉, 나의 욕망에 따라 행위하는 것이 반드시 이기적인 것이 아니라는 것이다. 고생을 감수하면서 어려움을 당한 사람을 돕기 원하는 욕구는 이타적이라고 할 수 있기 때문이다.

이와는 다르게 윤리적 이기주의는 각 개인이 오로지 자신의 이익만을 추구해야 한다는 사상이다. 즉, 윤리적 이기주의는 우리 자신에게 최선을 다하는 것이 우리의 유일한 의무라는 것이다. 윤리적 이기주의의 주장에 의하면 우리가 모두 자신들의 이익을 가장 잘 증진시키는 최선의 방법은 각자가 자신의 이익만을 선택하는 것이다. 이때 타인의 행위를 무조건 금지하는 것은 아니다. 왜냐하면 나의 이익추구가 동시에 타인을 도와줄 수도 있기 때문이다. 즉, 이타적 행위는 자기 자신의 이익과 합치되기 때문이다.

그러나 이러한 윤리적 이기주의는 다음과 같은 한계를 보이고 있음을 기억해야 한다. 첫째, 윤리적 이기주의가 이익 간의 충돌을 해결할 수 없다. 윤리적 이기주의는 개인들 간의 이익 충돌이 발생할 때 이에 대한 대안을 제시하기 어렵기 때문이다. 둘째, 윤리적 이기주의는 논리적으로 모순된다. 타인의 이익을 막으면서 자기의 이익을 추구하는 행동은 타인의 이익을 막았기 때문에 그릇된 행동임과 동시에 자기의 이익을 추구하는 행동은 그릇되지 않은 행동이기 때문이다. 셋째, 윤리적 이기주의는 수용하기 어려울 정도로 자의적이다. 윤리적 이기주의에 의하면 우리 자신의 이익과 타인의 이익의 범주로 나누어서 우리 자신의 이익에만 관심을 가지는 근거는 어떠한 이유로 정당화될 수 있을 것인가의 문제이다. 즉, 우리는 우리 자신을 타인과 달리 이기심이라는 이유로 차별대우할 근거가 있는지의 여부가 중요하다. 우리 자신이 그렇게 특별한 이유에 대한 타당한 이유를 제시하지 못한다면 인종차별주의자와 같이 독단자이자 독단적인 이론일 것이다.

제3절 공리주의적 관점

1. 양적 공리주의와 질적 공리주의

1) 벤담의 양적 공리주의

윤리적 개인주의에 대한 대안으로서 제기된 공리주의는 17세기 시민혁명 및 18세기 중엽의 산업혁명 가운데 등장한 이론이다. 17세기 시민혁명에 이어 산업혁명의 결과 산업화가 진행되는 과정에서 경제적 자유주의가 발달하게 되었다. 이러한 산업화과정에서 새로운 시민계급의 등장으로 인해 시민은 자신들의 정치적·경제적 이해관계를 보호할 필요가 있었으며 새로운 정치체제를 요구하게 되었다. 이러한 상황에서 개인 재산의 확립 및 개인의 자유를 우선시하는 자유주의가 초기 자본가 계급 및 시민의 광범위한 지지를 받을 수 있었다. 이러한 시대적 상황을 반영하여 나타난 이론이 공리주의 사상이다.

이론적 배경을 살펴보면 17세기 영국의 철학자 베이컨, 홉스, 로크, 흄 등으로 이어진 경험론이 공리주의 사상의 근원이 되었다. 18세기 산업혁명을 통한 사회변화 속에서 경험주의자로 불리는 사상가들 중 베이컨은 '지식은 곧 힘이다'라는 전제하에서 자연을 알고 자연을 배워 자연과학적 방법을 통해 전통적인 관습과 권위 그리고 모든 편견에서 벗어나는 지식체계를 구축하려고 하였다. 로크는 자연법사상과 공리주의를 조화시키려 노력하였지만 이후에 영국의 철학자들은 자연법사상을 멀리하고 공리주의 방향으로 이동하였다. 자연법사상은 이성의 능력으로 인지할 수 있는 정의와 진리체계를 의미한다. 즉, 이러한 자연법사상에는 도덕 판단의 기준을 일부 신의 계시에 두었던 기독교의 영향이 녹아 있었으나 계몽주의가 진전됨에 따라 인간의 행복을 도덕 판단의 기준으로 삼게 되었다. 그러나 공리주의는 자연법사상과 구별되면서 인간의 심리적 요인에 기초하여 인간의 윤리원칙을 제시하고 있는데 절대적인 기준으로서의 공리주의 원리를 제시하게 된다. 또한 공리주의자들은 사회계약론을 허구라고 비판하면서 사회개혁이론으로서 자신들의 이론을 제시하였다.

또한 공리주의의 부상은 도덕이 특정 도덕의 원칙이 직관적으로 주어지고 그 원칙을 따라 행동해야 하는 근거를 충분하게 제시하지 못하는 것에 기인한다고도 볼 수 있다. Kant에 의하면 직관적으로 정언명령이 주어지는데 그렇지만 왜 이러한 정언명령을 따라야 하는지를 명확하게 설명하지 못하는 한계가 있다.

벤담(Jeremy Bentham)을 이해하기 위해서는 먼저 흄(David Hume)을 간단하게 이해할 필요가 있다. 흄은 역사 발전에 있어서 사회는 이성에 의해서가 아니라 역사적으로 생성되는 것으로 역사의 주체를 전통으로 이해하고 있다. 인간과 사회의 관계에 있어서 인간은 감정의 동물이며 항상 합리적인 것인 것은 아니라고 보고 있고 사회를 인간의 전통과 경험의 산물이라고 주장했다. 특히 흄은 이성보다 감정을 중요시하여 사회계약론자들의 이성에 대한 관심을 비판하고 있다. 인간을 개인적으로는 심리적 관습에, 사회적으로는 역사적 관습에 지배되는 것으로 파악하여 이성보다는 경험적 요소를 중시했다. 그는 인간행동의 결정은 이성이 아닌 인간심리에 기초한 경험과 관찰에 의해 공리주의 원칙에 의해 결정된다고 주장하고 있다.

공리주의는 흄에서 시작하여 벤덤과 밀에 의해 체계화되었다고 말할 수 있다. 공리주의 두 가지 중요한 특징은 결과주의(Consequentialism) 원리와 공리(Utility)의 원리이다. 공리의 원리는 옳은 행위란 쾌락을 최대화하고 고통을 최소화하여 공리(유용성, 효용성)를 극대화하는 것이다. 결과주의 원리란 행위의 옳고 그름은 그 행위에서 생기는 결과의 좋고 나쁨에 의해서 결정된다는 것이다. 결과주의 원리는 의무주의와 대립되는 이론으로서 행위의 옳고 그름을 판단하는 과정에서 행위자체는 도덕적으로 옳거나 그른 것이 아니라 행위의 결과에 따라 옳고 그름이 결정된다는 것이다.

고전적 공리주의는 쾌락을 유일한 선으로 보고 고통을 유일한 악으로 본다. 고전적 공리주의자인 벤담은 자연은 인류를 쾌락과 고통이라는 두 군주의 지배하에 두었고 이것들만이 우리가 무엇을 하고자 하는지와 우리가 무엇을 해야 하는지를 알려 준다고 하였다(벤담, 1789, 재인용, 포이만 & 피저, 2020). 어떤 행위가 고통보다 많은 쾌락을 산출하거나 고통을 예방한다면 그 행위는 옳고 어떤 행위가 쾌락보다 많은 고통을 낳거나 쾌락의 산출을 방해한다면 그 행위는 그르다(포이만 & 피저, 2020).

개인의 쾌락이 결국 사회 전체의 행복과 연결된다고 가정함으로써 공리의 원칙(공리주의)이 윤리적 개인주의[1]를 넘어서는 보편적인 윤리임을 강조하고 있다. 이러한 맥락에서 벤담은 쾌락계산법을 고안하여 쾌락과 고통의 측정방법을 창안하였다. 쾌락의 경험과 고통의 경험은 그 경험의 일곱 가지 측면, 강도, 지속성, 확실성, 근절성,

1) 윤리적 개인주의는 주관주의, 상대주의, 이기주의를 지칭한다.

다산성, 순수성, 파급범위를 총합함으로써 양적으로 점수화된다. 가능한 행위의 각각의 쾌락과 고통의 양을 합산한 다음 그 점수를 비교함으로써 우리는 어떤 행위를 해야 하는지를 결정할 수 있다. 즉, 사회전체에 있어서도 최대다수의 최대행복의 실현 여부에 따라 사회전체의 공공적 행복의 실현이 올바른 것이다.

벤담의 공리주의의 한계는 몇 가지로 정리될 수 있다. 첫째는 인간은 내재적으로 쾌락을 추구하고 고통을 줄이기 위해 노력한다는 심리학적 쾌락주의에서 윤리학적 쾌락주의 사이에 간극이 있다는 것을 쉽게 무시하는 경향이 있다(김태길, 1998). 둘째, 쾌락에 있어서 양적으로 측정하여 계산할 수 있는 문제이다. 벤담은 쾌락과 고통을 측정하여 계량화하려 하였지만 보편적인 측정도구가 없고 개개인이 인지하는 쾌락의 상대적 중요도와 가치가 다르고 또한 이러한 중요도와 가치가 시간과 장소에 따라 다르게 인지되기에 측정에 한계가 있다. 마지막으로 벤담의 공리주의의 가장 커다란 문제점 중의 하나는 쾌락을 양적으로만 측정하여 합산하는 것에만 초점을 맞추어 쾌락의 질적인 차이를 무시한다는 것이다. 즉, 벤담에게 있어서 쾌락은 양적으로만 차이가 있고 질적으로는 차이가 없다고 가정하기에 한 종류의 쾌락밖에 없다는 것을 의미한다. 돼지의 행복 혹은 돼지의 철학으로 조롱받았던 벤담의 공리주의에서는 자신의 삶을 즐기는 돼지가 약간 불만스러운 소크라테스보다 더 높은 가치를 받을 수 있는 한계가 존재하고 있었다.

2) 밀의 질적 공리주의

벤담의 이러한 한계를 극복하고자 밀은 쾌락의 질적 차이를 인정하였다. 더 높은 수준의 쾌락은 대부분의 사람들이 선택하는 더 바람직한(more desirable) 쾌락이다. 밀은 쾌락 수준에 있어 질적 차이를 인정하였다. 쾌락에 두 가지 유형의 쾌락이 있음을 제시하고 있다. 하나는 먹는 것, 마시는 것, 성, 휴식, 감각적 쾌락과 같은 저급한 쾌락 혹은 기본적인 쾌락이고 다른 하나는 고급문화, 과학적 지식, 지성, 창조성과 같은 높은 수준의 쾌락이다. 저급 쾌락은 더 강렬한 만족을 주지만 과도하게 탐닉하면 고통을 야기하게 되고 고급 쾌락은 더 장기적이고 지속적이며 점진적인 특성이 있다(포이만 & 피저, 2020).

비록 밀(John Stuart Mill)은 쾌락의 질적인 차원을 도입하였지만 공리주의에 대한 벤담의 견해에 기본적으로 같은 입장을 취하고 있다. 즉, "효용 또는 최대행복원리를 도덕의 기초로 삼고 있는 이 이론은 어떤 행동이든 행복을 증진시킬수록 옳은 것이 되고 행복과 반대되는 것을 낳을수록 옳지 못한 것이 된다는 주장을 편다. 여기서 행복이란 쾌락 및 고통이 없는 상태를 뜻한다. 따라서 쾌락의 결핍과 고통은 행복에 반대되는 것을 의미한다(Mill, 2008: 24)." 밀은 벤담과 같이 행위의 옳고 그름이 행위의 자체로서 옳거나 그른 것이 아니라 결과에 의해 결정되는 결과주의를 채택하고 있다. 고급 쾌락이나 높은 수준의 쾌락이 저급 쾌락보다 우월함을 보이고 있다. 밀은 인간이 추구하는 행복은 전적으로 높은 수준의 쾌락임을 강조한다.

2. 행위공리주의와 규칙공리주의

1) 행위공리주의

고전적 공리주의와 함께 공리주의의 또 다른 유형은 행위공리주의와 규칙공리주의이다. 행위공리주의자들은 특정시점에서 열려 있는 모든 대안에 공리(유용성)의 원리를 적용해야 한다고 주장한다. 옳고 그름의 척도인 공리의 원리를 개별행위에 직접 적용할 것인가 행위의 규칙에만 제한적으로 적용할 것인가의 문제가 중요하다.

행위공리주의에 의하면 어떤 행위가 가능한 다른 대안들만큼의 인간에게 행복을 산출할 때 그리고 오직 그때에만 그 행위는 옳다. 즉, 어떤 사람이 특정 행동의 선택을 하게 되는 경우에 정당한 행동이란 행위자 자신뿐만 아니라 어떤 방식으로든 그 행동의 영향을 받는 사람들 모두를 위해서 최대의 행복을 산출할 때 옳은 행위가 되는 것이다. 즉, 최대다수의 최대 행복이 될 때 그 행위는 도덕적이고 올바른 행위가 된다. 각 개별 행위에 공리의 원리들이 적용된다. 이러한 행위공리주의는 벤담의 공리주의와 가장 관련이 깊다.

행위공리주의의 문제는 종종 즉각적으로 신속한 행동을 해야 할 때에 어떤 행위가 옳은 행위인지를 결정하기 위해서 매번 계산을 하기 어렵다는 것이다. 시간 및 예기치 않은 결과 등을 모두 고려하여 계산하기가 어렵다는 것이다. 또한 최대다수의 최대행복은 소수의 개인들이 희생될 수 있다는 것이다(Rosen, 1998).

2) 규칙공리주의

행위공리주의에 대한 대안은 규칙공리주의이다. 규칙공리주의와 행위공리주의의 차이를 이해하는 것이 중요하다. 행위공리주의는 공리의 원리를 개별행위에 직접 적용하여 그 도덕성을 평가한다. 하지만 규칙공리주의는 유용성의 원리를 개별행위에 직접 적용하지 않고 오히려 규칙에 적용한 이후에 개별행위가 그 규칙과의 부합여부에 따라 옳고 그름을 판단한다. 규칙공리주의의 핵심은 한 행위의 개별적 결과를 문제 삼지 않고 그 행위와 관련된 규칙을 따를 경우와 그렇지 않을 경우 전체 사회에 미치는 결과를 고려하여 그 도덕성을 평가해야 한다고 주장한다(김상득, 2013).

규칙공리의 핵심은 밀의 이론에서 찾을 수 있다. 규칙공리주의는 행위자 자신뿐만 아니라 어떤 방식으로든 그 행동의 영향을 받는 사람들 최대다수의 최대 행복을 산출하는 규칙의 집합에 속하는 규칙에 의해 요구되는 행위일 때 그 행위는 옳은 행위가 되는 것이다(포이만 & 포저, 2020). 규칙공리주의는 공리(유용성, 효용성)의 원리에 기초한 규칙의 정당화가 중요하다. 규칙공리주의는 공리의 원리를 개별행위가 아니라 규칙에 적용하기에 규칙이 중요한 역할을 한다. 규칙공리주의는 특정상황에서 해야 할 바를 판단함에 있어서 어떤 특정한 행위가 문제의 상황에서 최선의 결과를 가져오는가를 살펴보기보다는 어떤 규칙에 호소하는 것을 주장한다. 규칙공리주의가 의도하는 것은 개별적 행위가 그러한 공리의 원칙에 기초한 규칙을 따르는 것이 그 행위를 옳은 것으로 만들며, 공리의 원칙을 어긴다는 것은 그 행위를 그르게 만드는 것과 같다(프랑케나, 2003).

3) 규칙공리주의와 행위공리주의 비교

행위공리주의와 규칙공리주의의 차이는 다음과 같다. 공리주의에 의하면 어떤 행동의 옳고 그름은 그 행동의 결과가 가져오는 선과 악에 의해 결정된다. 이러한 관점의 공리주의를 행위공리주의라 한다. 그러나 행위를 행위의 종류로 보면 규칙공리주의가 된다. 이러한 차이는 행복을 최대화하는 것이 개별행동에 있는 것인지 규칙에 있다고 볼 것인지에 따라 달라진다.

공리주의 입장에서 사회의 규칙을 고려하면 어떤 규칙을 준수하는 것이 어떤 사람에게 고통이 되면 그것은 올바른 행동이 되지 못한다. 행위의 결과에 따라 정의와 부정의를 판단하는 문제를 해결하기 위해 존 스튜어트 밀이 자신의 공리주의 이론을 제시하였다. 밀의 공리주의 이론에 의하면 개인의 행복추구를 선으로 보는 공리주의 원칙을 근본으로 하되 어떤 행위가 올바른지 아닌지는 현재 사회의 규칙에 적합한지에 달려 있고 그 규칙자체가 올바른지의 여부는 그 규칙이 적용되었을 때 사회전체의 쾌락을 가져오는지에 달려 있다고 보았다. 이렇게 수정된 공리주의가 규칙공리주의이다(이종은, 2010). 벤담은 행위공리주의자이고 밀은 규칙공리주의자인 것이다.

행위공리주의자에 의하면 어떤 행동의 옳고 그름은 오직 그 행위가 가져오는 전체적인 선과 악에 달려 있다. 그러나 어떤 사람의 행위에서 파급되어 나타나는 결과는 끝이 없기 때문에 행위의 결과에 따라 선하다고 판단할 경우 행위의 도덕적 평가가 쉽지 않다는 것이다. 이러한 이유로 밀은 규칙공리주의를 선호하였다. 행위의 옳고 그름을 판단할 때 행위의 결과보다는 어떤 행위를 할 때 따르는 규칙의 결과의 좋고 나쁨으로 판단한다.

3. 공리주의 평가

1) 공리주의 강점

공리주의의 첫 번째 강점은 공리주의는 모든 상황에 대해 단일한 원리를 가지고 있는 절대적 체계로 이루어져 있다는 것이다. 때론 적용이 쉽지 않지만 어떤 상황에서도 적용할 수 있는 단 하나의 행위 원칙을 가지고 있다. 두 번째 강점은 공리주의가 도덕의 실질적 내용을 포함하고 있다는 것이다. 즉, 공리주의가 단순한 지침만을 제시하는 것이 아니라 인간의 보편적 상식에 부합하는 인간의 행복을 증진시키고 고통을 완화시키려는 핵심적인 내용을 가지고 있다. 셋째, 공리주의는 미래세대의 문제를 다루는 데 적합하다는 강점을 가지고 있다. 내가 왜 미래세대를 염려해야 하는가 등의 윤리적 이기주의가 미래세대의 문제에 대해 적절한 대답을 제공하지 못하지만 공리주의자들은 일반적으로 행복의 극대화라는 최고의 의무를 통해 인류를 존속시키고 인간의 삶의 질을 제고하는 데 필요한 행동과 해야 할 의무를 부과한다.

2) 공리주의의 비판

공리주의의 첫 번째 비판은 공리주의의 원리인 최대다수의 최대행복에서 발생한다. 최대다수의 최대행복이 서로 갈등하게 될 때 우리는 어떠한 부분에 더 우선해야 하는가에 대한 문제에 봉착하게 된다.

두 번째의 공리주의에 대한 비판은 목적이 비도덕적 수단을 정당화한다는 것이다. 일반적으로 행복의 극대화라는 목적을 달성하기 위해 많은 비도덕적인 일들이 나타날 수 있는 것이다. 공리주의적 원리에 의하면 노예제 사회도 정당화될 수 있다. 노예제 사회가 노예제도를 채택하지 않는 사회보다 국민총생산량을 두 배로 늘릴 수 있다면 노예제 제도가 선호되거나 정당화될 수 있다는 것이다. 그러나 자신의 효용을 두

배로 늘리기 위해 다른 사람의 인권을 박탈해 타인을 노예로 부리는 것이 도덕적으로 결코 정당화될 수 없다(이종은, 2010).

세 번째 공리주의에 대한 비판은 공리주의 원리에 따라 다수의 복지와 이익을 위해서는 소수와 개인을 무시하거나 보호하지 못하는 측면이 있다. 다수와 소수 사이의 문제만이 아니라 자신의 행복을 추구하다 보면 타인의 희생을 고려하지 못하는 경우가 발생할 수 있다.

3) 공리주의 평가

다차원적이고 규칙공리주의가 행위공리주의를 보완하면서 윤리학의 목적을 충족시키고 도덕적 행동을 위한 분명한 의사결정 절차를 제시하며 사람들을 돕고 고통을 감소시킨다. 또한 미래세대의 문제에 대해서도 설득력 있는 해결책을 제시한다. 그러나 규칙공리주의는 유용한 규칙을 세우고 규칙들 가운데 우선순위를 설정해야 하는 문제가 아직도 남아 있다.

밀의 공헌은 쾌락에 질적인 차이를 두어서 공리주의를 강화한 것이다. 질적 공리주의에 대한 반론은, 쾌락의 질적 차이를 인정한다는 것은 쾌락 이외의 다른 평가기준이 있다는 것으로 다른 성격의 쾌락이나 행복이 존재할 수 있다는 것을 의미한다. 이러한 논리에 의하면 최대다수의 최대행복이라는 개념은 사실상 내용이 없는 것이 된다. 그러나 이러한 비판에도 불구하고 오늘날까지 발전해 왔고 윤리정치 생활의 지침이 되어 왔다는 것은 부인할 수 없다(이종은, 2010).

제4절 의무론적 관점

1. 칸트의 의무론적 접근

윤리학에 대한 의무론적인 접근은 칸트의 도덕철학에 잘 나타나 있다. 칸트의 윤리 이론의 핵심을 이해하기 위해서는 칸트시대의 합리론과 경험론 사이의 철학적 논쟁, 그리고 자연법적 직관주의를 살펴봐야 한다. 칸트 윤리에 가장 큰 영향을 준 것은 합리론과 경험론이라고 말할 수 있다. 합리론과 경험론을 구분하는 기준은 우리가 세계를 인식하는 근원이 무엇이냐에 따라 달라진다. 합리론은 우리의 지식은 신에 의해 우리에게 주입된 형이상학적 진리의 유형이고 이성에 의해 발견될 수 있다고 주장하고 있다. 이와는 달리 경험론은 이성은 단지 사람들의 욕구를 충족시키는 실천적인 수단일 뿐 이성을 그 자체로 특별하게 중요시하지 않으며 사람들의 모든 지식은 경험으로부터 발생함을 강조한다. 칸트는 합리론과 경험론의 영향을 받았지만 여기서 그치지 않고 두 가지 사상의 논쟁을 넘어 자신의 철학을 구축하려 하였다.

칸트는 합리론에서 판단의 모든 것이 분석적인 것이 아니라 종합적이고, 경험론에서의 판단도 모두가 다 후천적이거나 경험적일 수 없기에 보편적으로 필연적인 선천적 종합판단이 존재한다는 것이다. 순수한 선천적 직관인 공간과 시간을 통해서 선천적인 순수직관들을 통합하고, 개념과 직관을 통해 선전적 종합판단이 가능하게 되는 것이다. 순수이성을 기초로 한 칸트 철학의 도덕성의 근거는 선의지와 이성이다.

칸트는 모든 도덕성의 기초가 되는 것은 우리의 욕구가 아니라 우리의 이성적 의지라고 설명하고 있다. 그에게 있어 이성은 모든 이성적 피조물에게 초월적이고 보편적으로 구속력이 있는 어떤 것으로서 도덕법칙을 정립하기에 충분하다. 칸트에게 있어서 선의지는 무조건적으로 선한 유일한 것이다. 선의지는 다른 모든 것을 합친 것보다 고귀하기에 다른 모든 것을 포기하는 한이 있더라도 선의지만은 지켜야 한다는 것을 의미한다. 선의지는 그것을 실현하거나 성취한 것 때문에 또는 이미 주어진 어떤 목적을 달성하는 데 쓸모가 있기 때문에 선한 것이 아니라 오로지 그렇게 하기로 마음먹는 일 자체로 선한 것이다(박찬구, 2015).

행위의 선악을 결정하는 것이 행위의 결과가 아니라 선의지이기에 이러한 선의지의 내재된 속성에서 칸트는 행위의 동기를 강조한다. 칸트의 동기주의는 선의지의 무조건적인 가치부여와 관련되어 있다. 선의지가 특정한 결과의 도출과 무관하기에 선의지는 무조건적인 가치를 가지게 된다. 때로는 외부 변수와 통제할 수 없는 우연에 의해 선의지가 선의지의 본래의 의도를 성취할 수 없다 하더라도 오직 선의지만 남게 된다. 선의지는 인간 속에서 의무의 형식을 통해 나타난다. 신과 같은 완전한 선한 의지를 가진 존재는 선한 의지를 항상 실현하기에 의무를 부과할 필요가 없다. 이와 반대로 동물과 같이 이성적 능력이 결여된 존재에게는 의무가 적용되지 않을 것이다(박찬구, 2015).

칸트에 의하면 인간의 행동이 자연세계의 법칙에 의해서 지배를 받는다면 인간은 당구공과 차이가 없다는 것이다. 자유롭게 자신의 선택에 따라 행동할 수 있다면 그러한 행동은 바로 인간의 이성에서부터 나오게 된다. 이성이 인간의 의지를 결정한다면 그 의지는 자연의 법칙이나 경향성의 명령에 지배되지 않는 독립적인 선택의 힘이 될 수 있다. 이성에 의해서 독립적으로 스스로 부여한 법칙에 따라 행동하는 것이다. 여기서 이미 언급한 공리주의자들과 경험론자들은 이성을 전적으로 도구로 이해하고 있다(샌델, 2014). 인간을 이성적 존재로 이해할지라도 이때의 이성은 도구적 이성이 되는 것이다. 그러나 칸트의 견해에 의하면 도덕과 관련된 실천이성은 도구가 아니라 어떤 경험적 목적에 상관없이 선험적으로 정해지는 순수 실천이성이다(Sandel, 2014).

칸트 윤리이론의 핵심은 정언명령(Categorical Imperative)이다. 도덕적인 행위와 그렇지 않은 행위를 구분하기 위해 의무감으로부터 나온 행위인지의 여부를 살피는 것이 중요하다. 그래서 도덕은 내면의 문제이기에 도덕적인 행위인지를 구분하기 위해서는 내면적인 의도나 동기를 살펴야 한다. 도덕법칙은 명령의 형태로 주어진다. 의무에 대한 모든 언급은 명령의 언어로 이해될 수 있다. 도덕적 의무들은 명령의 형태로 나타나기에 칸트는 두 가지의 명령을 구분한다. 가언명령(Hypothetical Imperative)과 정언명령이다. 가언명령은 '만약 당신이 A를 원한다면 B를 행하라.'와 같이 수단-목적적 명령이다. 이것은 하나의 목적에 대한 실천적 필요성을 나타내는 것으로 어떤 목적을 달성하기 위한 수단으로서 사용된다. 또한 이러한 가언명령은 모든 사람에게 필연적으로 드러나지 않는다.

정언명령은 조건이 없는 무조건적인 명령이고 보편성을 가진다. 그것은 행위가 그 자체로 선할 때, 즉 어떤 다른 목적과 관계없이 필연적일 때 그런 행위를 하라고 명령하는 것이다. 다른 목적을 위한 행위가 아니기 때문에 그 자체로 행위를 하고자 하는 충분한 이유가 된다. 만약 다른 목적을 위해 행동한다면 모든 이성적인 존재에게 필연적일 수는 없다. 왜냐하면 사람마다 각자가 추구하는 목적이 다르기 때문이다. 정언명령은 행위의 내용이나 결과와 관련되는 것이 아니라 그 행위 자체가 따르는 형식 및 원칙과 관련된다. 그래서 행위의 본질적인 선은 행위의 결과와 상관없이 오직 마음의 동기에 달려 있다. 이러한 명령은 도덕성의 명령이라 부를 수 있다(박찬구, 2014).

칸트의 정언명령은 크게 세 가지로 구분하여 이해될 수 있다. 첫째, 행위의 원리를 보편화하는 것이다. 칸트는 '그것이 동시에 보편적 법칙이 되기 위해 네가 의욕할 수 있는 그러한 준칙에 따라서만 행위하라.'고 하며 이러한 정언명령은 모든 행위의 과정에 대해서 도덕성을 결정하는 절차이다. 인간은 도덕적으로 될 수 있는 보편적인 존재로서 보편화의 가능성을 위해서는 사적 특수성을 넘어서는 보편적 초월적 자아의 관점을 가져야 한다. 정언명령의 일반적인 과정은 다음과 같이 표현될 수 있다(포이만 & 피저, 2020).

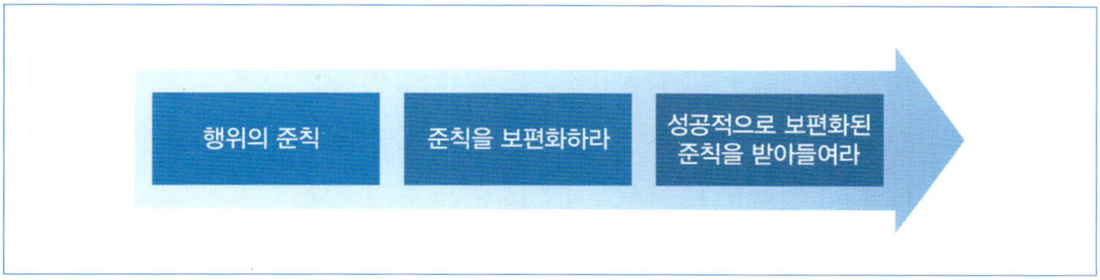

정언명령의 첫 번째 절차는 하려고 하는 행위의 밑바탕에 있는 행위의 준칙을 고려하는 것이다. 만약 행위의 준칙이 보편화될 수 있으면 우리는 그 준칙을 받아들일 수 있고 그 행위는 도덕적인 것이 되는 것이다. 칸트는 정언명령의 3가지를 다음과 같이 제시한다.

1) 자연법칙의 원리: 마치 너의 행위의 준칙이 너의 의지에 의해 보편적 자연법칙이 되는 것처럼 행위하라.
2) 목적의 원리: 당신 자신의 인격이나 다른 사람의 인격에 있어서 인간성을 언제나 목적으로 대우하고 결코 단순한 수단으로만 대우하지 않도록 하라.
3) 자율성의 원리: 너의 의지가 그 자체로 동시에 너의 준칙을 통해 보편적 법칙을 만드는 것으로 간주할 수 있도록 그렇게 행위하라.

이러한 절차는 기본적으로 보편화 가능성과 연결되어 있다. 칸트에게 있어, 준칙이 보편화될 수 있는지 없는지를 결정하는 것은 세 가지 원리에 달려 있다.

정언명령의 자연법칙의 원리는 "마치 너의 행위의 준칙이 너의 의지에 의해 보편적 자연법칙이 되는 것처럼 행위하라."이다. 여기서의 강조점은 행위의 준칙이 마음에 갈등하거나 자기 모순적이지 않아야 한다는 점에서 자연법칙과 유사하게 행위해야 한다는 것이다. 이것은 우리가 흔히 나의 입장과 남의 입장을 동일하게 대우하기보다는 의식적 또는 무의식적으로 생각하려는 경향이 있는데 이러한 경향을 극복하고 모든 사람에게 똑같이 적용될 수 있는 객관적 타당성을 가져야 함을 의미한다. 이러한 자연법칙의 원리는 경험적으로 증명될 수는 없지만 그 객관적 실재성은 순수이성의 사실이자 서양 근대문명의 이념으로 이해될 수 있다(박찬구, 2006).

목적의 원리란 "당신 자신의 인격이나 다른 사람의 인격에 있어서 언제나 동시에 목적으로 대우하고 결코 단순한 수단으로만 대우하지 않도록 그렇게 행위하라" 라는 의미이다. 어떤 것을 가치 있다고 여길 때 사람들은 그것에 가치를 부여한다. 누군가가 그것을 가치 있게 여기는 것을 떠나서는 어떤 가치도 있을 수 없다. 대상에 가치 부여를 하는 인간은 그 대상의 궁극적인 원천이 된다. 가치부여자로서 사람들은 각기 자신을 무조건적인 가치를 지닌 것으로 생각해야 한다. 모든 사람을 목적 그 자체로 대우하는 것은 모든 인간을 동등하게 대우한다는 것을 의미한다(포이만 & 피저, 2020).

정언명령의 마지막 원리는 자율성의 원리이다. 사람들은 도덕법칙의 본성을 결정하기 위해 외부적 권위와 지시를 필요로 하지 않는 것이다. 모든 이성적 존재의 의지는 보편적 법칙 수립의 의지에서 나오는 것으로서 이는 의지 자율성의 원칙으로서 이성적인 존재는 자기 스스로 법칙을 세우고 거기에 스스로 복종해야 한다. 자율은 인간본성과 모든 이성적인 본성의 존엄성의 근거이다. 자율적으로 행동한다는 것은 자유롭게 행동하는 것을 의미하고 천성이나 사회적 관습에 따라 행동하지 않고 내가 나에게 부여한 법칙에 따라 행동한다는 것이다.

2. 칸트의 의무론적 접근 평가

1) 칸트의 의무론적 윤리의 강점

칸트의 의무론에서 모든 가치(좋음) 개념은 옳음 개념으로부터 나온다. 또한 의무론에서 옳음은 어떤 가치 개념과도 독립적으로 규정된다. 칸트는 오직 선의지만을 절대적이고 무조건적으로 옳은 것이라고 주장하고 선의지란 도덕법(칙)을 따르려는 의지임을 확인하였다. 그러나 도덕법(칙)은 보편성과 필연성을 갖는 자율성의 원칙이어야 한다(강병호, 2017).

칸트의 의무론적 윤리의 핵심은 행위자의 자율성과 인권일 것이다. 옳음의 최상의 원칙은 인간성이라는 절대적 가치에 기반하고 있다. 행위자 자율성은 행위의 귀책능력을 가진 주체로서 인격 및 그러한 인격의 존엄성과 관련된다.

2) 칸트의 의무론적 윤리의 한계

칸트 윤리학의 비판 중 대표적인 것이 형식주의일 것이다. 형식주의란 칸트의 윤리에서 실제적인 내용은 결여된 상태에서 형식적이고 절차적인 원리를 강조하는 것을 의미한다. 즉, 보편성의 형식만을 강조하기에 실질적인 내용을 제공할 수 없는 공허한 실천철학이라는 것이다. 형식주의로 인해 구체적인 상황 속에서 그 상황에 부합하는 구체적인 행위지침을 제시할 수 없다는 것이다.

제5절 덕 윤리

1. 덕 윤리의 이해

덕 윤리를 주장하는 사람들은 인간의 삶은 복잡해서 인간이 경험하는 윤리적 딜레마 상황에서 의무윤리 혹은 원칙의 윤리로 해결할 수 없다는 것이다. 한 개인이 둘 이상의 복수의 규범 중 하나를 선택해야 윤리적 딜레마에서는 의무론적 윤리와 결과론적 윤리(공리주의)가 대안을 제시하는 데 있어 한계를 보이고 있기에 특정 상황 속에서 오히려 덕 윤리가 더 실천적으로 접근이 쉬워질 수 있다. 독거노인이나 결식아동들을 위해 봉사하는 행위가 동정심 등이 아니라 의무감에 의해 행동한다고 할 때 봉사자나 대상자들 사이가 어색해질 수 있다.

아리스토텔레스는 니코마코스 윤리학에서 덕은 개인들이 공동체에서 잘 살 수 있도록 해 주는 그러한 특징이라고 설명하고 있다. 잘 사는 상태를 성취하기 위해서는 적절한 제도들이 필수적이다. 도덕적인 사람은 그 개인이 선한 삶을 위해 필수적인 덕을 계발할 수 있게 하는 정치적 환경과 분리해서 존재할 수 없다. 도덕적 삶은 행복을 목표로 하지만 이때 아리스토텔레스의 행복은 공리주의적인 쾌락과는 거리가 멀다. 덕이 있는 사람은 쾌락과 고통을 느끼는 대상을 구별하여 고상한 것에서 기쁨을 느끼지만 천박한 것에서 고통을 느낀다. 행복은 마음상태가 아니며 미덕과 일치하는 영혼의 활동이다(아리스토텔레스, 2006, 재인용 샌델, 2014).

아리스토텔레스는 우리의 모든 행동이 결국 어떠한 목적을 지향하고 있다며 목적론적이라는 것을 강조하였다. 목적론적 관점에서 인생의 최상의 목적이 바로 행복이라고 보았다. 이러한 목적, 즉 행복을 실현하는 것이 최고의 선한 삶인 것이다. 아리스토텔레스에 의하면 행복한 것은 잘 산다는 것이요, 잘 산다는 잘 한다는 것이요, 잘 한다라 함은 인간의 기능이 잘 발휘된다는 것이다(아리스토텔레스, 2006). 인간의 기능이 잘 발휘된다는 것은 이성을 통한 사유의 기능이 잘 발휘되는 것이다. 이성을 통한 사유의 기능이 탁월하게 발휘되는 것이 습관이 될 때 아리스토텔레스는 이것을 덕이라고 부르고 있다. 덕은 도덕적 선을 습관적으로 행할 수 있는 훈련된 행동 성향을 의미한다. 덕과 반대되는 정신적 특성은 악덕이다. 덕의 관점은 아리스토텔레스의 니코마코스 윤리학 논의에서 기원한다. 덕 이론은 결과에 관한 것이 아니며 법칙에 따르는 것도 아니며 다만 특정유형에 관한 것이다(헤일스, 2013).

매킨타이어는 아리스토텔레스의 윤리학을 계승하면서 인간을 최고선을 추구하려는 목적론적인 존재로 다루고 있다. 올바른 행위를 하는 것보다 특정 시간과 공간에서 좋은 삶이 무엇인지에 대해 탁월성의 개념이 존재한다. 바로 인간에게 있어서 인간을 탁월하게 만들어 주는 것이 덕이다.

덕이란 좋은 자질이나 성격을 의미한다. 즉, 덕이란 특정한 행위라기보다는 인격의 습관이다. 덕은 습관적 행위의 결과로 생기는 성품의 훌륭함이자 훈련된 행동 성향이다. 전통적으로 덕은 도덕적인 덕과 도덕과 무관한 지적인 덕으로 나누어진다. 도덕적인 덕은 정직, 선의, 악의 없음, 공정, 친절, 양심, 감사 등이고 이러한 도덕적인 덕과 무관한 덕은 용기, 낙관주의, 합리성, 자기통제, 인내, 끈기, 근면 등이다. 덕의 반대말은 악이다(포이만 & 포저, 2020). 아리스토텔레스에 의하면 훈련과 습관을 통해서 지속화된 도덕적인 덕은 악의 모자람과 지나침 사이의 중심점 혹은 중용(Golden Mean)이다. 우리는 도덕적 덕에 초점을 맞추어 논의를 전개할 것이다.

20세기 과학기술의 발전과 함께 효율성 위주의 다양한 행정 이론들이 제시되었다. 이러한 변화의 과정에서 실증주의에 기반한 행태주의의 발전으로 인해 사실과 가치를 분리하기 시작하였다. 이런 모든 와중에, 미덕이 무시되었고 이것을 단적으로 드러내 주는 증거는 다름 아닌 저명한 철학대백과사전에서 미덕이라는 단어조차 사전에 실려 있지 않았다는 것이다(하트, 2018). 현대 조직관리에서는 조직의 직급에 관련된 규칙의 도덕성이라는 틀 안에서 사고하고 행동하도록 요구되었다. 관료조직에 있는 사람의 도덕적 인격에 관한 문제는 무시한다. 조직 내에서 개인의 기능 및 필요한 역량만을 필요로 하는 방식으로 조직의 직위를 설계하기에 직무기술서에 작성된 기능적 규칙을 따를 수 있는 훈련만 받은 사람이라면 누구나 업무를 수행할 수 있다. 이런 태도는 윤리에도 적용되기 때문에, 행정윤리는 "인격의 윤리"보다는 "규칙의 윤리"라는 말과 동의어가 되어 버렸다(Hart, 2001). 덕 윤리를 주장하는 사람들은 인간의 삶은 복잡해서 인간이 경험하는 윤리적 딜레마 상황에서 의무윤리 혹은 원칙의 윤리로 해결할 수 없다는 것이다.

이러한 주장은 20세기 중엽에 들어서 행위중심 윤리에 대한 회의와 비판이 나타나면서 덕 윤리에 대한 재조명이 시작되었다. 1958년에 엔스콤이 철학이라는 저널에 「근대도덕철학」이라는 논문에서 근대 도덕철학이 입법자가 없는 법이라는 모순적인 개념에 의지함으로써 잘못된 방향으로 나아갔다고 지적하였다. 즉, 의무, 책임, 옳음 등의 개념들에서 아리스토텔레스의 덕의 개념의 재조명의 필요성을 강조하였다. 이후 덕 윤리는 중요하게 인식되었다. 행위중심 윤리이론은 공리주의자와 의무론자가 여기에 해당되고 행위자 중심의 덕 윤리는 다음과 같은 차이가 있다.

덕 중심 이론(virtue-based theory)에 의하면, 우리는 단순히 도덕규칙에 따라 행동하는 것이 아니라 좋은 성격상 특징을 가져야 한다. 도덕성은 유덕한 사람이 되는 것을 포함한다. 행위중심 이론(action-based)에 의하면 우리는 도덕규칙에 따라 적절하게 행위해야 한다. 우리는 유덕한 사람인지 아닌지에 의해서가 아니라 어떻게 행위를 하느냐에 따라 그들을 판단한다. 즉, 덕 윤리학은 행위자에 중점을 두고 단지 행위하는 것보다 어떤 사람이 되는 것을 강조한다. 이러한 덕 윤리학의 가장 중요한 도덕적 물음은 나는 어떤 종류의 사람이 되어야 하는가이다. 이와는 반대로 행위중심이론은 공리주의 원리나 정언명령과 같은 도덕 규칙에 따라 행위해야 한다고 주장한다. 행위중심 이론은 나는 무엇을 해야 하는가에 대한 물음이 중요하다. 이러한 이론들은 규칙에 따라 행위할 것을 강조하기 때문에 때때로 규칙지배적(rule-governed) 이론 혹은 의무적(deontic) 이론이라고 불리기도 한다.

행정학에서 덕 윤리가 본격적으로 나타난 것은 1960년 대 후반, 뉴욕 북부에서 열린 미노브룩 회의였다. 이 회의가 촉매제가 되어 1970년대에는 공공 행정에 덕 윤리를 적용하고자 하는 관심이 점점 증가하기 시작했다. 대표적인 사례는 왈도(Dwight Waldo)와 애플비(Paul Appleby), 프레드릭슨(H.George Frederickson), 챈들러(Ralph Chandler), 하몬(Michael Harmon), 웸즐리(Gary Wamsley), 로어(John Rohr), 덴하트(Kathryn Denhardt), 쿠퍼(Terry Cooper) 등이 있다. 이들이 모두 미덕론자라는 얘기는 아니고, 다만 공공행정에 있어서 선한 인격이 매우 중요하다는 것을 이들이 인정하고 있다는 것이다(Hart, 2001). 본 서에서는 하트(Hart) 및 매킨타이어의 논의를 중심으로 덕 윤리를 살펴보려고 한다.

미덕의 실질적인 내용부터 시작해 보자. 미덕은 아주 적은 숫자로, 문화와 시간을 초월하여 우리가 공통적으로 갖고 있는 인간 본성의 필수적인 측면을 대변한다. 미덕론자들이 계속해서 제기했던 문제는 어느 미덕이 "주요한 것"이고, 어느 것이 "파생적인가"를 결정하는 것이었다. 주요한 미덕이 되기 위해서는, (1) 서로로부터 파생되어서는 안 되며, (2) 다른 모든 덕이 이것에서 파생되거나, 보여져야 한다. 미덕을 갖추려는 사람들을 위해, 수많은 도덕원칙 중에 선택을 해야 하는 작업은 제거 과정을 통해 단순화될 수 있다(하트, 2018).

아주 오랜 옛날부터 분별력과 정의, 불굴의 정신, 절제가 주요한 미덕으로 인정을 받아왔다. 이는 인간의 번영에 필요하다고 할 수 있다. 중세에 들어와 신앙과 관련된 세 가지 미덕 '믿음, 소망, 사랑'이 기독교를 믿는 자들을 위해 추가되었는데, 이로써 전부 일곱 가지 미덕으로 늘어났다. 이것들과 대조되는 일곱 가지 죄악이 있으니, 이는 보편적으로 오만과 질투, 나태함, 무절제, 탐욕, 분노, 욕정으로 인식된다(하트, 2001). 아리스토텔레스에게 주요한 미덕은 정의의 덕과 친애의 덕이다. 정의의 덕은 사람들이 옳은 일을 하게 하며 옳은 태도로 행동하게 하며 옳은 것을 원하게 하는 덕이다. 친애의 덕은 지위나 처지에 관계없이 꼭 필요한 덕이다.

하트(Hart)는 미덕을 간소화시키기 위해 두 가지로 주요한 미덕을 줄였다. 행복(eudaimonism)과 박애(benevolence)이다. 내가 이것을 선택한 이유는, 첫째, 필요한 내용을 추가할 수 있기 때문이고, 둘째, 이것에서 네 가지 주요 미덕을 유출할 수 있기 때문이다. 첫 번째 주요 미덕은 "행복"이다. 노튼(Norton)은 도덕철학과 인간의 자기실현의 심리를 한데 묶어 행복이라는 현대적 상태를 만들어 냈다. "문자 그대로, 행복이란 자신의... 내재된 잠재성과 조화롭게 사는 상태로, '자신에게 진실되게 사는 것'이다."(Norton, 1976, 재인용 하트, 2018).

행복이란 개념은 모든 개인이 저마다 독특한 잠재력을 갖고 태어나며, 삶의 목적은 이 세상에서 잠재력을 실현시키는 것이다. 이런 잠재력 가운데에는, 첫 번째, 도덕적 미덕이 있으며, 두 번째, 각자가 갖고 있는 독특한 재능이 있다. 두 번째 주요한 미덕은 "박애" 또는 타인에 대한 사랑이다. 박애라는 미덕은 아담 스미스 같은 학자들에게서도 공통적으로 논의가 많이 되었던 덕이다.

하트(Hart)는 행복과 박애가 동일선상에 있고, 서로로부터 파생되지 않는다고 생각한다. 그러하기에 하트의 다른 미덕들은 이 두 가지에서 파생되었다. 예를 들어, 정의는 박애에서 파생된다. 불굴의 정신과 절제는 행복과 박애에서 그리고 신중함은 행복에서 파생된다고 주장하고 있다. 덕 윤리를 강조한 학자들이 덕 윤리의 정당성에 대해 의문을 제기하지 않은 것은 인간의 기본적인 본성에 근거하고 있기 때문이다. 대부분의 덕 윤리론자들은 "선한 인간"의 정당성을 주장하고 있다. 덕 윤리는 상당 부분 개인의 윤리와 겹친다는 점에서 사람들은 암묵적으로 그들의 인간성을 먼저 살펴보고 덕 윤리를 가지고 있는지를 평가한다(Casey, 1990, 재인용 하트, 2018).

2. 덕 윤리 평가

1) 덕 윤리의 강점

덕 윤리가 가진 장점은 다음과 같다. 첫째, 도덕적인 동기에 대해 자연스럽고도 설득력 있는 설명이 가능하다. 옳은 행위만 강조하는 윤리이론은 도덕적 생활에 대해 완벽하게 만족스러운 설명을 하지 못할 것이다. 만족스러운 설명은 우정이나 사랑, 충실함과 같은 개인적 자질을 강조하는 덕 윤리 이론을 통해 가능할 것이다.

둘째, 행위중심 윤리학은 윤리학의 자발적인 측면을 무시하지만 덕 윤리는 인간의 내면의 자율성에 의해 드러난다. 행위 하나하나에 윤리적인 해답을 찾는 식의 행위중심 윤리학 대신에 덕 윤리에서는 인간의 훌륭한 성품이 개발될 수 있도록 도와줌으로써 행위중심의 소극적인 윤리 대신에 더 심오한 윤리적 행위를 할 수 있도록 도와준다(포이만 · 피저, 2020). 강요에 의한 윤리적 결정은 절대로 개인의 인격의 일부가 될 수 없기에 각 개인들은 자신의 신념 및 자율성에 기초하여 행동해야만 한다. 좋은 인격은 자유로운 도덕적 선택의 산물이다(하트, 2018). 칸트에게 있어서 선의지가 중요하기 때문에 의무를 이행하기 위해 극복해야 하는 유혹만큼 도덕적 가치가 높아질 수 있다. 극복해야 하는 유혹의 크기에 따라 도덕적 가치가 결정되지만 덕 윤리에 의하면 진정한 선함은 선한 것을 자연스럽게 기꺼운 마음으로 즐겁게 행할 수 있어야 한다.

셋째, 행위중심 윤리학은 자율성을 지나치게 강조하는 것과 달리 덕 윤리는 공동체를 강조한다. 매킨타이어는 모든 도덕적 규율은 전통 혹은 삶의 양식 속에 뿌리박고 있는 관습에 근거한다고 주장한다. 우리는 진공 속에서 도덕적 의사결정을 하지 않는 것이 우리가 처해 있는 사회적 맥락과 환경을 무시할 수 없기에 공동체를 강조하게 된다.

2) 덕 윤리의 한계

첫째, 덕 윤리가 도덕 이론으로 성립될 수 있기 위해서는 옳고 그른 행위를 명확하게 구별하는 것이 중요한데 이에 대한 구별이 명확하지 않다. 즉, 충성은 덕의 한 형태이지만 반드시 모든 상황에서 옳은 행위가 아닐 수도 있다.

둘째, 참된 덕을 구성하는 습관과 감정들이 무엇인지를 명확하게 알 수 없다. 누가 덕이 있는 사람이고 덕의 원리가 무엇이고 덕의 기준 역할이 무엇인지에 대해 기술할 필요가 있다. 이러한 인식의 문제와 관련이 있는 것이 공동체에 기반한 덕 상대주의이다. 덕 상대주의란 개인에 기반한 상대주의가 아니고 특정 공동체와 공동선과 관련되어 있어 시간과 장소에 따라 다르다(포이만 · 피저, 2020).

셋째, 덕 윤리는 윤리적 딜레마를 해결할 수 있는 어떠한 구체적인 방법도 제시하지 못한다. 윤리학이 기본적으로 어떠한 행위를 이끌어 줄 수 있는 지침을 제공해야 하는데 덕 윤리는 이러한 지침을 제시하지 못한 채 마치 선한 사람이 하고자 하는 것을 행하라는 것과 같다. 덕 윤리는 무엇이 선한 삶인가에 대해 우리는 무엇을 해야 하는가 혹은 어떠한 기준에 의해 행동해야 하는가에 대해 해답을 주려고 시도하지만 순환적이라는 한계를 내재하고 있다. 구체적인 지침이 요구되는 상황에서 우리가 무엇을 해야 하는지를 말해 주지 않는다.

참고문헌

김태길(1998). 윤리학 서울: 박영사.

김상득(2013). 알기쉬운 윤리학. 서울: 철학과 현실사.

박찬구(2006). 개념과 주제로 본 우리의 윤리학. 서울: 서광사.

박찬구(2015). 칸트의 도덕형이상학 정초 읽기. 서울: 세창미디어.

레이첼즈, 제임스(2006). 도덕철학의 기초. 노혜련, 김기덕, 박소영 옮김. 서울: 나눔의 집.

샌델, 마이클(2014). 정의란 무엇인가. 김명철 옮김. 서울: 미래엔 와이즈베리.

아리스토텔레스(2006). 니코마코스 윤리학. 이창우, 김재홍, 강상진 옮김. 서울: 이제이북스.

이종은(2010). 정치와 윤리. 서울: 책세상.

포이만, 루이스 & 피저, 제임스(2020). 윤리학: 옳고 그름의 발견. 박찬구, 류지한, 조현아, 김상돈 옮김. 서울: 울력.

프랑케나, 윌리엄(2003). 윤리학. 황경식 옮김. 서울: 철학과 현실사.

하트, 데이비드(2018). 공직윤리 핸드북(제6장 행정과 덕 윤리: 먼저 선한 성품을 그 다음 기술적 전문지식을 선택하라.). 신충식, 김종술, 김성준 외 행정사상과 방법론 연구회 옮김. 서울: 조명문화사.

헤일스, 스티븐(2013). 이것이 철학이다. 김준수 옮김. 서울: 21세기 북스.

Collins, M. (2009). Public Policy, Social Change, and the Ethics Traingle: Undocumented Immigrants and Higher Education in the United States.

Rosen, F. (1998). Individual Sacrifice and the Great Happiness: Bentham on Utility and Rights. *Utilitas, 10*(2): 129-143.

Svara, James H. (1995). The Ethical Triangle: Synthesizing the Bases of Administrative Ethics. *Public Integrity Annual*, 38-39.

공공가치로서의 공익

제4장

생각해 보기

1. 공공가치로서 공익의 중요성을 설명할 수 있는가?
2. 공익을 실체론적 접근방법과 과정론적 접근방법으로 구분해서 이해할 수 있는가?
3. 미국의 공공행정 분야에서 “공익” 개념이 어떻게 진화해 왔는지를 기술할 수 있는가?
4. 롤스의 정의론은 공공가치로서의 공익과는 어떤 관계에 있는가?

제1절 행정윤리에서의 공공가치

제4장은 공공가치(public value)로서의 공익을 조명할 것이다. 행정의 핵심은 시민이 원하는 행정수요를 확인하고 그에 부합하는 공공서비스를 효율적 · 효과적으로 그리고 공정하게 제공하는 것이다. 행정이 추구해야 하는 가치는 공공가치일 것이다. 즉, 공무원들이 자신의 업무 수행 시 의사결정 과정에서 제3장에서 언급하는 윤리삼각형

이외에 어떠한 기준을 사용할 것인가에 대한 고민은 공공가치(Public Value)로 귀결될 것이라 생각된다.

공공가치 이론은 후기 관료제 접근방법으로 인식되어 온 신공공관리에 대한 대안으로서 무어(Moore, 1995)에 의해 발전된 이론이다. 공공가치에 대한 논의는 크게 두 가지로 구별된다. 첫째로, 무어의 공공가치에 대한 논의이다. 두 번째는 보즈만(Bozeman)의 논의이다. 보즈만에 의하면 공공가치는 공공가치의 기준이 충족되면 공공가치가 발생한다고 주장하고 있다. 반면에 무어는 공공가치를 공공관리를 담당하는 공공관리자(public managers)가 공공가치를 제고하기 위한 관점으로 이해하면서 공공가치 창출에서 공공자산의 청지기(Stewards of Public Assests)인 공공관리자의 역할을 강조한다(Mintrom & Luetjens, 2017). 공익 이론은 공공가치이론의 핵심에 있으며 다음과 같은 차이를 보인다. 공익은 심의 혹은 숙의에 출발점 혹은 지향점으로서 이해될 수 있지만 공공가치는 숙의 혹은 심의에서 구체적인 행동을 유도하고 촉진하는 역할을 하게 한다는 점에서 차이를 보인다(Bozeman, 2007).

제2절 공익의 개념

일반적으로 공익(公益, public interest)이란 사회 전체의 공동 이익, 불특정 다수의 이익을 의미하며, 행정인의 활동에 대한 최고의 규범적 기준을 말한다. 또한 공익은 행정의 전 과정에서의 목적 가치이자 본질적 가치이다[1]. 공익은 바로 공공행정과 사행정(私行政)인 경영학과의 결정적인 차이를 가져다준다. 또한 대한민국 공무원 헌장에서도 "공익을 우선시하며 투명하고 공정하게 맡은 바 책임을 다한다"라고 공익을

1) 온라인 행정학사전(http://www.kapa21.or.kr/epadic/print.php?num=628).

구현하는 것의 중요성을 강조하고 있다. 그러나 공익에 대한 개념은 학자들마다 다르게 정의되고 있다.

공익 개념에 관한 접근은 크게 이를 실체론적으로 볼 것인가, 과정론적으로 파악할 것인가로 나누어진다. 실체론적 관점은 근대자연법이 정의라는 개념을 추구하는 것과 마찬가지로 변하지 않는 진리로서의 공익이 존재한다는 관점이다. 이는 단순한 사익의 합계와는 다른 속성을 가지고 있는 것으로서 사익을 초월한 규범적 · 도덕적 개념으로 이해될 수 있다. 즉, 헌법의 기본권 및 롤스의 정의론 등의 기본권의 가치 및 합의된 규칙 등이 이에 해당한다고 볼 수 있다.

한편, 과정론적인 접근법은 원래 공익이란 실체는 없는 것이고 정책결정과정에서 정책과정의 산출물로서 공익을 확보하는 것이라고 한다. 즉, 공익은 개인의 이익 또는 집단이익들의 집합에 불과하기에 이는 정책결정에서 이익집단의 상호 합의하에서 결정되는 것이다. 그러므로 공익의 극대화를 위해서는 정책결정과정의 합리화가 중요하다. 이러한 관점에서는 누가 정책과정에 참여하는가, 즉 공익의 수호자가 누구인가 하는 문제가 중요하다. 정책과정을 합리론적으로 보는 시각에서는 국민의 대표가 공익을 결정하는 것이 바람직하다.

1. 실체론으로서의 공익[2)]

실체론으로서의 공익을 주장하는 학자들에 의하면, 공익은 사익의 단순한 집합 이상의 특성을 지닌다. 실체론도 신비주의적 실체를 지닌 공익이론과 공공재의 존재를 강조하여 공익의 실체를 인정하는 공익이론까지 다양하다. 실체론의 근거로는 공공재의 존재와 공유지의 비극이다. 즉, 공공재의 존재와 공유지의 비극을 막는 것이 전체에게 도움이 되므로 사익의 합계가 공익이 된다는 과정설과는 상반된다. 공익은

2) 정정길(2005)의 내용(pp.288-304)을 수정 · 요약한 것이다.

단순한 개인의 이익의 합계와는 다르다. 공공재의 제공 및 공유지의 비극 등을 극복할 수 있는 규칙 및 제도가 공익의 실질적인 내용으로 볼 수 있다.

규칙과 제도만이 공익이 아니라 인간의 존엄성을 위한 기본권(생명, 신체, 재산의 자유 등) 및 이에 상응하는 가치도 모두 공익의 내용으로 취급된다. 이렇게 기본권을 보장하는 것이 공익이라고 보면, 개인 기본권의 합계가 전체의 기본권(즉, 공익)이 된다는 식의 사익합계설은 설득력이 없다. 개인들의 자유의 합계가 전체 국민의 자유가 된다는 식의 이상한 논리가 될 것이다. 또한 개인 평등의 합이 전체 평등의 합이라는 것도 문제가 많다. 그러하기에 사회정의, 사회적 안정, 질서유지 등 전통적으로 공익의 하나로 논의되었던 대부분의 가치들이 동일한 성격을 지니고 있다. 즉, 자유, 평등 등의 기본권과 안정 등과 같은 사회적 가치는 중요한 공익의 내용으로 이들은 사익의 합계가 공익이 되는 것이 아니라 본질적으로 다른 속성을 지니고 있다. 공익 실체설은 공익은 사익의 단순한 합계가 아니고 실체적인 기본권, 합의된 규칙 및 제도 등이라 볼 수 있다.

2. 과정론으로서의 공익[3)]

과정론으로서 공익론은 실체론과 달리 공익은 개인이익 또는 집단이익들의 집합에 불과하다. 그러하기에 공익은 정책 결정과정에서 결정되고 공익의 극대화를 위해서는 정책 결정과정의 합리화가 요청된다. 과정론으로서의 공익의 이론적 토대는 이익집단론이다. 이익집단론에 의하면 같은 이해관계를 가진 사람들끼리 힘을 모으기 위해 집단을 형성한 것이 이익집단인데, 집단이 아닌 개인은 너무나 미약하기 때문에 이익집단이 만들어져야 국민 개개인들의 이익이 보장될 수 있다는 것이다. 조직화되지 않은 사람들은 어떤 사건이나 정치경제적 상황에서 불리한 처지에 놓이게 되면

3) 정정길(2005)의 내용(pp.304-335)을 수정 · 요약한 것이다.

자신들의 이익을 대변하기 위해 집단을 형성하게 되는 것이다. 정부가 하는 일에 영향을 받는 사람들이 자신의 이익을 위하여 주장하고 싸우지 않으면 그 이익은 정부에서 과소평가하거나 무시하기가 쉽다. 정부의 정책결정자들도 능력의 한계가 있는 인간이기 때문에 강력한 주장이 없는 이익은 그 중요성을 판단할 수가 없기 때문이기도 하다.

미국에서는 이익집단이 통제불능의 정도까지 이르렀다고 보고 있다. 일반 주민들의 영향력이 미미해진 반면에, 이익집단의 숫자는 증가해 왔으며 그들의 영향력도 커졌다. 자신에게 좀 더 유리한 정책대안을 채택시키려는 이익집단들 간에 끊임없는 대립과 갈등이 당연하게 발생한다. 민주국가에서는 모든 국민을 만족시킬 수 있는 혜택을 가져다줄 수 없기 때문에 모든 이익은 부분이익이다. 즉, 정책결정과정에서 국민이라는 추상적인 실체는 다수의 특수이익 집단으로 분해된다. 다시 말해, 우리가 논의하는 공익은 정책을 둘러싸고 대립되는 이익집단들이 타협과 흥정 과정에서 구체적으로 합의한 내용에 불과하다. 그러므로 실질적으로는 합의되고 조정된 이익집단들의 합계에 불과하다는 것이다. 그래서 이 주장은 현대 이익집단론자들(대부분의 다원론자들)이 강력하게 주장하는 공익이론이 되어 있다. 또한 이들 주장은 공익의 이름으로 등장한 각종의 정책이 실질적으로 결정되는 과정을 주목하는 것이므로 과정론적 공익이론이라고 부른다.

현실적으로 과정론으로서의 공익은 다원주의적 시각에 입각한 것으로서 공익을 누군가가 인위적으로 조정하여 확보한다는 것은 불가능하다는 의미를 내포한다. 집단 간의 이해관계의 조정의 산물이 바로 공익이다. 실체론과 과정론적 관점은 각각의 장단점을 갖고 있는 가운데, 여러 경쟁하는 가치와 이념이 현존하는 상황에서는 실체론적 공익이란 것을 발견하기도 어렵지만 이를 구체화하는 것에도 많은 난점이 있다.

3. 실체론과 과정론의 통합으로서의 공익개념[4)]

공익의 개념에 관해서는 실체설과 과정설 사이에 논쟁이 있기는 하지만 현실적으로 이를 통합하는 것이 바람직할 것이다. 정정길 교수(2005)의 주장에 의하면, 공익은 다음과 같은 광범위한 내용을 포괄한다.

① 인간의 존엄성을 위한 기본권 및 기본가치
② 전통적인 국가기능으로 순수 공공재에 해당하는 것과 정부가 담당해야 하는 것으로 합의를 보는 기능들: 치안, 국방, 환경보존, 교육, 문화 등의 기능과 기타 정부 기능
③ 기본권, 기본가치나 국가기능을 실현하기 위한 정책내용
④ 정책내용을 합리적으로 결정하기 위하여 참여자가 지켜야 할 규칙과 규범
⑤ 합리적 결정을 위한 민주적이고 전문적인 의사결정 자체

실체론적 공익의 관점에서는 1번에 관심이 많다. 실체론적 관점의 공익은 공익으로 보고 있는 자유 · 평등 · 정의 · 안정 · 박애 등의 인간 존엄성을 앙양하는 기본적 가치만이 아니라, 국방 · 치안 · 질서 · 환경정화 등의 공공재나, 경제적 번영, 교육과 문화 등 국가의 기본적 기능으로 보는 공익들이 포함된다. 또한 이러한 공공재나 국가의 기본기능이 실현되기 위해서는 적절한 정책수단이 있어야 하고 때로는 이러한 정책수단들이 공익의 내용이 될 수도 있음을 가정하고 있다.

과정론적 공익의 관점에서는 위의 4번과 5번에 관심을 두고 있다. 공정한 정책과정을 통해 모든 이해당사자가 합의하기 위해서는 정책결정과정이 민주화되어야 하고 민주적 과정과 절차 또는 민주성을 확보하기 위한 제도적 장치가 요청된다. 이러한 제도적 장치들이 모두 공익이 되고, 이 과정에서 관련된 이해당사자들이 지켜야 할

4) 정정길(2005)의 내용(pp.304-335)을 수정 · 요약한 것이다.

규칙 · 규범 · 관습 · 관행 등이 모두 공익의 실현을 위한 장치이므로 공익의 실질적 내용이 되는 것으로 보았다. 요약을 하면, 추상적인 실체로서의 공익이 실천적인 의미를 지니려면, 구체적인 정책내용으로 실현되어야 하고 이 실현과정에서 전체의 이익을 위하여 지켜야 할 민주적 규칙과 제도 등이 모두 공익의 실질적 내용이 된다는 것이다.

정정길 교수의 제안대로 실체론적 접근과 과정론적 접근을 통합한 공익의 개념화가 필요하고 이러한 공익을 제고하려는 실제적인 노력들이 요청된다고 볼 수 있다. 공익이 이렇게 중요하기 때문에 행정이론과도 밀접하게 연결된다. 행정이론과의 관계를 다음의 5가지로 정리할 수 있다.

① 추상적인 공익의 내용과 공익을 실현하기 위한 구체적 수단이 모두 공익의 실질적인 내용이 되기 때문에, 정부가 하는 거의 모든 일이 공익을 위한 일이며, 공익의 실질적 내용이 되는 것이다. 이는 바로 국가기능론의 내용이 되는 것이다. ② 공익이 정책결정과정에서 결정됨을 언급한 것처럼 공익의 바람직한 실현은 정책결정과정의 합리성 여하에 의존하게 된다. 그러나 현실의 결정과정은 소수의 이익집단들에 의하여 지배되기 쉽다. 행정학의 정책결정론 및 이익집단론과 연결된다. ③ 합리적 정책결정과정에서 지켜야 할 논리와 가치들은 정책대안의 비교평가 기준과 행정의 지도원리로서 논의가 되는데, 공익이론과 행정가치론이 같은 맥락에 있음을 알려 준다. ④ 행정학의 입장에서 보면, 정책결정의 참여자 중에서 관료와 정책분석가들의 가치판단 문제가 논란이 되는데 이것도 공익이론과 표리일체의 관계에 있다. ⑤ 다양한 계층의 사람들이 정책결정에의 충분한 참여를 보장받을 수 있게 대표관료제의 이념을 살리는 것도 행정관리적 측면에서 공익을 증진하는 것이다.

제3절 공익과 행정이론

정책 문제나 정책의 목적을 이해하는 과정에서 공공관리자에게 요구되는 것이 공익을 위해 의사결정을 하거나 행동하는 것이다. 정치나 정치이론의 담론에서 공동선 혹은 공익의 요구, 본질, 존재에 관한 논의보다 더 소중한 것은 없다. 존 로크는 『통치론』이라는 책에서 평화, 안전, 시민의 공동선은 정치의 궁극적인 목적임을 강조하고 있다. 이처럼 공익이 미국 행정이론 발전과정에서 공익증진과 관련한 관료의 역할에 관한 논쟁에서 어떻게 이해되어지고 있는지를 모건(Morgan)의 주장을 재정리하여 제시하고자 한다.

1. 연방주의자와 반연방주의자들의 공익

공익은 미국 초기 건국의 아버지들 사이에서 논의의 핵심이 되었다. 연방주의자와 반연방주의자 모두에게 있어서 공익은 행정부의 책임성과 연결되어진다. 『페더랄리스트 페이퍼』(Federalist Papers) 51번에 나오는 푸블리우스(Publius)의 유명한 논설은 훌륭한 정치질서를 구축하기 위한 초석으로 새로운 담론은 합목적적 최고선보다는 개인의 사익에서 시작한다. 정치체제를 평가하는 과정에서 "공익"(public interest)은 공공선을 이야기하는 방식으로 널리 받아들여지게 되었다(Morgan, 2001). 17세기 중엽 영국에서 시민혁명이 발생하기 이전에는 "공동선"(common good) 혹은 "공공복리"(public weal) 등의 용어가 정치공동체의 더 큰 전체 선(善)을 언급할 때 사용되었다.

이러한 용어는 특수한 사익보다 큰 공동체의 가치로 인식되었다. 공익이 17세기 말에 공동선을 대체할 정도의 공적담론의 핵심이 되었다. 17세기 영국에서 공익은 두 가지 개념으로 이해되었다. 첫째는 공익의 이익균형화 개념이다. 이것은 공공을 위한 개인의 이익 균형화를 의미한다. 둘째는 사익의 증진과 보호개념으로서의 공익이다. 이러한 개념의 공익은 시민의 사익에 관한 고려 없이는 정의될 수 없고 어떤 보편적 도덕위상을 가지는 것이 아님을 보여 주고 있다.

이러한 전통을 따라 미국 건국 초기 논쟁에서 공익은 공공선과 사익추구 간의 조화를 이루는 방식과 관련된 논쟁으로 이해되어질 수 있다. 미국에서 공익의 의미는 연방주의자와 반연방주의자의 논쟁으로 구체화되었다. 연방주의자에게 공익은 주로 정념(passion)과 이익을 규제하는 문제였다. 반연방주의자에게 공익은 공화주의 덕성의 함양을 필요로 하는 것으로 인식되었다. 연방주의자는 분명 인간의 성품 형성이 공적 삶에 미치는 영향에 무관심하지 않았지만, 헌법이 정부가 개인덕성의 지속성이나 이의 적극적 함양에 의해 좌우되게 하거나 그렇게 해야 된다고는 생각하지 않았다. 이에 반해 반연방주의자들은 과도한 개인주의에 대한 교정수단으로서 공공문제에 대한 적극적인 참여와 덕성의 강조를 통한 공익에 초점을 맞추었다.

1) 연방주의자들의 공익

메디슨의 목표는 광대한 미국 전역에 자유를 실현하면서 동시에 다수에 의한 전제를 방지하는 방법이었다. 매디슨의 주장에 의하면, 미국 영토 전체의 범위 내로 다양한 이익을 통합하여 이익의 다양성을 증가시킬 수 있다는 것이다. 다양화된 넓은 영토에서는 여론은 분절화되고, 분파는 증가하며, 이익집단의 형성이 지리멸렬해진다.

이를 위해 메디슨은 페더랄리스트 페이퍼 51번에서 개인의 이익이 바로 헌법적 권리와 부합되도록 공직책무를 구조화하는 대안을 제시하였다. 적절하게 구성된 정부체계하에서 공직의 책무와 임기가 적절하게 구조화되면 개개인은 공공선을 달성할 수 있게 될 것이다. 이처럼 우수한 품성을 가진 개인을 공직에 임명하고자 하였다. 즉, 연방주의자들에 의하면, 공익은 공무원의 자유재량권을 적절하게 행사하고 다양한 이해들을 균형화하는 절차적 가치에 의해서 구현될 것임을 강조하고 있다. 이로 인해 미국 정부가 단일 지배자 및 다수 세력 양자에 의한 전제로부터 보호될 수 있고 또한 민주체제의 온전한 본질을 지키는 방식으로 보호할 수 있게 되었다.

2) 반연방주의자들의 공익

미국의 건국 이래 과도한 개인주의와 공동체의 상실에 대한 우려는 미국정치의 주요 의제였다. 미국의 개인주의는 미국의 헌법원리가 기본적으로 로크의 사상에 기원을 두고 있기 때문이다. 즉, 미국 헌법의 기본 틀을 마련했던 사람들의 가설은 바로 합리적인 자기 이익추구가 질서 있고 오래 존속할 수 있는 자유체제를 이룩하는 데 필요하다는 것이었다.

반연방주의자들은 공공문제에 대한 적극적인 참여와 이 참여에 필요한 시민덕성의 함양이 요구된다는 고전적 공화주의 신념을 되살리고자 했다. 이것을 통한 과도한 개인주의에 대한 교정수단의 역할을 할 수 있도록 공화주의 덕성을 강화하려고 하였다. 반연방주의자에게 공익은 미국 건국 초기 자작농 환경에서 함양된 덕의 관행이었다. 그런 환경은 절제, 조심, 근면, 검약이라는 본질적인 공화주의 덕성을 함양했다.

이러한 공화주의적 덕성은 토크빌의 관찰에서 잘 나타나 있다. 그는 모든 미국인이 "나머지 사람들의 이익을 위해 자신의 사익 일부를 희생하도록" 하는 수많은 "사소하고 일상적인 자기 억제행위"(Tocqueville, 1969: 131)에 감명받았다. 그는 자원봉사조직, 종교단체, 일련의 활발한 조직화된 행동들에 대단히 감명받았다. 토크빌은 이러한 공화주의적 덕성을 "올바로 이해된 이기심"(self-interest rightly understood)이라고 정의하였다. 또한 반연방주의자들의 공익에 대한 공동체적 특성은 공적생활에의 참여를 강조하는 데서 확인할 수 있다. 반연방주의자들은 그리스 철학의 가정을 통해 시민의 덕성을 갖는 공무원의 공적행위를 통해 공익이 달성될 수 있음을 보여 주고 있다.

2. 잭슨 민주주의와 공익

잭슨식 민주주의는 반연방주의자와 제퍼슨 민주주의 전통의 다수결주의 주장을 받아들여 점차 시간이 지나면서 국민의 목소리와 민주정부 그 자체를 동일시하게 되었다. 잭슨 민주주의 네 가지 원칙인 공직순환, 국민투표제적 집행부 리더십, 직접민주주의, 제한된 정부에 대한 확고한 신념은 공익을 주조하고 형성하는 데 도움이 되었다. 잭슨 민주주의 시대에 잭슨 대통령의 공익에 대한 기여는 직접민주주의의 강력한 실천을 통해 제한된 정부 이념을 구현하는 것이었다. 잭슨 대통령은 공직의 장기 재임에 대한 불신을 불식시키기 위해 공직순환이라는 인사운영원칙을 제시하였다. 모든 공직의 직무는 쉽고 단순해 지성의 소유자라면 누구나 업무수행능력을 손쉽게 갖출 수 있기에 잦은 인사이동에 대해 걱정할 필요가 없다는 것이다.

3. 포퓰리즘시대의 공익

19세기 후반기에 접어들면서 도덕 개혁가는 자신의 관심을 노예제 폐지에서 잭슨주의 엽관주의의 남용으로 돌렸다. 잭슨 대통령의 엽관주의 문제를 해결하기 위해 일정한 제도적 보호장치가 요청되었다. 이러한 맥락에서 1883년 펜들튼법(the Pendleton Act)의 통과와 실적주의 인사제도의 도입은 개인윤리와 공익 간의 관계에 관한 당시의 가장 훌륭한 생각을 제도화했다. 이와 함께, 포퓰리즘 개혁가는 주민법안 발의, 국민투표, 소환, 공직임기의 단축 등을 이용해 부패를 줄이고자 했다. 포퓰리즘의 시대의 쟁점은 용인하기 어려운 사적 이익의 영향으로부터 공익을 보호하는 최선의 방책을 발견하는 것에 있었다. 이 시기에 강조되고 공직에 종사하는 공무원들에게 요청된 것은 엽관주의 폐해로부터 공익을 보호하기 위한 중립적 역량이다. 포퓰리즘 시대의 공익은 사적 이익의 영향으로부터 공익을 보호하는 최선의 방책을 마련하는 것으로 구체화되어 나타났다. 이해충돌법안, 공직자 재산공개법, 개방적 공직요건, 주 및 지방정부수준의 다양한 해치법(hatch act) 규제 등은 공무원의 중립적인 역량을 보호하고 강화하기 위한 일련의 노력 등을 나타내고 있다(Morgan & Rohr 1986; Rohr 1978). 이러한 시도들은 정부의 능률성 향상보다는 도덕적 부패 방지에 주된 목적을 두고 있다.

4. 진보주의 시대의 개혁과 공익

포퓰리즘 시대는 공무원들이 공직을 절대로 사익을 증진하거나 획득하기 위해 이용되어서는 안 된다는 오랫동안 지속된 미국의 법치주의 원리를 재확인했다. 공직자의 재량권의 행사과정에서 "중립적 역량"이란 정확히 무엇을 의미하는 것인가? 어떤 가치가 이 역량을 지도하고 가르치며 감시해야 할 것인가? 진보주의 시대는 이 질문에 두 종류의 답을 제시했다. 하나는 진보주의 개혁운동 내의 과학적 관리운동이고 다른 하나는 개혁운동의 실용주의로 요약될 수 있다. 이 시기의 윌슨(Woodrow Wilson)은 정치와 행정을 분리할 것을 주장하면서, 행정학 연구목표는 집행방식을 경험적 실험의 혼란과 고비용에서 벗어나게 해서 경험적·실증적인 과학 원리에 바탕을 둔 이론적 토대 위에 올려놓는 것이다(Wilson 1978; Morgan, 2001). 진보주의 운동의 더 큰 도덕적 비전은 행정업무의 성격을 단순히 과학적이고 기술적인 측면에서 스티버(Stever)가 말하는 "정부조직 내의 전문직업"으로 변모시킨다. 스티버는 진보주의 시대의 공직에 대해 공식적으로 제도화된 통제권을 갖고 이를 더 큰 공공선을 위해 영향력을 행사할 수 있는 가장 지식이 많은 사회성원으로 구성되는 전문직업이라는 의미를 나타냈다(Stever 1988: 31; Morgan, 2001).

진보주의 시대는 정부의 능률성 향상이 주요한 의제였다. 진보주의 시대에서 공직자에게 공익을 조성하는 데 부여된 역할은 다음과 같다. 위에서 언급한 것과 같이,

첫째는 공공조직을 과학적으로 관리하고 정책 개발과 집행에 최첨단의 기술을 이용하는 전적으로 수단적인 역할을 강조한다. 둘째는 공적 담론의 고양과 인간계발의 촉진과정에서 공직자가 떠맡는 도덕적 리더십 역할을 강조한다. 전적으로 수단적인 역할은, 행정과정이란 단순히 주로 공동체 의지의 집행을 용이하게 하는 것이라는 이전의 반연방주의자와 잭슨주의 비전을 떠올리게 한다. 진보주의 전통 내의 도덕적 리더십 역할은 행정 엘리트들이 대중의 무지한 충동으로부터 민주체제를 보호한다는 연방주의 비전을 연상시킨다. 하지만 연방주의와 진보주의 양자 모두의 도덕적 목적은 반연방주의의 개인덕성과 시민덕성 함양에 대한 관심에는 훨씬 못 미치는 주로 수단적이고 공리적인 것이었다.

진보주의 시대 공무원들에게는 공익을 위한 재량권 행사에 있어서 다음과 같은 네 원칙이 제시되었다. ① 공직자는 실증과학의 원리에 의해 엄격히 통제되어야 한다. ② 공직자는 이익집단 정치의 달인이 되어야 한다. ③ 공직자는 절차적 가치와 실질적 가치 양자를 증진해야 한다. 이는 미국 헌정체계 내에서 그들에게 주어진 특유한 역할이다. ④ 공직자는 민간부문, 비영리부문, 공공부문 가운데서 적절한 균형을 지켜야 한다(Morgan, 2001).

진보주의 시대에서는 실증주의의 영향으로 인해 윤리와 공익 같은 용어가 과학의 발전하에서 중요성이 인식되지 못하였다. 이익집단 자유주의에 기초한 미국전통은 공익과 관련해 공익을 계몽적이고 공공정신에 투철한 정책들을 이익집단 간의 충돌의 결과물인 타협으로 대체한다. 이익집단 자유주의의 병리적 결과를 강조하는 사람들은 입법과정에서 합의에 이르기 어렵기에 자주 이익집단의 영향에 의해 법이 만들어진다고 지적한다.

메리 파커 폴렛(Mary P. Follett)은 공익의 발전과 관련이 있는 민주적 과정을 명확하게 하고 있다. 절차적 가치와 관련해 폴렛이 의미하는 민주주의 과정은 시민의 공동의지(common will)를 생성 및 도출하는 것이 핵심이다.

5. 2차 세계대전 전후 시기의 공익이론

행정국가 현상은 뉴딜정책과 2차 세계대전 동안 행정학에 지대한 영향을 미쳤고 공익의 규범적 의미를 강화했다. 이 시기에 진보주의 운동시대의 과학적 관리운동의 영향에서 1940년대와 1950년대의 왈도(Waldo), 레드폴드(Redford), 애플비(Appleby)와 같은 학자들은 다음과 같은 특성을 보인다. 첫째, 공익의 개념을 강조하였다. 둘째, 실용주의적 노선을 유지하였다. 셋째, 공동체주의적 열정을 보인다.

이 시기의 대표적인 행정학자들이 보인 여섯 가지 원리는 다음과 같다(White & McSwain, 1990). 첫째, 공익을 행정행위의 지침으로 사용할 것. 둘째, 정부기관의 복지와 공동선을 같은 의미로 사용할 것. 셋째, 의회와 정치행정부(political executive)의 정부기관에 효과적인 통제, 넷째, 공무원들이 통찰력을 얻기 위해 가장 효과적인 방법으로서 사례연구 활용, 다섯째, 효과적인 행정을 위해 실용적이고 실험적인 접근, 여섯째, 효과적인 행정 및 정책결정을 위한 대화를 통한 협력이다. 이들은 공익의 의미를 숙의하기 위해 이러한 원리들을 사용하였다. 그들은 정책결정과정에서 공무원들이 전문성을 사용하고 재량권을 행사하는 것에 주목하였다.

2차 세계대전 이후는 미국 사회과학계 내에서 행태주의가 발전하는 시기였다. 이러한 현상은 2차 세계대전 이후 급속한 과학기술의 발전으로부터 기인한 것이다. 실증주의적 방법과 조직에서의 합리적 모형이 강조되는 시기였다. 이 시기에 행정학분야에서 가장 영향력 있는 저서가 바로 사이몬의 『행태론』이다. 이러한 맥락에서 공익은 행태주의적 관점의 행정이론과 잘 부합되지 못하였다.

행태주의와 논리실증주의는 윤리와 공익의 관계에 관한 생각을 매우 단순화했다. 사실과 가치의 문제를 명확히 분리함으로써 "윤리"와 "공익"과 같은 용어가 무용한 분석도구로 변모했다. 둘 다 개인의 취미, 의견, 선호를 반영하는 가치판단의 용어였던 것이다. 공익을 위한 무엇이라고 이야기될 때 이는 의사-객관성의 허울하에 개인선호를 정당화하는 방식으로 이해되었다. 어떤 경우든 '공익'은 정치행태를 분석하는

데 현재 활용 가능한 이론 및 방법을 더하거나 손상시키지 않는다. 요컨대, 공익은 조직개념 또는 분석개념으로는 전혀 의미가 없는 단지 정치적 자료에 지나지 않는다는 것이다. 이러한 견해와 1950년대와 1960년대 초반 다수의 행정학 문헌은 행정의 의사결정에 관한 접근방법의 개선을 통해 능률성 향상이라는 이 목표를 달성하고자 한 사이몬의 주장과 부합한다.

이 시기의 주목할 만한 점은 공익을 이익집단 자유주의(다원주의) 관점에서 이해한 것이다. 이익집단 자유주의는 정책이나 공익을 이익집단 간의 충돌의 결과물인 타협 혹은 합의 산물로 이해하는 것이다. 이익집단 자유주의 관점에서 미국의 정치는 이익의 정치와 조직화된 정치로 이해될 수 있다. 이익집단 자유주의를 통한 타협 혹은 합의가 가지는 문제는 이익집단 간의 갈등을 통한 합의나 조정은 공동의 이익보다는 집단의 편협하고 사적인 이익을 대변할 수 있다는 것이다. 또한 특수 이익을 추구하는 특정 집단들이 과도한 정치적 영향력을 행사하면 부정적인 결과가 나타나게 된다. 이러한 환경에서는 공익이 당파적 낭비와 이익집단의 과도한 영향 등으로 인해 공익보다는 사익을 대변할 위험이 도사리고 있다.

이러한 종류의 문제점을 개선하기 위해 몇몇 조치가 채택되었다. 로위(Lowi)의 사법적 절차를 통해 사익의 남용을 제제하고 보호받지 못한 자의 권리를 보호하려는 사법민주주의 필요성을 강조하였다. 연방 및 주 수준의 입법부에서는 행정부 공무원들을 더욱더 엄격한 감시하에 두기 위해 구체적인 조치를 취했다. 이는 사생활에 관한 정보의 자유와 권리, 잘못된 관료행위에 대한 내부고발자의 보호를 내용으로 하는 선샤인법에 반영되었다. 마지막으로 1970년대 의회는 많은 비판자의 조언에 귀 기울이기 시작하는 동시에 내용면에서도 훨씬 더 세세한 법률을 제정하기 시작했다(Levine & Wexler 1981; Morgan, 2001).

6. 최근 행정학에서의 공익에 대한 논의

행정학 이론 발전과정을 살펴보면, 행정학의 논의에서 공익은 모든 담론의 중심에 있어 왔다. 헤링(Herring)은 공익은 행정 행위와 민주주의 이상의 조화에 있어서 필수적이라고 주장하였다. 민주주의와 공익의 조화는 관료제에 의해 민주적으로 규정된 공익에서 찾을 수 있다고 주장하였다. 또한 그는 공무원들에게 매일의 의사결정과정에서 바람직한 선으로서 공익을 제시하였다. 그러나 공익이 무엇인지에 대해 행정학자들 사이에서도 구체적인 합의가 부족하였다. 톰슨(1987)은 의무론적 윤리, 로어는 헌법적 가치 등을 공익으로 이해하고 있다. 사익의 침해를 반대하면서 공익을 주장하는 학자들 중 덴하트와 덴하트(Denhardt & Denhardt, 2003)는 『신공공서비스』라는 책에서 공익은 행정의 규범적 논의에 깊이 내재되어 있음을 강조하고 있다.

로어는 공무원을 위한 윤리에서 자기의 저서를 행정윤리에 대한 다른 저서들과 구별하였다. 로어는 관료의 윤리적 훈련과 교육은 우리가 통치자에게서 기대하는 미덕들을 발달시킬 것을 목적으로 하는 성찰을 조장해야 한다면서, 그는 공무원의 행위와 의사결정은 불가피하게 공중에게 영향을 주며 따라서 공익을 위하여 일하는 것은 공무원의 책임이라고 한다. 헨리도 공무원 윤리를 공익과 연결하여 생각하고 있다.

로어는 윤리적 의사결정을 하는 과정에 대비하여 공무원들을 훈련하는 데에 세 가지 접근방법이 있음을 지적한다. 그의 첫 번째 접근방법은 고차원적 길(high road)이다. 이 접근방법에서는 윤리적인 공무원으로부터 훈련에 있어서나 모든 행위와 의사결정에 윤리성을 통합시키는 데 있어서 가장 많은 것이 요구된다. 로어는 행정윤리 강의를 위하여 롤스의 정의론을 출발점으로 받아들이는 것이 무리라고 믿는다. 그렇게 하기 위해서 학생들은 보통 전형적인 행정학 교과과정에 포함되는 정도의 철학지식을 알아야 할 것이며 보통 직업적 전문가 양성을 위하여 요구되는 것보다 훨씬 많은 시간을 투입하여 연구해야 한다는 것이다. 로어는 고차원적인 접근방법을 비판하는 가운데 지나치게 철학적인 접근법은 공무원들이 추구하는 복잡한 현실적 문제들에 대한 대답을 얻는 데에는 별로 도움이 되지 않을 것이라고 말한다. 행정윤리의 대한 철학적 접근은 비실제적(impractical)으로 되어 버릴 것이라 생각하고 있다.

로어는 또 "저차원적 접근방법(low road)"이라는 행정윤리에 대한 두 번째 접근방법에 관하여 이야기한다. 이것은 윤리적 문제를 거의 조직 기구의 규칙들의 고수에 의하여서만 이해하는 것을 말한다. 예를 들어, 그는 미국 농림부 직원 훈련 지침서를 들고 있다. 이 지침서는 업무 수행 중에 자기의 사적 용도를 위한 세탁물을 관용차에 싣고 가는 것이 적절한 행동인가라는 질문을 제기한다. 개인적 활동을 위하여 업무시간을 사용하는 것과 같은 문제들이 다루어지고 있다.

로어는 이 접근방법이 공무에 대하여 지나치게 소극적이라고 비판하고 있다. 이러한 접근방법의 문제점은 중대한 정책적 난점들은 거론하지 않으면서도 전화의 사용과 같은 사소한 문제들에 초점이 맞추어진다는 점이다. 이러한 접근방법에 의하면 공무원은 조직의 규칙들의 내면화를 통하여 규격화된 관료가 되어 간다. 이러한 공무원의 능력은 조직의 작업 지침이나 정책 안에 분명하게 포함되어 있는 것 이상으로는 의사결정이나 행동을 하지 않는 것이다. 로어의 결론에 의하면, 이러한 접근방법은 모호한 정책이나 도덕적 불확실성의 상황하에 행정가들이 윤리적 의사결정을 하게 하려는 우리의 목표를 위해서는 너무나 전향적이지 못하다는 것이다. 다시 말하면, 우리는 이 접근방법으로부터 행정윤리를 위한 충족할 만한 개념의 틀이 갖고 있어야 할 과정이나 내용적 측면을 기대하기 어렵다는 것이다.

로어는 이상과 같은 고차원적 접근방법과 저차원적 접근방법 둘 다 비판한 다음 고위공무원 및 중간관리자에게 적합하다고 생각되는 중간적 접근방법(middle road)을 제안한다. 그는 먼저 공무원들에게 공공 정책과정에서 및 집행과정에서 충분한 재량권이 있다는 점을 밝힌다. 민주주의 사회에서는 통치는 통치를 받고 있는 국민의 이름으로, 국민의 이익을 위하여, 또한 국민의 가치들에 따라서 되어야 한다. 다시 말하면, 통치하는 사람들은 시민에게 대응적(responsive)이거나 또는 공익에 따라서 행동(act in the public interest)하지 않으면 안 된다. 공무원들에게 이러한 대응성은 수시로 선거에 의하여 또는 선거 공무원에 의한 재임명에 의하여 확보된다. 그러므로 공무원들은 자기 스스로 준수하는 윤리적 표준들을 통하여 이러한 공익을 위해 일해야만 한다. 즉, 공무원들은 체제가치를 준수해야 함을 강조하고 있다. 로어는 가치를 “압도적 다수의 국민들에 의하여 오랫동안 유지되어 온 믿음, 걱정 및 원칙”이라고 정의하면서, 그는 체제가치를 “공무원들이 이 정치 체제를 존재하게 한 헌법을 지지하며 계속하여 헌법의 정신과 의미를 상징적으로 천명한 것”으로 이해하고 있다. 이와 같이 헌법은 공무원이 공익을 반영하는 체제가치들의 목록을 찾아보기 위한 원천이 됨을 지적하고 있다. 로어가 제시하는 구체적인 체제가치는 자유, 평등, 재산권이다.

로어는 자유나 평등과 같은 추상적일 수 있는 체제가치들에 대한 더욱더 실질적인 내용을 위해서는 문제의 가치들과 관계된 대법원 판례를 참조하라고 시사한다. 그러한 판례를 참조함으로써 우리는 독단적인 주장들을 무비판적으로 받아들이는 위험을 피할 수 있다고 한다. 그는 이것을 너무 시간이 걸리기는 하지만 행정가들의 직업 교육과 실무를 위하여 수시로 사용하는 기법으로 제안하였다.

쿠퍼는 로어의 저서가 현실적이고 다루기가 가능하도록 행정윤리의 추구를 위한 골격을 제시하고 있으나 그것이 윤리적 의사결정의 과정을 다루지 않았다는 점에서 결함이 있다고 함으로써 자기의 저서와 로어의 저서의 차이점을 지적하고 있다. 쿠퍼에 따르면, 대법원의 판례는 행정인이 일정한 상황하에 적절한 체제가치들을 알 수 있도록 도와줄 수는 있지만, 그러한 가치들을 적용하는 것은 공무원들이 의사결정을 내리고 또 그것을 집행하는 상황을 고려할 때 훨씬 더 복잡하게 된다.

쿠퍼는 행정윤리의 커다란 질문들이라는 논문에서 행정윤리의 규범적인 기초는 무엇인가라고 질문하면서 이에 대한 대답 가운데 하나로서 공익(public interest)을 들고 있다. 그러나 1957년 이후로 “행정학자들 중에서 공익을 진지하게 연구한 학자가 거의 없다”는 굿셀(Goodsell)의 말을 인용하면서 실제적으로 공직에서 일하는 공무원에게 가장 많이 유용하게 사용되는 윤리적 의무가 바로 공익이라고 언급하고 있다. 그는 공무원으로서 특정이익이 아닌 공유된 일반적 이익, 즉 공익을 위해 일하고 있는지를 살펴보아야 함을 강조하고 있다. 쿠퍼와 유사하게 커나한(Kernaghan) 또한 주관적인 책임의식을 가진 공무원은 공익 추구에 적극적임을 강조하고 있다.

쿠퍼 또한 다른 행정윤리를 전공하는 학자들과 같이 공무원 개개인이 도덕적 판단을 해야 하는 요구와 사익을 추구함 없이(공익을 추구하기 위한) 민주적 가치와 과정에 부합하게 행동해야 하는 사회적 요구를 조화시킬 수 있을지에 대해 고민하였다. 이에 대한 대안으로 쿠퍼는 『공직윤리: 책임 있는 공무원』이라는 저작에서 과정적 윤리로서의 설계적 접근방법을 제안하였다. 그는 주로 윤리의 내용적 차원보다는 그 과정적 차원 위에 초점을 맞추고 있다.

7. 신공공관리론[5] 시대의 공익

공익형성에서 강력한 행정영향력에 대한 최근의 가장 심각한 도전은 아마 정부 재창조 운동 혹은 신공공관리론에서 비롯되었을 것이다. 특히 미국에서 이 새로운 움직임(Osborne & Gaebler, 1992)은 심화되는 공공재원의 부족, 정부사업에 대한 불만, 재정지원 없는 연방정부의 위임, 이념적 지평의 변화를 포함하는 여러 요인에 의해 유발되었다. 신공공관리론은 시장주의와 신관리주의(Neo-Managerialism)를 결합하여 전통적인 관료제 패러다임의 문제점을 극복하기 위하여 민간부문의 경영방식을 도입하고 분권화와 규제철폐 시도, 공공부문의 실적을 강조하며 권한의 위임과 이에 따른 관리적 책임을 중시함으로써 공공부문의 경제성, 효율성, 효과성을 제고시키려는 정부개혁운동이다.

신공공관리의 핵심은 시장주의와 신관리주의의 특성을 반영한 민간시장원리의 강조이다. 이러한 민간시장원리는 원스톱 쇼핑의 창안, 고객만족의 역점강화, 적극적인

5) 신공공관리론과 정부재창조운동은 엄격하게 분리되어질 수 있지만 본 서에는 같은 의미로 사용하기로 한다.

아웃소싱과 외부발주, 높은 성과에 대한 내부 보상강화, 산출과 성과측정을 위한 체계수준의 평가프로그램 개발에 동원되었다. 시장주의는 신자유주의 이념에 기초하여 공공부문에서 공공서비스를 제공할 때 시장에서의 가격 매커니즘과 경쟁의 원리를 도입하여 좋은 품질의 서비스를 낮은 가격으로 제공하는 것을 강조한다. 즉, 정부 내 경쟁원리를 도입하고, 경쟁을 제한하는 규제 등을 완화하며 민간위탁이나 민영화를 적극적으로 도입하는 것을 말한다.

신관리주의는 관리는 공사 조직 모두에 적용될 수 있다는 가정하에서 민간부문의 경영기법 및 관리기법을 공공부문에 도입함으로써 정부의 성과 및 관리의 효율성을 고양시켜야 한다는 것이다. 즉, 기업가 정신, 성과에 기초한 관리, 권한위임, 품질관리기법, 성과급제, 민간의 고객만족 경영기법 등이 강조된다. 이러한 논리하에서 신공공관리론은 조직 내부에 시장 원리를 도입하자는 주장과 비능률적인 공공부문의 일부를 능률적인 민간부문에 맡기자는 주장으로 요약될 수 있다.

신공공관리 비판자들은 이 운동이 전통적으로 미국법치주의의 중심에 있었던 다양하고 때론 경쟁하지만 공익과 같은 민주주의의 중요한 규범적 가치 및 공공성을 무시한다고 비판한다. 이러한 한계를 극복하기 위해 시민을 고객으로 수동적으로 변화시키는 것이 아닌 활발한 시민참여, 시민중심 거버넌스의 촉진 등이 있다. 신공공관리의 결정적 한계는 시장중심적 접근방법이어서 법적 체계 및 행정의 중요한 민주적 가치, 예를 들면 공익, 정의 등이 무시되었다는 점이다. 행정의 규범적 접근 및 이의 민주적 가치를 보호하기 위해 주권자인 시민의 적극적 참여 및 행정 실무에서 협력적 노력 등이 요청된다. 공무원들이 규범적 가치를 적극적으로 추구하는 노력을 통해 실질적 민주주의가 구현될 수 있다.

제4절 공익이론과 행정윤리

굿셀(Goodsell)은 1960년대 이후로 행정학자들 중에서 공익을 진지하게 연구한 학자가 거의 없음을 지적하였다. 이러한 이유는 공익개념이 너무 모호하고 다양하게 정의되어서 실제 운영 가치가 거의 없기 때문이다. 또한 비록 공익개념이 사용되더라도 이러한 개념의 의미가 다르게 사용되기 때문이다. 이러한 이유로 공익개념의 연구가 잘 이루어지지 않았고 그중에서 굿셀 및 모건의 공익개념의 연구는 의미 있고 중요하다.

이후 블랙스버그 학파는 행정의 규범적 차원을 강조하면서 행정재량권을 행사하는 경우에 공익을 구현하려는 것의 중요성을 언급하였다. 즉, 행정학에서 공익에 대한 논의를 새롭게 하고 그 의미를 재조명한 것은 블랙스버그 학파의 노력이라고 볼 수 있다. 굿셀은 공익연구가 지지부진한 것을 지적하면서 공익은 구성적 규칙(constitutive rules)과 기준(standards)을 가지고 있다고 주장하고 있다. 구성적 규칙과 기준의 의미는 학자 및 실무가인 공무원들 사이에서 공익에 대한 개념을 재정의하거나 재창조할 필요가 있음을 암시한다. 공익의 내용이 추상적이기에 시대적 흐름과 학자들 사이에서 공익의 내용 및 이를 구현하는 구체적 수단이 달라지게 된다. 공익은 구성적 규칙과 기준을 가지기 때문에 과정설의 관점에서 국가기능수행과 관련된 모든 정부의 활동은 공익과 연결된다고 볼 수 있다. 이러한 차원에서 행정이 담당하여 수행하는 국가기능과 이를 위한 구체적 활동들이 모두 국민을 위한 것이어야 하므로 행정에서 추구하는 모든 가치는 공익이 될 수밖에 없다. 공익은 행정상 중요한 가치를 모두 포함한다.

공익은 정책결정을 할 때 지켜야 할 가치이며, 집행 활동의 지침이 되고, 평가 활동의 기준역할을 해야 하는 것이다. 그러나 그 내용이 온갖 다양한 가치들을 포함하고 있으면, 아무런 기준역할을 할 수가 없다. 정부가 효과적으로 기능하고 있음을 평가하는 기준인 능률성과 공평성 모두 공익임에도 능률성과 공평성은 “트레이드오프(trade off)” 관계에 있기에 공익 제고라는 목표는 정책대안 선정기준으로 불명확해질 수 있다(정정길, 2005).

이러한 이유 때문에 공익에 대한 논의가 무의미해질 수도 있지만 공익은 다음과 중요한 기능을 수행한다. 첫째, 공익이 사익을 추구하는 집단이나 개인들이 다 같이 공존할 수 있는 계기를 만들어 준다. 즉, 대립, 갈등의 관계에 있는 이익들이 투쟁만을 일삼지 않고, 상호 이해하고, 양보함으로써 상대방과 이익을 공유하여 사회를 안정시키고 지속시키는 것이 모두에게 도움이 된다는 사실을 환기해 준다. “공익을 위해서 상호존중하고 타협해야 한다”는 교훈적 기능을 말한다. 이는 간명하면서도 설득력이 있는 교훈이 될 수도 있지만, 이것도 “상호존중하고 타협해야만 공유지의 비극을 방지할 수 있다”는 식의 직설적인 교훈이 더 명확한 의미를 전달한다. 둘째, 국가가 개인에게 요구하는 행위를 정당화시켜 준다. 이것은 국가의 기능이 사실상 공익의 실질적 내용이 된다는 믿음 때문에 국민이 국가기능수행을 위한 국민의 협조를 얻게 함을 말한다. 상당히 의미 있는 기능이다. 그러나 이도 공익이라는 용어를 사용하지 않고 국민을 위한 정부기능을 위해서 국민이 협조해야 한다는 식으로 더 구체적으로 표현하는 것이 옳을지 모른다. 전반적으로 이러한 공익의 기능은 공익이라는 용어 대신에 다른 용어를 사용하는 것이 더 명확하게 그 뜻을 전달할 수 있다.

제5절 롤스의 정의론과 공공가치

롤스의 정의론의 탁월성은 그의 이론전체에 동의를 하는 사람들이 많다는 것이 아니라 롤스의 이론에 대한 반대를 통해 자신들의 입장을 규정짓고 있다는 점에서 탁월하다. 즉, 롤스에 대한 대비를 통해 자신들의 이론을 설명하기에 롤스에 대한 정확한 이해 없이는 정의에 관한 후속연구를 정확하게 이해하기 어려울 것이다(킴리카, 2008).

롤스의 정의론의 목적은 고전적 공리주의와 직관주의를 비판하면서 이에 대한 대안을 찾는 데 있다. 공리주의 원칙은 정의로운 사회란 사회구성원들의 효용을 극대화하는 사회이다. 그러나 롤스는 공리주의 사상이 개인 간의 선호의 차이를 무시하고 효용이라는 하나의 척도로 상이한 개인들의 선호를 묶는 오류를 범하고 있음을 지적한다. 또한 최대다수의 최대행복이라는 원칙은 소수의 권리를 침해할 여지가 있음을 지적하고 있다. 이와 비슷한 맥락에서 공리주의는 사회적 불평등에 대하여 충분한 주의를 기울이지 못하고 있다는 비난을 받고 있다. 또한 롤스는 직관주의를 비판하면서 정의의 원칙들 사이의 우선순위를 결정하는 것은 중요한 문제라고 주장하고 있다. 자유와 평등이라는 상충되는 원칙들 사이의 우선순위를 단순히 직관에 의하여 결정하는 것을 반대하고 이에 대한 객관적 기준을 제시하려 시도하였다. 이러한 이유에서 롤스는 공리주의와 직관주의가 가지는 한계를 지적하면서 그의 정의론을 대안으로써 제시하였다(양진석, 2020).

롤스는 사회 계약론의 전통을 발전시켜서 자신의 정의론을 수립하려 노력하였다. 롤스의 정의론의 주목적은 사회의 기본구조를 규정하는 정의의 원칙을 제시하는 것이다. 사회의 기본구조란 현대 입헌민주주의 사회의 주요 정치적, 사회적, 경제적 제도들이며 또한 이러한 제도들이 상호 연계하여 사회협력이라는 하나의 통합 체제를 이루며, 롤스의 공정으로서의 정의는 무지의 베일 속의 원초적 입장에서 공정성을 확보할 수 있기 위해 정의의 2원칙으로 제시하고 있다.

이를 이해하기 위해서는 원초적 입장이란 사회계약론적 가상적 상황을 가정하고 있음을 기억해야 한다. 롤스는 "나의 목적은 이를테면 로크, 루소, 칸트에게서 흔히 알려져 있는 사회계약 이론을 고도로 추상화함으로써 일반화된 정의관을 제시하는 것이다"고 언급하고 있다(롤스, 1971: 11).

원초적 입장은 전통적 사회계약론에서 이야기하는 자연 상태와 유사하다. 원초적 입장은 정의의 원칙을 선택하기 위한 매개역할을 수행한다. 설정된 원초적 입장은 무지의 장막을 가정하여 모든 사람의 사회적 지위, 계층상의 위치, 자신의 능력, 지능, 체력 등을 전혀 모르는 것이다. 즉, 원초적 입장에서 사람들은 무지의 장막 뒤에 서 있게 된다. 무지의 장막을 통해 사람들은 아무도 자신의 사회적 지위나 계층상의 위치를 모르며 누구도 자기가 어떠한 소질이나 능력, 지능, 체력 등을 천부적으로 타고 났는지를 모른다. 심지어 당사자들은 자신의 가치관이나 특수한 심리적 성향까지도 모른다고 가정된다. 정의의 원칙들은 무지의 베일 속에서 선택된다. 그 결과 원칙들을 선택함에 있어서 아무도 타고난 우연의 결과나 사회적 여건의 우연성으로 인해 유리하거나 불리해지지 않는다는 점이 보장된다. 모든 이가 유사한 상황에 처하게 되어 모든 이해관계자의 입장을 동등하게 고려하여 의사결정을 하게 된다. 즉, 아무도 자신의 특정조건에 유리한 원칙들을 선택할 수 없는 까닭에 정의의 원칙들은 공정한 합의나 약정의 결과가 된다(Rawls, 1971). 롤스는 이러한 과정을 공정으로서의 정의(justice as fairness)라고 명명하였다.

원초적 입장의 선택 상황하에서 계약에 참여하는 사람들에 의하여 정의의 두 원칙이 대안으로 제시된다. 롤스의 정의의 두 원칙은 서열적 우선성의 원칙에 따라 배치되어 있다. 정의의 두 원칙의 구체적 내용은 다음과 같다.

1원칙: 모든 개인은 타인들과 같은 정도로 적절한 종류의 기본적 자유를 향유할 동등한 권리를 갖고 있다.

2원칙: 사회적, 경제적 불평등은 다음의 두 조건을 충족하는 경우에 수용될 수 있다. 1) 공정한 기회 균등의 조건하에 모든 시민은 중요한 직위나 직책을 얻을 수 있어야 한다. 2) 사회적·경제적 불평등은 그 사회의 최하위 계층에 이득이 되어야 한다.

정의의 제1원칙은 제2원칙보다 우선한다. 즉, 국가 정책적으로 제1원칙을 우선 충족시킨 후 이어서 정의의 제2원칙을 충족시켜야 한다. 이러한 롤스의 정의의 두 원칙은 민주사회의 정치문화[6]를 통해 원초적 입장을 매개로 하여 구성되었다. 롤스의 주장에 의하면 민주 사회는 협동체로서 공정한 체제(fair system of cooperation)이다. 또한 이러한 민주 사회에서 삶을 영위하고 있는 시민은 상호 협력하는 자유롭고 평등한 존재이다. 롤스의 정치적 구성주의[7]를 좀 더 구체적으로 표시하면 다음의 [그림 4-1]과 같다(양진석, 2020). 정치적 구성주의는 정치 원리란 인간에 의해 만들어진다는 개념으로 정의된다(O'Neill, 2003). 정치적 구성주의와 원초적 입장은 롤스의 정의론의 핵심이다. 정치적 구성주의란 인간과 사회에 대한 구체적인 개념을 토대로 구성적 절차를 통해 내용이 확보된다는 것이다.

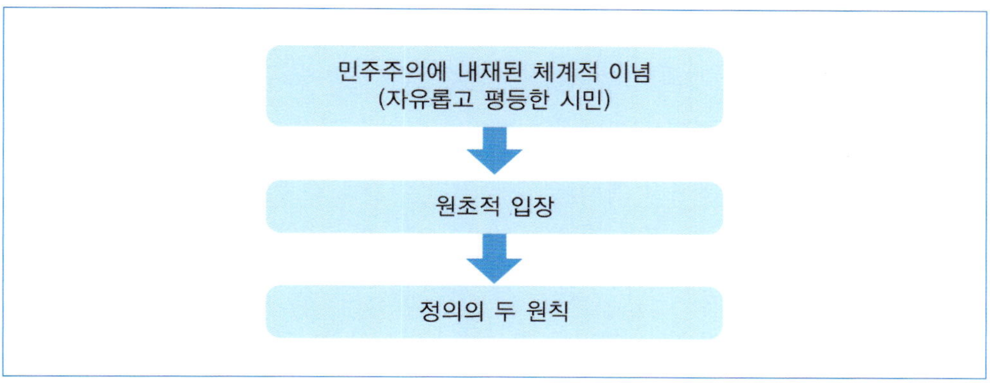

출처: 양진석(2020), 재구성.

[그림 4-1] 롤스의 정치적 구성주의 구조

무지의 베일이 드리워진 원초적 입장에 있던 개개인들은 두 원칙을 정의의 원칙으로 선택하게 된다. 롤스의 정의의 제1원칙에 의하면 정의로운 사회의 모든 시민은 기본적 자유를 동등하게 향유하여야 한다. 롤스는 이를 동등한 자유의 원칙(a principle

6) 롤스의 정치문화라는 용어는 롤스의 『정치적 자유주의』라는 책에서 사용된 것으로서 버바의 정치문화의 개념과는 다르기에 민주주의 정치문화에 내재된 체계적 이념으로 이해될 수 있다.

7) 정치적 구성주의는 정치 원리란 인간에 의해 만들어진다는 개념으로 정의된다(O'Neill, 2000).

of equal liberty)이라고 칭하였다. 개인, 소수의 집단, 단체들은 정부, 타 집단, 타인의 규제 없이 자신들이 원하는 행동을 할 수 있다면 자유를 향유하고 있는 것이다.

자유주의 국가에서는 롤스가 말하는 기본적 자유를 헌법에 규정하여 이를 헌법적 권리로서 보장하고 있다. 이때 헌법적 권리를 향유하는 주체는 개인, 소수 집단, 단체 등이다. 다시 말하면, 개인뿐 아니라 소수집단이나 단체도 자유에 대한 권리를 향유하고 있다. 예를 들어, 종교의 자유의 내용에는 특정 개인이 자신이 원하는 종교를 선택할 수 있다는 개인적 권리뿐 아니라 특정 종교 단체의 종교적 활동에 정부나 타 집단의 개입을 금지하는 것도 포함된다. 노동 3권에는 노동자들이 노조를 구성하여 단체적으로 행동할 수 있는 권리를 보장하고 있다. 이처럼 단체나 특정집단도 자유를 향유할 수 있는 주체이다(양진석, 2020).

민주주의 사상의 오랜 전통은 이러한 기본적 자유를 추구하고 헌법적으로 보장하는 노력이었다. 롤스의 정의의 제1원칙은 민주주의 헌법에 규정된 기본권을 규정하는 것이다. 따라서 권위주의 국가에서와 같이 시민의 기본적 자유를 침해하는 사회는 부정의로운 사회이다. 정의의 제1원칙에 의하면 시민은 기본적 자유를 향유할 권리를 견지하고 있다. 이러한 권리 개념은 시민이 향유할 수 있는 기본적 자유를 더욱 확고히 보장하기 위한 방편이다. 기본적 자유에 대한 권리를 상정함으로써 이에 상응하여 정부, 타 집단, 타인은 그 권리를 침해하지 않아야 할 의무(duty)를 지니게 된다. 이처럼 권리를 강조하는 것은 자유주의 사상의 특징이다.

롤스의 정의의 제1원칙이 규정하는 자유는 타인의 복지 증진이나 공익이라는 명분으로도 침해할 수 없다. 기본적 자유는 정치적 거래나 사회적 이해 득실의 계산을 위한 도구가 될 수 없는 불가침의 권리이다. 롤스의 정의관은 이러한 면에서 공리주의 정의관과는 대비된다. 사회적 총효용(aggregate social utility)의 극대화를 추구하는 공리주의 원칙에 의하면 소수의 자유를 희생하여 다수의 효용을 증가시키는 것도 가능하다. 예를 들어, 로마의 원형경기장에서 기독교인들이 맹수에게 죽음을 당하는 장면을 보고 대다수 로마인들은 환호하였다. 당시 기독교는 소수 종교였음으로 로마사회 전체의 효용은 증가하였다. 공리주의는 로마인의 잔혹한 행위에 대해 아무런 비판을 가할 수 없을 것이다. 이러한 공리주의 원칙은 인간을 수단으로서가 아니라 목적으로 대해야 한다는 칸트의 윤리관에 위배된다. 반면, 롤스의 정의의 제1원칙은 개인의 종교적 자유를 보장함으로 다수 로마인들의 이러한 행동을 비판할 것이다. 이처럼 롤스의 정의관은 공리주의 정의관과는 달리 권리를 중시하는 이론이라는(right-based theory) 면에서 우월하다.

정의의 제2원칙에 의하면 모든 사회적 기본재는 공평하게 분배되어야 하지만 불평등이 모든 시민에게 이득이 된다면 그 불평등은 정당하다. 원초적 입장하의 계약 당사자들은 자신이 특별히 불리한 처지나 유리한 처지에 있는 것을 상정할 수 없다. 따라서 모든 사회적 기본재는 공평하게 분배되어야 한다는 원칙이 채택된다. 즉, 일반적 정의의 원칙의 앞부분이 규정하듯이 평등한 자유, 기회 균등, 균등한 소득과 부의 분배의 원칙이 채택된다. 이 상태는 시원적 평등(initial equality)의 준거점(benchmark)이다. 그러나 이러한 입장이 최종적인 견해일 필요는 없다. 만약 불평등이 사회 구성원 모두에게 이득이 된다면 이러한 불평등을 수용 못 할 이유가 없다. 예를 들어, 이러한 불평등이 더욱 생산적이고 효율적인 성과를 유도한다면 더욱 그러하다. 그러나 이러한 불평등은 특별한 제약(constraint)하에서만 수용할 수 있다. 롤스의 주장에 의하면, 불평등이 사회 최하위 계층의 생활 수준을 향상시키는 조건하에서만 수용된다.

정의의 제1원칙에 의하면 분배의 대상인 사회적 기본재 중에서 자유와 권리는 평등하게 분배할 것을 규정하고 있다. 정의의 제2원칙은 사회적 기본재 중에서 직위나 직책, 소득이나 부의 불평등으로부터 야기되는 사회적, 경제적 불평등을 제약하는 원칙을 제시하고 있다. 예를 들어, 국회의원의 직책을 수행하는 정치지도자는 일반 유권자보다도 광범위한 특권을 누리고, 심대한 사회적 영향력을 행사하고 있다. 이는 사회적 불평등의 한 유형이다. 대기업의 최고 경영자는 그 회사의 수위 직책을 수행하는 자보다도 많은 소득을 올리고, 사회적 영향력을 행사할 수 있다. 또한 충분한 여가생활을 누릴 수 있고, 따라서 두 사람 간의 자존감에도 차이가 있을 것이다. 이러한 사회적, 경제적 불평등은 일정한 제약하에서만 인정될 수 있다. 롤스의 정의의 제2원칙에 의하면 이러한 불평등은 공정한 기회균등의 원칙이 준수되고, 그 불평등이 사회 최하위 계층의 장기적 전망(long-term expectations)을 증진시키는 경우에만 수용할 수 있다. 사회의 최하위 계층이란 가장 불리한 조건에 놓여 있는 계층(least advantaged members)이다. 이는 비숙련 노동자(unskilled worker)들의 평균소득(average income) 이하의 소득 계층을 의미한다. 또는 특정한 사회적 지위와 무관하게 소득수준이 사회의 중위소득(median income)의 절반 이하의 모든 시민을 의미한다. 이들은 경제적인 면에서 불리한 위치에 처한 계층일 뿐 아니라 여타 사회적 기본재인 자유, 직책, 자존감, 여가를 향유하는 지수(index)가 가장 낮은 계층이다.

정의의 제2원칙에서 규정된 바와 같이 사회적 기본재 중에서 직위나 직책, 소득이나 부의 불평등은 합당한 조건하에서 인정되지만, 정의의 제1원칙에 의하면 기본적 자유나 권리는 모든 시민이 공평하게 향유하여야 한다. 이는 사회적 기본재 중에서 직위나 직책, 소득과 자산보다는 자유의 중요성을 보여 주는 것이다. 제1원칙은 공평한 자유의 분배를, 제2원칙은 직위나 직책. 소득이나 부의 합당한 분배의 기준을 제시하고 있다는 것이다. [그림 4-2]는 이를 잘 설명하고 있다.

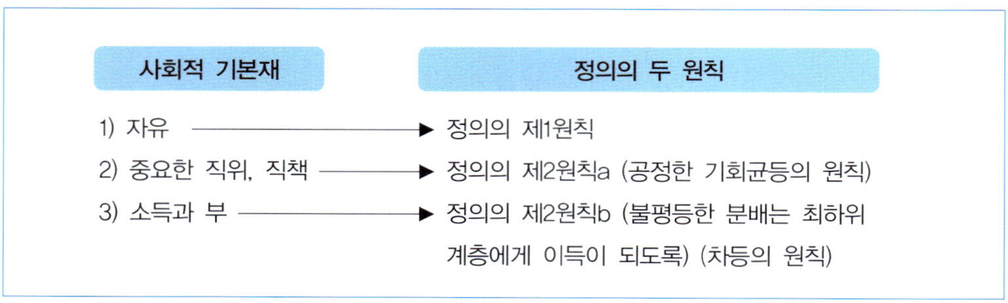

출처: 양진석(2020).

[그림 4-2] 정의의 원칙과 사회적 기본재

정의의 제2원칙은 사회적, 경제적 불평등을 규율하는 두 가지 조건을 제시하고 있다. 첫째, 정의의 제2원칙 중 공정한 기회균등의 원칙에 의하면, 정치 · 경제적 제도 내에서 책임 있는 직위나 직책은 공정한 기회 균등의 원칙하에 모든 시민이 얻을 수 있어야 한다. 이는 일종의 기회 균등의 원칙(principle of equal opportunity)이다. 둘째, 정의의 제2원칙 중 차등의 원칙에 의하면, 사회적 · 경제적 불평등은 사회 최하위 계층(least advantaged members)에게 이득이 되어야 한다. 이는 일종의 분배의 원칙이다. 기회균등의 원칙에 의하여 모든 시민에게 교육과 취업에서의 실질적 기회균등이 보장되어야 한다. 이를 위해 정부는 열악한 처지에 있는 학생들에게 교육적 지원을 해야 한다. 차등의 원칙에 의하여 정부는 사회 최하위 계층에게 다양한 복지정책과 세제 정책을 시행하여야 한다. 이처럼 정의의 제2원칙은 기회 균등의 원칙과 분배의 원칙이라는 두 가지 부분으로 구성돼 있다.

롤스는 정의의 두 원칙이 충실히 구현된 사회를 민주적 평등체제라고 지칭하였다. 일견 민주적 평등체제의 다양한 제도적 장치는 서구의 복지지향 자본주의(welfare-state capitalism) 체제를 염두에 둔 것처럼 보인다. 그러나 롤스는 이를 부정하고 있다. 롤스는 그의 후기 저서에서 정의의 두 원칙이 충족된 민주적 평등체제는 부가 사회구성원들 사이에 고루 분산된 민주체제(property-owning democracy)라고 명명하였다. 생산수단(means of production)의 사유화는 인정되지만 부와 자본(이에는 사회적으로 유용한 재능, 즉 인적자본을 육성할 수 있는 기회를 포함한 것이다)의 소유가 사회구성원들에게 넓게 고루 분산됨으로써(완전히 균등한 분산은 아니지만) 부유한 소수집단이 정치와 경제생활을 지배하는 것을 방지하는 자본주의 시장경제체제이다. 반면 현대 서구사회가 추구하고 있는 복지지향 자본주의 체제는 부유한 소수집단이 생산수단을 독점하고 있어서 그들이 정치적, 경제적 생활을 지배하고 있고 실질적 기회균등이 보장되어 있지 않다. 물론 복지지향 자본주의 체제도 복지정책을 통하여 경제활동의 최종단계에서 사회 최하위계층에게 부의 분배를 시도하여 기본적 욕구를 충족시켜 주는 사회체제이다.

그러나 롤스가 추구하는 부가 고루 분산된 민주체제(property-owning democracy)에서는 모든 시민의 경제활동 최초단계 때부터 기회균등이 보장되고 생산자산과 인적자본이 고루 분산된 자본주의체제이다. 따라서 소수 부유층이 정치·경제적 생활을 독점적으로 지배할 수 없는 체제이다. 이러한 사회체제가 의도하는 바는 사고나 불운에 의하여 사회낙오자가 된 사람들을 단순히 도와주는 것이 아니라(물론 이러한 정책도 필요하지만), 모든 시민이 적절한 사회적·경제적 평등상황하에서 그들의 삶을 영위할 수 있는 위치를 보장해 주는 것이다.[8)] 이 체제를 달성하기 위하여 유산에 대하여 누진적 상속, 증여세를 부과하여 부의 편중을 방지하여야 한다. 또한 과도한 부의 축적을 방지하기 위하여 누진적 소득세를 시행하거나 일정 수준 이상의 소비에 대하여 부과하는 소비세를 시행하여야 한다. 환언하면 롤스는 현대 복지 자본주의에서는 소수의 대기업 소유자들에게 경제력이 집중되어 이들이 정치적 영향력을 과도하게 발휘하는 것을 비판하였고 이러한 상황에서 복지정책은 사회 최하위계층에게 최소한도의 생계지원을 해 주지만 그들의 자존감을 고양시키지 못한다고 지적하였다. 복지혜택을 받는 최하위계층은 좌절감을 느끼고 만성적으로 복지수혜에 의존하게 된다. 이들은 공적 정치문화에서 제외된 느낌을 갖게 되고 정치참여를 하지 않을 것이다. 즉, 복지지향 자본주의에서는 모든 시민의 정치적 자유를 실질적으로 누릴 수 있는 정치·사회적 여건이 충족되지 않은 사회이다. 극심한 불평등은 모든 시민이 정치적 자유를 실질적으로 누릴 수 있는 방편을 억제하여 자유라는 개념은 유용한 것이 되지 못한다(양진석, 2020).

이에 대한 대안으로 롤스가 제시한 민주적 평등체제(부가 고루 분산된 민주체제)에서는 생산수단의 사유화와 시장경제의 효율성을 인정하지만 생의 초기단계에서부터 기회균등의 원칙이 작동하여 모든 시민이 부와 인적·물적 자본을 비교적 평등하게 축적할 수 있으며 과도한 부의 편중을 방지하는 제도적 장치가 작동하는 사회체제이다. 민주적 평등체제에서는 최소 생계수준 이하의 최하위계층이 존재하지 않을 것이다.

8) Rawls, *Justice as Fairness*, 139쪽.

만약 소수의 최하위계층이 존재한다면 이러한 현상은 우리가 알 수 없고 개선할 수도 없는 어떤 다른 요인 때문일 것이다. 민주적 평등체제에서도 자본축적이 상대적으로 적은 계층이 존재하지만 이들은 자존감을 견지하고 상호협력의 정신하에 자신들의 역할을 수행할 것이다.

롤스는 그의 정의의 두 원칙이 충족되는 사회체제로서 두 가지 사회체제를 언급하였다. 첫째는 롤스가 제시한 바와 같이 부가 고루 분산된 민주체제(property-owning democracy)이고 둘째는 자유주의적 사회주의(liberal socialism) 체제이다. 자유주의적 사회주의 체제는 기본적 자유와 권리가 보장되며 실질적 기회균등이 이루어진 사회주의 체제이다. 생산수단이 전체 사회의 소유이듯이 정치권력도 다수의 민주정당에 분산되어 있고 경제적 권력도 다수의 회사에 널리 분산되어 있다. 생산수단의 사유는 인정되지 않지만 기업을 경영하는 전문경영인은 그 회사의 노동자들에 의하여 선출된다. 노동자들은 본인이 속한 기업의 중요결정에 적극적으로 참여한다. 물론 노동자들의 직업선택의 자유는 보장된다. 국가사회주의의 명령적 계획경제와는 달리 자유주의적 사회주의체제는 기업 간의 경쟁적 시장경제 논리를 수용하는 체제이다. 즉, 시장가격에 직면한 전문경영인과 노동자들은 자신 회사의 이윤추구를 위하여 비용 절감을 위한 경영을 추구한다. 아마도 롤스가 주장하는 자유주의적 사회주의체제는 시장 사회주의(market socialism) 체제라고 칭하는 것이 보다 일반적인 표현일 것이다. 롤스는 그의 정의의 두 원칙은 민주적 평등체제(즉, property-owning democracy)이거나 자유주의적 사회주의 체제에서 실현될 수 있다고 주장하였다. 두 체제 중에서 어느 것을 선택할 것인가는 그 국가의 상황, 제도, 역사적 전통에 달려 있다. 물론 두 체제는 현실 세계에서는 아직 실현이 되지 않은 사회체제이다. 그러나 롤스는 현재의 자본주의와 사회주의 체제의 대안으로서 그의 정의의 원칙이 실현된 사회체제를 제시하고 있다.

롤스의 정의사상이 제도 및 정책에 주는 시사점은 다음과 같다[9]. 민주주의 사회에

---

9) 제도 및 정책에 관한 시사점은 양진석(2020)의 롤스의 정치사상의 6장 “조직화된 사회”를 참고하여 재구성하였다.

존재하는 다양한 합리적인 주장의 주창자들은 롤스의 정의의 두 원칙과 정치문화에 내재된 체계적 가치의 특징을 수용함으로 안정되고 조화로운 민주사회를 이룩할 수 있다. 결국 민주사회 시민은 롤스의 정의의 두 원칙에 입각하여 사회의 기본구조를 조직할 수 있음을 보여준다.

즉, 정의의 두 원칙에 의거하여 그 사회의 헌법, 법률, 정책 등을 결정한다. 이처럼 민주주의 사회의 기본구조가 롤스의 정의의 원칙에 의하여 규정된 정의로운 사회는 조직화된 사회(well-ordered society)이다. 조직화된 사회는 롤스의 정의의 원칙을 실제 민주사회의 제도적 형태(institutional forms)에 적용하는 과정이다. 롤스는 연속적인 네 단계(four-stage sequence)를 통하여 조직화된 사회를 구체화하였다.

첫 번째 단계는 원초적 입장에서 정의의 원칙의 선택 과정이다. 이것은 원초적 입장이라는 가상적 상황에서 정의 원칙의 선택과정이다. 두 번째 단계는 제헌 의회(constitutional convention)의 과정이다. 원초적 입장이라는 가상의 상황에서 정의의 두 원칙이 선택된 후, 계약 당사자들은 그들이 살고 있는 실제 사회로 돌아왔다고 가정하자. 그들은 국가의 정치형태를 결정하기 위해 헌법을 제정하여야 한다. 그들은 제헌국회에 파견된 대표들이다. 마치 미국 건국의 아버지들(founding fathers) 혹은 해방 후 한국의 제헌 국회에서 대한민국 헌법을 제정하는 과정이다. 이미 선택된 정의의 두 원칙하에서 그들은 정부의 헌법적 기능과 권위를 규정하고 시민이 누리는 기본 권리와 의무를 헌법에 상술한다. 이러한 제헌 의회의 단계에서는 이미 정의의 두 원칙이 정해진 상태임으로 무지의 장막이 약간은 걷힌 상황이다. 원초적 입장하에서 깊게 드리워져 있던 무지의 장막은 제헌 의회의 단계에서는 약간은 걷히게 된다. 즉, 제헌 의회 의원들은 그가 속한 사회의 일반적 사실(general facts about society)에 관한 정보를 갖고 있다. 그러나 아직도 사회이론의 중요원칙과 그 사회의 일반적 사실을 제외한 특별한 사실(particular facts)에 관한 정보는 무지의 장막에 가리어져 있다. 즉, 제헌국회 의원들에게는 그들의 사회적 지위, 신체적 조건, 가치관 등이 무지의 장막에 가리어져 있기 때문에 이에 대한 정보를 모르는 상태라고 상정한다. 다시 말해,

이러한 우연적 요소들에 의거하여 특별한 개인이나 집단에게 유리한 헌법을 제정하여서는 안 된다. 그러나 제헌국회 의원들은 정의의 두 원칙과 그 사회의 일반적 사실에 대하여는 알고 있는 상태이다. 따라서 그들은 정의의 두 원칙뿐 아니라 그들 사회의 경제 발전의 단계, 정치문화, 부존 자원량 등의 일반적 사실에 대한 정보를 갖고 있다. 이처럼 제헌 의회 의원들은 그들에 관한 특별한 정보가 차단된 상태임으로 오직 정의의 두 원칙과 일반적 사실에 의거하여 헌법을 제정하여야 한다.

무지의 장막이 드리워진 원초적 입장에서 계약 당사자들에게 적용되는 사고의 실험(thought-experiment)은 제헌국회에서 헌법제정의 단계에서도 계속 작동한다. 이러한 정보의 제약하에서 제헌국회 의원들은 정의의 두 원칙을 실질적이고 효과적으로 구현하는 헌법을 제정한다. 특히 이 단계에서는 정의의 제1원칙인 동등한 자유의 원칙을 실현할 구체적인 제도가 헌법에 규정된다. 즉, 시민의 기본적 자유가 기본권으로서 헌법에 보장된다. 또한 전반적인 정치과정이 절차적 정의의 조건을 충족시킬 수 있도록 사회 기본구조를 형성하는 여러 제도를 규정한다. 따라서 헌법은 동등한 시민권의 지위를 보장하고 정치적 정의를 실현한다.

다음의 세 번째 단계는 입법의 단계(legislative stage)이다. 정의의 두 원칙에 근거한 헌법에 입각하여 법률, 규정, 정책이 결정된다. 법률과 규정은 정의의 두 원칙뿐 아니라 헌법의 규정을 충족시켜야 한다. 특히 입법의 단계에서는 정의의 제2원칙을 구현하는 법률과 정책이 결정된다. 즉, 국회의원들은 기회균등의 조건하에 그 사회의 최하위 계층의 장기적 전망을 극대화하기 위한 경제적, 사회적 정책을 입안한다. 물론 입법의 단계에서도 국회의원은 그들과 관련한 특별한 정보라는 우연적 요소들에 의거하여 입법을 하여서는 안 된다. 즉, 원초적 입장에서의 사고의 실험은 계속 작동한다.

그러나 경제적, 사회적 정책과 관련한 법률과 규정들이 정의의 원칙에 부합하는지 그 여부를 판단하기 위해서는 이전 단계보다는 더욱 많은 정보를 필요로 한다. 제헌국회 단계에서 정의의 제1원칙을 헌법에 적용할 경우보다 정의의 제2원칙을 법률과 정책에 적용하는 입법의 단계에서는 더 많은 정보가 필요하다. 예를 들어, 차등의 원칙을 정확히 구현하는 입법을 제정하기 위해서 국회의원들은 그 사회의 구체적인 경제적, 사회적 사실들을 알고 있어야 한다. 무지의 장막은 연속적인 네 단계(four state sequence)를 거치면서 점차로 엷어진다. 또한 제헌국회의 단계가 입법의 단계보다 순차적으로 선행하는 것은 정의의 제1원칙이 제2원칙보다 우선하다는 것을 나타내고 있다. 입법의 단계에서 정의의 제2원칙을 구현하는 법률을 통해 사회 최하위계층의 장기적 전망을 향상시킴으로써 그들이 누릴 수 있는 자유의 가치(value of liberty)를 증가시켜서 동등한 자유를 실질적으로 보장할 수 있다. 그러나 최하위 계층의 실질적인 자유의 가치를 증가시키기 위해서는 여러 제도적 장치가 필요하다. 평등한 정치적 자유의 실질적 가치를 보장하기 위한 하나의 예로서, 정당은 집중된 사적 경제력의 영향력으로부터 자유로워야 한다. 이를 위하여 선거공영제와 정치인에게 제공되는 기부금액의 제한 등의 정치제도적 장치가 필요하다.

마지막 네 번째 단계에서는 법관들에 의하여 법률이 구체적 사건에 적용되고, 행정부에 의하여 구체적 정책이 실행되는 과정이다. 또한 시민은 법률, 규정, 정책 등을 준수한다. 시민은 정의로운 법률과 정책을 성실히 준수하는 자연적 의무(natural duty)를 지고 있다. 이 단계에서 무지의 장막은 완전히 걷히고 모든 정보가 알려진 상태이다. 이상의 네 단계를 순차적으로 거쳐서 롤스의 조직화된 사회는 제도적으로 구현된다. 이러한 조직화된 사회에서 생활하는 다양한 구성원들은 하나의 공통된 목적으로 결합돼 있다. 즉, 그들은 제도적으로 정의로운 사회를 가치 있는 것으로 여기고 있기 때문에 정의사회의 구현을 궁극적인 목표로 삼고 있다. 이러한 목표를 위하여 다양한 구성원들이 결합하여 있다는 점에서 조직화된 사회는 사회결합체 중의 결합체(a social union of social unions)이다.

조직화된 사회에서 생활하는 시민은 동등한 권리를 향유함으로 자신의 가치관 추구에 자존감을 느끼고 생활한다. 물론 조직화된 사회에서도 부의 불평등이 존재하지만 그 정도는 심각하지 않은 상태이다. 상위 계층의 유리함이 하위계층을 보상하기 위하여 사용된다는 것을 인지하고 있는 하위계층의 시민은 모멸감이나 절망감을 느끼지 않게 되고 따라서 상대방에 대한 시기심(envy)을 갖지 않는다.

롤스의 정의론은 기본적으로 정의에 관한 민주사회의 특성인 종교적 · 철학적 · 도덕적인 포괄적 이론이 아니라 정치적 이론이다. 롤스는 현대 다원주의 사회에서 다양한 종교적 · 철학적 · 도덕적인 서로 상이한 주장들이 제기되더라도 민주주의 사회에서 공통적으로 동의하여 수용할 수 있는 중첩적 합의를 유도할 수 있는 정치적 이론으로서 정의론을 구축하였다. 종교적 · 도덕적 · 철학적 가치체계들이 다르더라도 자신의 입장에서 동의할 수 있는 정의의 두 원칙을 정치적 관점에서 제기하였다. 정의의 두 원칙이 표방하는 정치적 가치들은 평등한 정치적 · 시민적 자유, 호혜성(reciprocity), 상호존중 등의 가치를 포함한다. 현대 다원주의하에서 관료들에게 요구되어지는 것은 호혜성과 상호존중의 태도를 통해 종교적 · 철학적 · 도덕적인 포괄적인 주장하에서도 정의의 두 원칙이 수용되고 공유되도록 해야 할 것이다.

롤스의 무지의 장막에서 시사하는 것은, 입법과 정책결정과정에서는 공정성을 유지하기 위해 모든 이해관계자의 입장과 주장을 고루 고려해야 한다는 것이다. 특히, 그 사회의 최하위계층에게 직 · 간접적으로 도움이 되는 교육 · 경제 정책 등을 추구해야 한다.

참고문헌

김명환(2007). 행정학의 민주적 국정운영이론의 정립을 위하여: 해석적 패러다임의 관점에서. 한국행정연구, 19(2), 269-298.

김성우(1999). 롤스의 자유주의 윤리학에 나타난 합리성과 도덕성 비판. 시대와 철학, 10(1), 220-240.

김용운, 고재권(2014). 공공부문에 적용된 신공공관리적 가치의 한계. 한국거버넌스학회보, 21(3), 297-316.

사회적연구원(2019). 사회적가치와 공공가치에 관한 연구. 서울: 사회적가치연구원

양진석(2020). 존 롤스의 정치사상. 서울: 동명사.

정정길(2005). 행정학의 새로운 이해. 서울: 대명출판사.

주동률(2008). 가장 합당한 자유주의를 위하여: 롤스 정의론의 배경, 내용, 특징과 논점들. 철학과 현실, 77, 240-255.

킴리카 윌(2008). 현대정치철학의 이해. 장동진, 장휘, 우정렬, 백성욱 옮김. 서울: 동명사.

Box, R. C., Marshall, G. S., Reed, B. J., Reed, C, M. (2001). New Public Management and Substantive Democracy. *Public Administration Review,* 61(5): 608-615

Bozeman, B. (2007). *Public Values and Public Interest: Counterbalancing Economic Individualism.* Washington D.C.: Georgetown University Press.

Cooper, Terry L. (1982). *The Responsible Administrator.* Port Washington, N.Y.: Kenniket Press; (1986). rev. ed. New York: Associated Faculty Press.

Denhardt, Janet V. & Robert B. Denhardt. (2003). *The New Public Service: Serving, not Steering*, New York: M.E. Sharpe, Inc.,

Goodsell, C. T. (1990). Administering in the Public Interest. In Refounding Public Administration. Ed by. Wamsley, G. L. Newbury Park: Sage.

Herring, Pendleton(1936). *Public Administration in the Public Interest.* New York: McGraw-Hill Book Company, Inc.

Kernaghan, Kenneth(1973). Responsible public bureaucracy: a rationale and a framework for analysis, *Canadian Public Administration, 16*(4): 572-603.

Mintrom, M. & Luetjens, J. (2017). Creating Public Values: Tightening Connections Between Policy Design and Public Management. *Policy Studies Journal, 45*(1): 170-190

Morgan, D. F. (2001). *The Public Interest.* In Handbook of Administrative Ethics. 2nd ed. Ed. by Terry L. Cooper, New York: Marcel Dekker

O'Neill, O. (2003). Constuctivism in Rawls and Kant In The Cambridge Companion to Rawls, ed. by Samuel Freeman. Cambridge: Cambridge University Press.

Rawls, J. (1971). *A Theory of Justice.* Cambridge: Harvard University

Rawls, J. (2005). *Political Liberalism.* New York: Columbia University Press

Rohr, John A. (1978). *Ethics for Bureaucrats: An Essay on Law and Values.* New York: Marcel Dekker.

제 5 장 행정통제 토대로서의 동양철학적 자원

생각해 보기

1. 동양의 철학 전통에서 어떤 자원이 행정통제의 실효성을 확보하는 데 기여할 수 있는가?
2. 동양의 철학 전통에서 어떤 자원이 내부통제와 외부통제 확보에 기여할 수 있는가?
3. 행정통제를 위한 동양의 철학적 자원에서 유가 철학과 법가 철학은 어떻게 다른가?

제1절 동양의 윤리사상

동양사회는 관료제의 오랜 역사와 전통을 지니고 있다. 과거 농경사회에서 치수, 관개 등 대규모 국가사업을 수행하기 위해 사회 시스템을 구축하고 운영할 수 있는 현명하고 유능한 관료의 선발과 관리는 무엇보다도 중요했던 것이다. 오랫동안 동양사회에서 관료의 행정책임과 행정통제를 어떻게 확보할 것인가는 중요한 질문이 되어 왔다.

1940년대 프리드리히(C. J. Friedrich, 1940)와 파이너(H. Finer, 1941) 간의 유명한 논쟁 이후로 행정책임과 행정통제는 행정윤리 분야에서 핵심 주제이었다. 오늘날 행정의 복잡성이 증가하고 그 역할이 중요해지면서 관료의 행정책임(administrative responsibility)과 행정통제(administrative control)를 확보하고자 하는 학술적 논의와 실천적 노력은 꾸준하게 진행되고 있다. 구체적으로, 관료 개인의 주관적 · 자율적인 윤리성과 도덕성에 바탕을 두는 내부통제(internal control)에 중점을 둘 것인지, 아니면 사법적 · 정치적 · 계층제적 통제와 같은 외부통제(external control)에 치중할 것인지에 관한 논의는 중요 쟁점에 해당한다.

관료제의 오랜 역사와 함께 동양의 철학적 · 사상적 전통에서는 관료의 행정책임과 행정통제에 대한 담론을 풍부하게 담지하고 있다. 공자(孔子)와 맹자(孟子)에서 비롯된 유학이 동양의 주류 철학과 사상이었던 점을 고려하면, 동양사회에서는 현인군자(賢人君子), 선비 등으로 대변되는 도덕적 · 윤리적 탁월함과 자격을 갖춘 인재를 양성하고 관료로 발탁하여 행정책임과 행정통제의 효과를 높이고자 한 것으로 볼 수 있다. 다른 한편, 동양사회에는 군주를 정점으로 한 강력한 계층제 및 관료제의 전통, 법과 제도에 의한 외재적 · 타율적 통제, 엄격한 성과주의 등을 강조하는 철학적 · 사상적 전통을 풍부하게 담지하고 있다. 이러한 전통은 묵자(墨子) 사상, 순자(荀子) 사상, 한비자(韓非子)를 비롯한 법가(法家) 사상에서 두드러지게 나타난다.

이 장에서는 행정통제의 두 가지 유형, 즉 내부통제와 외부통제에 관한 프리드리히(Friedrich)와 파이너(Finer) 간의 유명한 논쟁을 살펴보고, 행정책임에 대해 논의한다. 그런 다음, 공자, 묵자, 맹자, 순자, 한비자 등 제자백가 사상에서 내부통제와 외부통제에 관한 요소와 자원들을 상세하게 살펴봄으로써 행정책임과 행정통제에 관한 동양 철학적 · 사상적 자원과 실마리를 탐구하고자 한다.

제2절 행정통제

1940년대 벌어진 프리드리히와 파이너 간의 행정책임과 행정통제를 어떻게 확보할 것이냐에 관한 논쟁은 유명하다. 프리드리히에 따르면, 관료는 자신이 담당하고 있는 업무에 대해서 누구보다도 전문적 기술과 능력을 갖추고 있다. 관료는 자신의 전문적 기술(technical knowledge)과 표준(standards)에 따라 공공분야에서 공공선(public good)을 달성하고 책임 있는 의사결정을 할 수 있는 존재이다. 관료는 직업전문가주의(professionalism)로 무장하고 있기 때문에 정치인이나 선출직 관료의 통제를 받을 필요가 없다. 관료는 공공업무를 수행하는 데 있어 전문적 지식뿐만 아니라 민중적 정서(popular sentiment)에도 민감하게 응답하여야 한다(이종수, 2012: 161). 관료사회에서 행정책임을 확보하는 데 의회, 정치인, 법, 제도 등 외부통제에 의존할 것이 아니라, 관료의 전문지식 및 기술에 따른 판단, 도덕적 양심, 직업윤리 등 심리적 · 내적 통제에 더욱 의존해야 한다는 것이다.

한편 파이너에 따르면, 행정국가의 출현과 더불어 나타나고 있는 관료 권력의 비대현상을 막고 관료사회에서 행정책임을 확보하기 위해 관료는 국민의 대표기관인 의회와 정치인에게 통제를 받아야 하고 이들에 책임을 져야 한다. 또한 관료의 전문가적, 내면적 판단과 통제에 자기 자신을 맡겨서는 안 되며, 사법적, 정치적, 계층제적 감시와 통제 등 외부통제를 통해 행정책임을 확보해야 한다고 주장한다. 프리드리히-파이너 간의 행정통제 논쟁을 요약하면, 프리드리히는 윤리적 의사결정과 행정책임을 확보하는 데 내부통제 방식인 관료의 주관적, 개인적, 자율적 통제와 책임을 강조한다. 한편 파이너는 외부통제 방식인 계층제적 통제, 상명하복, 정치적 통제, 법과 제도에 의한 통제를 강조하고 있는 것이다.

쿠퍼(Cooper, 1990/2013: 110-116)는 행정책임(administrative responsibility)[1]을 객관적

---

1) '책임(責任)'의 영어 표현에는 responsibility와 accountability가 있다. 대체적으로 accountability는 법,

책임(objective responsibility)과 주관적 책임(subjective responsibility)으로 나눈다. 객관적 책임은 외부에서 부과하는 객관적 기준과 기대에 의해 법을 준수할 책임, 상관의 명령과 지시에 대한 책임, 부하직원의 행위에 대한 책임, 공직자로서 시민에게 봉사할 책임 등을 포함한다. 주관적 책임은 외부의 기준과 기대가 아니라 관료 자신의 양심, 신념, 가치, 성품 등 내적 동인(internal drive)에 의해 책임감을 느끼고 공직업무를 완수하도록 한다.

롬젝 · 두브닉(Romzek & Dubnick, 1994)은 행정책임을 대체적으로 계층제적, 법적, 전문가적, 정치적 등 네 가지 차원에서 논의한다. 〈표 5-1〉에서 관료에 대한 행정통제의 강도와 관료에 대한 행정통제의 주체에 따라 네 가지 유형의 행정책임으로 분류한다. 우선 계층제적(bureaucratic) 책임에서는 관료 개인이 관료조직 내부에서 강한 통제를 받으며 상급자의 명령 · 지시 · 감독, 조직 내부의 표준운영규칙과 절차, 조직 내부 규율 등을 준수할 의무를 지닌다(주재현 · 한승수, 2015: 4). 즉, 철저한 위계질서와 서열 안에서 하위직 관료들은 상급자의 명령과 지시를 충실하게 수행하기만 하면 되는 것이다. 따라서 하급자는 상급자의 명령만을 따르면 개인의 책임은 면하게 된다. 특히 계층제적 책임은 베버식 관료제와 정치행정이원론의 전통에서 강조되어 왔다.

〈표 5-1〉 행정책임성의 유형 분류

		행정통제 주체의 위치	
		관료조직 內	관료조직 外
행정통제 강도	强	계층제적	법적
	弱	전문가적	정치적

출처: Romzek & Dubnick(1987: 229, 1994: 271). 배수호(2018: 155) 재인용.

제도 등 외부통제에 의한 책임을 의미하며, responsibility는 외부통제에 의한 책임뿐만 아니라 자발적, 자율적 방식에 따른 내부통제에 의한 책임까지도 포괄한다. 이 글에서 행정책임은 외부통제와 내부통제 모두를 포함하므로 responsibility를 사용한다(이종수, 2012: 157-158).

법적(legal) 책임에서 관료는 국회와 같은 관료조직 밖에서 정한 법률과 규칙을 준수할 의무를 지닌다. 관료조직 밖으로부터 강한 통제를 받으므로 관료 개개인의 자율성은 낮은 수준에 머무르게 된다. 관료는 법을 위반하지 않고 준수하기만 하면 개인의 책임은 면하게 된다. 의회의 각종 통제, 사법부의 심판, 회계감사 등은 법적 책임 확보를 위한 주요 행정통제 수단이다(주재현 · 한승수, 2015: 4).

그렇다면 과연 계층제적 책임과 법적 책임을 완수했다고 하여 행정책임이 충족되는 것일까? 반드시 그렇지 않다. 최근에는 전문가적(professional) 책임이 부각되고 있다. 관료는 전문적 지식과 기술을 가지고 있으며, 전문가에게는 준수해야 할 내재화되고 내면화된 규범이 있다. 전문가적 책임은 행정통제의 강도가 크지 않고 관료가 상당한 재량을 행사한다. 상급자나 법에 의해서 어떠한 일이 주어져도 자신에게 내재화 · 내면화된 규범과 윤리적 소신에 따라 잘못된 일은 '잘못되었다'고 거부할 수 있어야 전문가적 책임이 확보된다(배수호, 2018: 156). 한 예로, 도널드 트럼프 미국 대통령이 '반이민 행정명령'을 지시했을 때 국무부 직원을 비롯한 1,000명이 넘는 관료들이 반대 서명에 동참했다. 자신들이 외교 전문가로서 잘못된 행정명령으로 판단했던 것이다(동아일보, 2017.02.01; 한겨레, 2017.02.04).[2] 다음으로 정치적(political) 책임은 국회의원, 대통령과 같은 정치인 또는 정무직 공무원에 대한 정치적 책임과 주인-대리인 모형에서 본래의 주인인 시민의 요구에 적극 부응하고 이들에게 책임을 지는 정치적 책임을 생각해 볼 수 있다.

다음 3절과 4절에서는 행정통제, 즉 내부통제와 외부통제의 동양 철학적 · 사상적 토대를 상세하게 살펴보고자 한다. 구체적으로, 내부통제의 토대에 관해서는 공맹 사

2) 2017년 1월 27일 트럼프 미국 대통령은 이라크, 이란, 소말리아, 수단, 시리아, 리비아, 예멘 등 중동 및 아프리카 7개국 국민에게 90일 동안 비자 발급의 중단 및 120일간 미국 난민수용프로그램(USRAP) 중단을 골자로 하는 행정명령(Executive Order 13769)에 서명하였다. 국무부 외교관과 직원들은 이에 즉각 반발하였고 1,000여명의 관료들이 서명운동에 동참하였다(동아일보, 2017.02.01; 한겨레, 2017.02.04). 하지만 미국 연방대법원은 이들 7개국과 북한 국적 국민들의 미국 입국을 제한하는 '반이민 행정명령'의 효력을 인정하게 됐다(한겨레, 2017.12.05).

상을 바탕으로 한 유학 사상을, 외부통제의 토대에 관해서는 제자백가 사상 중에서 묵자, 순자 및 한비자를 중심으로 톺아 볼 것이다.

제3절 내부통제를 위한 동양철학적 자원

공자와 맹자 사상을 뼈대로 하는 유학 사상에서는 '인간은 본래 선한 존재'라는 성선설(性善說)[3]의 입장에 서 있다. 따라서 유학에서 주된 관심은 법, 제도, 조직 등이 아니라 사람 그 자체이다. 성선설 입장에서 보면, 공직에서든 사적 영역에서든 바람직한 인간의 상(像)은 선비[士]로 표현된다. 맹자는 "경제적으로 생활이 안정되지 않아도 항상 바른 마음을 가질 수 있는 사람은 오직 선비"[4]일 뿐이라고 한다. 선비는 평소 스스로 성찰과 수양을 통해 덕성을 함양하며, 유교적 도덕규범을 내재화하여 스스로 실천과 모범을 통해 일반인들을 교화시키는 사회적 책임을 부여받은 사람이다. 선비는 도덕성과 윤리성으로 무장하고 공직에 들어가 군주를 보좌하고 바른 정치를 행하며 일반 백성에 대한 풍속교화를 담당한다. 공맹사상에서 행정통제를 위한 철학적 자원과 실마리에서 윤리적 자율성 및 책임성, 도덕적 · 윤리적 정당성으로서 공(公),

3) 인간은 태어날 때 하늘로부터 도덕성을 부여받은 선한 존재이다. 하지만 삶의 환경과 인간 자신의 약한 의지에 의해 원래의 선한 마음과 양심을 잃어버린다는 것이다. 맹자에 따르면, 인간은 누구나 본래 인의예지(仁義禮智)인 사덕(四德)을 지니고 있으므로 선한 존재이다. 어떻게 알 수 있는가. 바로 사덕의 실마리인 사단(四端)을 지니고 있기 때문이다. 구체적으로, '남을 불쌍하게 여기는 마음[측은지심, 惻隱之心]'은 인(仁)의 실마리, '자기 자신의 옳지 못함을 부끄러워하고 남의 옳지 못함을 미워하는 마음[수오지심, 羞惡之心]'은 의(義)의 실마리, '남에게 겸손하고 사양하는 마음[사양지심, 辭讓之心]'은 예(禮)의 실마리, '잘잘못을 가릴 줄 아는 마음[시비지심, 是非之心]'은 지혜(智慧)의 실마리라는 것이다(배수호, 2013: 9).

4) 『孟子』「梁惠王篇上」. "無恒產而有恒心者 唯士爲能 若民則無恒產 因無恒心 苟無恒心 放僻邪侈 無不爲已 及陷於罪然後 從而刑之 是罔民也."

예의염치(禮義廉恥), 시중(時中), 화이부동(和而不同), 공론(公論) 및 공론정치(公論政治) 등을 제시한다.

1. 윤리적 자율성 및 책임

관료사회에서 계층제적, 법적, 전문가적, 정치적 책임이 모두 확보될 때에 행정책임의 수준이 높아질 수 있다. 하지만 오늘날 우리 관료사회는 네 가지 차원 모두에서 행정책임의 수준은 그리 높아 보이지 않는다. 우리 관료사회는 계층제적 책임에 지나치게 편중되면서 다른 유형의 행정책임은 압도당하고 질식되고 있다. 한 분야의 전문가로서 내재화·내면화된 규범과 신념에 따라 관료 자신의 재량권과 자율권을 행사할 수 있는 전문가적 책임, 국민의 자유, 권리, 안전, 복리 및 행복에 책임을 지려는 정치적 책임은 특히나 그 수준이 낮아 보인다. 그렇다면 행정책임이 계층제적 책임에만 편중되지 않도록 지탱해 주는 기반은 무엇일까? 그것은 관료 개인의 윤리적 자율성 및 책임성이다. 하지만 관료사회에서 관료 개개인의 윤리적 자율성에 대한 인식은 극히 낮은 수준에 머물러 있다.

[그림 5-1]에서 보는 바와 같이, 관료사회에서 관료 개인의 윤리적 자율성(ethical autonomy)의 뒷받침 없이는 계층제적, 법적, 전문적, 정치적 책임은 제대로 실현될 수 없다. 관료 개인의 윤리적 자율성은 어떻게 확보할 수 있을까? 그 실마리는 동양의 철학적·사상적 전통에 풍부하게 담겨 있다. 특히 유학의 수신론(修身論)에서는 일상생활에서 자신의 말과 행동을 끊임없이 반성하고 성찰하여 덕성을 함양해 나갈 것을 요청한다. 이렇게 개인 차원에서 덕성 함양과 도덕성 회복을 통해 공적 영역에서 관료로서 자신의 책무를 청렴하고 성실하게 수행할 수 있다는 것이다. 다시 말하면, 개인 차원의 덕성 함양과 도덕성 회복에 머무르지 않고 적극적인 사회적 참여와 실천을 통해 국가와 사회의 발전에 공헌할 것을 요청한다. 따라서 수신(修身)과 수양(修養)

은 개인 차원을 넘어서 우리 관료사회에 높은 수준의 도덕적 · 윤리적 역량과 길라잡이를 제공할 수 있다.

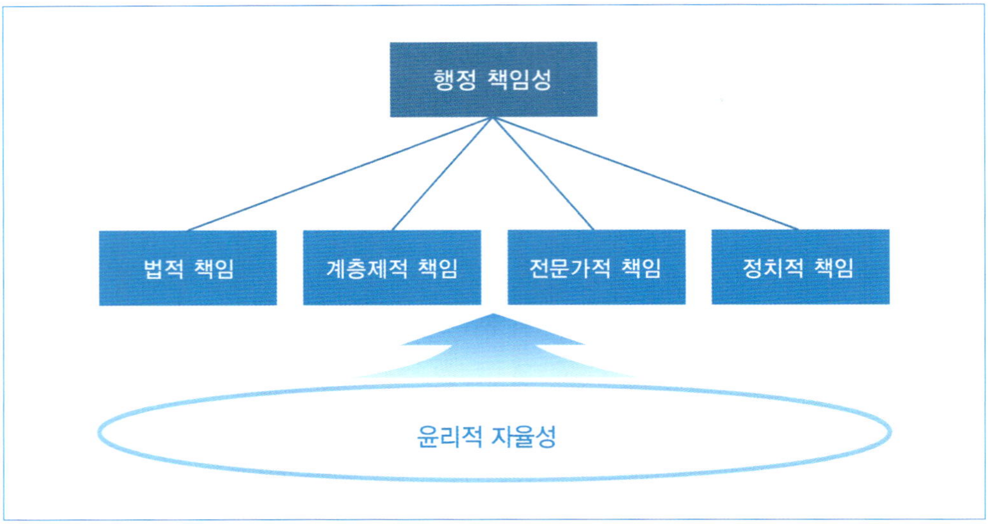

출처: 배수호(2018). [그림 2-14] "행정책임의 개념틀" 수정.

[그림 5-1] 행정책임에서 윤리적 자율성

유학에서는 인간의 선한 본성의 회복을 최우선 목표로 설정한다. 탐욕과 아집으로 사로잡혀 있는 지금의 모습인 소인(小人)에서 군자(君子)로 거듭날 수 있어야 한다. '나'라는 인간은 독립되고 분리된 자아가 아니라 우주만물과 긴밀하게 연결되어 있는 존재로서 하늘로부터 부여받은 본래의 순수한 마음으로 되돌아갈 것을 주문한다. 그러기 위해서는 삶의 순간마다 쉼 없는 수양, 각성, 노력이 동반되어야 하는 것이다.

유학의 수신론은 관료의 존재 이유와 책임성 자각, 충(忠) 개념의 재해석, 자율적 자기규제와 자기통제 능력의 배양, 공직 가치와 규범에 대한 성찰, 윤리적 딜레마 상황에서 대처능력 함양 등을 통해 관료 개인과 관료사회의 윤리적 자율성과 책임성을 제고할 수 있도록 한다(배수호, 2018). 먼저 수신론은 관료의 존재 이유와 책임성을 자각하는 데 기여한다. 수신론의 수기치인(修己治人) 정신은 단순히 개인 차원에서 도덕적 각성과 '지극한 선함'[至善]에만 머무르지 않고 자기 주변 세계로 펴져 나갈 것을 주문한다. 관료는 개인의 도덕적 수양과 더불어, 관료로서 자신의 존재 이유와 책임성을 자각하여야 한다. 공직이 단지 봉급과 생계유지, 권력과 권한 향유를 위한 수단이 되어서는 안 된다. 공직은 국민의 자유, 평등 및 권리 신장, 공익과 공공복리 향상 등에 기여하고 궁극적으로 국민 모두가 안전을 보장받고 행복한 삶을 영위하는 데 기여할 수 있는 신성한 기회인 것이다.

수신론은 충(忠) 개념을 새롭게 해석하고 이를 공직에서 실천하는 데 도움을 제공한다. 동양사회에서 충은 두 개념을 함축한다. 먼저 충은 과거 전제주의 사회에서 국가와 군주에 대한 절대적 · 맹목적 복종과 충성을 의미하는 것으로 이해되어 왔다. 『효경孝經』, 「사장士章」에서 이를 확인할 수 있다.

> "어버이에게 효도하는 것처럼 임금을 섬기면 충성(忠誠)이 되고 어버이를 공경하는 것처럼 어른을 섬기면 순종(順從)이 된다. 충성과 순종을 잃지 않고 그 윗사람을 섬긴 연후에야 그 봉록과 작위[祿位]를 보존하고 그 제사를 지킬 수 있는 것이다. 이것이 바로 선비의 효도하는 바이다."[5]

위에서 보듯이, 맹자의 오륜(五倫)[6]에서 군신유의(君臣有義)보다는 삼강(三綱)[7]에서 군위신강(君爲臣綱)이 으뜸으로 강조되고, 군위신강이 부위자강(父爲子綱)으로 등치되면서 '충=효'라는 구도가 중요한 통치 이데올로기로 등장하였다. 이로써 국가와 군주에 대한 맹목적이고 절대적인 순종과 충성은 더욱 중시되었다. 중국 한나라 무제(武帝) 시절 동중서(董仲舒)의 건의로 유교가 국교로 인정받으면서 이후 동양에서 중요한

---

5) 『孝經』, 「士章」. "故以孝事君則忠 以敬事長則順 忠順不失 以事其上 然後能保其祿位 而守其祭祀 蓋士之孝也."

6) 오륜(五倫)은 부자유친(父子有親), 군신유의(君臣有義), 부부유별(夫婦有別), 장유유서(長幼有序), 붕우유신(朋友有信)을 말한다.

7) 삼강(三綱)은 군위신강(君爲臣綱), 부위자강(父爲子綱), 부위부강(夫爲婦綱)을 말한다.

이데올로기로 정착되었다.

다음으로 선진(先秦) 유학[8]에서 말하던 충은 오히려 충신(忠信), 충서(忠恕)의 의미를 담고 있었다. 충은 '中'과 '心'의 합성어로 '마음의 중심', '자신의 신실한 마음'을 뜻하며, 나의 본래 양심에 충실한 삶의 태도와 실천을 요구하는 개념이다. 맹자가 말하는 군자의 세 즐거움[君子三樂] 중에 하나로 '우러러 하늘에 한 점 부끄러움이 없으며 구부려 사람에게 부끄럽지 않을'[9] 때 드러나는 마음가짐과 실천이 바로 충(忠)인 것이다. 공자에게 충은 인을 실현해 가는 실천덕목이며, 내연과 외연의 일체감을 형성 · 유지 · 강화해 갈 수 있는 실천윤리이다. 공자의 충 혹은 충신은 공자 제자인 증자(曾子)에게서 충서로 명확하게 나타난다. 서(恕)는 '여(如)'와 '심(心)'의 합성어로, '너와 나의 같은 마음'을 뜻한다. 역지사지(易地思之)의 태도로 '내가 원치 않는 바를 남에게 강요하지 않으며'[10], 나에게 시행해 보고 원치 않으면 남에게도 강요하지 말 것'[11]을 주문한다. 충신과 충서로서 충은 관료가 행정 편의에 입각하여 공직에 임하는 게 아니라 국민의 입장과 시각에서 공직에 임하며 인간관계에서 진정성과 진실성을 담보하도록 요구한다(배수호, 2013, 2018: 162-164; 최화인 · 배수호, 2015).

유학의 수신론에서는 개인의 자발적인 자기반성과 수양을 통해 도덕적 자기완성을 지향한다. 그러므로 관료는 꾸준한 자기수양을 통해 자율적 자기규제와 자기통제 능력을 키워 나갈 수 있어야 한다. 이로써 관료조직의 안팎에서 주어지는 타율적 · 외재적 규제와 통제가 아니라 관료 스스로 자신과 자신이 속한 조직의 이익만을 추구하는 행태를 지양하고 공직사회 전체, 나아가 국가 전체의 복리와 공익에 이바지하는 방향으로 의사결정하고 정책을 집행하도록 도울 수 있다. 결국 수신론은 관료 자신이 공직에 대한 내적 동기와 주관적 책임을 강화하고 내부통제를 통해 행정통제와 행정책

8) 선진(先秦) 유학은 전국시대를 거쳐 기원전 221년 진(秦)나라가 중원 대륙을 통일하기 전에 확립된 유학을 말한다.
9) 『孟子』「盡心章句上」. "仰不愧於天 俯不怍於人."
10) 『論語』「衛靈公篇」. "己所不欲勿施於人."
11) 『中庸』「第十三章」. "施諸己而不願 亦勿施於人."

임 확보가 가능하도록 한다.

수신론에서 도덕적 자기완성은 자기 자신만의 도덕적 각성으로만 끝나지 않는다. 내가 다른 사람, 우주만물과 긴밀하게 연계되어 있다는 천인합일(天人合一)과 물아일체(物我一體)를 확인하고 나의 시야와 관심이 나의 가족, 이웃, 지역사회, 국가 전체로 확장되고 사회적 실천으로 이어질 것을 주문한다. 이는 관료가 공직의 의미, 가치, 신념 및 규범에 대한 성찰과 숙의를 제고하도록 한다. 이러한 일련의 과정을 통해 관료는 법적, 계층제적 책임이라는 소극적 차원을 벗어나 비로소 적극적 차원의 행정책임까지 추구할 수 있게 된다.

관료들은 공직생활 동안 윤리적 딜레마 상황에 자주 맞닥뜨리게 된다. 진퇴양난의 선택 기로에서 관료는 어떤 선택을 해야 할까. 수신론은 윤리적 딜레마 상황을 보다 크고 넓게 바라볼 수 있는 안목과 균형적 감각을 길러 준다. 윤리적 딜레마 상황에 직면해 하나의 원칙과 기준을 교조적으로 고집하는 게 아니라 현실 상황과 맥락에 유연하게 대응하고 시의적절한 판단과 실천을 담보할 수 있는 시중(時中)과 중용(中庸)의 힘을 길러 준다. 이로써 관료는 윤리적 자율성과 책임성을 제고할 수 있다.

2. 도덕적 · 윤리적 정당성으로서 공(公)

유학 사상은 공(公)과 사(私)를 공적 영역, 사적 영역으로 명확히 구분하지 않는다. 공적 영역과 사적 영역의 경계가 전혀 없다고는 할 수 없지만, 그 경계 설정이 상대적이면서 모호하다. 유학 사상에서 공은 모든 사적 존재의 근거이자 바탕이다. 사적 존재에는 이미 공이 들어 있으며 사적 존재를 통해 비로소 공이 발현된다(배수호 · 김도영, 2014: 82-83). 유학 사상에서 한 개인의 위치와 입장에 따라 공적 영역과 사적 영역은 상대적으로 배치된다. 인간관계망은 한 개인을 중심에 두고서 동심원 마냥 퍼져 나간다. 내 자신과 가까운 동심원에 속하는 인간관계는 사 혹은 사적 영역, 상대적으로 먼 동심원에 속하는 인간관계는 공 혹은 공적 영역으로 이해된다(배수호 · 김도영, 2014: 83).[12)]

그렇지만 유학 사상에서 인간은 태어날 때 누구나 하늘로부터 선한 마음을 부여받는다. 그 선한 마음을 잃지 않고 제대로 발현하여 공(公)을 보존하고 실현해 나갈 것을 주문한다. 성선설 입장에 서 있는 유학은 도덕적 · 윤리적 정당성을 기반으로 공과 사 개념을 이해하는 데 그 핵심처를 둔다(배수호 · 김도영, 2014: 83). 공적 영역 혹은 사적 영역에서 나의 언행이 도덕적 · 윤리적 차원에서 공정성과 정당성을 확보하는 것이라면, 이는 곧 공(公)이 된다. 하지만 나의 언행이 사리사욕과 인욕(人慾)에 사로잡혀 있으면 이는 곧 사사로움에 있는 사(私)가 된다. 내 자신이 어느 위치, 어떤 상황에 놓여 있든 간에 도덕적 양심을 온전히 발현할 수 있을 때 비로소 공이 실현되는 것이다.

유학 사상에서 도덕적 · 윤리적 정당성의 근거로서 공은 인(仁), 공정성, 형평성, 평등성 등의 개념을 품고 있다. 성리학을 집대성한 주자(朱子)는 "사(私)로써 가로막는 바가 없으면 곧 공(公)이고, 공(公)하면 곧 인(仁)하다."[13)]라고 하여, 공 개념에는 보편적 윤리원칙인 인(仁)이 자리잡고 있는 것이다(이승환, 2014: 172-173; 배수호 · 김도영, 2014: 84). 여기에는 공평무사, 불편부당, 공정성이 함유되어 있다. 사적 존재로서 각 개인은 하늘로부터 공(公)을 평등하게 부여받은 존재로서 누구나 평등하며 마땅히 평등하게 대우받아야 한다.

3. 예의염치(禮義廉恥)

공공부문에 종사하는 관료뿐만 아니라 유교적 교양인이면 누구나 요구되는 보편가

12) 이승환(2004: 181)은 이를 "동심원적 상대성과 연속성"이라고 명명한다.
13) 『朱子語類』 卷6 104條. "無私以間之則公, 公則仁." 이승환(2004: 173) 인용.

치인 '예의염치(禮義廉恥)'는 오늘날 공직윤리로서 그 실용가치는 대단히 높다. 예절, 의리, 청렴, 부끄러움[禮義廉恥]은 네 가지 근본, 즉 사유(四維)[14]라고 불리는데, 동양사회에서 관료나 일반교양인 모두에게 핵심 덕목으로 강조되어 왔다.

『논어(論語)』에서 "자기를 이겨 내고 예로 되돌아가면 인을 이루게 된다."[15]는 언명에서도 확인되듯이, 예(禮)는 사회적 행위규범으로 절도에 어긋나지 않음을 뜻한다. 공자의 사물론(四勿論)에서 "예(禮)가 아니면 보지도 말고, 듣지도 말고, 말하지도 말고, 움직이지도 않아야 한다."[16]고 이를 구체화하고 있다. "이익을 보면 의를 생각하라(見利思義)."[17], 오륜의 하나인 "임금과 신하 사이에는 의로움이 있어야 한다(君臣有義)."[18] 등에서 의(義)는 물질관계나 인간관계의 기본척도로서 중요한 의미를 띤다. "(선비는) 항산(恒産)은 없더라도 항심(恒心)은 유지해야 한다."[19]는 맹자의 언명에서, 염(廉)은 공직생활에서 부패에 연루되지 않고 청백리(淸白吏)로서 삶을 실천하는 청렴성을 요구한다. "(강압적인) 법률과 정치로써 이끌고 형벌로써 다스리면 사람들은 (형벌을) 면하고자 하고 아무런 부끄럼이 없게 된다. (하지만) 덕(德)으로 이끌고 예로 다스리면 죄짓는 것을 부끄러워할 뿐만 아니라 바른 데에 이르게 된다."[20]라고 하듯이, 치(恥)는 관료나 유교적 교양인으로서 부끄러움이 없는 태도와 언행을 견지하도록 한다(조남욱, 2008: 368-369; 배수호, 2013: 8).

예의염치 정신을 내재화 · 내면화한 관료는 외부 감시와 통제가 필요치 않다. 평소 절도 있고 사리사욕을 멀리하며 정실주의적 관행에도 흔들리지 않고 굳건히 관료의

14) 예의염치(禮義廉恥), 즉 사유(四維)는 『관자管子』「목민편牧民篇」에 처음 등장한다.
15) 『論語』「顔淵篇」. "顔淵問仁 子曰 克己復禮爲仁 一日克己復禮 天下歸仁焉 爲仁由己 而由人乎哉."
16) 『論語』「顔淵篇」. "顔淵曰 請問其目 子曰 非禮勿視 非禮勿聽 非禮勿言 非禮勿動 顔淵曰 回雖不敏 請事斯語矣."
17) 『論語』「憲問篇」. "子路問成人 子曰 若臧武仲之知 公綽之不欲 卞莊子之勇 冉求之藝 文之以禮樂 亦可以爲成人矣 曰 今之成人者 何必然 見利思義 見危授命 久要不忘平生之言 亦可爲成人矣."
18) 『孟子』「滕文公章句上」. "聖人 有憂之 使契爲司徒 教以人倫 父子有親 君臣有義 夫婦有別 長幼有序 朋友有信."
19) 『孟子』「梁惠王章句上」. "無恒産而有恒心者 唯士爲能 若民則無恒産 因無恒心 苟無恒心 放僻邪侈 無不爲已 及陷於罪然後 從而刑之 是罔民也."
20) 『論語』「爲政篇」. "子曰 道之以政 齊之以刑 民免而無恥 道之以德 齊之以禮 有恥且格."

덕목을 지켜 나가며 스스로 하늘에 부끄러움이 없도록 처신한다. 즉, 공직생활에서 관료 스스로 자신에 대한 감시자의 역할을 수행하는 것이다. 따라서 예의염치는 외적 규제와 통제보다는 자율적 자기규제와 자기통제를 강화하는 원리로 작동한다.

4. 시중(時中)

중용(中庸)은 유학의 핵심 덕목으로 오랜 기간 동양사회에서 중시되어 왔다. 중용은 "치우침이나 과부족함이 없는 떳떳한 · 알맞은 상태 내지 정도"이고 "과(過) · 불급(不及)이 없는 상태"를 말한다(정경환, 2010: 46). 중용이 현실의 삶에서 매 순간 때와 상황에 알맞게 구현되는 모습과 과정을 일러 시중이라고 한다.

시중은 "인생의 현장에서 인간의 도리에 적중되는 삶의 모습으로 이른바 '중용'의 길에 이르는 '시의(時宜)'의 도덕적 행위"이다(조남욱, 2008: 412). 이런 시중을 현실과 맥락에 적절하게 실천하기 위해서는 자신이 '진리적 · 도덕적 존재'라는 자각이 선행되어야 한다. 나아가 자신에게 내재한 선의지를 확인하고 확충할 수 있어야 한다. 그런 다음, 상황과 맥락에 대한 시의적절한 대안을 모색해 나가야 한다. 달리 말하면, 공무를 수행하는 관료로서 자신이 직면한 문제 상황에 대한 적확한 인식을 바탕으로 '올바름[正]'과 '의로움[義]'을 지향하고 실천할 수 있는 현실적 방안을 적극적으로 탐색해 나가야 한다. 여기에는 특정 대안, 원리 및 원칙만을 천착하여 고집할 게 아니라 주어진 상황과 맥락에 맞게끔 실천해 나가는 것이다. 하지만 '올바름'과 '의로움'으로부터 벗어난 실천은 정당성을 얻을 수 없게 된다. 또한 상황 인식과 대안 모색에 있어 불편부당(不偏不黨)할 수 있는 균형된 시각, 감각, 통찰력은 시중의 실천을 위해 절실히 요청되는 덕목이다. 마지막으로 실천 역량을 키워서 장애요인을 극복해 나가야 한다. 때로는 뒤로 물러서서 반성과 평가의 되먹임(feedback) 과정을 거쳐 문제 상황 인식, 대안 모색 등을 다시 시작할 수도 있는 것이다(조남욱, 2008: 394-414; 배수호, 2013).

시중은 오늘날 행정윤리로서 많은 매력을 품고 있는데, 특히 '통합형 · 융합형 인재상'을 제시하는 중요한 개념이다. 시중 개념에는 관료 자신이 진리적 · 도덕적 존재임을 자각하며, 나아가 공직생활에서 맞닥뜨리는 제반 상황과 문제에 대한 종합적 판단력, 통찰력, 대안 모색 능력, 균형 감각, 실천 역량 등을 두루 갖춘 통합적 · 융합적 인재로 성장할 수 있다. '전문화된 무능', 도덕감각 결여, 철밥통, 복지부동과 같은 오늘날 관료의 병폐적 모습을 개선해 나가는 데 기여할 수 있으리라 기대된다.

5. 화이부동(和而不同)

화이부동 사상은 '남과 내가 같음[同]'을 지향하는 게 아니라 '남과 나의 다름[不同]을 인정하고 서로 존중하며 함께 조화로움을 추구하는 것[和]'을 지향한다. 화이부동 사상은 관료조직 내 구성원들 사이에 소통과 신뢰를 형성하고 강화하여 조직 내의 민주성을 제고할 수 있다. 이는 결국 업무의 성과와 대민서비스의 질 향상으로 이어진다. 또한 "다른 사람들과 널리 친하지만 패거리를 만들지 않아"[21] 관료사회에서 패거리의 형성과 조직 내 폐쇄적인 의사소통 구조의 고착화를 방지하도록 한다(배수호 외, 2016: 281-283).

오늘날 행정 현장에서 시민은 단순히 공공서비스의 수동적 수혜자로만 머무르지 않는다. 시민은 정책과정에 적극 참여하여 자신의 의견을 개진하는 국정관리의 중요한 파트너이다. 화이부동은 대민관계에서 특히 긍정적인 영향을 미칠 수 있다. 관료가 자신의 의견이나 신념을 강제하고 규정이나 규칙만을 들이대는 게 아니라, 시민의 시각과 입장에서 역지사지의 태도를 견지하도록 한다. 결국 공공서비스의 대응성을 높이고 '열린 행정'을 지향하도록 한다. 관료들이 화이부동 정신을 실천할 때 정책과정에 시민의 참여를 독려함으로써 민주성과 투명성을 높일 수 있을 것이다.

---

21) 『論語』「衛靈公篇」. "君子矜而不爭 羣而不黨." 『論語』「爲政篇」. "君子周而不比 小人比而不周."

6. 공론(公論) 및 공론정치(公論政治)

정부 관련 업무나 공공서비스에서 공(公)을 실현하기 위해서 유학은 공론 및 공론정치(Confucian deliberative politics)의 중요성을 강조한다. 주희(朱熹)에 따르면, 공론은 "천리(天理)에 따르며 인심(人心)에 합치하여 천하 사람들 모두가 옳다고 여기는 것"[22]으로 천리와 인심에 부합하여야 한다(박영도, 2014: 41-42). 공론 및 공론정치는 통치자의 사적 지배욕에 의해 방해받거나 차단되지 않으며 그렇다고 대중의 인기에 영합하는 성질의 것도 아니다.

공직사회 안팎으로 다양한 의견이 표출될 수 있는 사회적 공간들이 생겨나고 이런 공간들이 모두에게 개방될 때 공론 및 공론정치는 활성화되기 시작한다. 성(性), 재력, 출신지역, 학벌 등에 따라 공론 활동에 참여할 수 있는 기회의 불평등이 고착되는 '배제의 논리'가 우선 타파되어야 한다. 이를 위한 기반은 앞서 논의했던 화이부동, 역지사지의 태도와 정신이 적극 견지되어야 한다. 다양성, 개방성 및 이질성에 대한 관용과 허용이 전제되지 않고서는 공론 활동이 활성화될 가능성은 희박해질 뿐이다. 또한 소수 의견을 담을 수 있는 여러 공론 영역이 창출되면서 다양한 의견들이 사회정치적 논의로 이어져야 한다. 종국에는 정부의 공공정책으로 반영되는 시스템이 효과적으로 구축 · 운영될 때 현대적 의미에서 공론 및 공론정치는 비로소 꽃 피울 수 있다. 관료는 여러 공론 영역을 창출하고 이 공간에서 다양한 의견들이 표출될 수 있도록 촉진하는 매개자로서 역할을 이행한다.

---

22) 『朱子大全5』 卷24 〈與陳侍郎書〉. "豈不謂夫順天理合人心 而天下之所同是者耶."

제4절 외부통제를 위한 동양철학적 자원

동양 사상은 관료사회와 관료에게 내부통제를 위한 철학적 자원뿐만 아니라, 외부통제를 위한 철학적 실마리를 풍부하게 함유하고 있다. 외부통제에서는 관료사회와 관료에 대한 정치적 책임 부여 및 통제, 법과 제도적 장치의 구축 및 운영에 따른 통제, 관료제 구축 및 운영 등 외부 감시와 통제 방식을 활용한다. 이는 동양의 철학적·사상적 전통에서, 특히 묵자 사상, 순자 사상, 한비자를 비롯한 법가 사상에 풍부하게 담겨 있다.

묵자, 순자 및 한비자는 인간을 '본래 이기적 욕망을 지닌 존재'로 파악한다. 동양 철학에서는 이를 성악설(性惡說)이라 부른다. 악(惡)은 '버금 아(亞)'와 '마음 심(心)'의 합성어로 '본래 선한 본성에 버금가는 마음', '옳지 않은 마음'을 뜻한다. 따라서 '인간의 본성은 악하다'는 성악을 이기심, 합리성 및 인간 욕망으로 보면 타당할 것이다. 성악설 입장에 있는 철학가와 사상가들은 인간의 이기심과 욕망을 오히려 긍정하고 때로는 이를 충족시켜야 할 대상으로 바라본다. 단지 이들이 경계하고 두려워하는 바는 인간의 이기심과 욕망이 무한정 충족될 때 사회적 갈등과 혼란을 야기할 수 있다는 점이다. 이를 예방하고 해결하기 위해 묵자, 순자 및 법가 사상에서는 군주를 정점으로 공적 영역 및 공권력의 강화, 법과 제도의 구축 및 시행, 신상필벌(信賞必罰)로 대변되는 엄격한 실적주의와 성과주의 등을 제시한다. 외부통제를 위한 동양 철학적·사상적 실마리와 자원에서 관료 선발기준으로서 현명함[賢]과 능력[能], 공적 영역으로서 공(公), 관료제, 행정책임과 행정통제, 분업화와 관료의 전문성, 형명참동(形名參同) 등을 중점적으로 톺아 본다.

1. 관료 선발기준으로서 현명함[賢]과 능력[能]

묵자 사상은 출신 성분 및 계급, 지역 연고, 친인척 채용 등 정실주의를 배격하고 현명함과 능력을 갖춘 인재를 관료로 선발하고 적재적소에 배치할 것을 주문한다. 이렇게 해야만 임금과 신하뿐만 아니라 나라 안의 모든 사람에게 이롭기 때문이라고 묵자는 주장한다. 『묵자墨子』「상현편상尙賢篇上」과 「상현편하尙賢篇下」의 다음 구문을 살펴보자.

> "옛날 성왕들이 천하를 다스리는 데 그들을 부유하게 해 주거나 귀하게 해 준 사람들은 반드시 임금이나 대신들의 핏줄이 이어진 친한 사람이나, 연고 있는 부귀한 사람들이나, 얼굴이 아름다운 사람들이 아니었다."[23)]

> "옛날에 성왕들이 정치를 할 적에는 덕 있는 사람을 벼슬자리에 앉히고 현명한 사람을 존중하였다. 비록 농업이나 상공업에 종사하는 사람이라 하더라도 능력만 있으면 그를 등용하여 그에게 높은 벼슬을 주고 많은 봉급을 주며 나랏일을 맡기어 그가 결단하여 명령할 권한을 주었다. 그러기에 '벼슬자리가 높지 않으면 곧 백성들이 존경치 아니하고, 받는 봉급이 두툼하지 않으면 곧 백성들이 신임하지 아니하며, 정치명령을 내리지 못하면 곧 백성들이 두려워하지 않는다.'고 말하는 것이다. 이 세 가지를 현명한 사람에게 맡기는 것은 현명함 그 자체 때문이 아니라 나랏일을 잘 이룩하고자 하기 때문이다."[24)]

위의 두 구문에서 확인되듯이, 관료 선발기준으로서 현명함[賢]과 능력[能]에 대한 강조는 임금, 신하, 백성 모두에게 이롭기 때문이다. 이는 행정윤리의 철학적 기초[25)]

---

23) 『墨子』「尙賢篇下」. "是故古之聖王之治天下也 其所富 其所貴 未必王公大人骨肉之親 無故富貴 面目美好者也." 김학주(2014: 179-180) 인용.

24) 『墨子』「尙賢篇上」. "故古者聖王之爲政 列德而尙賢 雖在農與工肆之人 有能則擧之 高予之爵重予之祿 任之以事斷予之令 曰 爵位不高 則民弗敬 蓄祿不厚 則民不信 政令不斷 則民不畏 擧三者授之賢者 非爲賢賜也 欲其事之成." 김학주(2014: 139-140) 인용.

25) 행정윤리의 철학적 기초는 목적론적 윤리 vs. 의무론적 윤리, 결과주의 vs. 동기주의로 논의할 수 있다.

로서 목적론적 윤리와 결과주의 입장에 가까운 것으로 해석될 수 있다. 이러한 묵자의 공리주의적 성향은 목적론적 윤리와 결과주의와의 연계성을 보여준다. 묵자 사상의 궁극적인 목적은 '어떻게 하면 모두를 이롭게 할 것인가', 더 나아가 '모두를 이롭게 하여 사회질서를 회복하고 전쟁과 같은 극도의 혼란을 막을 것인가'로 귀결되기 때문이다. 이에 비해, 유학 사상은 목적론적 윤리보다는 의무론적 윤리, 결과주의보다는 동기주의에 더욱 가까워 보인다.

2. 공적 영역으로서 공(公)

성악설의 입장에 있는 묵자, 순자 및 한비자는 공(公)을 도덕적 · 윤리적 정당성의 근원이 아니라 공적 영역으로 파악한다. 즉, 공과 사를 공적 영역과 사적 영역으로 보고 있는 것이다(배수호 · 홍성우, 2020). 묵자는 겸애(兼愛)와 별애(別愛)를 구분하여 공적 영역과 사적 영역을 설명한다. 묵자에게 겸애는 '두루 사랑하는 것'으로, 공적 영역에서 남과 나의 구분 없이 누구에게나 동등하게 대하는 사랑으로 이해한다. 반면, 별애는 자기 자신, 가족, 친족 등 사적 영역에서 발생하는 차등적 · 차별적 사랑으로 본다. 묵자에게 별애는 사적 영역에서 차등적 · 차별적 사랑일 뿐이며 당시 전국시대 사회의 혼란과 전쟁을 부추기는 이유라고 비판한다. 따라서 겸애야말로 진정한 보편적 사랑의 실천이며 사회질서의 유지와 평화에 기여할 수 있다고 주장한다(김병환, 2017: 70-71).

또한 묵자는 '윗사람과 화동(和同)하여야 한다'는 상동(尙同) 사상을 주장한다. 달리 말하면, 상동 사상은 (사적 영역에 비해) 군주를 정점으로 국가, 즉 공적 영역의 절대적 우위를 강조한다. 통치자의 명령과 지도에 절대적으로 순응하고 협력해야만 비로소 사회 혼란의 여지를 제거하고 사회질서 유지와 사회 통합에 기여할 수 있다는 것이다(정재현, 2014: 39-40).

순자에게도 공은 공적 영역을 의미한다. 인간은 이기적 · 합리적 존재로서 자신의 이기심과 욕망을 충족하기 위해 전심 질주하는 것으로 그려진다. 개인들이 자신의 욕망을 극대화하려고 경쟁할 때 사회적 혼란과 갈등은 필연적으로 나타난다. 순자 사상에서 공적 영역으로서 공의 의미가 두드러지게 나타나는 지점은 그의 명분론(名分論)에서다. 순자의 명분론에서는 '아무리 유약하고 무능하고 무자비한 임금이더라도 임금은 임금'이기 때문에 군주는 신성한 존재로서 절대적 지위와 권한을 지닌다. 이는 곧 사적 영역에 대한 공적 영역의 절대적 우위를 천명하는 것이다.

묵자와 순자에 비해 한비자는 공적 영역과 사적 영역의 경계를 좀 더 명확하게 설정하고 사적 영역에 비해 공적 영역의 우위성을 더욱 부각시킨다. 한비자에 따르면, 인간은 누구나 태어나면서 자위심(自爲心)과 계산지심(計算之心)을 가지고 있는 이기적 · 합리적 존재이며, 개인의 모든 사회적 관계는 이해타산을 바탕으로 형성된다는 것이다. 이를 그대로 방치할 경우 사회는 필연적으로 혼란과 갈등에 휩쓸리게 된다. 따라서 사회적 혼란과 갈등을 방지하고 사회질서를 유지하기 위해서 국가는 강력한 법과 제도를 제정하고 이를 공정하고 엄격하게 집행하여야 한다는 것이다. 또한 한비자는 신분 고하를 막론하고 공적이 있는 사람에게는 반드시 상을 내리고 범법자, 근무 태만자 등에게 엄격한 처벌을 시행하는 신상필벌 원칙을 주장한다(김병환, 2017: 178-182). 한비자는 군주를 정점으로 하는 공적 영역의 절대적 우위를 천명하고 공적 영역과 사적 영역의 경계를 명확하게 설정하고 구분한다.

3. 국가 시스템 구축 및 관리: 관료제

묵자는 현명함과 능력을 관료 선발기준으로 제시한다. 묵자에 비해 순자와 한비자는 국가 운영과 관리에 있어 체계적이고 시스템적 접근을 중시한다.[26] 특히 한비자는

26) 제자백가 학파 중 유가(儒家)에 속하는 순자는 예(禮)를 바탕으로 꾸준한 학습과 실천을 통해 도덕적

국가 통치를 위한 시스템의 구축과 운영을 크게 강조한다. 한비자는 외척, 권신 등 일부 통치집단의 사적 이해관계가 국가 공공성의 간섭과 침탈로 이어지는 것을 철저히 배격하고 법과 제도를 기반으로 하는 관료제를 확립할 것을 주문한다. 『한비자(韓非子)』「오두편(五蠹篇)」의 구문을 살펴보자.

> "지금 군주는 사람을 제압하는 권세 자리에 있고 온 나라의 많은 부를 가지고 있다. 두터운 상과 엄격한 처벌을 행할 수 있는 권병(權柄)이 있어야만 전상(田常)[27]이나 자한(子罕)[28] 같은 신하가 있더라도 감히 (군주를) 속이지 못할 것이다. 어찌 속이지 않은 사람을 기대하겠는가. 지금 곧고 성실한 사람은 열 명도 되지 않으나 국내의 벼슬자리는 백에 달한다. 반드시 곧고 성실한 사람만을 임용한다면 인원이 벼슬자리에 모자라게 된다. 인원이 벼슬자리에 모자라게 되면 다스려지는 일은 적고 어려워지는 일이 많을 것이다. 그러므로 현명한 군주의 길이란 법을 일정하게 하여 지(智)를 구하지 않고 술(術)을 굳게 지키며 성실을 마음에 두지 않는다. 그러므로 법이 무너지지 않으며 여러 벼슬아치가 간악과 사기를 치지 않게 되는 것이다."[29]

인간으로 거듭난 사람들이 관료로 발탁되어 국가 통치를 담당해야 한다고 주장한다. 그럼에도 순자 역시 법과 제도의 정비 등 시스템의 구축과 관리를 통한 국가 운영과 관리가 필요하다는 점을 인정한다.

27) 전상(田常)은 춘추시대 제나라 재상으로 군주 간공(簡公)을 모시던 신하이다. 전상은 간공의 명령으로 백성들에게 곡식을 빌려주고 받아 내는 업무를 담당하였다. 전상은 백성들에게 많이 빌려주고 적게 받아 내는 수법으로 민심을 얻게 되면서 권력을 차지하였다. 간공은 결국 전상에 의해 시해되었다. 『한비자韓非子』「이병편二柄篇」에 나오는 얘기이다.

28) 자한(子罕)은 전국시대 송(宋)나라 군주 평공(平公)을 모시던 신하이다. '백성들은 상 받는 것을 좋아하지만 벌 받는 것을 싫어하니, 군주가 직접 백성에게 상을 내리고 백성을 처벌하는 형벌권은 자신에게 맡겨 달라'고 간언하였다. 평공은 그럴 듯하다 생각하여 형벌권을 자한에게 넘겨주었다. 결국 자한은 평공을 협박할 수 있는 막강한 권한을 갖게 되었다. 『한비자韓非子』「이병편二柄篇」에 나오는 얘기이다.

29) 『韓非子』「五蠹篇」. "今人主處制人之勢 有一國之厚 重賞嚴誅 得操其柄 以修明術之所燭 雖有田常·子罕之臣 不敢欺也 奚待於不欺之士 今貞信之士不盈於十 而境內之官以百數 必任貞信之士 則人不足官 人不足官 則治者寡而亂者衆矣 故明主之道 一法而不求智 固術而不慕信 故法不敗 而群官無姦詐矣. 이운구(2002: 900-901) 수정.

앞의 구문에서 보듯이, 한비자는 한두 명의 유능한 관료에 의해서는 국가가 제대로 통치될 수 없다고 주장한다. 오히려 탁월하지는 않더라도 다수의 관료를 임용하고 이들을 법과 제도, 통치술, 포상과 형벌로써 체계적으로 통제 · 관리한다면 사회질서는 안정되고 국가라는 큰 조직이 효율적이고 효과적으로 운영될 수 있다는 것이다(우홍준, 2010). 특히 행정책임과 행정통제, 분업화와 관료의 전문성에 대한 한비자의 생각을 좀 더 들여다보자.

1) 행정책임 및 행정통제

한비자는 군주와 신하의 관계가 아버지와 아들의 관계는 더더욱 아닐 뿐더러 득실에 따른 이해관계로 맺어져 있다고 파악한다. 신하는 언제든 군주를 배반할 수 있으며 언제나 사익 추구와 권한 확대에 혈안이 되어 있다는 것이다. 그러므로 군주는 법과 제도, 통치술, 포상과 형벌 등 법(法)과 술(術)로써 관료조직과 신하에 대한 외부통제를 강력하게 시행할 것을 주문한다. 특히 한비자는 군주가 신하를 다루는 데 필요한 '일곱 가지 술책'[七術]을 제시하는데, 이는 다음과 같다.[30)]

- 중단참관(衆端參觀): 신하 한 사람의 말만을 그대로 믿어서는 안 되며, 여러 신하의 말을 들어 봐야 한다. 반드시 여러 증거를 대조하여 맞추어 보고 사실관계를 확인해야 한다.
- 필벌명위(必罰明威): 사랑이 많으면 법이 서지 못하며 위엄이 적으면 아랫사람이 윗사람을 범하게 된다. 따라서 형벌을 확실하고 엄히 시행하여 군주의 위엄을 밝혀야 한다.
- 신상진능(信賞盡能): 군주가 상과 명예를 주는 근거가 믿음을 주지 못하고 후하지 않으면 신하와 백성들이 일을 열심히 하지 않는다. 상과 명예를 주는 근거가

30) 이운구(2002: 436-483)와 김종미(1999)의 내용을 정리하였다.

믿음을 주며 후하게 되면 신하와 백성들이 목숨을 아끼지 않고 일을 하게 된다.

- 일청책하(一聽責下): 하나하나의 의견을 주의 깊게 듣지 않으면 어리석음과 지혜로움을 분간해 내기 어렵다. 신하의 능력을 분간할 수 있도록 겸직을 허용치 않으며 결과와 실적에 따른 책임을 반드시 지운다.
- 의조궤사(疑詔詭使): 자주 만나고 오랫동안 기다리게 하여 벼슬자리를 주지 않으면 간악한 사람은 사슴처럼 떠나 버린다. 사람에게 업무와 관련 없는 엉뚱한 질문을 하면 군주를 속이지 못하게 된다.
- 협지이문(挾知而問): 아는 것도 모른 체하고서 질문하면 모르던 것도 알게 되며, 한 가지 사실을 깊이 탐구하면 모르고 있던 다른 사실들까지도 알게 된다.
- 도언반사(倒言反事): 거짓말과 속임수를 써서 의심스러운 것을 시험해 보면 간악한 실체가 드러나게 된다.

위의 일곱 가지 술책에서는 신하에 대한 경계, 신하의 겸직 불허, 결과와 실적에 대한 책임을 신하에게 명확하게 반드시 부여할 것, 상과 명예를 주는 근거가 믿을 만해야 하고 상과 명예는 박하지 않고 후해야 한다는 '신상(信賞)', 형벌은 확실하고 엄히 시행해야 한다는 '필벌(必罰)' 등 여러 통치술을 제시하고 있다. 군주는 신하에게 자유재량권을 부여해서는 결코 안 되며 모든 권력과 권한은 자신에게 집중되도록 해야 하고 자신이 직접 행사할 수 있어야 한다.

롬젝 · 두브닉의 분류에 따르면, 한비자는 무엇보다도 법적 책임을 크게 강조한 것으로 생각된다. 관료는 오직 군주에게만 자신의 공직생활과 업무 수행에 대한 모든 책임을 져야 한다. 자신의 상관이나 자신이 속한 관료조직에 대해서는 책임을 질 필요가 없다. 관료는 자신에게 주어진 직무를 충실히 하면 될 뿐이지, 직업전문가로서의 신념과 가치에 대한 책임은 필요치 않는다. 달리 말하면, 한비자 사상에서 행정책임은 법적 책임에 크게 치중되어 있고, 정치적 책임도 일부 담고 있다. 하지만 계층제적 책임과 전문가적 책임은 중요하게 다뤄지지 않는다.

한편 쿠퍼의 분류에 따르면, 한비자 사상에서 행정책임은 주관적 책임보다는 객관적 책임에 주된 방점을 찍고 있다. 왜냐하면, 한비자 사상은 양심, 정체성, 가치, 신념 등을 기반으로 한 내적 동인에 의해서가 아니라, 법과 명령의 준수, 통치자의 지시와 감독, 실적주의, 성과주의 등 객관적 기준과 기대에 따른 관료의 행정책임 확보가 훨씬 중요하기 때문이다.

2) 분업화와 관료의 전문성

한비자 사상에서 두드러지게 나타나는 관료제 특성으로 분업화와 관료의 전문성을 들 수 있다. 관료 자신이 맡은 직무를 충실히 수행하고 다른 관료와의 직무 관련 갈등과 이해충돌을 방지하기 위해 관료에게 겸직을 일체 허용하지 않는다. 『한비자(韓非子)』「용인편(用人篇)」의 구문을 살펴보자.

> "잘 다스려지는 나라의 신하는 나라에 공적을 세워 벼슬길에 나아가고, 관리는 벼슬에 맞는 능력을 발휘하여 직책을 받으며, 법도에 따라 힘을 다함으로써 일을 추진하게 된다. 신하들 모두가 자신의 능력에 맞는 자리에 앉아 직책을 감당하고, 임무를 잘 수행하고, 남는 능력을 어디에 쓸까 고심하지 않아도 되며, 여러 관직을 겸한 데 따른 책임을 군주에게 느낄 일도 없다. [중략] 현명한 군주는 서로 충돌하지 않게 각자에게 임무를 부여하기 때문에 분규가 없고 선비[士]가 여러 벼슬을 겸직하지 않으므로 개인 기능이 발달하며, 사람들이 같은 공을 노리도록 하지 않으므로 다툴 일이 없어진다."[31]

위의 구문에서 보듯이, 한비자 사상에서 분업화와 관료 전문성의 강조는 막스 베버의 이념형 관료제에서 강조하는 전문화 원칙, 직무충실화 원칙 등과 연계된다. 그렇

31) 『韓非子』「用人篇」. "治國之臣 效功於國以履位 見能於官以受職 盡力於權衡以任事 人臣皆宜其能 勝其官 輕其任 而莫懷餘力於心 莫負兼官之責於君 [略] 明君使事不相干 故莫訟 使士不兼官 故技長 使人不同功 故莫爭." 이운구(2002: 80-81) 수정.

지만 한비자 사상에서 분업화와 관료의 겸직 불허는 불필요한 갈등과 이해관계 충돌을 방지하고 직무의 책임 소재를 보다 명확하게 하려는 데 그 목적을 두고 있다.

4. 형명참동(刑名參同): 실적주의 및 성과주의

한비자의 형명참동 사상에는 실적주의, 성과주의, 관료에 대한 행정통제, 명실일치(名實一致) 등에 관한 여러 요소가 담겨 있다. 『한비자(韓非子)』 「주도편(主道篇)」과 「이병편(二柄篇)」의 구문을 살펴보자.

> "말할 의견이 있는 자는 이를 스스로 말하게 되고 일하려는 자는 그 실적이 저절로 드러나게 된다. 실적과 명목의 일치 여부를 대조해 보면 군주가 아무 일도 하지 않아도 그 실정을 분명히 파악할 수 있게 된다."[32]

> "군주가 간신을 막기 위해 그 실적과 명목이 일치하는가를 살핀다는 것은 신하가 진술한 말과 실제 일한 성과의 일치 여부를 대조해 본다는 것이다. 남의 신하된 자가 어떤 일에 대하여 자기 의견을 진술하면 군주는 진술한 말에 걸맞은 일을 맡겨 주고 오로지 그 일에 맞추어 성과를 요구한다. 성과가 그 일과 들어맞고 일이 그 말과 들어맞으면 상을 준다. 성과가 그 일과 들어맞지 않고 일이 그 말과 들어맞지 않으면 벌을 내린다. 그러므로 의견은 크면서 성과가 작은 신하는 벌을 준다. 이는 성과가 적다고 처벌하는 것이 아니라 그 성과가 내건 명목과 들어맞지 않아서 처벌하는 것이다. 또한 의견은 작으면서 성과가 큰 신하도 벌을 준다. 큰 성과가 기쁘지 않아서가 아니라 명목이 들어맞지 않아 생길 해가 그 성과가 갖는 이득보다 더 심하다고 생각되기 때문에 처벌하는 것이다."[33]

32) 『韓非子』「主道篇」. "有言者自爲名 有事者自爲形 形名參同 君乃無事焉 歸之其情." 이운구(2002: 900-901) 수정.

33) 『韓非子』「二柄篇」. "人主將欲禁姦 則審合刑名者 言與事也 爲人臣者陳而言 君以其言授之事 專以其事責其功 功當其事 事當其言 則賞 功不當其事 事不當其言 則罰 故群臣其言大而功小者則罰 非罰小功也 罰功不當名也 君臣其言小而功大者亦罰 非不說於大功也 以爲不當名也 害甚於有大功 故罰." 이운구(2002: 109-110) 수정.

여기서 '명목과 실적의 일치' 여부를 군주가 직접 확인하고 파악한다는 것은 행정에서 실적주의와 성과주의를 표방하고 지향하고 있음을 보여준다. 하지만 한비자 사상에서 명실일치(名實一致)는 오직 명목과 성과의 일치 여부에 관해서일 뿐이다. 따라서 명목보다 성과의 미달도 처벌 대상이지만 성과의 초과 달성 또한 처벌을 면할 수 없다. 한비자는 명목에 대한 성과의 미달이나 초과 달성 역시 국가 체제를 운영·관리하는 데에 득보다는 오히려 해가 될 수 있다고 생각한다. 오직 명실일치 여부만이 군주에 의한 국정 감시와 관료에 대한 직접 통제를 용이하게 할 수 있기 때문이다. 또한 권력의 누수를 막고 일사불란한 행정명령 체계를 확립하여 사회질서를 유지하고 국가 발전을 가능하게 한다는 것이다.

제5절 행정윤리의 동양적 시각과 함의

유구한 역사와 전통을 지니고 있는 동양사회는 공공부문에서 행정책임을 확보하고 행정통제의 효과성을 높이기 위한 풍부한 철학적·사상적 담론을 형성해 왔다. 동양사회는 관료 선발과 관료제 운영의 오랜 역사를 거치면서 행정통제를 효과적으로 달성하기 위한 노력을 꾸준히 전개해 왔던 것이다.

이 장에서는 1940년대 행정책임과 행정통제에 관한 프리드리히와 파이너 간의 유명한 논쟁을 살펴봤다. 프리드리히는 현대 행정의 복잡성과 전문성이 가속화되는 상황에서 전문가로서 관료의 기술적·실무적 판단기준과 함께, 도덕적 양심에 따른 주관적·자율적·도의적 판단과 책임을 중시하는 내부통제를 강조한다. 한편 파이너는 관료 권력이 집중되고 비대화되는 현상을 방지하고 행정책임을 확보하기 위한 방안으로 국민 및 국민 대표에 의한 정치적 통제, 법과 제도적 장치의 구축과 운영을 통한 통제, 계층제적 명령과 통제 등을 활용한 외부통제를 주장한다.

그런 다음 동양의 철학적 · 사상적 전통에서 내부통제와 외부통제를 위한 실마리와 자원은 어떠한지를 상세하게 논의하였다. 내부통제는 공자와 맹자를 비롯한 유학 사상에서, 외부통제는 제자백가 사상 중 묵자, 순자, 한비자를 비롯한 법가 사상에서 그 철학적 · 사상적 실마리를 찾을 수 있다.

유학의 수신론은 덕성 함양, 자기 반성과 성찰을 통해 스스로 완전한 도덕적 인간으로 거듭나기를 지향한다. 행정책임은 법, 제도, 상관과 상급기관의 명령과 감독에 의해 확보되는 것이 아니라, 관료 스스로 공직 업무에 사명감을 가지고 성실하게 수행할 것을 주문한다. 따라서 타율적 · 외재적 규제와 통제가 아니라 자율적 · 자발적 내부 규제와 통제를 중시한다. 내부통제 토대로서 윤리적 자율성 및 책임성, 도덕적 · 윤리적 정당성으로서 공(公), 예의염치(禮義廉恥), 시중(時中), 화이부동(和而不同), 공론(公論) 및 공론정치(公論政治) 등 동양 철학적 · 사상적 실마리와 자원을 심도 있게 살펴보았다.

한편 유학 사상과는 다르게, 묵자 사상, 순자 사상, 한비자를 비롯한 법가 사상은 인간의 이기심과 욕망을 인정하고 때로는 긍정하기까지 한다. 하지만 인간이 지나치게 이기적인 욕망을 추구할 경우 사회적 갈등과 혼란은 필연적으로 나타나기 마련이다. 피비린내 나는 국가 간의 전쟁으로 비화되기도 한다. 이들 사상가는 인간의 이기적 욕망 추구에 따른 사회적 갈등과 혼란을 예방하고 이를 적절하게 조절 · 통제하는 차원에서 군주를 정점으로 하는 공적 영역과 공권력의 강화, 법과 제도의 구축 및 운영, 실적주의 및 성과주의의 엄격한 시행 등 타율적 · 외재적 규제와 통제를 강조한다. 외부통제 토대로서 관료 선발기준에서 현명함[賢]과 능력[能], 공적 영역으로서 공(公), 관료제 구축, 행정책임과 행정통제, 분업화와 관료의 전문성, 형명참동(形名參同) 등 동양 철학적 · 사상적 실마리와 자원을 톺아 보았다.

동양의 철학적 · 사상적 전통에서 인간과 사회를 바라볼 때 인간의 자질이 먼저인지, 아니면 법, 제도 등 사회 시스템의 구축과 운영이 먼저인지에 따라 다양한 철학과 사상이 분기해 왔다. 인간의 자질을 우선시하면, 개인의 덕성 함양, 양심, 자발적 · 자율적 노력, 도덕적 각성, 윤리적 정당성 등 자기 수양과 수신에 방점을 찍게 된다. 하지만 법, 제도, 관료제 등 사회 시스템 구축과 운영을 우선시하면, 공권력의 강화, 사적 영역 대비 공적 영역의 우위, 계층제와 관료제의 구축 및 강화, 관료의 전문성, 실적주의, 성과주의 등을 강조하기에 이른다. 이렇게 동양의 철학적 · 사상적 전통은 개인 차원의 도덕성 · 윤리성을 중시하는 공맹 사상으로부터 군주 권력의 절대성, 신상필벌, 형명참동 등 법(法) · 술(術) · 세(勢)를 활용한 사회 시스템의 구축과 운영을 강조하는 한비자 사상까지 다양하다. 동양의 철학적 · 사상적 전통에서 쉼 없이 솟아나는 깊은 샘물마냥 행정윤리의 기초, 행정이념, 행정책임, 행정통제 등에 관한 풍부한 담론과 지혜를 발견할 수 있다. 행정윤리 분야에서 동양 철학과 사상의 연구 가치는 무궁무진하다.

참고문헌

김병환(2017). 김병환 교수의 동양윤리사상 강의. 서울: 새문사.

김종미(1999). 한비자의 법가사상에 대한 정치 · 행정적 함의, 한국행정학보, 33(3), 21-38.

동아일보(2017.02.01.). 트럼프의 '反이민 행정명령', 예외조항 속출로 국내외 혼란 가중.

박영도(2014). 유교적 공공성과 타자(주권의 역설과 유교적 공공성: 그 문법과 동학(動學)). 나종석, 박영도, 조경란 엮음. 서울: 도서출판 혜안.

배수호(2013). 유학(儒學)의 수신론(修身論) 관점에서 바라본 생태적 의식 전환 및 실천에 관한 소고: 행정학적 함의를 찾아서. 한국행정학보, 47(3), 1-22.

배수호(2018). 성공하는 정부를 위한 국정운영: 민주적 공화주의 관점(정부 관료제에서 행정의 책임성: 유학(儒學)의 수신론(修身論) 관점에서 톺아보기). 권혁주 편. 서울: 박영사.

배수호, 김도영(2014). 유학(儒學)에서의 공공성 논의: 행정학 맥락에서 이해하기. 한국행정학보, 48(3), 75-98.

배수호, 홍성우(2020). 공사관(公私觀) 이해를 위한 통합적 개념틀 탐색과 적용: 제자백가 사상을 중심으로. 행정논총, 58(2), 139-172.

배수호, 공동성, 정문기(2016). 유교사상의 거버넌스에의 실제 효용과 적용가능성에 관한 소고. 한국행정학보, 50(2), 271-299.

순자(2008). 순자(2판). 김학주 옮김. 서울: 을유문화사.

우홍준(2010). 한비자의 정치사상(system의 통치론). 한국행정사학지, 27, 197-227.

이승환(2004). 유교 담론의 지형학. 경기: 푸른숲.

이종수(2012). 새 행정윤리. 서울: 대영문화사.

정경환(2010). 공자의 정치사상에 관한 연구. 서석사회과학논총, 3(2), 29-59.

정재현(2014). 儒家 正名論 다시 보기. 철학논집, 38, 105-125.

조남욱(2008). 조선조 유교 정치문화. 유교문화연구총서 7. 서울: 성균관대학교 출판부.

주재현, 한승주(2015). 공무원의 책임성 딜레마 인지와 대응: 지방자치단체 공무원을 중심으로. 정부학연구, 21(3), 1-33.

최화인, 배수호(2015). 공직윤리와 충(忠). 한국행정학보, 49(3), 1-23.

쿠퍼, 테리(2013). 공직윤리: 책임있는 행정인. 행정사상과 방법론 연구회 옮김. 서울: 조명문화사.

한겨레(2017.02.04.). 미 연방법원 "트럼프 반이민 행정명령 미 전역서 잠정 중단" 급제동.

한겨레(2017.12.05.). 트럼프의 3전4기…미 대법, 반이민 행정명령 효력 인정.

한비자(2002). 한비자. 이운구 옮김. 경기: 한길사.

Finer, Herman. (1941). Administrative Responsibility in Democratic Government. *Public Administration Review*, 1(4): 335-350.

Friedrich, Carl J. (1940). Public Policy and the Nature of Administrative Responsibility. In Carl J. Friedrich and Edward P. Mason (eds.), *Public Policy: A Yearbook of the Graduate School of Public Administration*. Cambridge, MA: Harvard University Press. 3-24.

Romzek, Barbara S., & Dubnick, Melvin J. (1994). Issues of Accountability in Flexible Personnel Systems. In Patricia Ingraham and Barbara S. Romzek (eds.), *New Paradigms for Government: Issues for the Changing Public Service*. San Francisco, CA: Jossey-Bass. 263-294.

제 3 편

행정윤리의 맥락

조직구조와 조직문화

제 6 장

생각해 보기

1. 인간은 조직이라는 맥락에서 어떤 심리상태에 놓이는 것일까? 과연 조직의 무엇이 개인의 윤리적 의사결정에 영향을 미치는 것일까?
2. 조직의 성과를 위한 노력이 어떻게 개인을 비윤리적 존재로 만드는가?
3. 조직 내 개인은 윤리적일 수 있는가?

제1절 조직 내 개인의 윤리적 가능성

이 장에서 우리는 조직구조와 조직문화가 어떻게 개인의 윤리적 의사결정을 틀 지우는가에 대해 다룬다. 윤리적 의사결정에 대해 올바로 이해하려면 특정한 상황을 고려하지 않고 개인이 마치 사회계약론자들이 즐겨 가정했던 "자연상태"에서 의사결정을 내리는 것처럼 전제해서는 안된다. 실제 개인들, 특히 공직자들은 자신들이 속한 조직의 공식적 구조와 문화의 맥락에 묶인 상황에서 윤리적 의사결정을 하게 된다. 딱한 사정에 처한 민원인을 위해 공직자는 어떤 결정을 할 수 있을 것인가? 그는 자신만의 기준에 따라 결정할 수 있는 것이 아니라 공법이 규정하는 바에 따라, 그리고 조직 내의 의사결정 절차를 거쳐서 결정하고 집행해야 하는 것이다.

조직의 구조와 문화가 그에 속한 개인의 윤리적 의사결정을 틀 지운다는 것은 두 가지 의미가 있다. 하나는 조직의 구조와 문화가 개인의 의사결정을 돕는다는 점이다. 개인은 자신의 삶의 소소한 문제들에 있어서는 그리 어렵지 않게 의사결정을 할 수 있다. 그러나 조직, 특히 공공조직이 다루는 문제들은 상당히 복잡한 윤리적 사안들이 얽혀 있어서 개인이 단독으로 의사결정을 내리기는 상당히 어렵다. 태풍으로 인해 피해를 입은 지역을 특별재난지역으로 선포하는 일을 생각해 보면, 개개인의 입장에서는 응당 그렇게 해 주어야 한다고 생각할 수 있으나, 특별재난지역 선포를 위해서는 여러 법적 요건을 검토해야 하고, 전례들과의 형평성 문제도 따져 봐야 하고, 정부의 재정적 여건도 고려해야 한다. 또한 특별재난지역 선포를 하거나 하지 않는 것이 현재 국민 정서에 맞는 것인지와 같은 감정적 고려도 필요하다. 이 모든 작업을 개인이 수행하기는 어렵다. 이런 점에서 조직의 구조와 문화는 책임 있는 위치에 있는 개인의 윤리적 의사결정을 돕는다.

반면, 조직의 구조와 문화가 개인의 윤리적 의사결정을 저해하거나, 왜곡하거나, 억압하기도 한다. 조직은 그에 속한 개인의 행동을 속박하는 강제력을 지니고 있다. 따라서 조직이 비윤리적 목표를 추구하고, 그 달성을 위해 조직 구성원들의 행동을 속박할 때, 개인은 윤리적 의사결정을 내리기 어려워진다. 만일 당신이 제2차 세계대전 당시 나치조직의 구성원이라고 해 보자. 당신은 특정 민족의 학살을 위한 색출작업을 명령받았을 때 과연 어떤 결정을 내릴 것인가? 당신이 그 정책에 반대할 경우 당신은 과연 조직의 명령을 이행하지 않거나, 조직에 이의를 제기할 것인가? 아니, 과연 당신은 그러한 조직의 명령에 의문을 품기는 할 것인가?

산업혁명 이후 인류사회가 대규모 관료제적 조직을 구성하여 자신들의 욕망을 채우고, 집합적 사회문제들에 대응하면서, 개인의 비윤리성을 넘어서는 조직의 비윤리성이 증가하였다. 특히 행정윤리는 정부라는 강력한 권력을 지닌 조직 내에서의 인간의 윤리를 다루다 보니, 조직이 개인의 윤리적 의사결정을 돕는 측면보다는 그것을 억압하는 측면에 특별히 더 관심을 기울여 왔다. 이에 따라 이 장에서는 조직이 개인의 윤리적 의사결정을 어떻게 틀 지우는지에 대해 이야기를 나누고자 한다.

이 장은 크게 두 절로 나뉜다. 우선 제2절에서는 조직구조와 윤리의 문제를 다룬다. 왜 현대사회 조직의 구조는 개인의 윤리적 의사결정을 억압하는지에 대해 우선 다룬다. 이의 극복방안은 무엇인지에 대해 간략히 다룬다. 이어서 제3절에서는 조직문화와 윤리의 문제를 다룬다. 이를 극복하기 위한 방안 역시 간략히 다룬다. 보다 자세한 극복방안은 제7장에서 다룰 것이다. 즉, 이 장에서는 조직구조와 조직문화의 영향에 초점을 두고, 다음 장에서는 이러한 맥락에서 조직 구성원 개인의 윤리적 의사결정에 대해 논의한다. 따라서 독자들은 이 장의 내용과 제7장의 내용을 연결하여 이해하는 것이 도움이 될 것이다.

제2절 조직구조와 윤리

개인 차원에서 추상적인 윤리적 의사결정의 문제와 달리 조직에 속한 구성원의 실존적인 윤리적 의사결정은 냉혹한 현실에서 이루어진다. 공공기관 중간관리자들을 대상으로 하는 행정윤리 강의에서 내부고발자를 주제로 한 강의를 할 때, 수강생들의 반응 중 하나는 "그래서 우리더러 어쩌라는 것이냐"였다. 부패를 통제하는 데 있어서 내부고발의 중요성과 효과성에 대한 학문적 논의를 떠나, 실무자들 입장에서는 내부고발이 가져올 개인과 조직 차원의 후폭풍이 우선 떠오르는 것이다. 이론적 논의와는 별개로 현실은 복잡하고 냉혹하다.

조직은 개인의 윤리적 판단에 그다지 우호적이지 않다. 오늘날에는 워라밸이니 일-

가정 양립이니 행복한 조직이니 해서 조직 내 개인의 삶을 존중하는 문화가 확산되고 있지만, 애초에 조직은 조직의 목표를 위해 존재하는 것이지 그 구성원 개개인의 정체성을 위해 존재하는 것이 아니다. 이 절에서는 어떻게 조직구조가 구성원 개인의 윤리적 의사결정을 맥락 짓는지에 대해 논의한다. 여기에는 권위의 문제, 방관자 효과, 재량권의 문제, 관료조직의 사회적 맥락(사회 구조와 법치주의)이 포함된다.

1. 권위의 문제

1) 의사결정 구조

우리는 우선 조직의 공식적 의사결정 구조를 떠올릴 수 있다. 현대 사회 조직의 가장 주요한 특징은 바로 계서제(hierarchy)이다. 정부조직은 이 계서제에 근거하여 설계된 조직이다. 계서제의 특징은 두 가지로 요약할 수 있다. 첫째, 횡적으로는 분업의 원리에 의해 조직된다. 동일한 계층의 서로 다른 구성원들은 특정한 과업을 분담하여 처리하는 사람들이다. 아담 스미스가 예를 든 바와 같이, 핀을 만들기 위해 누군가는 핀의 머리를, 누군가는 핀의 몸통을 만드는 것이다. 이러한 분업을 통해 조직은 효율성을 높일 수 있다. 의사결정도 마찬가지이다. 하나의 의사결정을 위해서는 상당히 많은, 특히 개인의 처리능력을 넘어서는 정보를 처리해야 한다. 이때 계서제의 수평적 체계는 분업을 통한 정보처리를 가능케 한다. 둘째, 종적으로는 조정의 원리에 의해 조직된다. 분업을 담당한 여러 사람의 업무는 한 사람의 관리자에 의해 조정되어야 비로소 최종 산출물의 형태를 갖추게 된다. 누군가는 핀을 만드는 전체 과정을 이해하고 있어야 각자가 만드는 부분을 나누고, 그 결과를 종합할 수 있는 것이다. 의사결정도 마찬가지로 누군가는 각자 담당한 정보처리의 결과를 모아 최종적인 결정을 내려야 하는 것이다. 이때 조직의 환경과 과업의 성격에 따라 계층제는 깊어지기도 하고(정1품부터 종9품까지 조선의 18품계, 그리고 대한민국의 1~9급 공무원체계를 떠올리자), 얕아지기도 한다(오늘날 팀제를 떠올리자).

조직의 구성원들이 의사결정을 할 때는 이러한 계층제의 구조를 따라야 한다. 기초생활수급을 위해 동 주민센터를 방문한 민원인에게 해당 서비스를 제공하기로 하는 결정은 민원담당자가 내리는 것이 아니라 '조직'이 내리는 것이다. 민원담당자는 그 조직의 일선에서 정보를 처리하는 것이다. 그가 민원인의 애매한 상황이 안타까워 보다 열심히 서류 준비를 도와주거나, 심지어 일부 정보를 왜곡할 수도 있지만, 결국은 그 민원인에게 제공 여부를 통보하는 것조차 그의 업무일 수 있지만, 결정 그 자체는 그만의 업무가 아니다. 그 결정은 조직구조에 따른 조직의 집합적인 의사결정이다.

2) 권위의 문제: 대리인으로의 전환

조직 내에서 개인의 (윤리적) 의사결정은 본질적으로 조직의 집합적인 의사결정이라는 점에서 자신이 처리하는 정보 및 자신이 취하는 행동과 의사결정 그 자체에 괴리가 발생한다. 즉, 자신이 최종 의사결정을 하는 것도 아니고, 자신의 행동과 결정이 동일한 것도 아닌 것이다. 구청의 인허가 담당자는 자신의 결정이 아니라 조직의 결정에 따라 아마도 무심하게 민원인의 민원을 거절할 수 있다.

이러한 상황은 정부 조직에서 매우 빈번히 발생한다. 조직 구성원은 윤리적 의사결정에 있어서 자기 앞의 사람을 보기보다는 냉정해지고, 추상적으로 사고하고, 인간적으로 무책임하게 된다. 이를 우리는 권위의 문제와 '대리인으로의 전환'이라는 관념으로 이해해 볼 수 있다.

대리인으로의 전환이란 우선 말 그대로 조직의 구성원이 의사결정의 주체가 아니라 누군가의 결정을 대리로 집행하는 자기이미지를 구성하는 것을 반영하는 개념이다. 쿠퍼(2013: 284)는 조직의 권위구조에 눌려 자율적 인간이 조직적-체계적 인간으로 스스로 전환하는 것을 대리인으로의 전환이라고 불렀다.

이러한 대리인으로의 전환을 가장 잘 보여 주는 연구로는 유명한 밀그램의 실험이 있다.[1] 지금은 연구윤리 문제로 아마도 불가능할 실험을 밀그램은 1970년대에 수행했다. 이 실험에서 참가자는 전기충격기 앞에 앉아 있다. 건너편 방에는 다른 참가자(실제로는 연구진 중 한 사람)가 전기충격기와 연결되어 있다. 실험을 관장하는 연구자가 하얀 가운을 입고 이를 보고 있다. 참가자는 문제를 읽고, 건너편 참가자는 그 문제를 맞혀야 한다. 문제를 틀릴 경우 참가자는 가장 작은 충격을 주는 버튼부터 가장 큰 충격을 주는 버튼까지 차례로 전기충격의 강도를 더해 가는 버튼을 눌러야 한다. 실험은 당연히 건너편 참가자가 계속 문제를 틀리도록 계획되어 있었고, 실험 참가자는 건너편 참가자의 비명소리(실제로는 녹음된 소리)를 들으면서 계속 실험을 진행해야 할지 결정해야 했다. 비명소리가 커져 감에 따라 실험 참가자는 당황한 얼굴로 지속적으로 하얀 가운의 연구자를 쳐다본다. 연구자는 이 실험은 매우 중요한 실험이기에 계속되어야 한다며 냉정하게 대답한다. 자, 당신이라면 어떤 선택을 할 것인가?

실험 결과는 우리의 상상보다 더 많은 사람들이 상당한 강도까지 전기충격을 주었다는 것이다. 어떤 이는 괴로워하기도 하고, 어떤 이는 다소 둔감하게 그렇게 했겠지만, 어쨌든 대다수의 참가자들이 상대방의 비명을 들으면서도 더 강한 강도의 버튼을 눌렀다. 이런 결과에 대해 밀그램은 다음과 같이 해석하였다.

> "사람이 자신에게 명령하는 권위에는 책임감을 느끼면서도 권위가 지시하는 조치 내용에 대해서는 일말의 책임감도 느끼지 못한다는 점"이다(Milgram 1974, 145-6; 신충식 · 김성준, 2015: 80에서 재인용).

조직에서 인간은 자신의 행동이 자신의 신념이나 가치가 아니라, 자신에게 권위를 가진 누군가의 결정에 따른 것이라고 생각하게 된다. 따라서 그러한 행동의 윤리적 판단은 그것을 행한 자신이 아니라 그러한 행동을 하도록 명령한 그 권위의 소유자를

1) 이 실험은 유튜브에서 검색하여 볼 수 있다.

대상으로 해야 한다고 생각하게 된다. 실험 참가자들은 상대방의 비명을 들으면서 연구자에게 자신의 혼란스러움을 호소하였다. 그러나 그 연구자는 실험의 중요성(조직의 대의), 실험 참가자의 책임(실험을 계속 진행할 의무)을 아주 냉정하고 권위적인 태도로 환기하였다(이런 태도 역시 연기였다). 그러면 실험 참가자는 어쩔 수 없다는 듯 버튼을 누르고, 어느 순간부터는, 더 강도가 높은 버튼인데도, 처음보다 더 무심하게 버튼을 누르는 것이다. 실험이 끝나면 말한다. "그건 내가 아니었어요. 저 연구자가 나한테 계속 지시한 거라구요!" 이것이 대리인으로의 전환이 말하고자 하는 바이다. 조직의 권위에는 이렇듯 강압적인 측면이 있다. 보통의 인간은 이러한 조직의 권위에 눌려, 혹은 그에 의지하여, 비윤리적 행동을 실행에 옮기는 것이다.

흥미로운 것은 조직의 권위에 강압적인 측면이 있지만 상당히 상징적인 측면도 있다는 점이다. 사실 밀그램의 실험에서 실험 참가자는 연구자의 지시를 따를 절대적인 의무는 없었다. 그냥 실험을 그만두고 나가도 그만인 것이었다. 그러나 저 실험의 중요한 부분 중 하나는 연구자가 "매우 권위적인 태도를 연기"하는 부분이었다. 만일 실험 참가자의 호소에 연구자가 조금이라도 흔들리는 모습을 보였다면 아마도 더 많은 참가자들이 도중에 실험을 그만두었을 것이다. 그러나 연구자는 일부러 권위를 연기했고, 매우 노련하게 이를 수행했다. 조직에서 상층부를 점하고 있는 사람들일수록 이렇게 권위의 상징적 외피를 관리하는 데에 유능하다.

대리인으로의 전환은 단지 조직 내 권위자의 명령을 수동적으로 수행하는 데서 멈추지 않는다. 실험 참가자의 초기 갈등과 심리적 괴로움은 어느 순간부터인가 무감함과 타성, 그리고 문제를 자꾸 틀리는 건너편 참가자에 대한 짜증과 경멸이 뒤섞인 자동적인 반응까지도 낳게 된다. 밀그램은 다음과 같이 말하였다. "하급자는 자신이 상사의 명령을 얼마만큼 충분히 이행했는가에 따라 수치심이나 자부심을 느낀다"(Milgram, 1974: 146; Cooper, 2013: 282에서 재인용). 이 단계에서는 개인의 윤리기준, 신념은 사라지고 상사의 명령을 얼마나 충실히 이행했느냐 하는 윤리의식만이 남는 것이다. 여기서 더 이상 윤리적 개인은 존재하지 않는다. 이 문제는 조금 복잡한 결과를 낳는다. 윤리적 개인이 존재하지 않는다면 그의 행동에 대한 책임은 어디에 물어야 하는 것인가? 이에 대해서는 뒤에서 보다 상세히 논의한다.

2. 방관자 효과

누군가가 길에서 다른 사람에게 폭행을 당하는 것을 당신이 목격하게 되었다고 하자. 당신은 다음과 같은 행동 중 하나를 취할 수 있을 것이다. 첫째, 둘 사이에 물리적으로 개입해서 싸움 혹은 폭행을 멈추게 한다. 둘째, 경찰에 신고한다. 셋째, 주변 사람들에게 어떻게 좀 해 보라고 호소한다. 넷째, 휴대폰을 꺼내 그 장면을 녹화한다(이를 인터넷에 올릴지 말지는 또 다른 문제이다). 다섯째, 그냥 지나간다(당신은 어쨌든 다른 일이 있다). 당신은 과연 어떻게 할 것인가?

이제 비슷한 상황을 조직으로 옮겨 보자. 상사 한 명이 당신의 동료 한 명을 부당하게 대우하고 있다. 동료는 괴로워서 거의 죽을 지경이지만 가족 때문에 조직을 나갈 수도 없는 상황이다. 당신뿐 아니라 주변 많은 동료들이 이 사실을 알고 있다. 이제 당신은 다음과 같은 행동 중 하나를 할 수 있을 것이다. 첫째, 상사에게 찾아가서 그런 행동을 멈출 수 있는 길에 대해 논의한다. 둘째, 조직의 고충처리 담당자에게 신고한다. 셋째, 동료들에게 어떻게 좀 해 보자고 호소한다. 넷째, 둘 사이의 대화를 녹화한다. 다섯째, 계속 모른 체한다. 당신은 과연 어떻게 할 것인가? 당신의 선택은 위의 길거리 폭행의 경우와 같은가, 다른가?

이러한 문제는 '방관자 효과'라는 개념으로 다루어진다. 방관자 효과는 단적으로 하나의 상황을 해결할 수 있는 다양한 사람들이 있을 때, 각 개인들은 행동에 옮길 유인이 적어 방관만 하게 되는 현상을 의미한다. 그 결과는 아마도 아무도 그 상황에 개입하지 않고, 따라서 그 문제가 해결되지 않는 것이다.

조직은 집합행동이 이루어지는 장소이기 때문에 이러한 방관자를 낳기 쉽다. 아마도 당신은 위의 질문에서 길거리 폭행에서는 보다 적극적인 행동을, 동료의 사례에서는 보다 소극적인 행동을 선택했을 가능성이 있다. 조직의 권위구조가 인간의 행동에 미치는 영향을 잘 이해하는 사람이라면 당신을 비난하지는 못할 것이다.

조직이 방관자를 낳기 쉬운 또 다른 이유는 사람들이 조직에서는 모두가 할 일이 미리 잘 정의되어 있다고 믿기 때문이다. 아마도 길거리 폭행을 목격하게 된 당신은 어떤 행동을 취하기보다는 "도대체 경찰은 어디 있는 거야? 왜 이런 문제로 내가 고민을 하게 만드는 거지? 경찰은 왜 의무를 다하고 있지 않은 거야?"라고 화를 낼지도 모른다.[2)] 조직에서는 이러한 현상이 더욱 빈번하게 나타난다. 어떤 문제가 있는 것은, 그 문제의 근원이 본인이 아닌 이상, 그 누군가의 잘못이다. 동료를 괴롭히는 상사가 과장이라면 이는 과장의 인사관리담당자인 국장이 관리를 소홀히 했기 때문이다. 이런 논리는 객관적으로는 상황을 모두 설명하기에 부족하지만, 개인 차원에서는 심리적 면죄부를 발급하기에 충분하다.

조직이 만일 방관자로 가득하다면 조직의 폭력과 부패를 막을 길은 없다. 그 누구도 원하지 않지만, 조직은 윤리적으로 애매한 영역에서 사람들을 방관자로, 그리고 결국 그러한 조직의 폭력과 부패의 공동책임자로 만들기 쉬운 것이다.

3. 재량권의 문제

정부조직은 리더나 조직 구성원의 자의가 아닌 법에 의해 작동한다. 이념적으로 국민의 권리나 의무에 영향을 미치는 모든 행정행위는 법에 근거가 있어야 한다. 이렇기 때문에 민주주의 사회에서 행정의 합법성은 행정의 가장 핵심적인 가치 중 하나로 자리잡고 있다.

---

2) 물론 실제로 폭행을 목격하고 있는 상황에서는 이런 생각이 들기 쉽지 않다. 그러나 그러한 사건이 인터넷에 공개되었을 때, 적지 않은 댓글은, 그들이 이미 그 사건으로부터 한 발 떨어져 있기 때문에, 아마도 이런 식으로 경찰을 비난할지 모른다.

행정의 합법성을 엄밀하게 요구하는 이유는 정부가 보유한 거대한 권력 때문이다. 전통적으로 행정은 군주의 권력을 떠받드는 활동이었다. 비록 현대 민주주의 국가에서 행정은 입법부의 통제를 받지만, 현실에서는 많은 국가들이 보다 강력한 행정부 중심의 헌법체계를 가지고 있다. 이때 행정권력의 자의성은 곧 국가권력의 자의성을 의미하게 된다. 따라서 국민의 의지라는 의미로서 법이 허락하는 범위 내에서만 행정은 그 권한을 행사할 수 있도록 하는 법률적합성의 원칙 혹은 법률유보의 원칙이 작동한다.

그런데 이러한 법률적합성의 원칙이 실제 적용될 때는 다소간에 문제를 야기한다. 우선, 법이란 구체적인 사안을 규율하도록 설계되지 않으며, 그렇게 되어서도 안된다. 법은 추상적인 상황에 대한 일반원칙을 천명한 것이다. 비록 법이 매우 구체화된 원칙들을 담을 수는 있으나, 그것들이 '원칙'임에는 변함이 없다. 이러한 법이 집행되는 과정에서는 개별 사안에 어떤 법을 적용할지 판단하는 포섭 과정이 필요하다. 즉, 공공조직이 법을 집행할 때는 추상적이고 일반적인 법규범과 구체적인 사안 간의 결합을 우선 판단해야 한다.

또 다른 문제는 법이 처음부터 공무원에게 일정한 해석 혹은 행동의 여지를 주는 것이다. 이는 마치 판사가 어떤 범죄 사건의 복잡한 측면들을 고려하여 법이 정한 형량의 범위 내에서 구체적으로 형량을 정하듯이 공무원들이 어떤 사안에 대해 재량적으로 판단할 여지를 법이 허락하는 것이다. 예를 들면, 의료법에 따르면 무자격 의료행위에 대해 관계행정청은 의료업의 정지, 개설허가 취소, 의료기관의 폐쇄 등을 명령할 수 있고, 구체적인 행정처분의 종류는 관계행정청의 재량행위에 속한다.

공무원의 재량에 대해서는 특히 1960년대 말 등장한 일군의 학자들, 즉 오늘날 신행정학(New Public Administration)이라고 불리는 사조를 형성한 학자들이 강조하였다. 신행정학자들은 기존의 행정학이 가정하였던 정치와 행정의 이원론을 비판하고 공직자는 불가피하게 정치적 의사결정을 하는 존재라는 점을 직시해야 한다고 주장하였다. 이는 보다 구체적으로 말해 정치인뿐 아니라 공무원이(신행정학자들 입장에서는 정치인보다도 공무원이) 공익이 무엇인지에 대한 판단을 적극적으로 하고, 이를 실현하기 위해 적극적으로 행동하는 존재라는 것이다. 이들은 전문성과 책임윤리로 무장한 공무원이야말로 공익의 최후 보루라고 여겼다.

이렇듯 공무원은 법을 기계적으로 적용하는 것이 아니라 법을 해석하기도 하고, 법이 정해 준 재량권의 범위 내에서 최선의 판단을 내려야 하기도 한다. 이 상황에서 공무원은 불가피하게 윤리적 판단을 해야 하는 입장에 놓인다. 왜냐면 오늘날 법을 해석한다는 것은 누군가의 권리와 의무에 영향을 미치는 결정을 한다는 것이고, 그것이 곧 윤리적 결정이기 때문이다. 여기서 두 가지 중요한 윤리적 역량의 문제가 제기된다. 하나는 이러한 상황이 윤리적 판단이 필요한 상황이라는 점을 자각하는 능력이며, 다른 하나는 그래서 규칙을 단순히 적용하는 것이 아니라 자신의 '실천이성'을 동원하여 실제 윤리적인 판단을 하는 능력이다. 윤리적 판단이 필요한 상황에서 행정의 능률성이나 편의성, 혹은 합법성만을 기준으로 의사결정을 하는 것은 바람직하지 않다. 윤리적 의사결정이란 상황, 의사결정의 제약조건들, 지향하는 가치들을 총체적으로 고려하는 예술적 행동이다.

문제는 이러한 재량권의 적극적 행사는 상당히 부담스러운 일이라는 점이다. 재량권을 통해 일부러 누군가의 편의를 보아주려 한다든가 하는 상황이 아닌 이상, 재량권의 행사에 대해서는 민원인의 반발에 부딪힐 가능성이 있고, 사후에 설명이 필요할 가능성도 있다. 공무원들이 소극적으로 행동하는 데는 심리적, 구조적 이유가 있는 것이다. 이 문제에 대해서는 제7장에서 더 자세히 다룬다.

4. 관료조직의 사회적 맥락

1) 사회의 구조

조직구조가 조직 구성원 개인의 윤리적 의사결정을 억압하는 부분에 초점을 두면

제기될 수 있는 한 가지 의문은, “그러면 조직은 악인가?”하는 질문이다. 실제로 적지 않은 행정윤리 연구자들은 조직의 악에 초점을 맞추었다. 인류는 20세기 전반 너무도 극적인 조직적 악을 경험한 바 있다. 제1차 세계대전과 제2차 세계대전은 전례 없는 역량을 갖춘 현대 조직들이 대규모의 전쟁을 “효율적”으로 수행하면서 수천만 명의 사람들을 살상한 전쟁으로 기록되고 있다. 더욱이 제2차 세계대전은 유럽에서는 수백만 명의 유대인과 집시, 아시아에서는 중국인, 한국인 등에 대한 학살이 자행된 전쟁이었다. 20세기 후반의 지성계는 이에 대한 반성으로 가득했다. 그럼에도 불구하고 20세기 후반은 세계대전을 거치면서 거대화된 정부 및 이와 결탁한 산업조직들의 부패가 만연한 시기로 또한 기록되고 있다. 조직은 현대 사회의 엄청난 삶의 질 향상을 가능케 했던 인류의 수단이지만, 거대한 비윤리적 행동 또한 가능케 했다. 요컨대 조직이 악은 아니지만 선도 아니며, 현실에서는 악하게 될 가능성에 더 주의할 필요가 있다고 말할 수 있다.

그렇다면 조직은 왜 악하게 되는가? 강신택(2013: 134, 142)은 “관료제의 논리가 자본주의적 축적의 논리를 지원하게 되”면서 정부의 민주성이 약화되고 중앙집권화가 강해졌다고 보았다. 자본주의국가론의 관점에서 보면 정부 조직은 스스로 선하거나 악해지지 않는다. 왜냐하면 정부 조직은 더 큰 사회적 맥락을 구성하는 자본주의 체제의 유지를 위해 봉사할 뿐이기 때문이다. 자본주의는 하나의 생산체제로서 정치적 민주주의와 필연적 관련이 없다. 관료제는 애초에 입법부에 의한 정치적 통제의 대상으로 전제되는데, 입법부의 활동을 포함하여 관료제의 봉사 대상이 자본주의적 축적이라면, 그러한 활동은 헤겔이 지적한 불평등, 빈곤, 무자비함 같은 자본주의 체제의 부산물들을 어쩔 수 없이 생산하게 된다.

2) 법치주의

법치주의는 정부 조직의 행동을 규제할 수 있는 보다 큰 맥락 중 하나이다. 악법도

법이냐는 오랜 논란이 있음에도 불구하고, 대한민국과 같은 정상적인 입헌공화국에서는 국민과 공무원들의 권익을 보장하기 위한 다양한 법들이 제도화되어 있다. 특히 공무원들의 신분상 권익과 자신의 결정에 대한 책임이 법치주의에 의해 명확하게 규정되고 정당한 법적 절차에 따라 보장되는 것은 공무원의 윤리적 의사결정을 담보하기 위해 대단히 중요하다. 공무원의 결정에 대한 책임이 예측 가능한 법에 의해서가 아니라 상사나 리더의 자의적인 판단에 의해 결정된다면 공무원은 법보다는 그러한 인간의 의도에 봉사하고자 할 것이다.

이러한 법치주의의 수준은 개별 조직이 통제할 수 있는 것은 아니다. 사회 전반의 민주주의 정치문화의 성숙, 훌륭한 헌법과 같은 제도적 기반의 마련과 경험적 축적, 경쟁적인 정치집단들의 존재와 선거를 통한 정권교체, 충분하고 접근가능한 법률서비스 시장, 선량한 법에 대한 시민의 애정과 신뢰 등이 존재해야만 법치주의가 전반적으로 자리잡을 수 있다.

제3절 조직문화와 윤리

조직은 공식적인 구조 외에도 비공식적인 구조들에 의해 작동한다. 특히 비공식적 구조의 하나로서 조직문화는 조직 차원의 속성으로서 조직 구성원들의 윤리적 의사결정에 영향을 미친다. 조직문화는 조직 구성원들이 바람직하다고 여기는 가치들의 종합이며, 해당 조직의 생존에 긍정적으로 기능하였기에 구성원들 사이에서 공유되고 전수되어 온 것이다. 따라서 조직문화는 개개인이 어찌할 수 없는 상당히 견고한 구조이다. 더욱이 위에서 언급한 법치주의와 달리 조직문화는 달리 성문화되어 있는 것도 아니고, 그 해석에 있어서 상당한 모호성이 있으며, 심지어 서로 갈등하는 가치들이 공존하여 실제 적용에 있어서는 자의성을 배제할 수 없다는 특징들이 있다. 아래에서는 조직몰입, 팀플레이어 윤리, 윤리적 분위기, 리더십에 초점을 두고 조직문화와 윤리적 의사결정의 관계를 살펴본다.

1. 조직몰입과 윤리

조직몰입은 조직관리론에서 중요한 변수로 인정되고 있다. 구성원들이 조직에 애착을 느끼고, 조직과 자신을 동일시하며, 조직에 헌신하면 할수록 조직의 생산성은 증가한다. 따라서 조직관리자의 입장에서는 구성원들의 몰입도를 높이는 방안들을 강구하게 된다. 이것이 현대 조직행태론의 핵심적인 관심 중 하나이다.

그런데 조직몰입을 윤리적 관점에서 접근하면 다소 다른 양상이 펼쳐진다. 한국에서는 모 항공사의 중간관리자들이 소유주에게 과잉충성한 나머지, 항공기 승무원들에게 업무 외의 부적절한 의전을 요구해 오다가 조직의 '갑질'로 언론에 보도된 바 있다. 공무원들은 보통 국가 전체의 이익보다는 우선 자신이 속한 부처의 권한극대화를 위해 온통 노력을 기울인다는 정치인들의 한탄은 흔히 들려오는 이야기이다. 그러한 정치인들도 사실 국가 전체의 이익보다는 자신이 속한 정당과 지역구의 이익부터 우선 챙기는 행태가 언론에 늘상 보도되곤 한다. 이들은 개인 수준에서 보면 "조직을 위해 열심히 일한 죄"밖에 없다고도 할 수 있다. 그러나 앞에서 살펴 보았듯이 현대 조직의 맥락에서는 "조직을 위해 열심히 일하는 것" 자체가 비윤리적일 가능성을 면밀히 검토해 보아야 한다. 과도한 조직몰입은, 바로 이러한 검토를 거치지 않게 만듦으로써, 즉 조직이 선하다는 과도한 신념하에 행동하게 만듦으로써 윤리적 문제를 야기하게 된다. 행정윤리의 대가인 테리 쿠퍼(2013: 301)는 자신의 경험을 다음과 같이 기술하였다.

"실무자들이 전반적인 자기 삶의 양식에서 자신이 몸담고 있는 조직을 너무도 중시했기에 행정윤리 워크숍에서 나는 거의 매번 윤리적 자율성이 없는 실무자들을 대면하고 있는 나 자신을 발견했다. 일과 조직 내 참여는 그들의 지배적인 활동이자 소속단체이다. 그들의 자아상, 자존감, 삶의 의미는 직장에 너무 많이 매여 있다. 결국 그들은 자기 조직의 요구를 평가할 수 있는 시각을 발견하는 데 어려움을 겪는다."

최근 '꼰대'니 '90년대생'이니 하는 통속적 말들을 통해 증가하고 있는 세대 간 가치의 차이는 조직의 관리자 입장에서는 도전이지만, 조직 내 개인의 윤리적 의사결정 측면에서는 새로운 가능성을 제시하는 것이기도 하다. 우리나라 개발연대의 조직 구성원들은 평생직장이라는 관념에 따라 조직과 자신의 삶을 구분하기 어려웠다. 조직과 자신의 운명이 다르다는 것을 사회적으로 자각한 것은 1997년 말 외환위기 이후 대량 실직이 발생하고 노동시장의 유연성이 증가하면서부터였다. 오늘날 보다 젊은 세대들이 통속적 관념이 말하듯 조직과 자신의 삶을 구분하는 세대라면 과도한 조직몰입으로 인한 비윤리적 행동의 가능성은 줄어들 것으로 기대할 수도 있다.

2. 팀플레이어 윤리

조직은 혼자 활동하는 공간이 아니라 다른 구성원들과 협력하여 활동하는 공간이다.[3] 특히 가장 현대적인 조직은 더 이상 계서제보다는 팀 형태로 구성되어 구성원들 간의 평등하고 유기적인 의사소통을 통해 생산성을 향상시킬 수 있다고 믿는다. 정부조직도 기본적인 계서제 형태에 더하여 2000년대 중반 이후 팀제를 도입하였고, 수많은 위원회는 구조적으로는 이미 팀의 형태로 작동된다.

기능적으로만 보면 별다른 문제가 없는 이러한 조직 내 "팀플레이"는, 위의 조직몰

3) 물론 그렇지 않은 조직들도 있다. 개별 딜러들로 느슨하게 구성된 자동차판매점, 펀드, 회계법인 등을 떠올릴 수 있다.

입의 경우처럼, 윤리적 관점에서 보면 문제를 야기한다. 하나의 팀이 잘 작동하기 위해서는 구성원들 간의 유대, 일체감 등이 필요하다. 이들은 서로 유기적인 분업관계를 형성하고, 상호 신뢰에 기반하여 기민하게 정보를 공유하고, 합의에 기반한 의사결정을 내려야 한다. 이를 위해서는 소위 말하는 "팀 정신(team spirit)"이 필요하다. 잘 작동하는 팀일수록 이러한 팀 정신이 강한 것도 사실이다. 문제는 바로 이러한 팀 정신이 구성원 개개인의 윤리적 판단을 억압할 가능성이 있다는 점이다.

조직몰입이 개인 차원의 문제라면 팀 정신은 집단이 구성원에게 몰입을 기대하고, 나아가 강요하는 문제가 있다. 하나가 되는 팀을 강조하는 이유는 그것이 팀의 작동에 필요하기도 하지만, 대부분의 경우 하나의 조직 내에서조차 다양한 팀들 간에 경쟁을 유발하는 관리방식이 일반화되어 있기 때문이다. 즉, 팀은 그 하나로 존재하는 것이 아니라 다른 팀, 혹은 조직 외부의 다른 행위자들과 경쟁한다. 비록 직접 경쟁관계에 있다 하지 않더라도 개인이 한 팀에 속한다는 것은 심리적으로 다른 팀을 '그들'로, 자신이 속한 팀을 '우리'로 인식하는 배타성을 강화하게 된다. 이러한 상황에서 팀원 한 사람의 사소한 일탈도 팀 전체의 패배로 이어질 수 있기에 가혹한 제재가 가해지게 마련이다.

여기에 더하여 팀 정신은 구성원들의 집단사고(groupthink)를 강화하기도 한다. 집단사고는 특정한 상황에서 구성원들의 다양한 판단을 어렵게 만드는 집단의 분위기에서 형성되는 편향된 사고를 의미한다. 특히 확실한 적이 존재하고, 그로 인해 위기가 초래된 상황에서는 더욱 집단사고가 발생하기 쉽다. 악화된 한일관계 분위기를 반영하여 오랫동안 이어온 일본 도시와의 자매결연을 끊고자 하는 분위기에서 당신이 만일 해당 도시의 공무원이라면 이에 반대하는 목소리를 쉽게 낼 수 있을 것인가? 당신은 전투에 영향을 미칠지도 모르는 민간인 마을을 불태우려는 소대장과 대원들에 반하는 목소리를 낼 수 있을 것인가? 아니 나아가 이들과 다른 의견을 가지기나 할 것인가? 이것이 집단사고의 문제이다. 팀플레이어 윤리는 이렇게 집단에 강하게 동조하는 태도를 요구한다.

팀플레이어 윤리에는 두 가지 문제가 있다. 첫째, 당연히 집단의 목표가 무엇이냐에 따라 팀플레이어 윤리는 윤리적일 수도 아닐 수도 있다. 둘째, 집단의 목표가 선할 때조차도 팀플레이어 윤리는 비윤리적일 수 있다. 기본적으로 집단의 목표가 선하다는 것도 윤리적으로는 모호한 가정이다. 누구를 위한 선인가? 그것이 최선인가? 현대사회의 복잡성을 생각할 때, 집단의 목표와 행동은 선과 악으로 분명히 구분되기보다는 상황에 맞는 최선의 방안을 지속적으로 모색해 나가는 것이 윤리적이다. 이러한 모색을 위해서는 집단 구성원들 각자가 스스로 생각할 수 있는 여지를 마련해 주는 것이 필요하다. 팀플레이어 윤리는 바로 그러한 자율적 판단의 여지를 없애 버림으로써 집단의 비윤리성을 강화하게 된다.

최근 조직의 다양성에 대한 관심이 높아지는 것은 윤리 측면에서도 바람직하다. 조직의 구성원이 다양해지면 보통 그 조직의 창의성이 증진된다고 본다. 따라서 조직의 다양성은 조직 성과의 개선이라는 기능적 장점이 있다. 그러나 조직의 다양성은 두 가지 측면에서 윤리적 장점도 있다. 하나는 사회가 다양한 만큼 조직 역시 다양한 것이 그 자체로 바람직하다는 점이다. 미국의 경우, 백인/흑인/아시아인의 인구 비율이 정부조직, 대학 등의 구성원 비율에 반영되도록 하는 정책이 이루어지고 있다. 다른 하나는 조직 구성원이 다양할 경우 과도한 팀플레이어 윤리의 생성을 어렵게 함으로써 조직의 비윤리성을 견제할 수 있다는 점이다. 다만 어느 정도의 다양성이 최선인지에 대해서는 일률적으로 판단할 수 없다. 동일한 조직도 팀플레이를 강조하는 관점에서는 지나치게 파편화된 것으로 보일 것이고, 개인을 강조하는 관점에서는 여전히 지나치게 통합적인 것으로 보일 것이다. 조직의 다양성의 수준을 평가하는 것 역시 윤리적 판단이다.

3. 윤리적 분위기와 리더십

리더십은 조직의 전반적인 윤리적 분위기를 결정짓는 중요한 요인이다. 인류학자들은 문화를 변화하기 어려운 상징체계로 보는 반면, 경영학자들은 조직문화를 리더와 구성원들에 의해 변화 가능한 것으로 본다. 대표적인 조직문화론자인 에드가 샤인(Schein, 1985)은 조직문화의 개혁을 통해 조직의 생산성 증가가 가능하며, 여기서 리더의 역할이 중요하다고 주장해 왔다. 우리나라에서 지방자치가 정착되면서 일부 지방자치단체장들은 자신의 집무실에 반부정부패 의지를 천명하는 문구를 걸어놓곤 했다. 예전에는 다소 형식적인 직위에 불과했던 공공기관의 상임감사들은 최근 자신의 집무실을 물리적으로 완전히 개방한다든지, 직원들을 자신들의 사택이나 집무실에 정기적으로 불러 다과를 함께 한다든지 하는 방식으로 소통을 강화하려는 노력을 하고 있다. 어떤 이들은 그것을 상징적인 행동일 뿐이라고 보겠지만, 그만큼 조직의 수장이 보여 주는 의지는 구성원들이 눈에 보이지 않는 조직문화와 분위기를 "해독"해 내는 데에 큰 영향을 끼친다.

언론에 흔히 보도되듯이, 일부 공무원들은 초과근무수당을 받기 위해 실제로 근무하지 않았는데도 편법적 수단으로 출결 체크만 하고 초과근무수당을 받는 경우가 있었다. 이러한 행동은 혼자서는 불가능하고, 그 조직 구성원들의 암묵적 동의와 참여가 있어야만 가능한 집합적 행동이다. 이때 당신은 어떻게 할 것인가? 이런 상황에서 당신이 조직의 전반적인 분위기를 깨고 나오는 것은 결코 쉬운 일이 아닐 것이다. 한 걸음 나아가서 생각해보면 이런 상황의 개선을 위한 사회적 비용을 당신과 같은 개별 구성원이 부담하는 것이 옳은가 하는 의문도 제기될 수 있다. 이런 상황은 분명 조직 수준의 부패행위이다. 따라서 구성원 개개인은 일종의 집합행동의 딜레마에 빠져 있다. 그렇다면 이러한 상황을 개선하기 위한 의지와 조치는 개별 구성원이 아니라 조직 차원에서 이루어져야 하는 것이고, 그런 의지를 표명하고 조치를 취하는 역할이 바로 리더에게 주어져 있는 것이다. 윤리적 분위기와 리더십을 강조하는 관점은 바로 이런 점을 강조하는 것이다.

또 다른 상황을 생각해 보자. 뒤에서 보다 자세히 논하겠지만, 어떤 구성원들은 조직이 나아가고자 하는 방향이 잘못되었다고 윤리적으로 판단할 수 있다. 전문가적 관점에서 보았을 때, 특정 지역에 댐이나 원자력발전소를 건설하는 것이 환경적 위해를 야기할 가능성이 높다고 판단된다고 하자. 그러나 당신이 속한 조직은 그것을 강력하게 추진할 계획을 마련했다고 하자. 그때 당신은 어떻게 할 것인가? 당신은 아마 "내가 이에 대해 이의를 제기해도 되는 분위기인가? 내 말이 들려질까?"라는 질문부터 던지게 될지 모른다. 그렇다면 이는 조직의 분위기가 당신의 윤리적 의사결정에 영향을 미치고 있다는 의미이다. 만일 조직이 당신의 목소리를 들을 준비가 되어 있다면, 당신은 조직의 책임자와 의사소통을 시도하는 것이 윤리적일 것이다. 만일 조직이 당신의 목소리를 들을 준비가 되어 있지 않다고 생각된다면, 당신은 그래도 이의를 제기할지, 조직에 순응할지를 결정해야 한다.

조직의 윤리적 분위기는 우리가 행정윤리를 논하고 있다는 점에서 사회 전체의 윤리적 분위기로 확장될 수 있다. 우리는 사극에서 임금이나 사대부 관리들이 "민심"을 강조하는 모습을 자주 볼 수 있다. 자신들의 사리사욕이나 정략이 아니라 백성의 뜻에 따라 다스려야 한다는 것이다. "민심이 곧 천심"이라는 말에서도 알 수 있듯이 조선을 지배한 성리학적 사고는 백성들의 일반적인 의지가 곧 통치의 가장 중요한 원리임을 강조해 왔다. 이는 서구에서도 마찬가지이다. 공무원에 대한 내적 통제를 강조하는 이들은 공무원들이 공중의 감정(public sentiment)을 읽어 내고, 복잡한 공적 의사결정 상황에서 소위 "여론의 향배"를 따라 의사결정하는 것의 중요성을 강조하였다. 예를 들어, 현재 시행되고 있는 청탁금지법은 아주 오랫동안 입법되지 못하고 있었다. 그러나 2014년 세월호 참사가 발생하고, 관련된 공공조직들이 제대로 안전관리를 하지 않았음이 드러나면서 급기야 대통령이 청탁금지법 제정의 중요성을 언급하면서 2년 동안 국회에 계류되어 있던 청탁금지법이 신속히 국회를 통과하였다. 당시 정치권은 여전히 법의 통과를 주저하였으나, 사안의 엄중함으로 인해 공중의 감정에 따라 반응해야 했던 상황이었다고 할 수 있다.

요컨대 조직의 윤리적 분위기는 리더, 조직의 성과, 사건 등에 의해 극적으로 변화할 가능성이 있다. 특히 사회적 인간의 특징인 동조(conformity) 현상을 생각하면 조직의 윤리적 분위기는 윤리적 의사결정을 시도하는 개인으로서는 세심하게 살펴보고 변화를 시도해 볼 가치가 있다.

제4절 조직의 윤리와 책임의 문제

지금까지 우리는 조직에 속한 개인의 윤리적 의사결정을 가로막는 조직구조와 조직문화에 대해 살펴보았다. 이제 다루어야 할 한 가지 문제는 조직이 비윤리적 결정을 내렸을 경우 이에 대한 책임을 누구에게 물어야 하며, 그 조직이 봉사해야 하는 대상이면서 주체(정부의 경우 입법부 혹은 국민)는 그 조직을 어떻게 통제할 수 있는가 하는 것이다. 이는 전통적으로 외부통제 대 내부통제의 문제로 다루어져 왔다. 이 문제는 이 책의 제8장 및 제9장에서 보다 자세히 다룬다. 다만 이 장에서는 이에 대해 간략히 논의하기로 한다.

1. 외부통제

외부통제는 조직 내 구성원의 내면에 관심이 있기보다는 그의 결정과 행동을 외부에서 통제하는 방법에 관심이 있다. 어느 지방정부의 지역개발 담당 공무원이 천만 원의 사업비를 받았다고 하자. 당신이라면 그 담당자가 해당 사업비를 자율적으로

쓰도록 허용하고 사업의 최종 결과만으로 평가하겠는가, 아니면 그 담당자가 사업비를 어떤 용도로 쓸지 모르니 영수증을 하나하나 살펴보고, 원래 용도(예를 들면, 회의비)를 다른 용도(예를 들면, 출장비)로 전용하는 것을 금지하는 데에 더 신경을 쓰겠는가? 외부통제는 후자의 입장을 취하는 것이다. 기본적으로 공무원의 선의에 기대하기보다는 세세하고 객관적인 통제수단들을 마련하고 공무원이 이에 따르게 함으로써 조직의 윤리적 행동을 기대하는 것이다.

민주주의 체제에서 선출되지 않은 권력집단으로서 공무원에 대한 외부통제는 필요하다. 이러한 외부통제를 강조했던 파이너(Finer)는 공무원이 스스로 결정하는 것이 아니라 선출된 국민의 대표에게 복종해야 한다는 점을 강조하였다. 이를 위해 공무원의 행동을 인도할 자세한 법규를 마련할 필요성을 강조하였다. 국가공무원법, 지방공무원법, 공무원행동강령 등은 공무원의 복무와 윤리에 대해 상세한 규정들을 마련하고 있다. 따라서 우리나라도 기본적으로 외부통제 수단을 활용하고 있다고 볼 수 있다.

이렇게 당연하고 신뢰할 수 있다고 여겨지는 외부통제 방법은 크게 보아 두 가지 명백한 한계가 있다. 첫째, 외부통제는 공무원 개인의 윤리적 주체성을 과소평가하며, 자칫 조직 내 인간의 인간성을 부인하기에 이른다. 외부통제의 대표적인 방법은 보상과 처벌이다. 통제 기준을 잘 따른 사람에게 보상을 주고, 이를 따르지 않은 사람을 처벌하는 이 단순한 논리는 사람들이 윤리적 판단을 할 필요를 제거해 버린다. 즉, 주어진 통제 기준만을 따른다면 그는 자신이 직면한 사안의 특수성이나 자신의 행동의 결과에 상관없이 어떤 책임도 질 필요가 없는 것이다. 우리가 언론이나 사무실에서 민원인에게 냉정한 공무원들을 보거나, 일반 국민으로서는 납득하기 어려운 행동을 하고서도 확신에 찬 눈빛으로 "내 행동은 법적으로는 아무런 문제가 없다"고 주장하는 공무원들을 자주 보게 되는 것은 놀라운 일이 아니다. 가장 좋지 않은 것은, 스스로 윤리적 책임을 지고자 하는 공무원들의 사기를 떨어뜨린다는 점이다. 그 어떤 주체적 인간도 조직이 자신을 생각 없는 기계처럼 다루고 있다는 사실 앞에서 자신의 윤리적 동기를 유지하기는 어려울 것이다. 외부통제만을 강조할 때 우리는 "영혼 없는 공무원"들을 쉽게 만날 수 있다.

둘째, 설령 굳이 공무원을 신뢰할 필요는 없다는 데에 동의한다 해도, 외부통제수단 자체가 충분한 통제를 위해서 한계가 있다. 길게 말할 필요도 없이 그 어떤 법규도 복잡다단한 우리의 경험세계의 하나하나를 미리 규율해 둘 수 없다. 설령 아무리 촘촘한 규제가 마련된다 해도 그것은 조직의 공식적 구조에 해당할 뿐, 우리가 흔히 "편법"이라고 부르듯 조직은 스스로 원하는 길을 찾기 마련이다. 더군다나 공무원 윤리강령과 같은 수단은 보통 지나치게 추상적이고 선언적이며, 그것을 강제할 방법도 마땅치 않다.

이렇게 불완전한 외부통제의 한계는 다시 두 가지로 나누어 볼 수 있다. 하나는 위에서 본 것처럼 우리가 직면하게 될 모든 윤리적 판단 상황에서 행동을 지도해 줄 수 없다는 점이다. 다른 하나는 설령 법규를 따랐다 하더라도, 본질적으로 보면 비윤리적인 행동을 정당화해 준다는 점이다. 법규가 불완전하다는 것은, 사람이 개별 사안에서 자신의 목적을 이루기 위해 얼마든지 그 법규의 본령을 회피할 수 있다는 것을 의미한다. 위에서 언급했듯이 "법적으로 아무 문제가 없다"고 주장하는 공직자를 보면서 국민들이 당혹해 하는 것은, 바로 그 법의 불완전성 및 이의 결과를 보여 주는 것이다.

2. 내부통제

우리가 행정윤리를 진지하게 논한다는 것은 사실 여기서 이야기할 내부통제를 강조한다는 의미로 보아도 무방하다. 민주주의 체제에서 공무원에 대한 외부통제는 기본적인 제도적 특성이다. 위에서 지적한 외부통제의 한계점들에도 불구하고 외부통제는 행정윤리 확보를 위한 기본 제도이다. 그렇다면 내부통제는 왜 강조되는가? 윤리라는 주제는 인간을 인간답게 행동하게 하는 데에 관심이 있다. 그렇게 함으로써 인간을 인간이게 하려는 것이다. 외부통제의 가장 근본적인 한계는 인간을 인간으로 다루지 못하는 지점이 발생한다는 점이다. 이 지점에서 외부통제를 보완하면서 사실은 행정윤리의 본질을 제기하는 것이 바로 내부통제이다.

내부통제는 기본적으로 인간에 대한 신뢰에 기반해 있다. 내부통제를 강조하는 프리드리히(Friedrich)에 의하면, 내부통제의 관념 자체가 중세 교회에서 신을 향한 인간의 종교적, 도덕적 책임의식에 연원하는 것이다. 보다 현대적 관점에서는 인간은 스스로 자아실현을 하고자 하며, 윤리적 선택을 하고자 하는 의지가 있다고 보는 것이다. 공무원은 공익을 실현하고자 하는 동기부여가 강할 것으로 기대되며, 정부라는 어려운 책임을 담당하는 조직 내에서 일하고 있기 때문에 더더욱 엄격한 내부통제를 요청받는다. 즉, 공무원은 일반 시민보다 더 높은 윤리적 기준을 내면화하고, 이를 현실에서 적용해 나가야 한다고 주장한다. 특히 신행정학자들은 공무원이 공익에 대한 자신의 신념을 형성하고, 그 신념을 현실화하기 위해 노력할 것과, 그것을 제도적으로 인정할 것을 주장하였다.

이러한 내부통제의 한계는 당연하게도 인간은 천사가 아니라는 데 있다. 모든 공무원이 매슬로우(Maslow)가 말하듯 강한 자아실현동기를 지닌 것은 아니다. 우리는 많은 공무원들이 무사안일, 복지부동, 소극행정에 빠져 있는 것을 보고 있다. 많은 공무원시험 준비생들이 공직을 지향하는 이유로 직업안정성을 꼽는다. 내적 통제는 이상적이고 고귀한 접근이지만, 이것만 의지하기에 인간은 그리 윤리적이지는 않은 것 같다.

3. 나가며: 공공조직의 악

행정악(administrative evil)이라는 개념을 제시한 아담스(Adams)와 발포어(Balfour)는 이 장에서 논의한 여러 요소 가운데서도 조직의 기술적 합리성 신화를 강조하였다.

기술적 합리성은 조직이 의도한 성과를 달성하는 데 도움을 주지만, 합리성 그 자체는 도구적인 가치로서 윤리적 고려를 내재하는 것은 아니다. 우리는 합리적으로 사람을 학살하고, 합리적으로 국민을 억압하고, 합리적으로 시민의 자유를 제한하는 행정적 악의 역사를 이미 잘 알고 있다. 기술적 합리성에 기반한 조직을 원하는 것은 통제와 번영의 철학에 기반한 근대적 마음이다. 근대인으로서 우리가 그러한 조직을 원하는 것은 당연하다. 그러나 그러한 조직은 우리의 삶을 풍요롭게도 하지만 우리의 삶을 파괴하기도 한다. 우리가 행정윤리라는 주제에 관심을 가지는 이유는 단지 무엇이 옳은 것이냐 하는 한가한 질문을 던지기 위해서가 아니라 이 질문을 던지지 않으면 우리가 고안한 조직이 우리를 배신하기 쉽기 때문이다. 그것은 우리가 조직의 밖에 있든 안에 있든 마찬가지이다.

그러면 행정악의 발현을 막고 조직의 선을 극대화하는 책임은 누구에게 있다고 할 것인가? 그것은 공공조직의 주인인 국민과 공공조직의 실제 운영을 담당하고 있는 공무원 개개인에게 있다. 조직은 윤리적 실체가 아니다. 사람이 사라지면 조직도 남지 않는다. 결국 조직은 마치 단일의 행위자인 것처럼 의제된 인격에 불과하며, 실제 의사결정과 행동은 그 구성원에 의해 이루어진다. 조직의 결정과 행동이 집합적으로 이루어지다 보니 개개인의 책임이 모호해지고 희석될 뿐, 개개인이 책임으로부터 자유로워지는 것은 아니다. 또한 조직과 개인의 관계에서 언제나 개인이 무기력하거나 소외되는 것은 아니다. 우리는 조직이 권력을 지닌 하나의 살아 있는 인격인 것처럼 생각해서는 안 되고, 오히려 사람과 사람의 관계 및 사람과 법규와의 관계에서 무엇이 가능한지를 생각해야 한다. 따라서 우리는 다음 장에서, 행정악에 직면한 개인은 과연 무엇을 할 수 있는지, 무엇을 준비해야 하는지에 대해 이야기하고자 한다.

참고문헌

강신택(2013). 행정사상과 연구의 논리. 서울: 조명문화사.

신충식, 김성준(2015). 공공조직내 윤리적 의사결정 연구: 칸트의 '이성 사용'과 '설계적 관점'을 중심으로. 한국행정학보, 49(2), 61-91.

Adams, Guy B. & Banny L. Balfour(2009). *Unmasking Administrative Evil.* 3rd ed. New York: M. E. Sharpe.

Cooper, Terry L. (2013). *The Responsible Administrator: An Approach to Ethics for the Administrative Role.* 6th ed. San Francisco: Jossey-Bass.

Milgram, S. (1974). *Obedience to Authority: An Experimental View.* New York: HarperCollins.

Schein, Edgar H. (1985). *Organizational Culture and Leadership.* San Francisco: Jossey-Bass.

제7장 조직 내 인간과 윤리적 딜레마

생각해 보기

1. 윤리적 딜레마 상황이란 무엇인가?
2. 윤리적 의사결정을 위해 이성과 감정은 어떻게 작동하는가?
3. 윤리적 조직을 만들기 위해 개인이 할 수 있는 일들은 무엇이 있는가?

제1절 개인은 그럼 어떻게 해야 하는가

이 장이 다루고자 하는 주제는 조직 내 인간이 처하는 윤리적 딜레마와, 이를 해결하기 위한 방안들이다. 우리는 앞 장에서 조직 내 인간의 윤리적 의사결정을 억압하는 조직구조와 조직문화의 문제를 살펴보았다. 또한 말미에는 행정악의 문제를 언급하였다. 이어서 이 장에서 다루려는 질문은 "개인은 그럼 어떻게 해야 하는가?"이다. 앞 장의 내용은 자칫 행정악에 직면한 조직 내 개인이 할 수 있는 일이 별로 없거나, 책임을 물을 수 없는 것처럼 이해될 수도 있다. 그러나 이는 사실이 아니다.

이 책은 조직 내 개인의 윤리적 의사결정을 이해하는 기본 접근으로서 테리 쿠퍼가 제시한 설계적 접근방법에 주목한다. 설계적 접근방법의 요체는 공무원이 윤리적 의사결정을 할 때 자신이 직면한 구체적 사안의 윤리적 쟁점들, 그것을 둘러싼 조직구조와 조직문화, 자신에게 주어진 행동의 가능성, 자기 자신 등 이 모든 것을 동시에 고려하여 단지 동기상으로만 도덕적인 것이 아니라 결과까지도 선한 결정을 내려야 한다는 것이다. 제2장에서 자세히 소개한 설계적 접근의 특징을 이 장의 목적에 맞추어 다시 간략히 요약하자면 다음과 같다. 첫째, 공무원의 윤리적 의사결정은 사회적 맥락하에서, 특히 대부분 딜레마 상황에서 이루어진다. 공적 의사결정의 특수성을 고려하면 윤리적으로 명백한 답이 있다는 것은 그 상황이 그렇기보다는 해당 공무원이 그 상황의 윤리적 다면성을 놓치고 있을 가능성이 높다. 즉, 공무원의 윤리적 의사결정은 이상적 상황이 아니라 현실 가운데 이루어지는 것이다. 둘째, 공무원의 윤리적 의사결정은 의도뿐 아니라 결과도 고려해야 한다. 공적 의사결정이란 베버가 강조했듯이 철학자의 순수한 결정이 아니라 현실에서 대중들에게 선이 되는 결과를 이끌어내는 고독한 의사결정이다. 셋째, 공무원의 윤리적 의사결정은 자신이 처한 조직의 상황과 자신의 인간됨 사이에서 절묘한 경로를 찾아 나가는 과정이다. 조직의 상황에 매몰되어 몰윤리적 의사결정을 해서도 안되고, 자신의 신념만을 좇아 의사결정을 해서도 안된다. 요컨대 설계적 접근방법은 "존재하는 정답을 찾아 나가는" 과정이 아니라 "바람직한 대안들 가운데 현실적으로 가능하고 스스로 납득할 수 있는 대안을 찾아 나가는" 과정이다.

이어지는 절에서는 우선 윤리적 딜레마의 문제를 다룬다. 조직 안에서 의사결정을 내려야 하는 상황이 딜레마 상황이 아니라면 필요한 것은 법규, 지식, 용기 정도일 것이다. 그러나 딜레마 상황은 개인에게 윤리적 고려를 강력하게 요구한다. 다음으로 일상적인 윤리적 딜레마 상황을 헤쳐 나가는 데 필요한 개인의 이성과 감정의 사용 문제를 살펴본다. 윤리적 의사결정이란 우선 이성적 판단일 뿐만 아니라 감정적 반응이라는 점을 강조하고, 이성적 판단으로서도 보편성과 특수성을 함께 고려해야 한다. 이어서 조직과 개인의 윤리적 관계 설정의 문제를 거리두기와 설계하기의 조화로 접근한다. 이에 더하여 조직의 악에 대한 개인의 저항 수단으로서 내부고발, 게릴라 행태, 상호 협력을 살펴본다. 끝으로 오늘날 전통적인 행정의 윤리적 문제로서 적극 행정의 문제를 다룬다. 이는 단순히 특정 정부가 국정과제로 내세우는 윤리적 사안이 아니라 그간 이어져 온 공무원의 복지부동, 무사안일, 소극행정과 같은 실천적 문제들을 포함하는 것이며, 과연 공무원이 적극적인 행정을 해도 좋은 존재인지와 같은 정치－행정 일/이원론의 문제도 포함한다. 흔히 언급되는 "영혼 없는 공무원"의 문제도 이와 관련되어 있다. 마지막으로 조직에서 개인이 윤리적 의사결정을 내린다는 것의 의미를 되새기면서 결론을 짓는다.

제2절 이것이냐 저것이냐: 윤리적 딜레마

제2차 세계대전 막바지, 프랑스를 점령했던 독일군은 파리에서 퇴각할 수밖에 없는 상황이 되었다. 이때 히틀러는 파리를 파괴하라는 명령을 파리 주둔군 리더인 콜티즈 장군에게 내렸다. 당신이 콜티즈 장군이라면 어떻게 하겠는가? 퇴각하는 마당에 적국의 수도를 파괴하는 데 별다른 고려가 필요한가라고 반문할 것인가? 빨리 퇴각해야 할 상황에서 군이 건축물들을 파괴하라는 명령이 병사들의 안전에 끼칠 영향을 따져 보겠는가? 아니면 파리라는 도시의 상징성을 인류 전체의 관점에서 고민해 보겠는가? 또 다른 예를 생각해 보자. 한국전쟁이 발발한 1년 후 1951년 9월 북한군 낙오병 900여 명이 퇴각하지 못하고 합천 해인사에 숨어 있었다. 군 수뇌부에서는 공군 조종사인 김영환 대령에게 해인사를 폭격하라는 명령을 내렸다. 당신이 이 상황에 놓였다면 어떤 결정을 내리겠는가?

이런 사례들은 조직 구성원이 처하는 전형적인 윤리적 딜레마 상황을 보여준다.

사실 당신이 콜티즈 장군으로서, 공군 조종사로서 어떤 결정을 내릴 것으로 생각하는지는 그리 중요하지 않다. 이런 결정을 내려야 하는 상황은 그리 많지 않거니와, 개인적으로나 사회적으로 너무도 불행한 상황이다. 이런 사례들은 가장 극단적인 윤리적 딜레마 상황을 보여 주는 것이다. 그러나 실제 조직의 삶에서 보다 덜 극단적이면서도 보다 미묘한 딜레마 상황은 많다.

1. 딜레마 상황의 논점들

우선 위의 사례에서 콜티즈 장군은 파리 파괴 명령을 거부하였고, 세간에는 '파리의 구세주'로 칭송받고 있다. 김영환 대령은 해인사 폭격 명령을 거부하고 귀환하여 현재는 문화유산을 수호한 군인으로 추앙받고 있다. 과연 이 상황에 처했던 이들은 어떻게 이런 의사결정에 도달했을까? 어떤 요소들이 고려되어야 하나? 아니 이것을 과연 의사결정이라 부를 수는 있을까? 여기서는 이에 대해 하나씩 살펴본다.

1) 윤리적 딜레마

윤리적 딜레마 상황은 두 가지 이상의 바람직한 가치가 서로 대립하여 어느 한 가치를 택하면 다른 가치를 포기해야 하는 상황, 그래서 어느 한 쪽을 택하기가 어려운 상황이다. 가장 전형적인 상황이라면 위에 든 예처럼 조직의 가치와 사회의 가치 간 갈등이다. 숨어든 패잔병들을 소탕하라는 조직의 명령에도 정당성이 있고, 문화유산의 보존이라는 사회의 가치도 존중받아야 한다. 혹은 조직 내에서도 비용 절감을 위한 능률성 중심의 가치와 안전 및 안정성 확보를 위한 가외성 중심의 가치 간에 어느 한 쪽을 택해야만 하는 상황이다. 혹은 코로나-19 사태로 인해 국내 경제가 위축되어 많은 국민들이 고통받는 상황에서 정부는 대대적으로 경기부양책을 마련해야 할지

장기적 위험에 대응하기 위해 재정건전성을 유지해야 할지 고민하는 상황이다.

2) 대리인으로의 전환

윤리적 딜레마 상황에서 개인으로서 가장 손쉬운 해결책 중 하나는 제6장에서 언급한 대리인으로 자기 자신을 전환하는 것이다. 즉, 자신이 윤리적 의사결정의 주체가 되는 것을 의식적으로 거부하고 조직의 권위가 명령하는 바에 순응하는 것이다. 대리인으로의 전환은 조직의 작동을 위해 기능적으로는 필요하다. 그러나 윤리적 차원에서 대리인으로의 전환이 딜레마 상황에서의 의사결정의 심리적, 법적 책임 회피를 위해 적극적으로 이루어지는 것은 심각한 윤리적 문제를 낳는다. 다시 말해, 대리인으로의 전환은 윤리적 딜레마 상황을 해결하는 것이 아니라 마치 딜레마가 존재하지 않는 것처럼 일을 처리하게 만든다. 이때 개인은 상황의 윤리적 함의를 더 이상 고려하지 않고 기계적으로 의사결정을 함으로써 스스로 자신을 조직의 부속품으로 만드는 것이다.

대리인으로의 전환은 윤리적 딜레마의 해결에 있어서 한 가지 근본적 한계에 직면한다. 즉, 조직 역시 딜레마에 빠져 있음을 인식하는 경우이다. 경제 침체에 직면하여 정부는 과연 돈을 “마구 풀어야” 하나, 아니면 “꽉 죄어야” 하나? 정부 내에서도 이에 대한 의견이 갈릴 경우, 조직 구성원 개개인은 단순히 대리인처럼 행동할 수 없다. 누구를 대리할 것인가? 결국 이 상황에서 구성원 개개인은 딜레마 상황을 해결하기 위한 조직 차원의 윤리적 논쟁에 휘말릴 수밖에 없다.

3) 하몬의 역설

신행정학 진영의 한 사람으로서 공무원들의 실존에 관심을 기울이고 공익을 정의하고 실현하는 데 진취적인 공무원을 주장했던 마이클 하몬(Michael Harmon)은 이율배반의 역설과 자기분열 발생의 역설 두 가지를 제시하였다. 이율배반의 역설은 하몬에게 있어 선한 역설이다. 이것은 개인이 내면적 갈등을 통합하려는 고뇌와 투쟁의 과정이다. 반면 자기분열 발생의 역설은 악한 역설로서 내면적 갈등을 외면하고자 하는 자기합리화 과정이다.

이 "역설" 개념은 윤리적 딜레마 상황을 묘사하는 데에 유용하다. 윤리적 딜레마는 말 그대로 역설적 상황이다. 하나의 선한 가치를 선택함으로 인해 또 다른 선한 가치를 의도치 않게 해치게 되는 상황인 것이다. 역설은 대개 다음과 같은 형태를 띤다. 첫째, 추상적인 원칙과 구체적인 사례 간에 발생하는 갈등이다. 지난 2017년 포항 대지진으로 인해 포항 지역의 많은 아파트들이 손상을 입고 한쪽으로 기우는 일이 발생했다. 아파트 거주자들은 모두 대피하여 체육관 등에서 생활해야 했다. 문제는 규정에 따르자면 아파트는 보상을 받을 만큼 파손되지 않았지만, 거주자 입장에서는 다시 들어가 살기에는 위험하다고 본 것이다. 건축물 안전관련 규정은 일반적인 건축물 안전에 대한 추상적인 원칙이다. 그러나 거주자 당사자들에게는 자신들이 느끼는 위험도가 중요했다. 이 일을 처리해야 하는 공무원 입장에서는 추상적인 규정과 체육관에서 일 년 이상을 생활하고 있는 거주자들 사이에서 법적이자 윤리적 판단을 해야만 했다. 둘째, 사회적 맥락과 자신의 성찰적 판단 간에 발생하는 갈등이다. 자신이 옳다고 판단한 행위가 반드시 사회적 맥락에서도 옳다고 보기 어려운 상황들이 있다. 2018년 전 기획재정부 사무관이었던 신 모씨는 자신의 유튜브에 사무관 시절 상관이 여유자금이 있는데도 불구하고 국채를 상환하지 말라는 명령이 부당했다는 입장을 올렸다. 이에 대해 당시 담당자들은 여유자금이 있다고 해서 반드시 국채를 상환해야 하는 것은 아니며, 그것은 거시경제 상황 전반을 고려하여 정무적으로 판단할 일이지 사무관 개인이 판단할 일은 아니라고 반박하였다. 이러한 상황에서 윤리적 의사결정은 본인의 판단에 더하여 보다 상위 맥락까지 고려하는 작업을 포함한다.

이렇게 역설을 다루는 과정은 결코 쉬운 과정이 아니다. 이런 상황에서 개인들은 조직과의 갈등을 단순히 피하는 선택을 하기 쉽다. 조직의 의사결정이 사실 어떤 개인의 선택에 온전히 달려 있는 것도 아니다. 기획재정부의 의사결정은 사무관 한 명이 아니라 결재라인에 있는 모든 사람의 판단이 종합된 것이다. 이런 상황에서 개인이 굳이 윤리적 역설을 적극적으로 다룰 유인이 있는가? 더욱이 조직이 보유한 정보는 다양한 계층의 다양한 담당자들에게 분산되어 있다. 이런 상황에서 개인이 윤리적 역설을 해소하기에 충분한 정보를 가지고 있다고 확신할 근거가 있는가? 이러한 질문에 대한 대답이 부정적이라면, 개인은 차라리 조직과의 갈등을 피하는 것이 낫다고 생각하게 될 것이다. 그러나 조직 구성원 모두가 이런 식으로 생각할 때 조직은 윤리적 딜레마를 해소하기보다는 단순히 무시하는 길로 나아가게 된다.

4) 딜레마 상황의 의사결정

마지막으로 우리는 딜레마 상황에서 과연 진정한 의미의 의사결정이 가능한 것인지를 간략히 살펴볼 필요가 있다. 딜레마 상황에서의 의사결정을 깊이 있게 연구한 이종범과 그 동료들(2000)에 따르면, 딜레마는 그 정의상 의사결정이 이루어질 수 없는 상황이다. 의사결정을 내릴 수 없기 때문에 딜레마라고 불리는 것이다. 이러한 지적은 의미심장하다. 객관적으로 볼 때 윤리적 딜레마 상황인데 어떤 의사결정이 내려졌다면 그것은 진정한 의미의 의사결정이 아닐 수 있다. 대신 그것은 딜레마 상황을 단순한 것으로 재정의하여 내린 의사결정이거나, 아니면 딜레마 상황 자체를 부인한 결과일 수 있다.

딜레마 상황을 단순화하는 방법은 여러 가지가 있으나 결국 "무엇이 더 중요한가"라는 질문으로 상황을 재정의함으로써 의사결정을 가능하게 할 수 있다. 다만 이 방법은 두 개 이상의 가치 중 무엇이 더 중요한가를 판단하는 작업 자체가 매우 어려운 윤리적 판단이라는 점에서 사실은 새로운 도전을 야기한다는 한계가 있다. 무엇이 더 중요한지를 알 수 있었다면 처음부터 딜레마 상황이 아닌 것이다.

이보다 더 중요한 상황은 딜레마 상황 자체를 부인하는 것이다. 예를 들어, 유대인 강제수용소를 관리했던 나치 전범인 아돌프 아이히만의 예루살렘 재판을 지켜보았던 한나 아렌트는 아이히만에게서 특별한 언어적 특징을 발견했다. 그것은 아이히만이 일상어가 아닌 딱딱하고 공식적인 관공서의 용어(officialese)를 주로 사용했다는 점이다. 인간을 지칭하는 용어는 그 용어의 대상이 인간임을 떠올리기 어렵게 하는 용어를 의도적으로 사용하였고, 수용소의 시설이나 방침을 지칭하는 용어는 그 잔인성을 중화시키는 용어들을 사용함으로써 자신들의 행위와 자신들의 인식 간에 의도적인 거리를 만든 것이었다. 이를 통해 아이히만과 그 동료들은 잔인한 행동들을 별다른 양심에 거리낌 없이 행할 수 있었을 것이라고 한나 아렌트는 보았다.

여기서 한나 아렌트의 탁월한 포착은 이 전범들이 생각하는 능력이 제한되었다고 본 점이다. 그들은 공식적 관공서 언어들 속에서 자신들의 행동의 윤리적 의미를 생각하는 능력을 상실했다. 여기서 다시 중요한 윤리적 논점이 제기된다. 그것은 그들이 생각하는 능력을 상실 "당했는지" 아니면 스스로 적극적으로 생각하는 능력을 "포기했는지" 여부이다. 아마도 둘 다일 것이다. 나치 전범재판을 담당했던 로버트 잭슨 판사는 전범들이 당시의 조직적 범죄에 얼마든지 반대를 할 수 있었고 반대해야만 했지만 누구도 그렇게 하지 않았기에 유죄라고 주장했다. 만일 조직의 구성원이 자기 자신을 이런 식으로 다룬다면 그것은 윤리적 딜레마를 해소하기보다는 자신을 속임으로써 윤리적 딜레마 상황 자체를 부인하는 것이다. 이때 의사결정은 결코 윤리적이라 할 수도 없고, 의사결정이라 할 수도 없다. 거기에는 어떠한 성찰도 발견할 수 없기 때문이다.

다음 주제로 넘어가기 전에 한 가지 짚고 넘어가야 할 논점이 있다. 윤리적 딜레마를 이런 식으로 회피하는 행동은 물론 비윤리적이지만, 그것을 온전히 그 개인의 책임이라고 보기도 어렵다는 점이다. 우리는 모든 윤리적 책임을 조직에게 돌리는 것도 잘못이지만 조직 구성원 개인에게 돌리는 것도 잘못이라는 점을 깊이 생각해 볼 필요가 있다. 현대 관료 조직에서 그 조직이 비인간적 정책을 집행하고자 할 때, 그 조직의 개개인들이 과연 무엇을 얼마나 할 수 있는가. 윤리적 논의에서 보다 선행되어야 할 것은 이미 조직적 악을 저지르기로 "마음먹은" 조직에 속한 구성원에게 윤리적 판단을 요구하기보다는 그러한 거대하고 강력한 조직들이 조직적 악을 저지르지 않도록 사전에 최대한 방지하는 노력이다. 아마도 가장 근본적인 대책은 우리 사회가 그런 거대하고 강력한 조직을 길러 내지 않는 것일지 모른다.

제3절 윤리적 의사결정을 위한 이성과 감정

이 절에서는 윤리적 의사결정을 위한 개인의 이성과 감정의 활용을 다룬다. 거대한 조직적 악을 행사할 조직의 출현과 작동을 막는 것이 가장 중요한 일이겠으나, 어쨌든 행정윤리의 관심은 조직 구성원 개개인의 일상적 의사결정에 있다. 따라서 이 절에서 중점적으로 살펴보려는 것은 한 개인이 윤리적 의사결정을 내리기 위한 이성과 감정의 사용에 대한 것이다.

1. 이성의 공적 사용 대 사적 사용

칸트는 이성의 공적 사용과 사적 사용을 구분하였다. 정부 조직에서 공무원들이 직면하는 윤리적 의사결정은 앞서 하몬의 역설에서 논의했듯이 개인의 신념 및 성찰, 그리고 조직과 사회의 맥락에 대한 고려 양자 간에 균형을 찾아가는 일이다. 이와 유사하게 칸트는 사람이 윤리적 의사결정을 함에 있어서 개인적 차원과 조직적 차원이 있음을 이성의 공적 사용 및 사적 사용이라는 관념으로 고찰하였다.

이성의 공적 사용은 마치 철학자와 같이 그 어떤 제약도 없이 이성을 사용하는 것이다. 반대로 이성의 사적 사용은 공무원이 조직과 권위의 그물망 내에서 그에 속박되어 이성을 사용하는 것이다. 이런 관점에서 볼 때, 공무원이 자신의 조직적 임무에 충실한 것은 공적인 것이 아니라 사적이다. 칸트에게 공적인 것은 보편적인 것이지 조직이라는 제한된 존재에 충성하는 것이 아니다.

이런 사고는 우리의 상식에 다소 반하는 것이다. '멸사봉공'이라는 말을 생각해 보자. 이는 주로 상당히 위계적인 조직문화를 지닌 사회에서 사적인 고려를 버리고 조직을 위해 봉사하는 것이 올바르다는 의미로 자주 쓰여 왔다. 그런데 칸트에 따르면 만일 '공'이 조직을 의미하는 것이라면 그것이 반드시 공은 아닌 것이다. 대신 공은 가장 보편적인 것이다. 조직은 사이다. 그렇다고 그 '사'라는 의미가 이기적이라는 의미는 또 아니다. 칸트의 공과 사의 문제는 이타적이냐 이기적이냐의 문제가 아니라 보편성과 특수성의 문제로 이해하는 것이 낫다.

이런 관점에서 윤리적 의사결정은 자신이 직면한 상황에서 윤리적 차원들을 끌어내고, 이성의 공적 사용과 사적 사용 사이에 균형을 찾아 나가는 것이라 할 수 있다. 공무원이 조직 내에서 일하는 이상 이성을 무한정 공적으로 사용하는 것은 적절하지 않다. 그에게는 수행해야 할 임무가 있고, 근거해야 할 법이 있고, 순응해야 할 권위가 있다. 반대로 공무원이 자신의 이성을 사적으로만 사용할 경우 앞서 묘사한 다양한 비윤리적 선택을 하게 될 가능성이 높다. 따라서 바람직한 윤리적 자세는 주어진 조직의 맥락 내에서 최대한 공적 이성에 근거한 성찰적인 판단을 내리는 것이다. 다른 말로 하자면, 윤리적 의사결정이란 상황에 대한 단순한 판단이 아니라 상황의 복잡 미묘함을 이해하고 그 가운데 최선의 동기와 최선의 결과가 무엇일지를 종합적으로 고려하면서 보편적 법칙과 구체적 사안을 결합하여 결정하는 것이다.

2. 윤리적 감성의 문제

윤리적 의사결정에서 이성의 사용은 중요하지만, 윤리적 의사결정이 반드시 이성적 판단인 것은 아니다. 중동전쟁의 여파로 많은 시리아 난민들이 지중해를 통해 유럽으로 들어가고자 하던 2015년 어느 날, 전 세계는 한 시리아 아이가 지중해 해변에서 엎드러진 채 죽어 있는 사진을 보고 경악했다. 세계가 그날 전까지 시리아 난민 사태를 전혀 모르고 있었던 것이 아니다. 그러나 그 사진이 보도된 이후 시리아 난민 사태를 바라보는 세계의 시선은 달라졌다. 왜 그러했을까?

동정심, 자비, 연민 등으로 번역할 수 있는 compassion이라는 개념이 있다. 말 그대로 "함께 괴로워함"을 의미하는 이 개념은 상대방의 곤란한 처지를 인식하고, 그 처지의 고통을 나의 고통처럼 느끼고, 그 고통을 덜어 주기 위해 행동하는 것을 포함한다. 윤리적 감성이란 바로 이렇게 상대방의 상황에 대한 감정을 불러일으키는 인간의 능력이다. 숫자와 단편적 뉴스를 통해 이성적으로(그래서 다소 냉정하게) 받아들여졌던 시리아 난민 사태에서 한 아이의 비극적 죽음을 시각적으로 전달한 한 장의 사진은 사람들의 윤리적 감성을 불러일으켰고, 이는 그 어떤 숫자보다도 강력한 힘을 발휘했다.

앞서 '파리의 구세주'로 불리는 콜티즈 장군의 예를 다시 떠올려 보자. 그가 파리에 대한 아무런 감흥이 없었다면 과연 히틀러의 명령에 고뇌했을까? 혹은 그가 파리에 대한 인류의 사랑에 아무런 공감을 하지 않았다면 과연 히틀러의 명령에 고뇌했을까? 콜티즈와 아이히만의 차이는 바로 이러한 공감의 능력에서도 찾을 수 있다. 물론 윤리적 감성만으로 윤리적 의사결정에 이르는 것은 아니다. 콜티즈는 조직의 명령에 반하여 행동을 선택할 이성을 사용하였다. 그럼에도 불구하고 그러한 이성적 고려의 시작점에는 윤리적 감성의 작용이 있는 것이다.

3. 윤리역량

이성의 공적 및 사적 사용이나 윤리적 감성과 같은 인간의 모든 사고 능력을 동원하여 자신의 가치관과 자신이 처한 상황적 맥락 및 자신이 직면한 "바로 그" 윤리적 사안의 특성을 모두 고려하여 의사결정을 내리는 것이 윤리적 의사결정이다. 그러한 결정을 내릴 수 있는 인간의 역량의 총체를 윤리역량이라고 할 수 있다.[1] 신충식과 김성준(2015: 84)은 도널드 멘젤 및 테리 쿠퍼가 제시한 윤리역량을 다음과 같이 정리하였다.

> "멘젤(Donald Menzel 2010, 9)은 『정부의 윤리적 순간』(*Ethics Moments in Government*)에서 윤리역량을, 첫째, 높은 수준의 개인적·전문직업적 행동에의 헌신, 둘째, 윤리강령과 윤리법에 대한 관련지식, 셋째, 도전적 윤리상황에 직면할 때 윤리적 추론을 활용할 수 있는 능력, 넷째, 공직윤리 및 가치에 부합한 행동과 이에 일체화하려는 능력, 다섯째, 공공기관과 공공조직에서 윤리적 실천과 행동의 장려에 헌신하는 것으로 정의한다."

> "쿠퍼는 일상 업무처리에 필요한 윤리역량으로, 첫째, 고도의 윤리적 자각능력, 둘째, 여러 윤리쟁점에 대처할 수 있는 기술, 셋째, 기능적인 조직구조와 관행, 넷째, 의사소통과 논변기법, 마지막으로 자신감과 정서적 안정을 꼽는다."

멘젤의 윤리역량 개념은 공무원이 어떠어떠해야 한다는 요청을 담아 좀더 규범적이라면, 쿠퍼의 윤리역량 개념은 그의 설계적 접근방법답게 보다 실천적이다. 어쨌든 양자 모두 윤리역량을 '종합적 판단능력'으로 보고 있다. 이 점은 매우 중요하다. 우리가 비윤리적이라고 사후에 평가될 수 있는 의사결정을 내리는 것은 많은 경우 우리의 마음이 부도덕해서가 아니라 오히려 지나치게 도덕적이어서일 가능성이 있다. 즉, 당장 눈앞에 펼쳐진 비도덕적 상황에 열정적으로 즉각 반응하는 것이다. 이것은 도덕적

1) 윤리역량에 대해서는 제11장에서 보다 자세히 논의된다.

반응일 수는 있어도 윤리적 반응은 아니다. 윤리적 반응은 이런 순간에서도 실제 실행에 옮길 결정을 위해 '심사숙고'하는 것이다. 심사숙고를 위해서는 가능한 한 많은 정보, 즉 자신에 대한, 자신이 속한 조직에 대한, 상황에 대한, 대안에 대한 정보를 모으고 이에 대해 깊이 사고해 보아야 하는 것이다.

사실 조직에 속한 구성원이 이렇게 윤리적 의사결정을 내리는 것이 쉬운 일은 아니다. 조직의 억압은 별개로 하더라도 조직 구성원이 윤리적 의사결정에 필요한 모든 정보를 수집하여 결론을 내리는 상황은 결코 많지 않다. 당신이 어느 날 사회적 불의에 대한 언론 보도를 듣고 당신의 페이스북에 그를 비난하는 글을 올렸다고 하자. 그런데 많은 기자들이 그 사안을 파고들어 기사를 올림에 따라 사실은 상황이 그런 것이 아니었다는 것을 깨닫고 후회한 적 있는가? 조직에서의 의사결정이란 이런 상황의 연속이다. 결국 조직 내에서 윤리적 의사결정에는 "충분한 정도의 정보량"에 대한 감각 혹은 윤리적 기준 역시 필요하다. 추후 수집되는 정보에 따라 언제든지 자신의 결정을 수정하거나 책임지는 자세 역시 필요하다.

이렇게 윤리적 의사결정을 내리는 사람의 필수적인 정신적 자세를 쿠퍼(2013: 223)는 다음과 같이 요약하였다: 1) 모든 사람과 모든 공공정책의 도덕적 모호성에 대한 인정, 2) 공공서비스에서 도덕적 우선순위에 영향을 미치는 맥락적인 힘의 인정, 3) 과정의 역설적 상황에 대한 인식.

이러한 윤리역량은 하루아침에 배양되는 것은 아니다. 이는 마치 운동선수가 필요한 근육을 꾸준히 훈련시키듯이 공직자가 자기 자신의 사고력과 마음을 꾸준히 훈련시켜 나가는 수밖에 없다. 가령 운동선수가 결정적인 순간에 평소의 훈련에 따라 슈팅을 성공시키듯이, 공직자도 주어진 기한 내에 관련 법령을 검토하여 행정처분을 준비하는 다소 여유로운 상황에서든, 여러 명의 부상자를 구해야 하는 급박한 상황에서든 자신의 의사결정 능력을 꾸준히 배양해야 하는 것이다.

제4절 조직과 개인: 관계적 측면들

조직 구성원의 윤리적 의사결정에 대해 제6장에서는 조직 중심에서, 이 장(제7장)의 앞 절까지는 개인 중심에서 논의하였다. 이 절에서는 이제 조직과 개인을 동시에 고려하면서 양자 간의 관계적 측면에서의 주요한 논점들을 살펴본다.

1. 조직과 개인의 관계 설정

지금까지 우리는 윤리적 의사결정에 있어서 조직과 개인의 관계를 너무 멀어서 적대적인, 혹은 너무 가까워서 억압적인 관계로 묘사해 왔다. 그러나 현실에서 조직 구성원들이 조직을 보다 윤리적으로 만들어 갈 수 있는 가능성은 얼마든지 존재한다. 최근 기업에서도 유행하는 윤리경영이나, 행정에서 유행하는 조직의 평판관리 같은 것은 조직의 비윤리적 행동 하나가 조직에 얼마나 돌이킬 수 없는 폐해를 유발하는지를 절감한 데서 오는 노력이다. 결국 오늘날 조직은 다행히도 자체를 더 윤리적으로 만들어야 하는 환경적 압력에 처해 있다.

여기서는 조직과 개인의 관계 설정을 거리두기와 설계하기 두 가지로 나누어 이야기한다. 거리두기는 조직에 대해 개인이 취할 수 있는 보다 소극적인 자세라면 설계하기는 보다 적극적인 자세이다.

1) 조직과 거리두기

우선 개인이 조직에 지나치게 가까이 가는 경우, 즉 조직몰입이 높을 경우 비윤리적 결정을 할 가능성이 있음을 앞에서 이야기하였다. 그렇다면 조직 내 개인으로서

할 수 있는 윤리적 노력은 조직과 어느 정도 심리적 거리를 유지하는 일일 것이다. 이는 좀더 구체적으로 다음과 같은 형태로 나타날 수 있다.

첫째, 조직 내 구성원 혹은 공무원들은 대개 조직의 외적 선(external goods)을 지향하도록 요구받는다. 이른바 합법성, 능률성, 효과성 등 행정의 수단적 가치들을 포함하여 조직의 목표에 순응하는 자세 등이 조직의 외적 선을 지향하는 윤리이다. 그러나 윤리적 의사결정을 위해 조직과 어느 정도 거리를 두고자 하는 경우는 이러한 외적 선보다 내적 선(internal goods)을 지향하는 것을 의미한다. 내적 선은 행정이 궁극적으로 달성하고자 하는 가치, 즉 행복, 사랑, 평등, 자유와 같은 것들이다. 로버트 머튼(1940)이 일찍이 정부조직에서 목표의 대치 현상을 발견했을 때, 그것은 바로 조직 구성원 개개인에서 이러한 조직의 외적 선과 내적 선의 전도현상을 발견한 것이었다.

둘째, 조직이 아무리 촘촘한 듯 해도, 어떤 때에는 개인 입장에서 비윤리적 행동에 동참하지 않을 수 있는 "우회로"가 존재할 때가 있다. 비록 이런 우회로가 많다고 하기는 어렵겠으나, 최소한 그것이 존재하는지를 확인해 보거나, 필요하다면 그것을 만들어 내는 노력 역시 윤리적 행동의 일부를 구성한다. 이러한 우회로는, 예를 들어 조직의 은밀한 부패행위에 동참할 것을 최소한 거부하거나,[2] 그러한 행위가 이루어질 때 그들에게 필요한 정보제공을 거부하거나,[3] 조직 내 다른 권위체와 의사소통을 하거나,[4] 그러한 행위들이 나타나지 않도록 사전에 조직의 구조나 문화, 규정 등을 정비해 나가거나, 만일 자신이 리더의 위치에 있다면 자신의 권한을 적극 활용하여

---

2) 부패행위는 결국 공적 권위로부터 사적 이익을 취하려는 행위이기 때문에 상당히 위험도가 높은 행위이다. 따라서 일반적으로는 사적으로 취할 수 있는 이익이 매우 커야 한다. 만일 누군가가 당신에게 부패행위에 가담하기를 요청했는데 이를 거절하면 그는 이익을 분배할 사람이 줄어 오히려 좋아할지도 모른다.

3) 이때 정보제공을 명시적으로 거부하는 것만이 거부에 해당하는 것은 아니다. 여러 가지 이유를 제시하면서 정보제공을 최대한 늦출 수도 있고, 정보제공이 법적으로 불가능함을 변명할 수도 있고, 정확하지 않은 정보를 제공할 수도 있다. 특히 당신이 상대보다 조직의 정보에 있어서 우위에 있다면 당신은 비윤리적 행위에의 동참을 효과적으로 거부하거나 그러한 행위의 의도를 좌절시킬 수 있다.

4) 공공조직은 감사 및 고충처리위원회, 옴부즈만 등 다양한 소통 채널을 마련해 놓고 있다.

그러한 분위기를 조성해 나가는 일이다. 보다 근본적으로는 스스로 그런 상황에 빠지지 않는 일이다. 누구도 당신이 자신들의 유혹을 받아들이지 않을 것이라고 생각하도록 평판이나 이미지를 유지하는 것이다. 다만 이런 우회로는 보통 조직에서의 업무가 개인 단위로 나누어져 있을 때 가능하며, 팀 단위로 업무가 이루어지는 조직에서는 상대적으로 발견하기 어려울 것이다. 바로 이런 이유로 제6장에서 논의한 리더십이 중요한 것이다.

쿠퍼(2013: 343)는 조직에 대한 개인의 "윤리적 자율성"이라는 개념을 제시하였다. 윤리적 자율성은, 첫째, 공무원이 자신이 근무하는 조직에 대한 책임(몰입)의 한계를 의식적으로 정하고, 그 한계선 바깥에서 사고할 수 있는 정체성을 키우는 것을 의미한다. 둘째, 이러한 개인을 보호해 줄 수 있는 법적, 제도적 장치의 마련을 포함한다. 셋째, 의식적으로 자기인식(self-awareness)을 유지하고 계발해 나가는 것이다. 마지막으로 칸트가 말한 이성의 공적 사용과 같이 원칙적 사고를 함양하는 것이다. 조직과 개인은 이러한 개인의 윤리적 자율성을 확장하기 위한 줄다리기를 지속한다.

2) 조직을 설계하기

조직과 거리를 두는 것만으로는 충분하지 않다. 첫째, 당신은 피할 곳이 없을지 모르며, 둘째, 피하는 것이나 애초에 조직에 심리적 거리를 두는 것이 다른 의미에서 윤리적으로 바람직하다 하기는 어려운 부분이 있으며, 마지막으로, 지금은 피할 수 있어도 내일은 피할 수 없을지 모른다. 보다 적극적인 대응은 조직을 윤리적으로 설계해 나가는 일이다. 신충식과 김성준(2015: 83)은 이를 다음과 같이 웅변적으로 말하였다.

> "우리가 설계자, 즉 디자이너처럼 생각한다 함은 특정조직이 처한 상황을 신중하고 체계적으로 고찰하며 법, 임무, 역사에 뿌리내린 조직의 궁극적 한계를 이해하려는 것이다.

조직의 한계를 자각하며 근무하고자 할 때 중요한 것은 공직자 자신의 윤리적 추론, 책임, 의사결정기법, 탁월한 감지력 및 도덕적 상상력을 가지고서 창의적으로 사고할 수 있는 능력일 것이다."

이는 물론 개인 차원의 설계적 접근법의 내용이지만, 동일한 논리가 조직에도 적용되지 못할 것은 아니다. 조직 역시 디자이너처럼 사고하여, 상황을 신중하고 체계적으로 고찰할 수 있는 집합적 제도를 고안할 수 있다. 예를 들어, 미국 대테러부대가 작전 수행 능력을 제고하기 위해 고안한 레드팀과 같이, 조직 내에 조직 구성원 다수의 윤리적 관점의 약점을 지적하는 하부 조직을 두는 것이다. 또한 최종 의사결정 이전 단계에서 집합적 숙의의 절차를 마련하고 그 결과를 최종 의사결정자가 고려하는 절차를 두는 것이다. 이러한 절차에 투명성을 요구하는 것이다.

윤리적 조직의 설계라는 것은 조직이 구성원들의 윤리적 행동을 조장하고 후원하는 것과, 구성원들이 자율적으로 판단할 수 있는 여지를 많이 두는 것이다(Cooper, 2013: 172). 이러한 설계는 리더만의 역할도, 팔로워만의 역할도 아니다. 리더는 조직의 윤리적 차원들을 민감하게 파악할 필요가 있고, 팔로워들의 생생한 윤리적 딜레마를 파악할 필요가 있다. 팔로워는 이런 문제들에서 리더와 소통할 필요가 있고, 자신에게 주어진 윤리적 자율성을 적극 활용할 필요가 있다.

2. 개인의 저항

여기서는 개인이 조직의 악에 대해 거리두기나 설계하기 등의 방법으로 윤리적 자율성을 확보하기 어려운 경우 개인이 조직의 악에 저항하는 세 가지 길에 대해 논의한다. 하나는 내부고발이고 다른 하나는 게릴라 공무원 행동이며, 마지막으로는 협력이다.

1) 내부고발

내부고발은 매우 잘 알려져 있는 반부패 통제 수단이다. 이 책에서도 제8장에서 보다 자세히 다루기 때문에, 여기서는 내부고발을 조직과 개인의 관계 관점에서 간략히 논의한다.

내부고발이 중요한 반부패 통제 수단인 이유는 조직 내에서의 부패행위에 대한 정보를 통제기관이 입수하기가 매우 어렵기 때문이다. 미국에서 2008년 이후 내부고발 제도가 대폭적으로 재정비된 이유는 2008년 금융위기를 초래한 미국 금융기관들을 구제하기 위해 어마어마한 공적 자금을 투입한 이후, 금융기관들이 이를 올바르게 사용하는지를 감시하기 위해서였다. 내부고발은 조직 내 부패행위를 목격했거나 연루되었던 사람에 의한 고발이기에 은밀한 정보를 입수할 수 있는 방안이다. 이는 금융뿐 아니라 환경, 안전, 공안 등을 담당하는 조직에 대한 강력한 통제 수단이 되어 왔다.

그러나 내부고발에는 윤리적 딜레마가 있다. 내부고발자는 흔히 "배신자", "울부짖는 늑대(crying wolf)"와 같이 조직 관점에서 비윤리적 낙인을 찍는 용어로 불린다. 반면, 외부통제자의 관점에서는 "용기 있는 시민", "공익의 수호자" 등과 같이 긍정적인 윤리적 용어로 불린다. 만일 내부고발을 통해 확보한 공익이 확실하다면 배신자와 같은 낙인적 용어는 조직의 이기적인 반응일 뿐이다. 그러나 내부고발은 다양한 동기에 의해 행해질 수 있으며, 그 고발을 통한 공익이 분명하지 않은 경우도 있다. 또한 내부고발자를 보호하는 법령(우리나라의 경우 공익신고자보호법)은 대개 보충성의 원칙을 적용한다. 즉, 내부고발자가 우선 조직 내에서 할 수 있는 다른 수단들을 동원해도 문제가 해결되지 않았을 때 최종적 수단으로 내부고발을 행했을 때 그를 보호한다는 것이다. 물론 조직에 따라 조직 내 신고제도가 사실상 무의미한 경우도 있을 것이다. 잠재적 내부고발자의 관점에서는 조직 내 다른 수단을 동원하기가 현실적으로 매우 어렵거나, 기존 조직에 의해 밝혀진 내부고발자 사례 등이 있을 경우, 신고제도는 잘 작동하기 어렵다.

요컨대 내부고발은 중요한 반부패 외부통제 수단인 것은 분명하지만 모든 사안에서 윤리적 함의가 분명한 것만은 아니다. 내부고발자를 둘러싼 법적 절차 역시 간단하지 않다. 여기서 다시금 조직 내에서 개인은 조직에의 충성과 자신의 윤리적 자율성 사이에서 심사숙고가 요청되는 것이다.

2) 게릴라 공무원

게릴라 공무원은 미국의 인사행정의 대가인 로즈마리 올리어리(Rosemary O'Leary)가 제시한 개념이다. 이 흥미로운 개념을 소개하는 책(O'Leary, 2006)에서 올리어리는 책의 서두를 한 사례에 대한 소개로 시작한다. 제2차 세계대전 당시 주 리투아니아 일본대사관에서 근무한 스기하라 영사는 당시 유럽을 탈출하려는 유대인들에게 비자를 몰래 발급해 주었다. 독일과의 동맹 이후 일본 본국으로부터 유대인들에게 비자를 발급하지 말라는 명령을 받았지만 스기하라는 계속 비자를 발급해 주었다. 심지어 본국으로 소환당하여 열차에 올라탄 순간까지 차창 밖으로 비자를 발급해 주었다. 결국 그는 일본에서 환영받지 못한 채 평생을 불우하게 살다가 세상을 떴다. 그러나 스기하라의 뜻은 이어져 현재 미국 캘리포니아의 로스앤젤레스 도쿄타운에는 스기하라의 동상이 서 있다.

게릴라 공무원이란 자신이 몸담고 있는 조직의 행동이나 목표 달성을 방해하는 행동을 하는 경력직 공무원을 의미한다. 이들은 주로 조직 내에서 자신의 업무 영역에 관한 한 독보적 권한이나 정보를 가진 전문가들이다. 따라서 조직의 목표 달성이 이들의 헌신에 상당히 의존하는 상황에서, 공무원 개인이 조직의 목표가 지향하는 가치에 반하여 은밀하게 그것을 방해하는 행동을 하는 경우 게릴라 공무원이라 할 수 있다.

게릴라 공무원은 내부고발자에 비해 상당히 은밀하게 활동한다. 비록 위의 스기하라의 사례는 곧 조직에 적발되어 마지막에는 상당히 노골적으로 진행되었지만, 적발되기 전까지 일본대사관은 이런 사실을 잘 몰랐다. 게릴라 공무원이 자신의 의지를 은밀하게 관철하는 방법은 다양하다. 이들은 단순히 업무를 지연시킬 수도 있고, 의도적으로 실수를 범할 수도 있고, 은밀하게 외부 조직(예를 들면, 환경보호단체 등)에 정보를 누설할 수도 있다. 이런 행동들이 조직 상층부에 쉽게 적발되지 않기 때문에 게릴라라고 불리는 것이다.

어떤 공무원이 "게릴라"가 되는 데는 여러 가지 이유가 있다. 개인적으로는 스기하라의 예처럼 어떤 윤리원칙 때문일 수도 있고, 상관이나 조직에 대한 개인적 복수심 때문일 수도 있다. 다른 한편 조직적으로는 매우 권위주의적 조직문화가 조직 구성원들을 게릴라로 만들 수도 있다. 다른 상황이라면 상관과 부하 간의 소통으로 해결될 문제가 권위주의적 조직문화에서는 부하가 이를 소통으로 해결할 수 없다 보니 은밀하게 자신의 목적을 추구하는 것이다.

게릴라 공무원도 윤리적 관점에서 보면 미묘한 부분이 있다. 과연 이렇게 은밀하게 조직에 반하는 행동을 하는 것이 윤리적인가라는 의문이 제기될 수 있지만, 조직에 대한 외부통제가 비효과적인 상황에서 그 조직이 부도덕한 목표를 "은밀하게" 추구하고 있을 경우 게릴라로 활동하는 것은 오히려 윤리적이라 할 수도 있는 것이다. 또한 내부고발의 예처럼 게릴라로 활동하는 개인의 동기 역시 윤리적 검토의 대상이 된다.

다만 올리어리는 조직이 게릴라를 "소탕"하려는 시도는 효과적이지도 않을 뿐더러 윤리적이지도 않다고 보았다. 효과적이지 않은 것은 그들이 게릴라식으로 활동하기 때문이다. 조직은 이들을 적발하기도 쉽지 않고(누군가가 단순히 무능할 뿐일 수도 있는데, 그런 사람을 함부로 게릴라라고 낙인찍을 수는 없다), 완전히 없애기는 더더욱 어렵다. 조직의 목표에 반하는 구성원은 가치 다원주의 사회에서 얼마든지 있을 수 있기 때문이다. 윤리적이지 않은 것은 게릴라가 되는 이유가 조직의 권위주의적 문화와 소통의 부재에 있기 때문이다. 문제의 근원은 게릴라 개인이 아니라 조직에 있는 것이다.

3) 협력: 윤리적 연합

지금까지의 논의를 따라오다 보면 조직에서 윤리적 의사결정을 하고자 노력하는 개인은 상당히 외로운 존재라고 생각할지 모른다. 그런 면이 없는 것은 아니지만, 그렇다고 지나치게 일반화할 필요는 없다. 조직의 윤리성을 두고 고민하는 사람이 왜 당신뿐이겠는가? 사실 우리가 생활하는 조직에는 조직의 윤리성에 둔감한 일부, 민감한 일부, 리더와 동료가 어떻게 이끄냐에 따라 그 입장이 달라지는 다수가 존재한다.

인간의 가장 특징적인 심리 중 하나가 바로 동조이다. 고전적인 심리학 실험을 하나 이야기해 보자. 이 실험에서 아무 것도 모르는 참가자는 세 직선 중 가장 긴 직선을 고르는 작업을 다른 참가자들(사실은 각자 역할을 맡은 연구자들)과 수행해야 한다. 이때 아무리 봐도 짧은 직선을 고르는 참가자들이 있다. 만일 다른 모든 참가자가 당신이 고른 직선이 아닌 다른 직선을 고른다면 당신은 어떻게 할 것인가? 결과는 제법 많은 사람들이 자신이 속한 집단의 의지에 굴복했다는 것이다. 이렇게 상대적으로 명확한 정답이 있는 경우에도 다수의 의지에 굴복할진대, 윤리적 의사결정처럼 모호성이 지배하는 상황에서 당신이 다수의 의지에 굴복하지 않을 수 있을까?

추가적인 실험은 당신이 다수의 의지에 굴복하지 않을 수 있다는 단서를 제시한다. 바로 집단에서 단 한 사람이라도 반대 의견을 표시했을 때, 다수의 선택에 반대한 실험 참가자의 비율이 비약적으로 상승했다는 것이다. 이것이 의미하는 바는 두 가지이다. 하나는 당신이 혼자가 아니라는 것이다. 실제 조직에서는 당신과 동일한 의문을 품는 사람들이 분명 있을 것이다. 그들이 침묵하고 있든, 조심스레 의견을 표명하든, 당신은 혼자가 아니다. 그때 당신은 아마도 훨씬 적극적으로 윤리적 고려의 필요성을 주장할 수 있을 것이다. 다른 하나는 당신의 그런 행동이 당신과 같은 다른 구성원을 자극하여 긍정적 동조현상을 불러일으킬 가능성이 있다는 점이다. 명백하게 틀린 답을 선택하게 할 정도로 동조현상이 강하다면, 옳은 답을 선택하게 하는 동조현상이 왜 불가능하겠는가. 요는 조직 구성원들 간의 협력이 발생할 수 있느냐에 있다. 그러한 협력의 단초는 다른 누군가일 수도 있고, 당신일 수도 있다. 이러한 윤리적 동맹을 사전에 만들어 놓는 것 역시 조직의 악에 대한 개인의 저항에 포함된다.

3. 적극행정: 조직과 개인의 협력적 윤리

이제 마지막으로 적극행정의 문제를 살펴보자. "공무원 등이 국가 또는 공공의 이익을 증진하기 위해 성실하고 능동적으로 업무를 처리하는 행위"(감사원 훈령 제331호 제2조), 혹은 "공무원이 불합리한 규제를 개선하는 등 공공의 이익을 위해 창의성과 전문성을 바탕으로 적극적으로 업무를 처리하는 행위"(대통령령 제30016호 제2조)로 정의되는 적극행정의 구체적인 내용은 조직과 개인의 윤리 문제와는 다소 거리가 있다. 그보다는 공무원, 나아가 행정부가 입법부, 즉 정치에 앞서 적극적으로 공익을 정의하고 이를 실현하고자 시도할 수 있는가 하는 정치–행정 일원론/이원론의 관점에서 논의할 것이 많이 있다. 다만 이 장에서 조직과 개인의 윤리를 다룰 때 적극행정이 여전히 논의할 가치가 있는 이유는 적극행정 개념에서 조직과 개인이 협력하여 조직의 선을 달성하는 윤리를 발견할 수 있기 때문이다.

적극행정을 주장하는 이들은 기본적으로 정치–행정 일원론의 입장을 취하게 된다. 공무원이 불합리한 규제를 개선하는 등 공공의 이익을 위해 창의성과 전문성을 바탕으로 적극적으로 업무를 처리하는 행위는 어떻게 보아도 입법부의 명령을 기계적으로 수행하는 소극적 관료의 모습은 아니다. 그보다는 공익을 실천적으로 정의하고 이를 실현하고자 하는 진취적 관료의 모습이다. 반면 정치–행정 이원론의 입장에서 적극행정이라는 관념은 모순적이거나 현실에 적용할 때 범위가 뚜렷한 관념이다.

그렇다면 왜 공무원에게 적극행정을 기대하는가? 법적으로는 공무원의 성실의무에서 그 근거를 찾지만, 보다 넓게 보면 오늘날의 복잡다단한 사회 문제를 해결하기 위해 상대적으로 중립적이고, 전문적이고, 체계적인 의사결정과 실행 주체로서 행정부 조직만한 주체를 찾기 어렵기 때문이다. 정치적 주체는 여러 이익과 가치에 치우쳐 있고(그것이 나쁜 것이 아니다), 정보와 기술적 지식이 상대적으로 부족하고, 체계적으로 움직이기보다는 갈등하는 주체이다.

이러한 행정부의 특성에 더하여 적극행정은 개인 차원에서의 윤리를 요구한다. 당신이 공무원이라면 왜 적극적으로 행동하기를 주저할까? 아마도 당신은 법에 규정된 대로 판단하는 것이 가장 안전할 것이라고 생각할지 모른다. 그것이 가장 안전한 것은 분명하지만, 적극행정은 그러한 심리적 안전지대를 나와서 구체적인 사례에서 시민이 직면한 상황을 보고 윤리적 결정을 내리라고 요구한다. 아마도 당신은 주변을 둘러보고 나만 튈 분위기가 아니라고 생각할지 모른다. 조직은 함께 움직이는 체계이기 때문에 당신의 고민도 역시 옳다. 그러나 적극행정은 진정 당신이 충성해야 할 대상이 누구인지를 돌아보기를 요구한다. 조직의 분위기인가? 시민인가?

요컨대 적극행정은 공익의 창출을 위한 행정부를 향한 시민사회의 기대감에 공무원들이 부응해야 한다는 윤리적 함의를 담고 있다. 이는 조직과 개인의 윤리적 갈등이기보다는 정부조직 전체가 외부를 향해 자신들의 존재 의의를 충족해야 한다는 윤리적 요청이다. 시민이 공무원의 소극행정에 그토록 감정적 분노를 표하는 이유는 특별히 자신의 권익이 구체적으로 침해되었기 때문이 아니라 이러한 윤리적 기대를 공무원들이 저버렸다는 데 대한 실망 때문이다. 다시금 윤리의 문제에는 윤리적 감성의 차원이 있음을 지적해야 한다.

제5절 윤리적 의사결정: 자기 자신 되기

이 장에서는 조직 내 구성원이 직면하는 윤리적 딜레마 상황과, 그때 개인의 윤리적 의사결정의 문제를 다루었다. 이제 결론적으로 윤리적 의사결정의 좀 다른 함의를 살펴본다. 이 모든 논의의 한복판에서 당신은 질문할지도 모른다. 왜 내가 윤리적 의사결정을 해야 하는가? 그저 법에 규정된 대로 행동하고, 조직이 요구하는 대로 행동하는 것이 잘못되었는가? 행정윤리의 논의가 이 질문에 던지는 대답은 이런 반문일 것이다. 당신은 당신이고 싶은가 아니면 조직의 부속품이고 싶은가?

우리가 조직 내에서 개인의 윤리적 의사결정을 진지하게 다루는 이유는 조직의 모든 목표와 행동이 선이 아닐 때, 개인이 거기에 매몰될 수는 없기 때문이다. 물론 위의 질문처럼 모든 것을 내려놓고 그저 조직에 매몰되는 것을 "선택"할 수도 있다. 문제는 바로 이 선택이라는 행위이다. 실존주의자인 사르트르는 선택을 "자신이 자신다워지는 것"이라고 말했다. 결국 인간은 가장 자신다운 선택을 한다는 것이고, 그 선택에 의해 자신의 모습이 드러난다는 것이다.

우리 모두는 어떤 "자아상"을 가지고 살아간다. 테리 쿠퍼(2013: 314)는 다음과 같이 말한다.

> "자아상은 우리 자신에 대해 견지하고 있는 특수한 신념과 관계 있다. 예컨대 '나는 공정하고 신뢰할 수 있으며, 감성적이고 독립적이며, 강하고 능력 있으며 솔직하다.' 이러한 자기 이해의 한두 부분과 아주 일관되지 않은 행위에 관여하는 역할관계의 의무나 업무로 시달릴 때면 언제나 우리에게 제시되는 문제는 누가 우리인가에 대한 융합적인 의미를 견지하는 것이다."

윤리적 의사결정을 위한 심사숙고는 다른 누구를 위한 것이 아니라 자신의 자신됨을 위한 것이다. 자신이 설정한 자아상에 충실하기 위한 행동이다. 당신이 공무원이 될 때 선언했을 공익에 대한 헌신이 당신의 자아상이었다면 당신은 윤리적 판단을 위한 노력을 멈출 수 없다.

핀코프(Pincoffs, 1986)는 윤리적 판단이란 어떤 매뉴얼에 따른 자동적인 의사결정이 아니라 개인의 도덕적 품성, 우리가 "덕"이라고 부르는 것과 깊이 관련되어 있다고 보았다. 덕의 문제를 천착했던 매킨타이어(MacIntyre, 1984)는 덕을 "획득된 인간의 자질"로 보았다. 그것은 우리가 선을 행하는 데 있어 기본적인 연료이다. 드보린과 시몬스(Dvorin & Simmons, 1972)가 공무원에게 가장 중요한 윤리적 자질로 꼽은 것 중 하나는 바로 용기(나머지는 인간의 가치에 대한 헌신 및 청렴)이다.

조직 내 인간의 윤리적 딜레마에 대한 논의를 마치면서 용기에 대한 이야기를 하는 것은 의미 있을 것이다. 왜냐하면 우리가 조직 내에서 윤리적으로 행동하기를 포기하는 가장 큰 이유는 아마도 용기가 부족해서일 것이기 때문이다. 조직, 혹은 그 일부 권력을 지닌 구성원이 의도적으로 악을 행하려 할 경우, 이에 저항하는 것은 상당히 큰 비용을 수반하는 일이다. 그것은 심리적 스트레스부터 재정적 손실, 심지어 조직 내 지위의 상실을 가져올 수도 있는 일이다. 만일 당신에게 부양해야 할 가족이 있다면 이처럼 위험한 행동도 없는 것이다. 그래서 아이리스 영(Iris Young)은 조직에서 사람들이 비겁해지는 이유로 "가장윤리(family man ethic)"를 지적하였다. 조직에 저항하는 것이 위험천만한 현대 사회에서 조직의 구성원들은 "가족을 지키기 위해서는 내 자신은 어떤 일이라도 할 수 있다"는 심리로 자신을 정당화한다는 것이다.

많은 행정윤리 연구자들이 조직 내 윤리적 의사결정을 용기 있는 행동으로 묘사한다. 이성의 공적 사용, 고통을 겪고 있는 사람의 고통을 공감하는 윤리적 감성, 내부고발, 적극행정과 같은 것들은 모두 용기를 필요로 하는 행동들이다. 윤리적 행동의 결과로 인해 조직 내에서 자신을 취약하게 만들 수 있기 때문이다. 그래서 용기는 윤리적 행동을 위한 가장 중요한 덕이 된다. 그러나 제6장과 제7장에서 강조했듯이 우리는 행정악에 개인 차원에서만 대응할 필요는 없다. 우리는 차분히 행정악을 미연에 막기 위해 조직을 설계해 나가는 대안이 있음을 기억해야 할 것이다. 그렇게 할 때, 우리는 평범한 구성원들의 일상에서 행정악에 저항하기 위한 큰 용기가 필요하지 않은 그런 조직에서, 기꺼이 그 조직에 헌신하며 윤리적 자아를 유지해 나갈 수 있을 것이다. 이 부분에서 행정윤리의 연구는 아직 갈 길이 남아 있다.

참고문헌

신충식, 김성준(2015). 공공조직내 윤리적 의사결정 연구: 칸트의 '이성 사용'과 '설계적 관점'을 중심으로. **한국행정학보**, 49(2): 61-91.

윤견수, 소영진, 김동환, 이종범, 최흥석, 이문희, 최영출, 홍민기, 안문석, 안성민, 송위직(2000). **딜레마와 행정**. 서울: 나남출판.

Cooper, Terry L. (2013). *The Responsible Administrator: An Approach to Ethics for the Administrative Role*. 6th ed. San Francisco: Jossey-Bass.

Dvorin, E. P. & R. H. Simmons(1972). *From Amoral to Humane Bureaucracy*. San Francisco: Canfield Press.

MacIntyre, A. (1984). *After Virtue*. 2nd ed. Notre Dame University Press.

Merton, R. (1940). Bureaucratic structure and personality. *Social Forces, 18*: 560-568.

O'Leary, Rosemary(2006). *The Ethics of Dissent: Managing Guerrilla Government*. Washington, D.C.: CQ Press.

Pincoffs, E. L. (1986). *Quandaries and Virtues*. Lawrence: University Press of Kansas.

제 4 편

외부통제와 윤리행위

공무원 부패의 통제

제 8 장

❁ 생각해 보기 ❁

1. 윤리와 부패는 어떤 관계인가?
2. 공무원 부패를 바라보는 다양한 시각과 속성에는 어떤 점들이 있는가?
3. 우리는 부패방지를 위해 어떠한 노력을 하였으며, 그 제도적 결실에는 어떤 것들이 있는가?
4. 공직자의 이해충돌은 공직사회에 어떠한 결과를 가져다주며, 이를 회피하기 위해 우리는 무엇을 준비해야 하는가?

제1절 윤리와 부패

부패와 윤리는 동전의 양면과 같다. 부패가 공무원의 부정적 측면을 표현한다면, 윤리는 긍정적인 측면을 표현한다. 공무원에게 충분한 윤리가 확보되지 않는다면 그 결과는 부패 혹은 그와 유사한 결과를 초래할 수 밖에 없다. 따라서 부패를 말하는 것은 곧 윤리를 말하는 것이라고 할 수 있다. 윤리가 부패의 관점에서 사전적, 예방적 측면을 말하는 것이라면, 부패는 윤리적 행위가 확보되지 않았을 때 발생하는 사후적, 결과적 측면을 반영한다.

윤리의 확보가 공무원에게 절대적으로 중요하고 필요한 것은 맞지만, 모든 공무원과 행정에서 늘 우리가 만족하는 수준의 윤리를 확보할 수 있는 것은 아니다. 공무원에게 윤리의 중요성을 끝없이 강조한다고 해서 모든 공무원이 윤리적 공무원이 되는 것이 아니며, 윤리 확보를 위한 제도를 만들었다고 해서 모든 공무원과 행정시스템이 윤리적으로 작동하는 것은 아니다. 공무원에게 있어서 윤리는 필요조건이지만 충분조건은 되기 쉽지 않다. 오히려 사후적이지만 효율적이고 체계적인 부패방지 시스템이 확보되었을 때, 사전적이고 예방적인 윤리 혹은 윤리시스템이 제대로 작동할 수 있다. 윤리와 부패방지는 서로 보완적인 관계에 있다고 할 수 있다.

제2절 부패의 다양성

1. 공무원 부패의 개념

공무원은 국민에 대한 봉사자로서 행정 업무를 수행할 때 법률에 규정된 범위 내에서 권한을 행사해야 하며 일정한 윤리규범에 따라 행동해야 한다. 그러나 행정 업무가 복잡해지고 전문화됨에 따라 공무원들에게 부여된 재량의 범위가 넓어졌으며, 이에 따라 공무원들이 행정권을 오남용해 비윤리적인 일탈행위를 할 가능성이 커지게 됐다.

공무원의 일탈행위를 일반적으로 부패라고 한다. 부패가 갖는 문화적 속성으로 인해 부패를 바라보는 시각이 다양하다. 공무원의 부패를 어떻게 정의하든 여기에는 부당한 사익의 추구, 정당한 공익의 손실, 공적인 권력의 부적절한 남용 등의 속성들이 내재돼 있다. 특히 공무원의 부패가 권력을 기반으로 하는 부패행위라는 점에서, 핵심적인 속성은 '권력'이다. 공무원 부패를 통제하기 위한 첫 단계로서 권력에 대한 견제와 감시가 강조되는 이유도 바로 여기에 있다.

부패라는 용어가 다양하게 사용되고 있지만, 그에 대한 명확한 개념 정의는 활용 방법에 따라서 다양하다. 다만, 현행 '부패방지 및 국민권익위원회의 설치와 운영에 관한 법률'에서는 "공직자가 공적 지위를 이용해 재산적 이익을 도모하거나 공공기관에 대해 재산적 손해를 야기하는 위법행위 및 이와 관련된 행위"로 규정하고 있다. '부패행위'란 "공직자가 직무와 관련해 그 지위 또는 권한을 남용하거나 법령을 위반해 자기 또는 제3자의 이익을 도모하는 행위, 공공기관의 예산 사용, 공공기관 재산의 취득관리처분 또는 공공기관을 당사자로 하는 계약의 체결 및 그 이행에서 법령에 위반해 공공기관에 대해 재산상 손해를 가하는 행위, 이러한 행위나 그 은폐를 강요 · 권고 · 제의 · 유인하는 행위"를 의미한다. 현실적으로 부패의 개념은 광의적이고 적극적인 개념으로 사용돼 국가 차원의 청렴성을 저해하는 요인 내지 행위로 사용된다. 부패의 개념을 광의로 이해할 때, 그것이 갖는 다양하고 복합적인 속성으로 인해 명확하게 개념 정의를 하기는 쉽지 않다.

2. 공무원 부패의 접근 방법

공무원 부패가 발생하는 원인과 해석하는 시각에 따라 다양한 접근방법들이 있는데, 여기에서는 다음과 같이 네 가지 접근 방법을 설명하고자 한다.

첫째, 도덕적 접근법으로, 공무원 부패를 개인 행동의 결과로 보아 개인이나 소규모 집단이 공적 역할을 지배하는 법규를 침해한 경우, 부패의 원인을 이러한 행위에 참여한 개인들의 윤리와 자질의 탓으로 돌리는 경우다. 즉, 개인의 성격 및 독특한 습성과 윤리문제가 부패 행태와 밀접한 관련이 있다고 보는 입장이다.

둘째, 사회문화적 접근법으로, 특정한 지배적 관습이나 경험적 습성과 같은 것이 부패를 조장한다고 보는 입장이다. 예를 들어, 전통적으로 선물 관행이나 보은 의식과 인사문화가 있는데, 이를 공무원 부패의 한 원인이라고 하면 사회문화적 입장에서 판단하는 것이다.

셋째, 제도적 접근법으로, 사회의 법과 제도상의 결함이나 이러한 것들에 대한 관리기구와 운영상의 문제들 또는 예기치 않았던 부작용이 부정부패의 원인으로 작용한다고 보는 입장이다. 특히 행정통제 장치의 미비는 이러한 접근법에서 나타나는 대표적인 공무원 부패의 원인이다.

넷째, 체제론적 접근법으로, 부패란 어느 하나의 변수에 의해 설명되는 것이 아니라 문화적 특성, 제도상 결함, 구조상 모순, 공무원의 부정적 행태 등 다양한 요인에 의해 복합적으로 나타난다는 입장이다. 이러한 관점에서 공무원 부패는 부분적인 대응으로 억제하기가 매우 어려운 문제가 된다.

3. 공무원 부패의 유형

1) 부패 발생의 수준: 개인부패와 조직부패

개인부패는 말 그대로 개인 수준에서 발생하는 부패다. 대부분의 부패 유형은 개인부패의 유형에 속한다. 공무원이 담당하는 직무를 수행하면서 금품을 수수한다거나 혹은 공금을 횡령하는 등 개인적 일탈 수준에서 부패가 발생하는 경우다. 조직부패는 하나의 부패사건에 여러 사람이 조직적 혹은 집단적으로 연루돼 있는 경우를 의미한다. 조직적으로 부패행위가 이뤄지는 경우 여간해서는 외부에 잘 드러나지 않는 것이 특징이다.

2) 부패의 제도화 정도: 일탈형 부패와 제도화된 부패

일탈형 부패는 개인적 부패에서 많이 발생하는 것으로, 부정적인 관행이나 구조보다는 개인의 윤리적 일탈에 의해 발생하게 된다. 무허가 업소를 단속하던 단속원이 정상적인 단속활동을 수행하다가 금품을 제공하는 특정 업소에 대해서는 단속을 하지 않는 것이 바로 일탈형 부패에 해당한다.

부패 중에서 심각한 형태가 '제도화된 부패'다. 다른 용어로는 '구조화된 부패' 혹은 '체제적 부패'라는 용어로도 불린다. 지금은 상당히 줄었지만, 인·허가와 관련된 업무를 처리할 때 소위 '급행료'를 지불하거나 혹은 예전에 은행에서 자금을 대출받을 때 '커미션'을 지불하는 것을 당연시하곤 했는데, 이러한 예들이 제도화된 부패다.

3) 부패의 영향: 백색부패와 흑색부패

'선의의 거짓말'이 있듯이, 부패에도 '선의'의 목적으로 행해지는 부패행위가 있다. 이러한 행위는 대개 의사결정이나 발언의 형태를 통해 나타나게 된다. 예를 들어, 금융위기가 심각함에도 불구하고 국민들의 동요나 기업활동의 위축을 방지하기 위해 금융위기가 전혀 없다고 관련 공직자가 거짓말을 하는 것은 엄밀한 의미에서는 부패행위의 일종이라고 할 수 있다. 이러한 발언은 공무원이 사적인 이익을 취하기 위한 것이라기보다는 경제 안정이라는 공익을 위한 것이라는 점에서 '백색부패(white corruption)'라고 한다.

백색부패와 같은 유형의 행위가 용인되는 것은 아니다. 부패의 범주에 들어가는 것이지만, 일반적인 부패와는 구별되는 특징을 지니고 있기 때문에 백색부패라는 용어를 사용한다. 이와는 반대로 부당하게 사익을 추구하는 부패의 유형은 '흑색부패(black corruption)'라고 한다.

'회색부패(gray corruption)'는 백색부패와 흑색부패의 중간 점이지대에서 발생하는 부패를 의미한다. 명백한 부패에 해당하는 흑색부패의 유형은 대개 형법이나 공직자 윤리법, 부패방지법 등에 규정될 수 있다. 하지만 논란이 있거나 혹은 가치판단을 요하는 유형들은 법률보다는 공무원 윤리강령이나 혹은 행동강령 등에 규정한다. 과도한 선물의 수수는 윤리강령에 규정될 수 있는데 이를 부패방지법 등에 규정하는 것에 대해서는 반론이 있다. 여기에 해당하는 사례들이 회색부패의 형태에 해당된다. 회색부패도 이것이 지속적으로 반복되거나 혹은 심각한 이해 충돌 등을 야기하는 경우에는 얼마든지 흑색부패로 악화될 소지를 갖고 있다는 점에서 중요하게 고려해야 한다.

4) 부패의 원인: 생계형 부패와 권력형 부패

경제가 어려웠던 시절에 주로 발생했던 부패를 '생계형 부패'라고 부르기도 했다. 대단한 이익을 얻기 위해서라기보다는 적은 소득을 보충해 생계를 유지하기 위해 부패행위가 이뤄지는 형태로서, 일반 국민들도 이 부분에 대해서는 어느 정도 관용적인 입장을 취하기도 했다. 이러한 부패 유형은 민원 업무와 관련해 하위직에서 주로 발생했다. 외국에서는 이러한 유형의 부패를 '작은 부패(petty corruption)'라고 한다.

부패는 권력에서 나온다는 말과 같이 특히 정치인이나 혹은 일반 공무원 중에서도 상위직 공무원에 의해 행해지는 부패를 '권력형 부패'라고 한다. 이러한 유형의 부패는 사회적으로 희소한 '권력'을 갖고 있는 사람들에 의한 부패로서, 생계형 부패와 명백히 구분된다. 즉, 권력형 부패는 '초과적인 막대한 이익'을 부당하게 얻기 위해 이뤄지는 것으로서, 사회적 지탄의 대상이 된다.

5) 거래의 여부: 거래형 부패와 사기형 부패

전형적인 부패의 형태 혹은 수단이 '뇌물'이다. 뇌물을 주고받아 금전적 이익을 보는 사람과 이를 대가로 특혜를 제공받는 '거래'가 성립된다. 일반적인 부패는 이렇게 거래의 형태를 취하고 있다. 전형적인 부패가 양 당사자가 상호작용하는 '거래형'의 특징을 지니지만, 부패 방지를 위한 방안의 설계에서는 거래의 일방인 공무원에 대해서만 주로 논의가 진행됐다. 그런데 최근 들어 일반 시민의 역할이나 책임성 문제가 논의의 대상으로 확장되고 있다.

비거래형 부패인 공금 횡령, 개인적인 이익의 편취, 회계 부정 등은 거래를 하는 당사자가 없이 공무원에 의해 일방적으로 발생하는 부패의 유형이다. 상호작용이 발생하지 않는다는 점에서 '거래형'이라는 부패의 전형적 특징이 발견되지 않는 유형이다. 이런 유형은 대개 형법에 규정되어 있어, 다른 유형의 경우와 비교했을 때 상대적으로 엄정하게 적발과 처벌이 이뤄진다.

제3절 부패의 속성: 문화 혹은 제도

1. 부패의 복합적 속성

부패는 일반적으로 복합적인 속성을 갖고 있다. 단일의 속성으로 부패문제를 설명하는 것이 사실상 불가능하다. 부패문제에 대한 대응이 성공적인 경우가 드문데, 그 원인의 하나도 바로 이와 같은 부패의 복합적, 다면적 속성 때문이다. 앞서 언급한 부패에 대한 다양한 접근법도 이와 같은 복합적 속성을 반영하는 것이라고 할 수 있다.

예를 들어서, 부패문제에 대한 다양한 접근론 중 대표적으로 체제론, 역사론, 문화론, 제도론 등 다양한 접근들이 존재한다. 이 중에서 역시 가장 많이 활용되는 것이 바로 문화론과 제도론이다. 이 접근은 의미가 비교적 명확할 뿐만 아니라 설명이 용이하기 때문이다.

문화론은 부패의 제 속성을 문화적 관점에서 설명하는 접근법이다. 예를 들어서, 우리의 문화를 정실문화, 선물문화, 연고우선주의로 설명하고, 이것이 부패 발생의 원인이라고 설명하는데, 이것이 문화론의 대표적 사례이다. 문화적 접근을 하게 되면, 해당 문화를 부패 친화적인 것으로 해석하게 된다. 문화론의 관점에서는 부패를 줄이기 위해서는 당연히 부패 친화적 문화를 부패 저항적 문화로 변화시켜야 한다.

문화론과 비교하여 제도론은 부패를 제도적 실패의 결과물로 보는 입장이다. 제도는 사회와 조직을 규율하는 하나의 시스템으로서, 이 시스템이 제대로 작동하지 못할 때 부패와 같은 문제가 발생한다고 본다. 예를 들어서, 회계 관련 부패는 회계시스템이 제대로 구축되어 운영되지 못한 결과이며, 검찰의 권한 남용과 독직은 검찰권에 대한 견제 장치가 미비하여 발생한다고 본다. 제도론적 입장에서는 제도적 결함의 시정이 부패방지를 위한 효과적 대응이라고 본다. 이와 같은 특성에 의하여 제도적 접근은 시스템적 접근으로 불리기도 한다.

부패가 발생하는 원인 혹은 처방이 어려운 대표적 원인으로서 앞서 언급한 바와 같이 문화와 제도가 자주 인용된다. 이와 같은 설명 방식에 대부분의 사람들은 동의한다. 문화와 제도적 취약이 부패의 중요한 요인임을 부인하기 어렵다.

그러나 한편에서 생각하면 좀처럼 개선되지 않는 부패발생의 원인 제거 혹은 방지대책의 실패를 문화적 결함과 제도적 미비의 탓으로서 돌려서 부패문제로부터 자유로워지려 하기도 한다. 정도의 차이는 있지만 많은 사람들이 부적절한 관행과 혹은 크고 작은 부패로부터 자유롭지 않다면, 그러한 것들로부터 심리적으로 자유로워질 수 있는 좋은 방법은 늘 문화적 취약성과 제도적 결함을 지적하는 것이다. 특히 부패에 취약한 문화라는 지적은 매우 요긴한 핑계거리가 된다. 또한 이와 같은 입장은 쉽게 부패방지에 대한 체념 혹은 부패방지 정책 실패의 변명으로 활용되기도 한다.

2. 부패의 속성과 대응방법

문제의 원인에 대한 적절한 진단과 그에 상응하는 처방은 필요불가결하다. 원인과 맞지 않는 처방은 아무리 고급의 것이라 하여도 무용지물이 될 수밖에 없다. 특히 부패는 대응방안에 따라서 또 다른 모습으로 변화한다는 점에서 정교한 접근이 필요하다.

부패의 속성에 맞는 대응이 필요하다는 점에서 문화론과 제도론은 모두 유용한 것들이다. 어느 것이 우월하다고 하기 어렵다. 다만 처한 상황에 따라서 어떤 접근을 우선적으로 활용할 것인가는 달라질 것이다.

먼저 부패의 문화적 속성에 근거한 대응방안이다. 부패가 갖는 대표적인 속성을 고려하여 대응방안을 모색하는 것은 합리적이다. 다만 이렇게 문화가 부패문제와 밀접한 관계가 있는 것은 맞지만, 문화적 처방 혹은 변화를 통하여 부패방지를 한다는 것은 '부패를 줄여서 부패를 줄인다'는 말과 같은 동어반복적인 표현이 될 수 있다. 문화적 속성은 부패문제와 불가분의 관계에 있다는 점에서, 문화의 관점에서 부패의 속성과 원인론을 설명하는 것은 매우 적절하다.

그러나 처방의 관점에서 문화변화를 통하여 부패를 방지하는 것은 쉽지 않다. 이유는 이미 문화라는 용어 속에 포함되어 있다. 즉, 문화는 단기적인 것이 아닌 매우 오랜기간을 거쳐서 형성된다. 수십 년이 아닌 수백 년 이상의 시간이 필요하다. 문화의 변화는 형성된 시간 이상의 시간이 필요하다. 문화는 관성적이기 때문이다. 매우 완만한 변화곡성을 보여준다. 따라서 문화의 변화를 통하여 보다 근원적으로 부패를 줄인다는 것은 합리적인 것이지만, 그것은 오랜 기간 동안의 지속적인 변화가 있을 때 가능할 것이다.

문화가 갖는 속성으로 인하여 부패방지에 있어서 문화변화적 전략을 활용하기가 쉽지 않다. 그러나 이것이 문화론적 접근의 무용론을 주장하는 것은 아니다. 문화는 여전히 매우 유용한 시각이고 방법이기 때문이다. 다만 문화의 변화를 '문화'만의 논의가 아닌 제도와의 관계 속에서 논의할 때 보다 더 의미 있는 접근이 될 수 있을 것이다.

문화는 다양한 요인들에 의하여 변화한다. 시간의 자연스런 흐름 속에서 변화하기도 하지만, 인위적인 조치에 의하여 문화가 변화하기도 한다. 인위적인 조치의 대표는 바로 제도와 시스템이다. 특정한 제도의 선택은 의외로 많은 사람들의 의식, 행동양식, 선택 등을 변화시킨다. 그 제도가 부패방지라는 강제적, 처벌적 의미를 담고 있다면, 이에 관련된 사람들의 변화는 비교적 단기간에 발생한다.

물론 제도와 시스템의 도입이 의식과 태도, 결정의 지속적인 변화를 담보하는 것은 아니다. 당연히 조건이 필요하다. 즉, 문제에 맞는 제도와 시스템이 설계되고, 이 제도와 시스템이 정상적인 방법으로 작동하는 경우에는 의식과 가치관, 태도, 결정의 지속적인 변화가 확보될 수 있을 것이다. 장기적인 변화의 결과가 바로 문화의 변화를 초래한다고 할 수 있다. 제도와 문화의 선순환적 관계를 만들어 내는 것이 필요하다.

문화적 접근과 제도적 접근이 모두 의미 있음을 부정할 필요는 없다. 다만 전략적 관점에서 우선적인 선택이 가능하다. 적정한 제도의 도입과 실질적이고 지속적인 활용은 문화적 변화와 연결된다는 점에서 제도의 활용을 우선적으로 고려할 수 있을 것이다.

우리는 부패방지를 위하여 그동안 많은 제도를 활용하였다. 우리에게 없던 새로운 제도를 도입하기도 하였고, 활용하던 제도를 수정하면서 재활용하기도 하였다. 제도를 통하여 다양한 성과들을 확인하였다. 물론 모든 제도가 당초 기대하였던 성과를 어느 정도 거두었는가에 대해서는 제도별로 구체적인 분석이 있어야 가능할 것이다.

제4절 부패실태 측정을 위한 시도

1. 다양한 측정방법들

국가 수준 혹은 정부(행정) 단위에서의 부패실태에 대한 다양한 측정 시도들이 국내외적으로 이루어지고 있다. 우리나라에서는 국민권익위원회가 '종합청렴도'라는 명칭으로 부패실태를 측정하고 있으며, 국제투명성기구(TI, Transparency International)는 지난 1995년부터 부패인식도(CPI, Corruption Perceptions Index)라는 명칭으로 측정하고 있다. 두 가지 측정에는 방법상의 차이는 있지만, 우리나라의 전반적이 부패수준에 대한 인식을 확인할 수 있는 몇 개 안되는 바로미터라는 점에서 중요한 자료들이다.

1) 국제투명성기구의 부패인식지수

먼저 부패인식지수(CPI)는 공공부문에 존재하는 부패의 정도를 측정하는 지표로서, 국제사회에서 사용되는 다양한 부패수준 측정방법들 중에서 가장 종합적인 지표로 평가되고 있다. 조사대상 국가는 매년 유동적인데, 2018년 현재는 180개국이 대상이다. 부패인식조사는 조사의 조사라고 하여, 국제사회에서 측정되고 있는 다양한 측정결과들을 종합하여 활용되며, 이에 따라서 국가마다 적용되는 개별 측정조사자료들의 숫자는 상이하다. 한국의 경우, 2018년도 측정에서 활용된 조사자료는 국제경영개발원(IMD) 등 9개 기관이 측정 및 평가한 10개 지표이다.

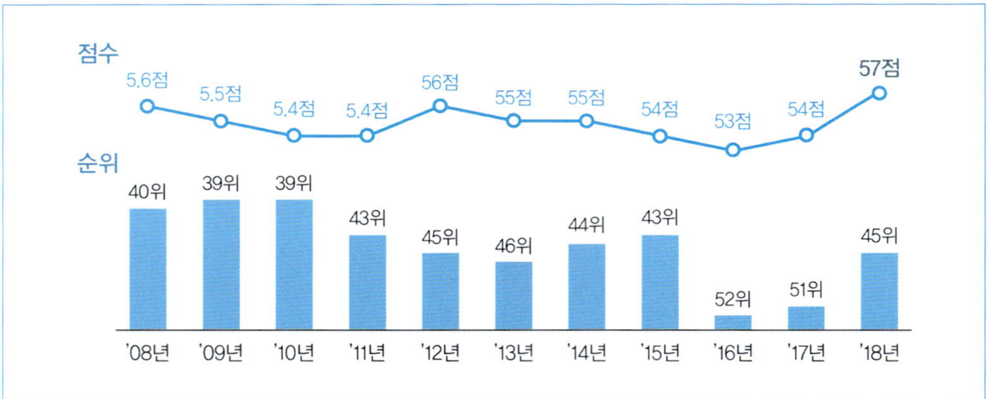

주: 2012년 이후 10점 만점이 100점 만점으로 변경됨.
출처: 국민권익위원회(2019). 국제투명성기구 부패인식지수 발표 보도자료.

[그림 8-1] 우리나라 부패인식지수(CPI) 변동 추이

국제투명성기구의 2018년도 측정 결과, 우리나라는 100점 만점에 57점으로 측정대상 180개 국가들 중에서 45위로 나타났다. 2017년과 비교하여 3점이 상승하였으며(54점 → 57점), 순위도 6단계 상승하여 51위에서 45위로 조사되었다.

2) 국민권익위원회의 청렴도 평가

우리나라에서 공공부문의 부패 실태와 관련한 체계적이고 지속적인 측정은 국민권익위원회에 의해 이루어지고 있다. 즉, 국민권익위원회는 「부패방지 및 국민권익위원회의 설치와 운영에 관한 법률」에 근거하여 2002년부터 매년 공공기관 청렴도를 측정하여 발표하고 있다. 2019년 기준으로 중앙행정기관, 지방자치단체, 교육청, 공직유관단체 등 총 609개 기관이 측정대상이다.

공공기관 청렴도 측정모형은 처음 만들어진 이후 지금까지 지속적으로 수정, 발전되어 오고 있다. 2019년 현재의 공공기관 청렴도 측정모형은 다음과 같다. 종합청렴도의 개념하에 외부청렴도, 내부청렴도, 정책고객평가, 기관별 부패발생 사건 등이 종합적으로 반영되어 측정되고 있다.

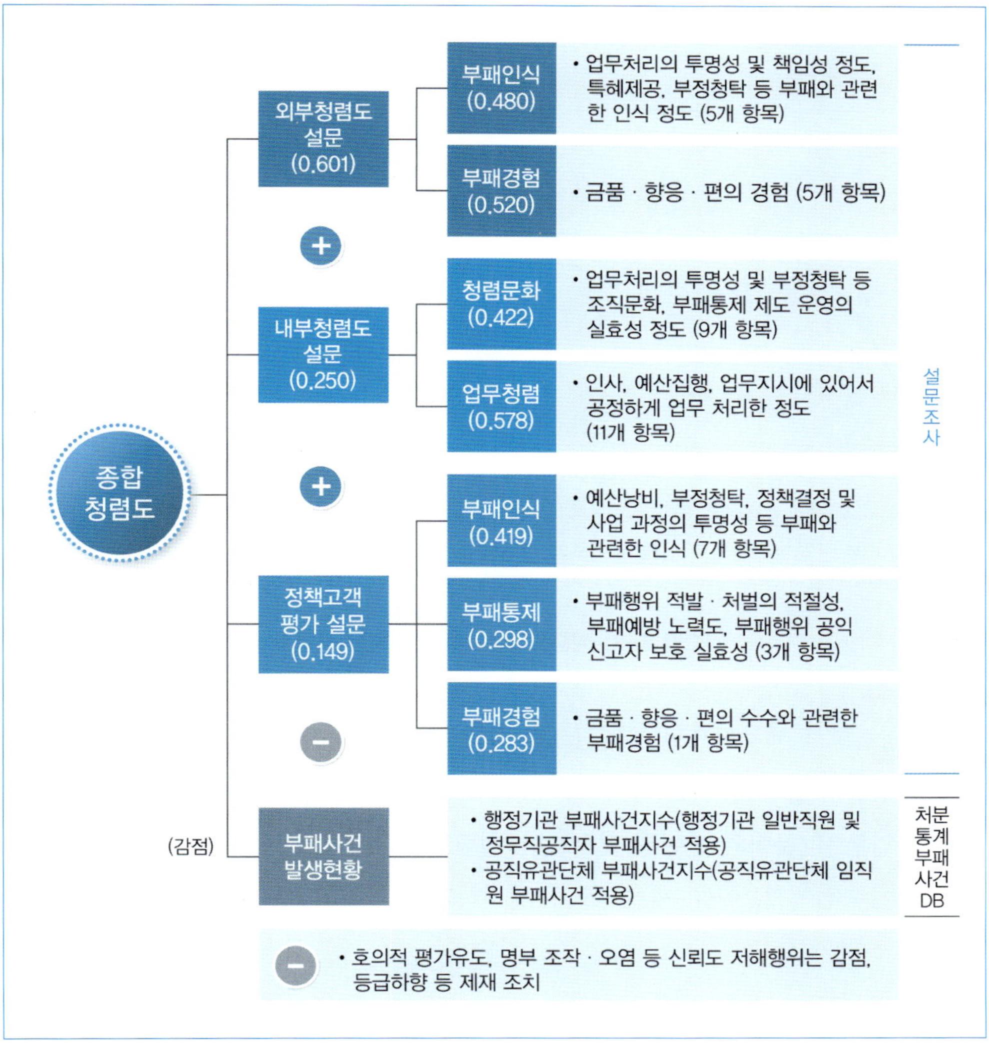

출처: 국민권익위원회(2019). 2019년도 공공기관 청렴도 측정 계획. p.5.

[그림 8-2] 공공기관 청렴도 측정모형

2019년 측정 결과를 기준으로 보면, 중앙 행정기관 등 우리나라 전체 공공기관의 종합청렴도는 10점 만점에 8.19점으로, 2018년과 비교하여 0.07점 상승하였다. 2016년까지는 소폭으로 등락을 반복하다가, 2016년 이후 3년 연속 상승하고 있다(국민권익위원회, 2019).

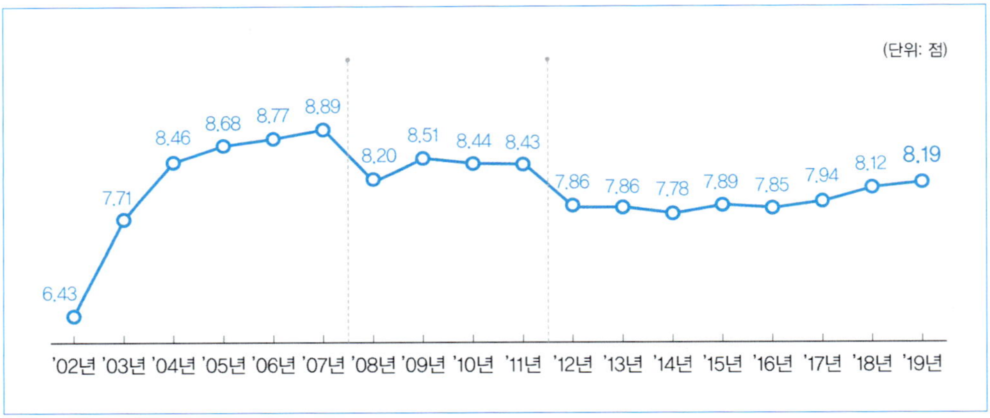

주: '08년, '12년은 모형개편으로 인해 전년도와 시계열 단절
출처: 국민권익위원회(2019). 2019년도 공공기관 청렴도 측정 결과. pp.4-5.

[그림 8-3] 청렴도 점수 추이('02년 ~'19년)

종합청렴도를 세부적으로 보면, [그림 8-4]에서 보는 바와 같이 외부청렴도 영역의 점수는 상승하였으나, 내부청렴도 및 정책고객평가 영역 점수는 하락하였다. 내부청렴도는 업무 및 문화와 관련된 것으로서, 청렴도가 지속적으로 상승하기 위한 중요한 조건이라는 점에서, 이를 체계적으로 관리하기 위한 노력이 필요한 부분이다.

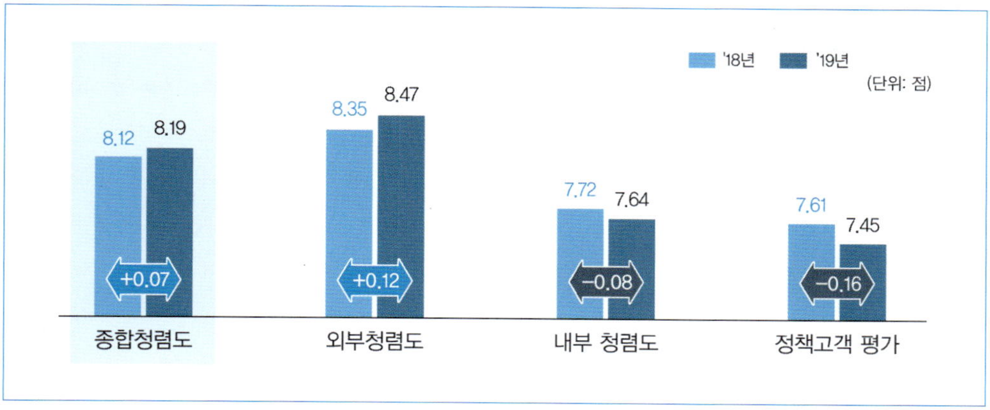

출처: 국민권익위원회(2019). 2019년도 공공기관 청렴도 측정 결과. p.6.

[그림 8-4] 종합청렴도 및 각 영역별 점수 비교('18년~'19년)

정책고객평가는 공공기관의 업무와 관련한 외부의 고객에 의한 평가로서, 공공기관의 청렴도에 대한 외부의 인식을 반영한다. 2019년 7.45점으로 2018년의 7.61점과 비교하여 하락하였다.

청렴도 조사는 전체적으로 설문조사에 근거하는데, 이 중에서 응답자의 경험에 기초한 부분이 부패경험률 항목으로서, 실제 경험을 반영한다는 점에서 의미가 있다. 지난 2016년「청탁금지법」시행 이후 조사 대상기관과의 업무경험이 있는 국민들이 경험한 금품 · 향응 · 편의 부문의 부패경험률은 지속적으로 감소한 것으로 나타났다. 공공부문의 청렴도에 대한 국민들의 부정적 경험이 감소하는 것이라는 점에서 긍정적인 평가가 가능하다. 다만 기관의 내부 직원들이 생각하는 부패경험률은 증감이 있다는 점에서, 내부 청렴도에 대한 적극적 관리가 필요한 부분이다.

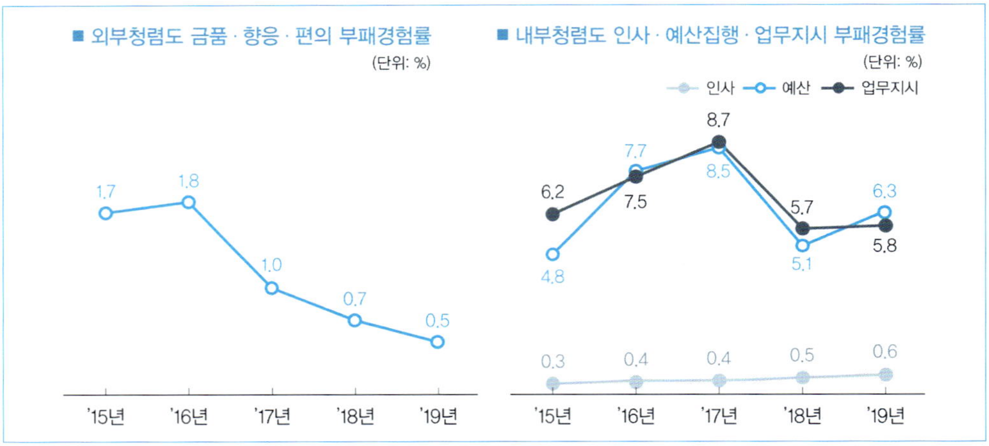

출처: 국민권익위원회(2019). 2019년도 공공기관 청렴도 측정 결과. p.8.

[그림 8-5] 최근 5년 외부 · 내부 청렴도 부패경험률('15년~'19년)

2019년 측정 기준으로, 기관유형별로 청렴도는 공직유관단체가 가장 높은 것으로 나타났으며(8.46점), 이어서 교육청(8.07점), 중앙행정기관(8.06점), 기초자치단체(7.99점) 순이다. 광역자치단체(7.74점)가 가장 낮은 청렴도를 보여 주고 있다.

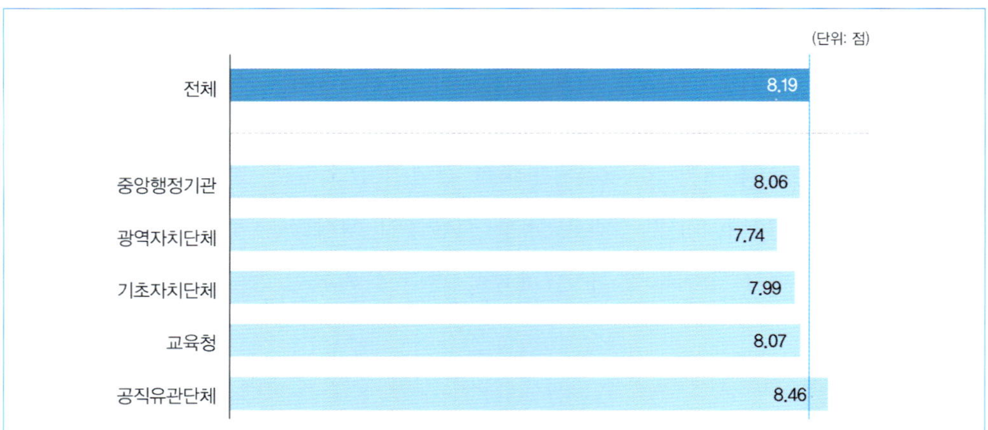

출처: 국민권익위원회(2019). 2019년도 공공기관 청렴도 측정 결과. p.6.

[그림 8-6] 기관유형별 종합청렴도('19년)

3) 한국행정연구원의 부패실태 조사

국내의 경우, 국민권익위원회에 의한 측정 이외에, 전국적인 측정으로서 한국행정연구원에 의한 부패실태 측정이 이루어지고 있다. 다만 한국행정연구원의 측정은 설문지에 근거한 측정이라는 점에서는 국민권익위원회의 측정과 유사하지만, 측정 항목은 매우 단순하다는 점에서 차이가 있다. 한국행정연구원의 측정을 통한 우리나라의 행정부문 부패에 대한 인식을 확인해 보면 다음과 같다.

우리나라 공직사회의 전반적 부패수준에 대해서 국민들은 부정적으로 인식하고 있다. 2016년 조사에 따르면, 조사대상 국민 중 51.6%가 '공직사회가 부패하다'고 응답하였다. 반면 공직자는 4.6%가 부정적으로 응답하여, 국민과 공직자 간 부패 인식에 있어서 매우 큰 괴리가 존재하고 있음을 확인할 수 있다. 이와 같은 지속적인 낮은 수준의 평가는 부패문제에 대한 개선 가능성에 대한 부정적 예측, 부패방지 관련 정책과 담당 기관에 대한 불신의 증대로도 나타날 수 있다.

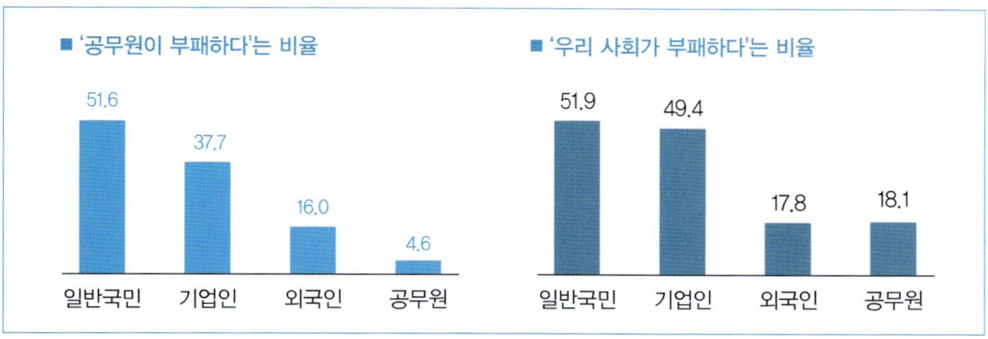

출처: 한국행정연구원(2016). 2016년 사회통합실태조사.

[그림 8-7] 부패문제에 대한 공무원과 국민의 인식

위의 조사와는 다른 조사도 있다. 같은 한국행정연구원의 '정부부문 부패실태에 관한 연구'에 따르면, 공공부문의 부패에 대해서 전체 응답자의 50% 가까이가 부정적으로 응답하였으며, 이 중 14.5%는 심각한 것으로 응답하였다.

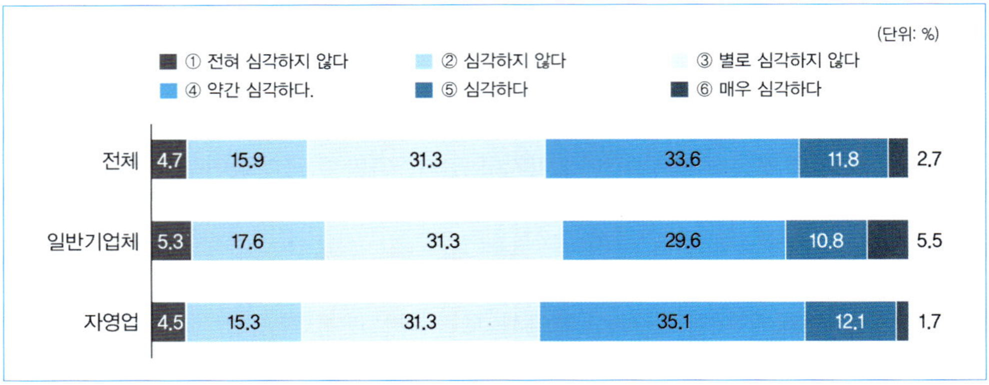

출처: 한국행정연구원(2020). 정부부문 부패실태에 관한 연구.

[그림 8-8] 공공부문의 부정부패 심각성 인식

한국행정연구원의 같은 조사에서, 행정기능 분야별 부패의 심각성 정도에 대해서 건축, 법조, 조달 등의 분야가 심각한 것으로 인식하고 있으며, 소방, 사회복지, 보건의료 분야 등은 상대적으로 덜 심각한 것으로 인식하고 있다.

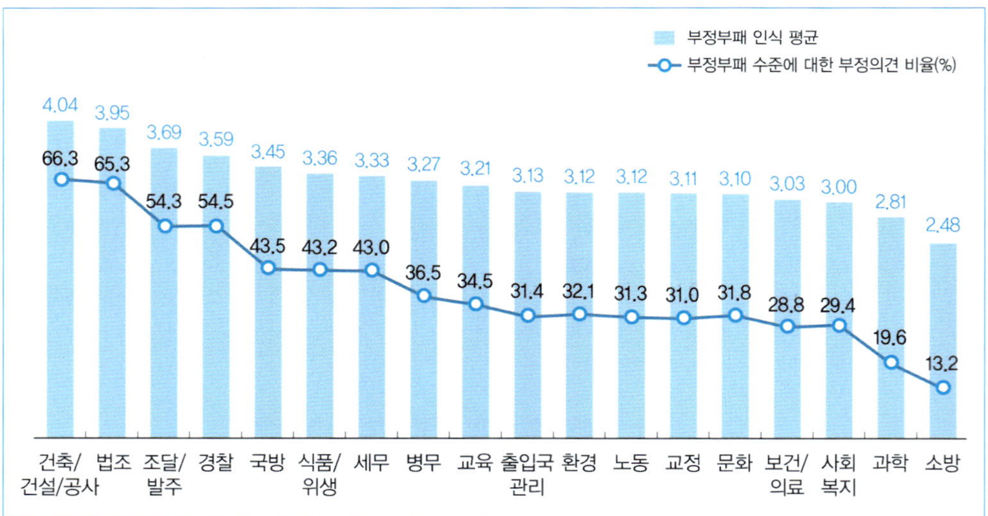

출처: 한국행정연구원(2020). 정부부문 부패실태에 관한 연구.

[그림 8-9] 행정기능 분야별 부정부패 심각성 인식(6점 척도)

부패방지를 위한 정부의 다양한 노력들이 있는데, 이들의 부패방지 효과에 대해서 금융실명제, 청탁금지법, 공익신고제도가 상대적으로 긍정적인 작용을 하고, 공무원 연금제도, 공무원정년제도는 상대적으로 효과가 적은 것으로 인식하고 있다.

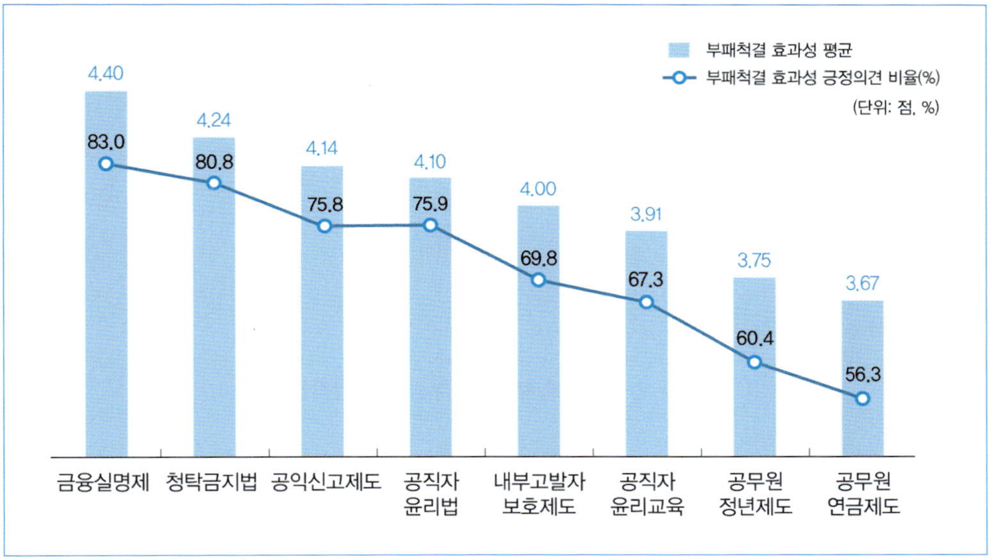

출처: 한국행정연구원(2020). 정부부문 부패실태에 관한 연구.

[그림 8-10] 부패방지를 위한 정부노력에 대한 인식

행정계층별로 어느 기관이 부패가 심각한가에 대한 인식조사에서, 일선 중앙행정기관의 지방관청과 본청이 상대적으로 부패가 심각한 것으로 인식하였고, 최일선 지방행정기관과 기초자치단체가 상대적으로 덜 심각한 것으로 인식하였다.

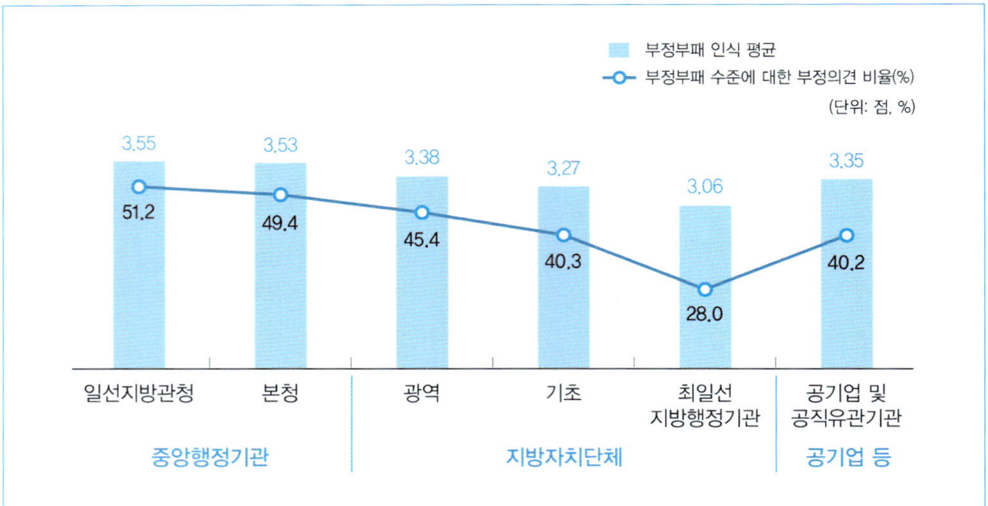

출처: 한국행정연구원(2020). 정부부문 부패실태에 관한 연구.

[그림 8-11] 행정계층별 기관 부정부패 심각성(평균)

제5절 다양한 부패방지제도

1. 역대 정부의 반부패 정책

역대 정부의 반부패 정책을 통하여 어떤 정책들이 제안되고 추진되었는지를 확인할 수 있다. 다음의 표를 통하여 이를 확인할 수 있다. 다음의 표는 각 정부별로 주요한 반부패 정책들을 정리한 것이다[1].

1) 역대 정부의 반부패정책의 정리와 평가는 윤태범(2017)의 '새정부 하에서의 부패방지'를 수정한 것임. 윤태범(2017). 새정부하에서의 부패방지. 서울대학교 한국정책지식센터 발표(2017.11.14.).

〈표 8-1〉 역대 정부의 주요 반부패정책과 특징

역대 정부	정책 내용	특성
전두환 정부	• 공직자윤리법 제정(1981.12.31.)	• 사회정화위원회 활동
노태우 정부	• 새질서새생활 운동 • 정부합동특감반 설치 • 정치자금법 개정(후원회 기부한도) • 특정범죄가중처벌법 강화(수뢰금액 등 강화)	• 운동 · 구호 중심의 정책 • 교화적 수단에 치중
김영삼 정부	• 윗물맑기운동 • 공직자윤리법 개정 • 금융실명제(금융실명거래법) • 부동산실명제 • 공직선거 및 선거부정방지법 제정 • 부정방지대책위원회 설치 • 정보공개법 제정 • 특정범죄가중처벌법 강화(지방세 횡령 시 가중처벌, 공기업 간부직원 적용 확대)	• 부패문제를 국정운영의 최우선 과제로 인식하고 추진 • 대통령 중심(상층부)의 개혁 • 법 · 제도 중심의 반부패정책 • 과거 부패에 대한 사정 • 정치자금 등 정치부패에 집중 • 금융실명제 실시
김대중 정부	• 부패방지법 제정 • 공무원 행동강령 제정 • 부패방지위원회 설치 • 내부고발자 보호제도 운영 • 공공기관청렴도 측정 • 국민감사청구권 • 인사청문회법 제정 • 공직선거 및 선거부정방지법 개정(후보자 납세실적 및 전과경력 제시)	• 다양한 법과 제도의 실시 • 부패방지를 위한 법의 제정과 전담조직의 설치 • 내부고발자 보호제도 마련 • 인사청문 법제화 • 돈세탁방지법 제정 • 청렴도 측정
노무현 정부	• 국가청렴위원회 설치(전 부방위) • 대통령소속 반부패관계기관협의회 설치 • 중장기 부패방지 로드맵 마련 • 법령상 부패유발요인 평가 • 부패방지 통합정보 시스템 구축 • 신고자 신분보장 강화 • 주식백지신탁제도	• 국가 차원의 부패방지정책 추진을 위한 총괄협의기구 설치 • 부패방지 종합계획 수립 • 부패를 청렴개념으로 확대 • 이해충돌 방지 관련, 주식 백지신탁제도 도입 • 인사청문 및 검증제도 강화

역대 정부	정책 내용	특성
	• 재산등록 시 고지거부 허용 제한 • 재산형성과정의 소명 • 불법정치자금등의몰수에 관한 특례법 • 인사청문대상 전국무위원, 헌법재판소 재판관, 중앙선관위원으로 확대 • 재정신청범위 전면 확대 • 사면법 개정(사면심사위원회 설치) • 공직선거 후보자배우자등 납세실적 5년으로 확대, 납세 · 병역 · 전과기록 유권자에게 발송	• 정보공개제도 강화 • 재정신청범위 전면 확대 • 정치관계법 개정 등
이명박 정부	• 추천직 금통위위원의 재산등록, 공개 • 부패방지법 폐지 • 국가청렴위원회 폐지(국민권익위원회로 통합) • 특정범죄가중처벌법 강화(뇌물사범 징역형 외 수뢰액 2~5배 벌금 병과)	• 국가청렴위원회 폐지 • 뇌물사범 가중처벌
박근혜 정부	• 특별감찰관제도 도입 • 대검 중앙수사부 폐지 • 부정청탁금지법 제정	• 실효성 논란이 된 특별감찰관제도
문재인 정부	• 고위공직자범죄수사처 설치 및 운영에 관한 법률	• 2020년 1월 14일 공포

노태우 정부의 경우, 새질서 · 새생활 운동, 정부합동특감반 설치 운영, 후원회 기부한도를 규정한 정치자금법 개정, 수뢰금액 및 법정형 강화를 골자로 하는 특정범죄가중처벌법 강화 등의 부패방지 관련 활동을 하였다. 그러나 그 밖에는 부패방지를 위한 특별한 입법이나 제도적 활동을 발견하기 어렵다. 기존의 제도보완이나 구호중심의 부패방지 활동이 이루어진 시기로 평가할 수 있다.

김영삼 정부의 경우, 공약으로 제시하였던 금융실명제 및 부동산실명제 도입 이외에 공직선거 및 선거부정방지법 제정이나 정보공개법 제정과 같은 의미 있는 정책을 추진하였다. 특히 정보공개법은 투명하고 신뢰받는 정부를 위한 가장 기초가 되는 법이라는 점에서, 부패방지를 위한 가장 대표적인 입법활동의 하나라고 평가할 수 있다. 김영삼 정부하에서는 정치부패 및 정치자금과 관련한 다양한 정책이 추진되었다는 특징을 발견할 수 있다. 김영삼 대통령은 부패문제를 국정운영의 최우선 과제로 인식하고 추진하였는데, 특히 '윗물맑기운동'이라는 구호를 제시하여 대통령 중심(상층부)의 개혁을 강조하였으며, 전 정부하에서의 부패문제에 대한 사정활동을 추진하여 역대 대통령 중에서 부패방지와 관련하여 가장 활발한 활동을 한 대통령으로 평가할 수 있다.

김대중 정부의 경우, 대통령 공약으로 제시하여 추진한 과제 이외에 인사청문회법을 제정하여 검찰청장, 국세청장 등 권력기관의 장들에 대한 국회 인사청문회 제도를 도입하였다. 이 제도의 도입으로 이후 장관들에 대한 청문과정에서 각종 도덕성 문제가 부각되는 등 고위공직자의 윤리관리에 대한 중요성이 강조되기 시작하였다. 김대중 정부는 이전의 정부와 비교하여 부패방지 및 윤리제고에 있어 구호보다는 다양한 법과 제도를 통해 대응하고자 하였다는 점이 특징이다. 특히 부패방지법을 제정하고 부패방지위원회를 설치한 것은 가장 의미 있는 성과라고 평가할 수 있다. 국민들에게는 잘 부각되지 않았지만, 돈세탁방지법을 제정하여 음성적인 자금의 유통을 막기 위한 제도적 장치를 마련한 것도 매우 의미 있는 부패방지 노력으로 평가할 수 있다.

노무현 정부하에서는 부패방지 및 윤리제고와 관련한 가장 많은 활동이 이루어진 것으로 평가할 수 있다. 즉, 〈표 8-1〉에서 보는 바와 같이, 많은 영역에 걸쳐 부패방지를 위한 법과 제도가 만들어지고 개정되었다. 특히 노무현 정부에서 처음으로 부패방지와 관련한 중장기 계획이 수립되었으며, 부패방지 관련 정책을 총괄 조정 · 협의하기 위한 조직으로서 대통령 소속하에 '반부패관계기관협의회'가 설치 · 운영되었다. 이 협의회를 통하여 각 부처의 부패방지 관련 정책들이 협의 · 조정되기도 하였다. 이 조직은 이명박 정부가 들어서면서 폐지되었다. 부패방지와 관련하여 그동안 관련 정보들이 종합적으로 관리 · 분석되지 못하였는데, 노무현 정부하에서 부패방지 통합

정보시스템이 구축됨으로써 종합적인 정보관리 및 분석이 가능하게 되었다.

이명박 정부의 경우, 공직자윤리법을 개정하여 추천직 금융통화위원회 위원의 경우에도 재산을 등록 · 공개하도록 했으며, 특정범죄가중처벌법을 개정하여 뇌물사범에 대해서는 징역형 이외에도 수뢰액의 2배 이상 5배 이하의 벌금을 병과하도록 했다. 그러나 부처 통폐합이라는 목적을 위해 기존의 국가청렴위원회와 국민고충처리위원회, 행정심판위원회를 통합하여 국민권익위원회를 설치했다. 부패방지를 위한 핵심적인 조직인 국가청렴위원회의 반부패 정체성을 크게 훼손시켰다는 점에서 문제가 있다.

박근혜 정부의 경우, 부패방지와 관련한 정책이 김영삼 정부 이래로 가장 적었다. 공약으로 제시된 것도 가장 적었을 뿐만 아니라 의미 있게 추진 것도 매우 적었다. 검찰 개혁과 관련하여 대검 중앙수사부가 폐지되었다. 부정한 청탁의 금지를 위한 청탁금지법이 제정되었지만, 당초 이 법의 핵심인 이해충돌 방지 부분이 제외되는 바람에 반쪽짜리 법이 되었다. 대선 당시 야당이 주장하였던 상설특검제의 대응방안으로 제시되었던 특별감찰관제도는 도입되었지만 사실상 정상적인 활동이 이루어지지 못한 것으로 평가되고 있다.

문재인 정부의 경우, '고위공직자범죄수사처 설치 및 운영에 관한 법률'(이하 고위공직자범죄수사처 설치법)을 2020년 제정하였다. 고위공직자범죄수사처는 김대중 정부 이래로 시민사회단체 중심으로 설립이 제안되었으며, 이후 정치권에서도 각종 선거에서 공약으로 지속적으로 제시되었으나 실현되지 못하였다. 문재인 정부하에서 이 기관을 설치하기 위한 법률이 제정되었다는 점에서, 부패방지를 위한 문재인 정부의 가장 대표적인 성과로 평가될 수 있다. 이 법은 고위공직자범죄 등에 관한 수사와 대법원장, 대법관, 검찰총장, 판사, 검사 또는 경무관 이상의 경찰공무원으로 재직 중에 본인 또는 본인의 가족이 범한 고위공직자범죄 및 관련범죄의 공소제기와 그 유지에 필요한 직무를 수행하기 위하여 고위공직자범죄수사처를 설치하는 것을 핵심으로 하고 있다.

2. 고위공직자범죄수사처 설치법

2020년 1월 14일 공포되어 2020년 7월 15일부터 시행되는 법이다. 이 법은 고위공직자 등의 범죄가 정부에 대한 신뢰를 훼손하고, 공공부문의 투명성과 책임성을 약화시키는 중요한 원인임이라고 인식하고, 고위공직자 등의 범죄를 기존 검찰과 독립된 위치에서 수사할 수 있는 고위공직자범죄수사처의 설치 근거와 그 구성 및 운영에 필요한 사항을 정함으로써 고위공직자 등의 범죄를 척결하고, 국가의 투명성과 공직사회의 신뢰성을 높이려는 것을 목적으로 하고 있다. 고위공직자의 부패에 대한 엄정한 처벌이 제대로 이루어지지 못하고 있다는 국민적 비판 위에, 기존의 검찰권과 대비되는 독립적 수사기구를 두어서 고위공직자의 부패에 대한 엄정한 조사를 하고자 한다. 이 법의 주요 내용은 다음과 같다.

- 고위공직자범죄 등에 관한 수사와 대법원장, 대법관, 검찰총장, 판사, 검사 또는 경무관 이상의 경찰공무원으로 재직 중에 본인 또는 본인의 가족이 범한 고위공직자범죄 및 관련범죄의 공소제기와 그 유지에 필요한 직무를 수행하기 위하여 고위공직자범죄수사처를 둠.
- 고위공직자범죄수사처에 처장과 차장 각 1명을 두고, 처장은 처장후보자 추천을 위하여 국회에 두는 고위공직자범죄수사처장후보추천위원회로부터 일정한 요건을 갖춘 사람 중에서 2명을 추천받아 대통령이 그중 1명을 지명한 후 인사청문회를 거쳐 임명.
- 처장, 차장, 고위공직자범죄수사처검사는 퇴직 후 일정 기간 동안 특정한 직위에는 임용될 수 없도록 하고, 고위공직자범죄수사처에 근무하였던 사람은 퇴직 후 1년 동안 고위공직자범죄수사처의 사건을 변호사로서 수임할 수 없도록 함.
- 처장, 차장 및 고위공직자범죄수사처검사의 직무와 권한, 고위공직자범죄수사처 소속 공무원의 정치적 중립 및 직무상 독립 등에 사항을 정함.

- 고위공직자범죄수사처검사는 고위공직자범죄의 혐의가 있다고 사료하는 때에는 범인, 범죄사실과 증거를 수사하도록 하고, 고위공직자범죄수사처와 다른 수사기관과의 관계 등 수사와 공소의 제기 및 유지에 관한 사항을 정함.

3. 부패방지 및 국민권익위원회의 설치와 운영에 관한 법률

이 법은 우리나라 공공부문의 부패방지를 위한 일종의 기본법과 같은 역할을 수행한다. 이 법은 종전의 부패방지법을 대체하여 제정된 것이다. 즉, 최초의 부패방지법은 2002년 1월 제정되었다. 당시 이법은 이전부터 시민사회에 의하여 주장되었던 법안의 내용을 상당 부분 수용한 것으로서, 시민사회와 정부, 그리고 국회가 협력한 입법사례라고 할 수 있다. 이 법은 부정부패의 발생을 예방함과 동시에 부패행위를 효율적으로 규제할 수 있는 제도적 장치를 마련함으로써 청렴한 공직 및 사회풍토를 확립하기 위하여 부패방지기구의 설치, 부패행위 신고자의 보호 및 보상, 시민의 감시 및 참여기능 강화 등에 관한 기본적인 사항을 정하려는 것을 목적으로 하였다. 이 법에 근거하여 부패방지위원회가 설치되었고, 부패행위신고자의 보호와 보상, 청렴도 평가 등 부패방지를 위한 정책의 근간이 만들어졌다.

이후 이명박 정부하인 2008년 2월 기존의 '부패방지법'이 '부패방지 및 국민권익위원회의 설치와 운영에 관한 법률'로 대체되었다. 이 법의 제정을 통하여 국민의 권리구제 및 권익보호 기능을 담당하는 국민고충처리위원회, 종전의 국가청렴위원회, 행정심판위원회를 국민권익위원회로 통합하였다. 당시 정부는 국민권익위원회를 설치하여 고충민원처리, 부패방지 및 행정심판 기능을 통합함으로써 국민의 권익구제 창구를 일원화하고 신속하고 충실한 원 스톱 서비스를 제공하도록 하였지만, 당초 기대하였던 이와 같은 시너지는 확보하지 못한 것으로 평가되고 있다. 2020년 4월 기준으로 이 법의 주요 골자는 다음과 같다.

- 이 법은 국민권익위원회를 설치하여 고충민원의 처리와 이에 관련된 불합리한 행정제도를 개선하고, 부패 발생을 예방하며 부패행위를 효율적으로 규제함으로써 국민의 기본적 권익을 보호하고 행정의 적정성을 확보하며 청렴한 공직 및 사회풍토의 확립에 이바지함을 그 목적으로 한다.
- 공직자가 준수하여야 할 행동강령은 대통령령 · 국회규칙 · 대법원규칙 · 헌법재판소규칙 · 중앙선거관리위원회규칙 또는 공직유관단체의 내부규정으로 정한다.
- 위원회는 공공기관의 부패를 계량적으로 측정할 수 있는 공정하고 객관적인 평가지표를 개발하여야 하며, 평가지표를 활용하여 공공기관의 부패에 관하여 조사 · 평가하고 그 결과를 공표할 수 있다.
- 위원회는 법령 등의 부패유발요인을 분석 · 검토하여 그 법령 등의 소관 기관의 장에게 그 개선을 위하여 필요한 사항을 권고할 수 있다.
- 지방자치단체 및 그 소속 기관에 관한 고충민원의 처리와 행정제도의 개선 등을 위하여 각 지방자치단체에 시민고충처리위원회를 둘 수 있다.
- 누구든 위원회 또는 시민고충처리위원회에 고충민원을 신청할 수 있다.
- 공직자는 그 직무를 행함에 있어 다른 공직자가 부패행위를 한 사실을 알게 되었거나 부패행위를 강요 또는 제의받은 경우에는 지체 없이 이를 수사기관 · 감사원 또는 위원회에 신고하여야 한다. 신고자는 신고 등을 이유로 불이익조치를 받았거나 받을 것으로 예상되는 경우에는 대통령령으로 정하는 바에 따라 위원회에 해당 불이익조치에 대한 원상회복이나 그 밖에 필요한 조치를 신청할 수 있다.
- 19세 이상의 국민은 공공기관의 사무처리가 법령위반 또는 부패행위로 인하여 공익을 현저히 해하는 경우 대통령령으로 정하는 일정한 수 이상의 국민의 연서로 감사원에 감사를 청구할 수 있다.

4. 부정청탁 및 금품등 수수의 금지에 관한 법률

2016년 9월 청탁에 의한 부패발생 등을 방지하기 위한 목적으로 이 법이 제정되었다. 한국 사회는 청탁이 일상적으로 문화로서 이루어지고 있는데, 이것이 공무원 부패의 원인으로 작용한다는 점에서, 이를 방지하기 위한 목적으로 제정되었다. 즉, 이 법은 우리나라에서 지속적으로 발생하고 있는 공직자의 부패·비리사건으로 인하여 공직에 대한 신뢰 및 공직자의 청렴성이 위기 상황에 직면해 있으며, 이는 공정사회 및 선진 일류국가로의 진입을 막는 최대 장애요인으로 작용하고 있으나, 이를 효과적으로 규제하기 위한 제도적 장치가 미비하다는 점에서, 공직자등의 공정한 직무수행을 저해하는 부정청탁 관행을 근절하고, 공직자등의 금품등의 수수행위를 직무관련성 또는 대가성이 없는 경우에도 제재가 가능하도록 하여 공직자등의 공정한 직무수행을 보장하고 공공기관에 대한 국민의 신뢰를 확보하려는 것을 제정목적으로 하고 있다. 이 법은 제정 당시부터 개인의 기본권을 과도하게 침해할 수 있다는 다양한 논란이 있었지만, 이 법의 제정을 계기로 청탁의 관행이 상당부분 개선되었다는 긍정적인 평가도 존재한다. 이 법 제정 당시의 주요 골자는 다음과 같다.

- 누구든지 직접 또는 제3자를 통하여 직무를 수행하는 공직자등에게 부정청탁을 하지 못하도록 하고, 부정청탁을 받은 공직자등이 거절하는 의사를 명확히 표시한 후에도 부정청탁이 계속되는 경우에는 소속기관장에게 신고하도록 함.
- 제3자를 위하여 부정청탁을 한 자 또는 제3자를 통하여 부정청탁을 한 자에 대하여 과태료를 부과하고, 공직자등이 부정청탁을 받고 그에 따라 직무를 수행한 경우에는 2년 이하의 징역 또는 2천만 원 이하의 벌금에 처하도록 함.
- 공직자등이 직무 관련 여부 및 기부·후원·증여 등 그 명목에 관계없이 동일인으로부터 1회에 100만 원 또는 매 회계연도에 300만 원을 초과하는 금품등을 받은 경우에는 3년 이하의 징역 또는 3천만 원 이하의 벌금에 처하고, 직무와

관련하여 대가성 여부를 불문하고 1회에 100만 원 또는 매 회계연도에 300만 원 이하의 금품등을 받은 경우에는 해당 금품등 가액의 2배 이상 5배 이하에 상당하는 금액의 과태료를 부과하도록 함.

5. 공직자윤리법

우리나라 공무원의 윤리를 확보하기 위한 가장 중요한 법의 하나로서 공직자윤리법을 들 수 있다. 이 법은 지난 1981년 제정되어 1983년부터 지금까지 시행되고 있다. 그동안 이법은 수십 차례의 개정을 통하여 현재의 모습으로 발전하였다. 1981년 이법을 제정할 당시 법의 제안 이유로서, 공직자의 부정을 방지하고 공무집행의 공정성을 확보함으로써 정의롭고 깨끗한 공직사회를 구현하여 공직자에 대한 국민의 신뢰를 제고하고 아울러 모든 공직자가 정의 · 복지사회건설의 선도적 역할을 다할 수 있게 함과 동시에 긍지와 보람으로 맡은 바 직무에 전념할 수 있도록 공직자의 재산등록과 외국인 등으로부터의 수령선물 신고 및 퇴직 후 유관사기업체의 취업제한 등의 제도화를 들었다. 가장 핵심적인 부분이 공직자의 재산등록 및 퇴직 후의 취업제한이라고 할 수 있다. 2020년 4월 기준으로 이 법의 주요 골자는 다음과 같다.

- 국가 또는 지방자치단체는 공직자가 수행하는 직무가 공직자의 재산상 이해와 관련되어 공정한 직무수행이 어려운 상황이 일어나지 아니하도록 노력하여야 한다. 공직자는 자신이 수행하는 직무가 자신의 재산상 이해와 관련되어 공정한 직무수행이 어려운 상황이 일어나지 아니하도록 직무수행의 적정성을 확보하여 공익을 우선으로 성실하게 직무를 수행하여야 한다.
- 대통령 · 국무총리 · 국무위원 · 국회의원 등 국가의 정무직공무원, 지방자치단체의 장, 지방의회의원 등 지방자치단체의 정무직공무원, 법관, 검사 등은 이

법에서 정하는 바에 따라 재산을 등록하여야 한다.

- 공직자윤리위원회는 등록된 사항을 심사하여야 한다. 이를 위하여 국회·대법원·헌법재판소·중앙선거관리위원회·정부·지방자치단체 및 특별시·광역시·특별자치시·도·특별자치도교육청에 각각 공직자윤리위원회를 둔다.
- 공직자윤리위원회는 대통령, 국무총리, 국무위원, 국회의원, 국가정보원의 원장 및 차장 등 국가의 정무직공무원, 지방자치단체의 장, 지방의회의원 등 지방자치단체의 정무직공무원, 일반직 1급 국가공무원 등 공직자 본인과 배우자 및 본인의 직계존속·직계비속의 재산을 공개하여야 한다.
- 공개대상자와 기획재정부 및 금융위원회 소속 공무원 중 대통령령으로 정하는 사람은 본인 및 그 이해관계자 모두가 보유한 주식의 총 가액이 1천만 원 이상 5천만 원 이하의 범위에서 대통령령으로 정하는 금액을 초과할 때에는 초과하게 된 날부터 1개월 이내에 등록기관에 신고하여야 한다.
- 등록의무자는 퇴직일부터 3년간 퇴직 전 5년 동안 소속하였던 부서 또는 기관의 업무와 밀접한 관련성이 있는 기관에 취업할 수 없다.
- 퇴직한 모든 공무원과 공직유관단체의 임직원은 본인 또는 제3자의 이익을 위하여 퇴직 전 소속 기관의 임직원에게 법령을 위반하게 하거나 지위 또는 권한을 남용하게 하는 등 공정한 직무수행을 저해하는 부정한 청탁 또는 알선을 하여서는 아니 된다.

제6절 공직자의 이해충돌과 회피[2)]

1. 공직자의 이해충돌

공직자의 부패가 발생하는 이유는 매우 다양하게 설명될 수 있는데, 이 중의 하나가 부패발생 이전에 공직자가 직면하게 되는 이해충돌(conflict of interest)의 상황에 적절하게 대응하지 못하였기 때문이다. 공직자가 자신에게 직면한 이해충돌을 적절하게 회피하거나 혹은 거부하였을 경우, 부패의 상황에 직면하지 않게 된다. 따라서 효과적이고 예방적인 부패방지의 수단으로서 공직자가 직면하는 이해충돌의 회피를 위한 제도적 장치가 필요하다. 이해충돌은 윤리의 영역이면서 동시에 부패발생을 사전에 방지하기 위한 수단이라는 점에서 효과적인 부패방지의 수단이라고 할 수 있다.

기본적으로 공직윤리는 공직자들이 직무의 수행과정에서 기대되는 '선'을 선택하고 '악'을 피하도록 도와주는 안내자 역할을 한다(Rohr, 1991). 이 안내를 구체적이고 세밀한 법의 형태로 규정하고 있는 것이 바로 '공직윤리법(이하 윤리법)'이다. 윤리법을 통하여 무엇이 필요한 행동이며, 어떠한 행동을 하지 말아야 할 것인가를 알 수 있다(윤태범, 2002b). 또한 이 윤리법은 사회의 지배적 가치에 근거하여 사회적으로 합의된 다양한 규범들 중에서 강제력을 갖는 법으로 제정되기 때문에(Cooper, 1998: 141-142), 윤리법은 규범성과 실천성(혹은 강제성)을 동시에 갖고 있다. 이 같은 의미를 지닌 법이 나라별로 윤리법 혹은 부패방지법 등의 다양한 명칭으로 제정, 운용되고 있다(윤태범, 2013).

이와 같은 윤리강령이나 윤리법에서 공통적으로 활용하는 윤리관리 방식이 이해충

2) 이해충돌과 관련한 내용은 윤태범(2013)의 '공직자의 윤리 확보와 이해충돌의 방지'를 수정하여 작성한 것임. 윤태범(2013). 공직자의 윤리확보와 이해충돌의 방지. 서울대학교 정책지식센터 발표 논문(2013. 3. 11.).

돌 방지제도이다. '이해충돌'은 둘 혹은 그 이상의 이해가 서로 충돌하는 경우로서, 한 사람 내에서 혹은 두 사람 이상 간에 발생한다(Davis, 1998: 589). 공직자의 이해충돌은 '공무원들에 공적으로 부여된 직무수행상의 의무와 사인으로서의 개인의 사적 이해의 충돌'을 의미한다. OECD(2003: 53)에서는 '공무원의 공직과 사적 이익 사이의 충돌로서, 공직자의 사적 이익에서 나타나며, 이 이익들은 공직수행에 부정적인 영향을 미칠 개연성이 있다'고 구체적으로 정의하고 있다(윤태범, 2005: 113-114).

공직자가 이와 같은 이해충돌의 상황을 적절하게 회피하지 못할 경우 윤리문제 혹은 부패가 발생하기 때문에, 부패방지 및 공직윤리 확보의 방법으로서 '이해충돌의 회피'가 강조된다.

2. 이해충돌의 유형

공공부문과 민간부분의 접촉이 증가하면서 공익과 사익의 충돌(즉, 이해충돌) 가능성이 증대되고 있다. '이해충돌(conflict of interest)'은 이익충돌, 이익갈등, 이익상충, 이해상충 등 다양하게 불리는데, 일반적으로는 이해충돌이라는 용어를 다수가 사용하고 있다.

이해충돌은 한 사람의 특정한 이익이 다른 사람을 대신해야 하는 자신의 적절한 활동을 방해하는 성향을 갖는 상황을 의미한다. 이러한 측면에서 이해충돌의 주요 구성요소는 관계, 판단, 이익, 적절한 행동 등이다. 이러한 이해충돌의 개념은 다음과 같이 3가지로 분류될 수 있다.

- 첫째, 실질적 이해충돌(actual conflict of interest)로서, 현재 발생하고 있고, 과거에도 발생한 이익충돌의 경우
- 둘째, 외견상 이해충돌(apparent conflict of interest)로서, 공무원의 사익이 부적절

하게 공적 의무의 수행에 영향을 미칠 가능성이 있는 이익충돌의 상태로서, 부정적 영향이 현재화된 것은 아닌 상태

- 셋째, 잠재적 이해충돌(potential conflict of interest)의 경우로서, 공무원이 미래에 공적 책임에 관련되는(갈등 야기하는) 일에 연루되는 경우

이해충돌 회피의 가장 기본적인 원칙은 "누구도 자신의 사건에 대하여 판결할 수 없다(No one may judge his/her own case)"이다. 이러한 원칙은 자신만이 아니라 부적절한 의사결정에 영향을 미치는 가족 구성원과 여타 사적 관련자들에게도 확장, 적용되는 것으로 인식된다(윤태범, 2010).

이해충돌의 회피에서 '회피'는 충돌되고 있는 이해관계에서 벗어난다는 것을 의미한다. 즉, 이해충돌에는 기본적으로 '관계'라는 속성이 내재되어 있다. 다시 말해, 여기서 관계는 공무원 본인에 있어서의 공적 의무와 사적 이익의 관계, 공무원과 타인(기업가든, 친척이든)과의 관계 2가지를 모두 포함한다. 이러한 관계 속에서 이해충돌이 발생하기 때문에, 이해충돌이 해소되기 위해서는 이와 같은 관계를 제거하는 것이 필요하며, 이것을 통상 '회피'라는 용어로서 정의한다.

3. 이해충돌의 발생영역

공직자의 이해충돌은 크게 분류하면 공직에의 입직단계, 재직 중, 퇴직 후의 단계에서 발생 가능성이 있다. 통상적으로 공직자의 이해충돌은 공직자의 공직 재직 중에 가장 명확하게 나타날 수 있는데, 공직의 특성상 입직단계와 퇴직 후 단계에서도 이해충돌의 문제를 제기하기도 한다.

물론 입직 전 혹은 퇴직 후 이해충돌은 재직 중 직무와 별개의 것이 아니라 사실상 밀접하게 연관되어 있다. 즉, 공직자의 직무 수행에 있어서의 공정성 확보는 재직

중 사항에 의해서만 결정되는 것이 아니라, 입직 전 상황(주로 재정적 상태) 및 퇴직 후 상황(주로 재취업 혹은 퇴직 후 활동)과도 밀접하게 관련되기 때문에 공직자의 이해충돌 문제를 논의하기 위해서는 각 단계별로 논의하는 것이 필요하다.

입직 전 이해충돌 문제는 주로 공직자가 입직 전에 보유하고 있는 재산과 입직 후 담당하게 될 직무와의 이해충돌 문제로서 논의될 수 있다. 예를 들어서, 장차관 등 고위직으로 임용이 예정되어 있는 민간부문 후보자가 보유하고 있는 재산(주식 혹은 부동산)과 담당하게 될 직무가 이해충돌에 직면할 가능성이 있다. 정보통신 관련 주식을 보유한 인사가 관련 부처에 임용될 경우, 이 공직자가 주도하는 정보통신 관련 정책은 공정성 여부와 상관없이 국민들의 불신을 받을 가능성이 높다. 이와 같은 이유로 인하여 우리나라도 백지신탁제도(Blind Trust)가 도입되었다.

재직 중 발생 가능성이 높은 이해충돌도 역시 앞서의 경우와 일부 유사한 부분이 있다. 즉, 재직 중 보유하고 있는 재산이나 혹은 사적인 이해관계가 공직자가 수행하는 업무와 이해가 충돌할 가능성이 있다. 예를 들어서, 보유하고 있는 사적인 재산만이 아니라 사적인 연고관계도 공적인 직무와 충돌할 가능성이 있다. 이 때문에 공무원 행동강령에서는 이해관계 직무에 대한 회피규정을 두어서, 이해충돌의 발생 가능성은 물론 이에 대한 회피의 규정을 마련하고 있다.

퇴직 후에도 공직자는 이해충돌의 가능성에 직면한다. 퇴직 후 발생 가능한 이해충돌은 크게 2가지로 나누어서 논의될 수 있다. 하나는 퇴직 후 재직 중 지득/확보하고 있는 공적인 정보와 권한을 퇴직 후 사적인 이익을 위하여 활용하거나 혹은 공익에 반하는 목적으로 활용하는 경우이며, 또 다른 하나는 퇴직 후 특정기업이나 단체에의 고용을 예상(혹은 약속)하여 재직 중 이 기업에 대하여 표면상 공정하게 보이는 이권(인허가권 등)을 부여하고, 퇴직 후 이 기업에 취업하는 경우로 나눌 수 있다.

어느 경우이든 이와 같은 행위들은 공직자가 당연히 추구해야 할 공직 수행의 공정성을 훼손하는 것이며, 공직을 사적인 이익을 위하여 부당하게 행사하는 것이라는 점에서, 퇴직 후라 할지라도 재직 중과 유사한 이해충돌 회피의 규정을 두어야 할 것이다.

이와 같은 점에서 보면, 공직자에게서 발생 가능한 이해충돌은 입직 전 상황에서부터 재직 중, 그리고 퇴직 후 상황에 이르기까지 공직자의 공직 생애주기 전 과정을 통하여 나타날 수 있다. 따라서 이와 같은 측면을 충분히 고려한 이해충돌 회피방안이 모색되어야 할 것이다.

4. 이해충돌의 회피방식

이해충돌의 회피를 설명함에 있어서 '주인-대리인'이론이 많이 활용되고 있다. 즉, 공직자의 이해충돌은 대리인인 공직자가 주인인 국민의 이익에 반하는 행동을 하는 것이기 때문이다.

대리인 이론의 측면에서 이해충돌을 회피하는 방식은 2가지이다. 즉, 대리인의 입장이냐 혹은 주인의 입장이냐에 따라서 구분된다. 예를 들어서, 대리인의 입장에서는 관련 주식이나 재산을 이익 충돌이 발생하지 않도록 처분하는 소극적 회피의 방식이 있을 수 있다. 주인 입장에서는 대리인 관계를 아예 철회하거나 혹은 대리인의 직무를 변경하여 이해충돌을 해소하는 적극적인 회피방식이 있다. 그러나 대리인 관계의 철회(즉, 공직에서의 배제)가 갖고 있는 현실적인 어려움을 감안하면, 이해충돌 회피의 법제화와 관련해서는 소극적 회피와 적극적 회피의 2가지 방식을 모두 활용할 수 있도록 규정하는 것이 바람직할 것이다(윤태범, 2010).

현행법상 대통령이 임명하는 일부 장관급 공직자에 대해 제한적 인사청문회가 이루어지고 있다. 인사청문회제도는 후보자의 자격이나 능력에 대한 검증도 의미하지만, 또 한편에서는 직무 수행 시 발생 가능한 이해충돌의 문제를 사전에 확인하고 이를 제거하는 데 목적이 있다.

이해충돌은 그 자체로서 중요성을 지니고 있다. 체계적인 이해충돌 회피제도를 운영하고 있는 것으로 평가되는 미국의 경우, 당연히 이해충돌 자체를 윤리성 확보를 위한 핵심의제로 보고 있는 것이지, 이로 인하여 발생하는 문제를 먼저 강조하는 것은 아니다. 앞서 언급한 바와 같이 공직자의 이해충돌은 공직에의 입직 전, 재직 중, 퇴직 후 등 다양한 영역에서 발생가능하다는 점에서, 이와 같은 단계별로 이해충돌을 회피할 수 있는 방안도 다양할 수 있다.

먼저 입직단계에서 발생 가능한 이해충돌을 회피하기 위해서는 백지신탁제도의 경우처럼 이해충돌을 야기하는 관련 주식이나 자산을 처분하거나, 혹은 이해충돌을 야기하지 않는 직무를 담당하도록 하는 것이다. 물론 이것이 제대로 이루어지기 위해서는 입직 전에 공직 후보자가 처하고 있는 상황과 담당하게 될 직무 간의 이해충돌 발생 가능성에 대한 체계적인 분석이 이루어져야 할 것이다.

재직 중 이해충돌 방지와 관련해서는 주로 공무원 행동강령에서 해소방안이 제한적이나마 제시되어 있다. 예를 들어서, 담당하고 있는 특정 직무와 자신의 사적인 이익이 충돌할 경우, 당해 직무를 수행하지 못하게 하거나, 다른 직무를 수행하도록 하거나, 혹은 상급자에게 보고하고 투명하게 처리하는 등의 안을 들 수 있다. 현행 공무원 행동강령에서는 이와 같은 이해충돌의 방지를 위하여 이해관계 직무의 회피, 특혜의 배제, 이권개입 등의 금지, 직무관련 정보를 이용한 거래 등의 제한, 외부강의 등의 신고, 금전의 차용 금지 등 다양한 규정들을 마련하고 있다.

퇴직 후 발생 가능한 이해충돌 방지를 위한 가장 대표적인 규정은 현행 공직자윤리법상의 '퇴직 후 취업의 제한'에 대한 규정이다. 즉, 현행법에서는 퇴직 후 2년간 퇴직 전 3년 동안 담당하였던 직무와 밀접한 관련이 있는 영리사기업체 등에 대한 취업을 금지하고 있다. 물론 현행 법률상 많은 허점이 있지만, 현재는 이 제도를 통해서 공직자의 퇴직 후 발생 가능한 이해충돌을 방지하고자 하고 있다. 비위면직자의 퇴직 후 취업 제한에 대해서는 부패방지법에 규정되어 있다.

참고문헌

국민권익위원회(2019). 국제투명성기구 부패인식지수 발표 보도자료.

국민권익위원회(2019). 2019년도 공공기관 청렴도 측정 계획.

대한민국정부(1980). 공직자윤리법.

대한민국정부(2001). 부패방지법.

대한민국정부(2003). 공무원행동강령.

윤태범(2005). 공무원 윤리 확보를 위한 직무상 이해충돌 회피에 관한 연구, 한국인사행정학회, 한국인사행정학회보, 제4권 2호.

윤태범(2010). 공직자의 이해충돌방지제도의 입법화과정에 관한 연구, GRI 논총.

윤태범(2013). 공직자의 윤리 확보와 이해충돌의 방지, 서울대학교 행정대학원 정책지식센터 세미나 발표(2013. 3. 11.).

윤태범(2017). 새정부하에서의 부패방지. 서울대학교 한국정책지식센터 발표(2017.11.14.).

참여연대(2010). 퇴직후 취업제한제도 운영실태 보고서.

한국행정연구원(2016). 2016년 사회통합실태조사.

한국행정연구원(2020). 정부부문 부패실태에 관한 연구.

Cooper, Terry L. (1998). *The Responsible Administrator.* San Francisco: Jossey-Bass.

Davis, Michael(1998). Conflict of Interest. in Academic Press(1998). *Encyclopedia of Applied Ethics.*

OECD(2003). *Managing Conflict of Interest in the Public Service.*

제 5 편

내부통제와 윤리행위

제9장 행정윤리와 내부통제

생각해 보기

1. 내부통제와 내적통제는 다른 개념인가?
2. 도덕발달 이론이 행정윤리에서 어떠한 위상을 가지고 있고 또한 어떠한 기여를 하는가?
3. 성격, 품성, 덕성은 어떻게 관련되고 다른가?
4. 공익신고제도가 조직에 주는 득과 실은?

제1절 내부통제에 관한 여러 논의

본 장에서는 행정윤리에서 가장 중요하게 논의되는 주제 중 하나로 행정책임을 확보하는 중요한 수단인 행정통제를 다루고자 한다. 행정통제 수단을 두 가지로 분류하는데 영어로는 'Internal Control, External Control'로 표현되며, 우리말로 번역되어 사용될 때는 내적 통제 또는 내부통제 그리고 외적 통제 또는 외부통제로 혼용되어 사용되고 있다. 외적 통제와 내적 통제를 구분하는 방식이 학자마다 달라 개인, 조직, 행정부 전체를 기준으로 나누는데 준거 기준에 따라 다르게 분류된다. 서구 학자들은 이러한 표현을 분류기준을 개인으로 둘 때 주로 사용한다. 우리나라에서는 외부통제, 내부통제라는 용어를 사용하는 경우가 많은데 이는 분류의 단위가 개인보다는 조직 또는 행정부 전체를 기준으로 나눌 때 주로 사용한다. 본 글에서는 분류 기준을 개인으로 할 때는 내적, 외적 통제로 부르고 조직을 기준으로 할 때는 내부, 외부통제로 표현하고자 한다.

외부통제와 내부통제를 나눈 가장 전통적인 논의는 프리드리히(Carl Friedrich)와 파이너(Herman Finer) 간에 1935~1941년에 이루어졌는데 이는 행정윤리의 고전적 주제가 되었다. 이들 논쟁에서 이루어진 통제 구분의 전제는 주로 개인을 단위로 이루어졌는데 공직자의 행태를 통제하는 데 정치적 상관이나 법에 의한 외부통제가 효과적인가 아니면 직업적 가치, 기준, 윤리에 의한 통제에 의지하는 내부통제가 효과적인가에 대한 논쟁을 말한다. 다른 말로 하면 공직자를 통제하는 데 있어 외부통제는 공식적이고 법적인 통제 메커니즘에 의존해야 한다는 것이고 내부통제는 개인의 양심이라는 내적 나침판에 의존해야 한다는 것이다. 상대적으로 파이너는 외부통제를 중시하였고 프리드리히는 내부통제를 강조하며 대립적인 견해로 논쟁을 벌였다. 파이너는 공직자를 통제하고 제재하는 데 있어 입법부, 사법부, 행정 계층제에 의한 외부통제 장치에 우선적인 신뢰를 부여했다. 그는 이러한 외부통제 장치가 잘 작동하기 위해서는 공직자의 자율 범위를 줄이기 위해 법적인 외부통제 장치가 명확한 집행 기준과 동반되어야 한다고 주장한 로위의 주장을 옹호하였다. 이에 반하여 프리드리히는 기술 전문 지식과 대중적 정서라는 이중 기준에 대응하는 데 있어 공직자는 자율적으로 지시하고, 규제해야 한다고 믿었다. 파이너가 말하는 외부통제의 강점은 관료제에 대하여 지속적으로 정치적 통제를 할 필요가 있다는 것을 인정했다는 것이고 반면에 단점은 급변하는 정치 및 사회 변화의 환경에서 행정책임을 담보하기 위한 이러한 통제 방식의 부적절성을 내다보지 못했다는 것이다. 프리드리히의 강점은 오로지 정치적 통제 방식의 결함을 인지했다는 것이고 단점은 기술 전문성과 대중적 정서라는 두 가지 기준 사이의 갈등을 화해한다는 것이 어렵다는 데 있다(Kernaghan,

1973: 575-577).

파이너와 프리드리히의 행정통제에 관한 구분, 그리고 논쟁과 달리 국내 문헌에서는 개인보다는 행정 기관 또는 행정부 전체를 기준으로 행정통제를 구분하는 경향이 있다. 외부통제의 종류로는 시민통제, 입법부 및 사법부 통제, 옴부즈맨 제도, 시민단체 및 이익단체에 의한 통제, 기타 여론 및 대중매체에 의한 통제 등이 있다. 박흥식(2016)은 내부통제를 네 가지 유형으로 나누는데 여기서 내부통제라는 표현은 정확히 표현하면 행정부 내 부처 간의 통제를 말하는 것으로 이는 부처 간의 권위 계층 관계를 중심으로 통제기관과 피통제기관이 정해진다. 여기서 내부통제라 하지만 피통제기관의 입장에서는 외부통제가 될 수 있어 박흥식(2016)의 분류 기준은 행정부처 내에서 통제가 이루어진다고 하여 내부통제로 부르는 것으로, 이는 행정부 전체를 분류기준으로 삼은 것에 해당한다. 중앙정부와 지방정부, 그리고 공기업에 대하여 대통령, 국무총리, 기획재정부, 행정자치부에 의한 통제가 첫 번째 유형이다. 두 번째는 중앙정부의 지방자치단체에 대한 통제로 중앙정부가 지방자치단체에 부가한 정책이행의 확인 및 다양한 행정업무에 관여하는 '중앙통제'이다. 세 번째는 각급 행정기관이 그의 하급기관이 수행하는 업무 상태를 파악하여 업무의 적정 수준을 유지하기 위한 '자체감사'이다. 마지막 유형은 '독립통제기관'으로 감사원에 의한 통제가 해당한다.

본 절에서는 행정통제를 두 유형으로 나누어 살펴보고자 한다. 하나는 개인을 분류기준으로 본 내부통제로 개인의 도덕발달, 윤리와 가치, 품성을 살펴보고, 이어서 조직을 기준으로 내부통제로 구분되는 통제 중 내부고발제도를 살펴본다.

제2절 내부통제

1. 도덕발달이론

사람들이 윤리와 도덕에 대한 태도를 어떻게 획득하고 개발하게 되는가는 우리의 관심 주제가 된다. 우리는 일반적으로 이러한 도덕에 대한 태도와 가치는 가정에서 가족 간의 상호 작용의 경험을 통해 형성되고 배운다고 알고 있다. 또한 사회적 그리고 도덕적 발달을 진흥하도록 의도적으로 설계된 학교, 종교, 그리고 사회단체에서의 학습과 경험이 중요한 역할을 하게 된다. 공공 조직에서 일하는 공직자들은 윤리적 아이디어와 도덕적 헌신에 대한 일련의 태도 및 가치를 가지고 있다. 공직자의 내적 통제에 중요한 부분인 공직자 개인의 가치와 윤리는 이렇게 가정, 사회, 직장에서 경험하며 왜 도덕적이고 윤리적으로 행동해야 하는지 그리고 도덕적 인간이 된다는 것이 어떤 의미인지에 관한 여러 추론 단계를 거치는 도덕발달을 하게 된다.

본 글에서는 펙과 하비거스트(Peck & Havighurst, 1960), 그리고 콜버그(Kohlberg, 1981)가 제시한 도덕발달이론을 간단히 살펴보고자 한다.

1) 펙과 하비거스트의 이론

펙과 하비거스트가 제시한 계층적인 도덕의 성숙도를 보여 주는 다섯 가지 품성 유형을 제시하고 있다(Luke & Hart, 2018에서 재인용).

① **비도덕 품성**: 다른 사람에 대한 영향은 고려하지 않고 자신의 변덕, 욕구, 충동을 따르는 낮은 품성의 사람이다.

② **편의적 품성(Expedient characters)**: 자아 중심적이고 다른 사람의 복지와 반응을 개인적 목적을 달성하기 위해서만 고려한다.

③ **순응하는 품성**: 자신이 속하는 특정 집단이나 상황의 모든 규칙에 동조하려 한다. 그들은 하나의 일반적 규칙을 따르는데 이는 다른 사람이 하는 것을 하고 그들이 우리가 무엇을 해야 한다고 말하는 것을 한다.

④ **비합리적 성실한 품성**: 순응자보다 더 자율적인 것은 아니고, 그들은 절대적인 규칙을 따르며 살지만 부모의 제도화된 언명에서 나온다. 원칙이 주로 하지 말라는 것으로 구성되고, 엄격하게 내부화되며, 행태를 지배한다.

⑤ **합리적-이타적 품성**: 가장 높은 도덕적 성숙의 수준에 있다. 이러한 품성은 사회경험에서 나오거나 배운 어떤 내부화된 도덕적 원칙에 비추어 새로운 행동과 행태, 그리고 효과를 현실적으로 평가함으로 합리적이라 할 수 있다. 일반적으로 이러한 개인들은 다른 사람을 존중하기 때문에 절대적인 언명이나 규칙보다는 합리적 도덕적 원칙에 따라 행동한다.

2) 콜버그의 도덕발달이론[1]

인간 도덕발달에 관하여 가장 권위 있게 그리고 체계적으로 설명한 학자는 콜버그로 그는 윤리적 추론 능력이 어떻게 발전하고 여러 다른 발달단계에서 행동하는 동기를 이해하는 데 도움을 주는 도덕발달 모형을 제공한다. 콜버그의 도덕발달론의 가정을 지지하는 경험 연구가 5,000편이 있다(Stewart et al., 2001)는 주장은 콜버그의 이론이 얼마나 광범위하게 적용되고 지지를 받고 있는지를 보여준다. 콜버그는 도덕에 관하여 넓게 관심을 가지고 있지만 그가 말하는 도덕적 추론의 수준이 조직이나 직업에서 자신의 도덕적 역할과 행태를 보여 주는 방식으로 나타날 것이라는 것을 가정할 수 있다. 공직자들은 이러한 도덕발달 수준의 특성들이 공직 수행 과정에서 나타난다고 할 수 있다. 콜버그는 아이들이 다양한 사회화 과정의 요인에 영향을 받으며 성장 과정에서 겪게 되는 여섯 단계를 세 가지 수준인 전관습 수준(preconventional levels), 관습 수준

1) Svara(2015: 2장)에서 인용됨.

(conventional levels), 후기관습 수준(postconventional levels)으로 나누어 제시하였다.

전관습 수준은 가치에 반응하기 시작하지만 자기중심적인 가치를 가지고 있는 단계이다. 전관습 수준은 1, 2단계를 말한다. 1단계는 처벌과 순종, 그리고 자극과 반응으로 불리는데 이 단계에서 사람은 걸리지 않고 처벌 받지 않을 수 있는 것은 무엇이든지 한다. 냉소주의자는 이러한 경향이 이기적인 행정가들 중에 흔한 것으로 묘사하기도 한다. 이들이 복종하고 규정을 지키는 것은 단지 처벌을 피하기 위해서 하는 것이고 이들은 자극이 있을 때만 반응을 한다. 이러한 도덕 수준은 도덕 추론의 기초를 나타내고 이러한 행태가 정부와 비영리 조직에서 일어나기는 하지만 드물다고 할 수 있다.

전관습 수준의 두 번째 도덕발달 단계는 수단적 상대주의자로서 자기중심적인 선한 행태로 그려진다. 이 단계에서 사람들은 보상을 얻기 위해 순응하고 호의를 갚고 다른 사람들의 선의를 만든다. 이 단계는 좁은 비용 편익 계산을 한다. 규정을 어기는 것보다는 지켜서 이득을 보기 때문에 규정을 따른다고 생각한다. 규정 자체의 가치를 존중하지 않는다. 윤리 기준이 낮고, 해서는 안 될 것을 강조한다.

두 번째 관습 수준에서는 다른 사람의 기대에 부응하거나 지배적인 기준에 순응하기 위해 바르게 한다는 것의 가치를 내재화하는 수준이다. 관습 수준은 3, 4 단계를 포함하는데 이 두 단계는 기대의 폭과 출처가 다르다. 3단계는 착한 사내(good boy), 친절한 여자(nice girl)로 그려진다. 상호 작용하는 다른 사람의 기대에 부응하는 데 순응하는 것은 다른 사람에 의해 부정당하고 비호감을 피하기 위해서이다. 내가 바른 행동을 하는 것은 내가 상호 작용하는 사람이 기대하기 때문이다. 다른 사람을 실망시키거나 낙담시키기 원하지 않고, 다른 사람을 불쾌하게 하길 원하지 않는다.

4단계는 사회의 법과 질서 유지(society maintaining/law and order)로 그려지고 법과 관습에 의해 부과된 기준에 부합하는 것이다. 합법적인 권위에 의한 징계와 이로 인한 죄의식을 피하기 위해 순응한다. 4단계에서는 법과 종교적 계율에 근거해 모든 구성원에게 비편파적으로 적용하는 일련의 일관적인 암호와 절차로, 사회체제의 개념을 개발하고 개인 이익의 추구는 이것이 전체로서 사회－도덕 체제의 유지와 일치

할 때만 합법적인 것으로 고려된다. 이 단계에서는 사람은 윤리 헌장을 포함하여 법의 정당성과 행태의 다른 규칙을 받아들인다.

후기관습 수준 또는 원칙이 있는 수준(principled levels)으로 5, 6단계를 말하는데 이 수준에서는 도덕 가치가 보편적 원칙에 근거하게 된다. 5단계는 사회적 계약으로 표현되는데 사회에 의해 동의된 대로 모든 사람의 권리를 촉진하려 한다. 공동체 복지로 판단하는 비편파적인 관찰자에 대한 존경을 유지하기 위해 순응하는 단계이다. 6단계는 보편적 윤리원칙으로 윤리적으로 원칙적인 방식으로 행동하려 한다. 자신이 헌신하고 있는 가치에 부합하여 살지 못하는 것에 대해 자기 저주를 피하기 위해 순응한다. 이 단계는 4단계보다는 깊은 이해와 넓은 헌신을 반영한다. 이 수준에서는 낮은 수준보다는 불공평한 법, 정책, 규칙을 바꾸려 행동하고 추구하는 것에 대한 이유를 보다 비판적으로 검토하려 한다.

콜버그는 이러한 단계가 위와 같은 순서로 일어나고 사람들은 항상 다음 단계로 넘어가기 이전에 한 단계의 가치를 흡수하게 된다. 도덕적 추론이 한 단계 이상에서 끌어온다고 주장하지만 각 단계는 어느 주어진 시간과 상황에서 도덕적 선택에 관한 지배적 방식을 반영한다고 가정한다. 대부분의 어른들은 4단계로 이동하지만 대부분은 그 이상으로 넘어가지 못한다. 4단계는 무엇이 합법적인지를 강조하는 그리고 사회 제도를 지지하는 추론을 반영하게 된다. 반면에 보다 세련된 도덕적 또는 윤리적 추론은 후기관습 사고를 반영하는데 이 수준의 추론은 다소 흔하지 않은 것으로 보인다. 이 모형의 중요한 함의는 모든 사람은 도덕에 관하여 일련의 사유의 진보를 거치며 자신만을 위한 것이 아닌 사회를 위해 무엇이 좋은지에 관한 자신의 견해를 확장하게 된다는 것이다.

지금까지 살펴본 펙과 하비거스트와 콜버그의 도덕발달이론에 근거하여 우리 자신의 전문 직업에서 무엇이 옳고 그른지를 판단하고 결정할 때 왜 우리는 특정 방식으로 행동하는가를 생각해 볼 수 있다. 콜버그의 도덕발달이론을 행정관료들에게 적용하여 측정 모형으로 개발된 스튜어트 스프린트홀 관리조사방법(Stewart-Sprinthall

Management Survey, SSMS)으로 미국, 폴란드, 러시아 관료들에 대한 실증 연구 결과에 의하면 가장 지배적인 도덕 추론 방식은 질서와 법을 준수하는 4단계의 도덕발달 수준이라는 것이다(Stewart et al., 2001).

2. 가치와 윤리[2)]

2절에서는 넓게는 행정윤리에 또한 좁게는 행정 내부통제에 영향을 미치는 행정 가치에 대해서 살펴보고자 한다. 보통 가치하면 어떠한 것이나 행동의 중요한 정도를 나타내는 것이다. 이러한 가치는 어떠한 행동이나 결과에 대한 선호로 규정되는 데 무엇이 옳고 그른지에 대한 인식을 나타내는 것으로 개인, 전문 직업 집단, 또는 조직을 특징짓는 표준을 기술하는 넓은 개념이다. 또한 이러한 가치는 태도와 행동에 영향을 주는 것으로 인식된다. 본 절에서 다루는 공공 가치 또는 행정 가치는 공공 조직이 사회에 기여하는 가치를 말하는데 이는 한편으로는 행정조직이 지향하는 이념 및 달성하고자 하는 목표와도 관련되고 다른 한편으로는 행정조직의 존재의 의의 및 정체성을 결정하기도 한다.

그동안 행정(학)에서 행정 가치 또는 이념으로 다루어진 개념들은 학제간 영향으로 다양한 가치가 혼재되어 있는데 이 중 행정학에서 주로 강조되고 다루어져 온 가치를 살펴보고자 한다. 이는 합법성, 효율성, 민주성, 대응성, 평등과 사회적 형평, 책무성, 공익, 자율성을 포함한다.

2) 이에 대해서는 김흥회(2017)에서 많은 부분을 수정하여 가져옴.

1) 합법성

전통적인 행정에서 가장 기본이 되며 중요하게 다루어졌던 행정 가치로 특히 대륙법계 전통을 이어받은 국가에서는 더욱 그렇다. 경영학적 가치를 강조하며 발달한 미국 중심의 행정학에서는 상대적으로 무시되어 온 가치로 특히 최근에 신자유주의적 그리고 공공관리 시각에서는 기업가적 정부를 강조하다 보니 법의 경직성을 비판하게 된다. 세부적인 입법을 통해 행정 관료의 자유 재량권을 엄격히 제한해야 한다는 로위의 주장부터 행정에 있어서 관료들의 재량권을 강조하여 법을 위반하지는(rule-breaking) 않더라도 법과 규칙은 유연하게 구부려야 한다는(rule-bending) 주장(Behn, 2001)까지 합법성에 대해서는 다양한 견해가 존재한다. 경영논리가 지배적으로 되어 가고 있는 현대 사회에서는 메리 파커 폴렛(Mary Parker Follett)이 주장한 상황의 법칙(the law of the situation)을 중시하기도 하지만 아직도 법 규정대로 정책을 집행하는 것이 부정할 수 없는 행정의 토대인 것을 기억한다면 관료들은 다양한 사회 가치가 혼재하는 상황에서 딜레마 상황에 처하는 경우가 많음을 인정해야 할 것이다.

2) 효율성

효율성은 행정학을 규정짓는 개념으로 정치행정 이원론이라는 행정학의 탄생 이념과 관련된다. 행정은 타락한 정치로부터 독립하여 정치와 가치의 문제를 배제하고 경영처럼 정부를 효율적인 조직으로 만들어야 한다는 미국 진보주의의 시대적 요청에 부합하여 탄생했다. 베버의 관료제, 테일러의 과학적 관리 운동이 19세기 후반부터 20세기 초까지 이러한 진보주의 시대정신에 부합하고 이후 1980년대까지는 기획예산관리시스템(Planning Programming Budgeting System, PPBS), 영기준 예산제도(Zero Based Budgeting, ZBB), 정책 및 지출 관리제도(Policy and Expenditure Management System, PEMS), 비용편익분석(cost-benefit analysis) 등이 행정의 효율성을 달성하기 위한 개념과 기제로 작동하였다. 1990년대 이후에는 신공공관리론(New Public Management, NPM), 그리고 최근의 신공공 기대(New Public Expectations, NPE) 등이 모두 어떻게 하면 행정의 효율성을 제고할 것인가를 고민하며 개발된 제도들이다.

3) 민주성

행정에서 효율성과 대비적으로 강조되는 가치는 민주성이다. 이 민주성은 중요성이 강조되면서도 행정현실에서는 간과되어 온 가치로 이를 실천하는 것은 매우 도전적인 문제이다. 이 민주성은 행정학의 탄생 이념이며 지배 이념인 효율성에 밀려 행정 현실에서는 귀찮은 존재로 대접받아 온 것이 사실이며 더욱이 발전행정론 시대에는 더욱 무시되었다. 관료제와 민주주의가 어떻게 화해할 수 있는가의 문제는 행정학에서 가장 중요하면서도 답하기 어려운 과제가 아닌가 한다. 이러한 이유로 행정학의 대부라 할 수 있는 미국의 왈도, 우리나라의 박동서 교수가 관심의 끈을 놓지 않았던 이슈인 것이다. 공청회, 위원회 등이 전통적으로 이러한 민주성을 확보하기 위해 동원된 제도이고 최근에는 주민참여예산제가 민주성을 확보하기 위해 형식적이나마 활용되고 있고 거버넌스, 민관협력, 지방자치, 분권화 개념도 넓게는 민주성을 확보하기 위한 기제이다. 미국에서는 행정의 민주성을 확보하기 위한 수단으로 규칙 제정과정(rule-making process)을 도입하였는데 우리는 그나마 이러한 제도를 활용하지 못하는 실정이다.

4) 대응성(Responsiveness)

관료나 정치인이 국민의 대리인 또는 대표로서 국민의 요구에 대응해야 하는 것은 자연스러운 요구이며 따라서 책임 행정을 구현하기 위한 중요한 개념이 된다. 대의민주주의제와 대표 관료제에서 국민에 의한 대응성에 대한 요구는 자연스러운 반응으로 이는 민주행정으로 가는 길목에 있으며 대표관료제를 강조하는 근거와 이유이기도 한다. 쿠퍼, 하트와 같은 교수들이 시민성을 강조하는 것도 관료들의 대응성을 제고하기 위한 노력이다.

대응성에 대한 혁신적인 해결책은 아마도 공공선택론자와 경영학자들이 제시할 수 있는지 모르겠다. 이들은 행정과 행정학에서의 공직자들의 대응성에 대한 부족과 실패를 지적하며 이를 해결하는 길을 공공선택이론과 경영 이론으로 해결할 수 있다고 주장한다. 이들은 국민의 욕구나 요구에 정부와 행정이 얼마나 대응적인가는 정부의 정책에 대한 평가와 환류 과정을 거치게 하는데 이는 민간 부문의 소비자 주권 정신에서 소비자를 왕으로 모시는 서비스 개념과 맥을 같이하여 행정서비스 개념을 행정에 이식하였다.

5) 평등과 사회적 형평

평등은 자유, 박애와 더불어 근대민주주의의 토대 가치가 되었다. 이는 프랑스 혁명과 미국 혁명을 거치며 근대 민주주의 국가들에서 이상적으로 달성하려고 하는 가치가 되었을 뿐만 아니라 사회주의, 공산주의 체제에서는 더욱 지배적인 이념이 되었다. 법 앞의 평등, 고용 기회의 평등, 동일노동, 동일임금과 같이 공정하고 정의로운 사회를 지탱하는 기본적인 가치로서의 역할을 수행한다.

사회적 형평은 효율성을 중시하는 자유민주주의와 자유경제체제에서 이차적인 가치로 전락하며 많은 사회에서 사회적 불평등이 심화되며 다시 회복할 가치로 주창되어 왔다. 미국에서는 사회적 형평 회복 노력이 1970년대에 신행정운동이라는 이름하에 일어났고 2000년대 들어 사회 빈부격차가 심해지며 발생한 반월가 운동도 같은 맥락으로 이해된다.

평등과 사회적 형평의 가치는 지난 20여 년간 비정규직 및 성별 임금격차, 계층 간 격차, 세대 간 격차, 지역격차 등이 심화되어 온 우리나라에서 다시금 진지하게 바라보아야 하는 소중한 행정가치가 아닌가 한다.

6) 책임(Responsibility)과 책무성(Accountability)

책임은 행정학에서는 거의 윤리와 대치되어도 될 정도로 중요하고 무게 있는 개념이다. 책임(responsibility)과 책무성(accountability)이 혼용되어 사용되는데 어원적 의미로 보면 책임은 대응성과 가깝고 책무성은 설명책임으로도 번역이 되고 있는 용어로 책무를 진다는 것은 자신의 행동이나 업무에 대해 자세히 설명해 주어야 한다는 전제가 바탕이 된다. 이 두 용어가 혼용되어 사용되지만 학문적인 용어로는 책임이 선호된다.

책임에 대해 논의를 진행하면 이는 행정학에서 매우 다의적으로 사용되고 있어 추상적이고(Behn, 2001), 또한 도깨비불(will-o-the wisp) (Mosher, 1982: 546, Behn, 2001: 4에서 재인용) 같아 파악하기 어렵다는 것이다. 많은 문헌이 책임의 내용에 대해 다루고 있는데 이는 주로 누구에게 책임을 질 것인가, 그리고 무엇에 대해 질 것인가에 초점을 두고 있다. 어떻게 책임을 질 것인가의 방법론에 대한 논의는 부족한 편이다. 언론기사 작성의 6하 원칙을 따라 누가 누구에게, 무엇을 어떻게 그리고 언제 어디서 책임을 질 것인가를 명확히 밝히는 것은 매우 도전적 과제가 된다. 특히 벤(Behn, 2001) 교수의 지적대로 권한과 책임의 흐름이 일방적이고 위에서 아래로 흐르는 막스 베버의 전통적 관료제 책임 구조를 어떻게 극복할 것인가는 물론이고 외주 관리, 협치, 협동 거버넌스 체제에서 이를 어떻게 책임 관리를 할 것인가는 더욱 어려운 과제가 된다.

7) 정직성(Integrity)과 투명성(Transparency)

정직성과 투명성은 서로 상통하는 개념으로 일반적으로 정직성은 개인의 가치로 그리고 투명성은 조직의 가치로 논의되고 있다. 공직자 개인이 정직성을 발휘하고 공공 조직이 투명해질 때 행정윤리 문제의 많은 부분이 해결될 수 있을 것이다.

정직성은 리더십의 특성으로 강조되었지만, 행정학에서는 상대적으로 그리 관심을 받아오지는 못했다. 마키아벨리적 조직문화와 경쟁 일변도의 자유경제 체제하에서 정직성이 지배적인 행동 규범으로 자리 잡기는 더욱 어려웠다. 그럼에도 정직성은 행정, 그리고 특히 행정윤리에서는 가장 강력한 가치 중의 하나로 중요한 역할을 수행한다. 복스(Box, 2015: 119)는 정직성을 "자신의 가치와 일관된 방식으로 자신의 의무를 수행하는 것"으로 규정하였고 복(Bok, S., 1989)은 사회가 진실과 거짓을 구별할 수 없다면 사회는 붕괴될 것이라고 주장한다. 민주주의 사회는 민주사회의 이상과 가치를 지키기 위하여 정직성을 가진 사람에 의존하고 견고한 정직성을 가진 공직자는 민주적 가치에 부합하는 방식으로 업무를 수행하며 건강한 조직을 만들어가는 데 기여할 것이다.

투명성 개념은 전통적으로 행정학에서 강조되어 온 개념은 아니다. 행정학 문헌에서는 공직 부패와 관련하여 논의할 때, 비정부 기구인 국제 투명성 기구(Transparency International)의 국가 간 부패지수를 인용할 때 주로 발견할 수 있는 용어였다. 우리나라에서도 지난 여러 정부를 거치며 행정 정보 공개를 확대하는 정책을 구현하는 방식으로 투명한 정부를 만들려 노력해 왔다. 조달업무에서 전자 입찰 방식의 사용은 투명한 정부를 만드는 데 일정 부분 기여해 왔지만 깨끗한 물에는 고기가 모이지 않는다는 속담이 시사하듯이 투명한 행정의 실현은 여전히 갈 길이 멀다.

8) 전문직업주의

행정이 전문 직업에 속하는가 및 전문직업성을 강조하는 것이 바람직한가의 질문은 미국 행정학에서는 고전적인 질문 중의 하나였다. 사회나 행정조직이 대규모화되지 않고 복잡하지 않았던 근세 이전에 서구 국가에서 공직은 자원봉사나 파트타임 방식으로 운영되었던 시절이 있었다. 그러나 과학과 자본주의가 발달하며 복잡해진 현대사회에서는 전문 직업이 가운을 입고 있는 의사, 변호사, 성직자와 같이 좁은 의미로 해석해서는 곤란하다. 일정 수준의 교육을 받지 못하면 직무를 전문가답게 수행하지 못하는 기준으로 볼 때 행정은 전문직으로 포함하는 것이 합당할 것이다. 많은 경우 성공적이고 효과적으로 공직을 수행한다는 것은 민간분야의 일보다도 더 도전적이고 전문성을 필요로 한다. 주인(principals)이 다수이고, 목표가 불분명한 공공조직에서의 직무 수행은 더 많은 불확실성을 내포하고 있어 오랜 훈련과 숙달의 기회를 두고도 성공을 담보하기 어려운 성격을 가지고 있다.

근세 이후 우리나라 행정 관료제는 전통적으로 직위분류제보다는 계서제에 기초하고 직무도 전문직에 오래 근무하기보다는 순환보직제로 되어 있어 전문성을 키우지 못해 왔다. 따라서 직위분류제를 채택하고 있는 나라와 같이 직무 및 직업별로 전문협회 조직이 잘 발달하지 못하였다. 공직자를 양성하는 고등 교육 제도도 학부 중심으로 되어 있어 전문직 양성 교육이 대학원에서 이루어지는 서구국가에 비하여 전문성을 키우기 어렵게 되어 있다. 우리나라에 행정에서도 전문직업주의가 중요한 행정가치로 자리매김할 수 있기를 기대한다.

9) 공익(Public Interest)

공익이라는 용어도 우파와 좌파 학자 진영 간에 상당히 이념적인 색채가 대비되는 용어이다. 또한 역사적으로 이에 대한 이해가 달라져 왔다. 영국에서 공익이라는 용어는 1640년대의 내전 이전에는 널리 사용되지 않고 공공선(common good) 또는 공공복지(public weal)라는 용어가 사용되었다(Morgan, 2001). 대부분 사회에서 개인주의와 사적 시장 자본주의가 득세하기 전에서는 공익이라는 개념은 널리 받아들여지고 이해되어 온 개념이다. 집단주의 문화가 강한 동양 사회에서는 더욱 쉽게 이해되는 개념이다. 공익은 전통적으로 행정학에서 중시되어 왔던 개념인데 이에 대한 반론 또는 비판은 서구에서 산업혁명 이후로 산업 자본주의가 발전하며 사적 이익과 사적 재산권 보호에 대한 반작용이 커지며 등장하였다고 볼 수 있다. 최근에는 신자유주의적 가치가 득세하며 상대적으로 더욱 간과되고 무시되어 왔다고 할 수 있다. 개인의 선택과 주권을 강조하는 신자유주의 또는 시장논자들은 개인의 이익보다 공공의 이익이 우선하는 것을 좋아하지 않아 전체나 집단의 실체를 부정하는 입장이기 때문에 공익의 존재를 가능하게 하는 어떠한 집단적 실체 자체가 존재한다는 철학적 가정을 부정한다.

여전히 공익은 논란스럽고 이해하기 어려운 개념으로 이를 가장 쉽게 이해할 수 있는 문헌으로 프레데릭슨이 제시한 다섯 가지 공공(the public)의 개념을 통해서라 할 수 있다. 이는 다원주의 정치체제에서의 이익집단에 의한 타협, 대표관료제의 개념으로 공직자의 결정, 시장 논리로 소비자의 선호도, 서비스 개념의 고객의 요구, 마지막으로 시민의 의견으로 이해하는 것이다. 모건(Morgan, 2001)도 공익에 대한 보다 자세한, 이념적이고 역사적 이해를 소개하고 있다.

10) 개인 재량권과 제도의 자율성

행정에서 개인에게 얼마나 자유 재량권을 허락할 것인가 그리고 기관들은 얼마나 자율성을 가져야 하는가는 한편으로는 동기부여의 차원에서 다른 한편으로는 부패와 권력 남용의 측면에서 중요한 이슈가 되어 왔다. 그동안 개인의 재량권에 대한 조직 이론은 막스 베버의 관료제 이론과 테일러의 과학적 관리 운동 모두 조직 구성원의 재량권을 존중하지 않았다. 중앙집권적이고 계층제의 원리가 근간이 되는 막스 베버식 정부 조직에서 부하는 상관에게 관료는 정치가에게 순종적이고 종속적인 관계를 유지하는 조직의 원리를 강조해 왔다. 관료들의 자유 재량권을 인정하기보다는 법규정을 충실히 따라야 한다는 것이 일반적인 규범으로 자리 잡아 왔다. 그나마 우리보다는 민주행정이 잘 실현되고 있다고 믿는 서구 국가에서도 정도의 차이가 있지만 이러한 것이 일반적인 관료 조직 문화이다. 로위는 관료의 재유재량권을 인정하지 않으려는 극단적인 입장을 취하는데 관료들의 자유재량을 제한하기 위해 법규정을 세세히 정해야 한다는 사법민주주의(juridical democracy)를 주장하였다(Ginsberg & Sanders, 1990). 테일러의 과학적 관리 이론도 매우 엘리트주의가 강해 조직의 두뇌는 최고 관리자이고 하위 조직 구성원은 손에 해당해 머리가 지시한 것을 기계처럼 따르기만 한다는 것이 기본 전제이다. 이후 탈 관료제 이론에서는 개인의 자율성을 강조하지만 현실 행정에서는 여전히 개인의 재량권은 확보되어 있지 못하다.

중앙집권적인 우리 행정조직에서 개인의 재량권만 제한되어 있는 것이 아니라 행정 기관들도 자율성을 가지고 있다고 주장하기 어렵다. 계층제 조직의 원리로 하위 기관들은 상위 기관이나 정치가들에 종속적인 관계를 유지하는 것은 맞지만 문제는 과도하게 종속적이어 자율성이 너무 제한되어 있다는 데 문제가 있다. 종속과 자율의 조화의 중요성을 잘 지적한 학자로 테리(Terry, 1995)가 있는데, 그가 기술하기를 행정조직이 대통령이나 의회 같은 정치적인 대의기관과의 관계에서 종속적이지만 동시에 자율적이어야 한다. 미국에서도 정부 기관의 제도적 자율성이 침해되는 사례가 발견되는데 우리나라에서는 더욱 심한 편임을 부정하기 어렵다.

이어지는 절에서는 공직자의 내적 통제 태도와 행태에 절대적 영향을 준다고 알려진 공직자의 품성에 대해 살펴보고자 한다.

3. 공직자의 품성

어원적으로 품성(character)은 원래 동전에 새겨진 표시를 말하는 그리스어인 charaktêr에서 왔다(Homiak, 2019). 이 용어는 나중에 보다 일반적으로는 하나가 다른 것으로부터 구별되는 어떠한 독특한 특징을 말하는 것이 되었고, 현대 용법에서는 종종 사람들을 구별하는 데 사용될 수 있는 일련의 자질과 특성을 말한다. 그러나 철학에서 품성이라는 용어는 특정해서 사람의 도덕 차원을 말하는 것으로 전형적으로 사용된다. 예를 들어, 아리스토텔레스는 품성을 의미하는 용어로 ēthē를 가장 자주 사용하였는데 이는 어원적으로 윤리(ethics)와 도덕(morality)(라틴어 mores와 유사)과 연결되어 있다(Timpe, 2007).

사람의 특성 또는 자질로 표현되는 품성은 또한 흔히 덕성과 관련하여 정의된다. 철학에서는 품성에 대한 문헌보다 덕 윤리에 대한 문헌이 많은데 덕을 규정하면서 성품을 연결시키는 표현으로 "사람을 선호하는 근거가 되는 성품, 칭찬할 만한 성품"(이주석, 2015: 403) 또는 도덕 품성을 기본적으로 여러 덕성과 악덕의 함수(Timpe, 2007)로 품성을 도덕을 구성하는 필수적인 내용으로 본다. 또 다른 의미로는 품성을 인격과 유사한 개념으로 무의식과 연결된 인간의 내면적 모습으로 일시적이며 변화되기 쉬운 외면적 모습인 성격과는 대비되는 개념으로 이해한다(김수동 2009). 도덕 품성은 윤리적 대비 비윤리적 방식으로 생각하고 느끼며 행동하는 개인의 성향(disposition) 또는 도덕과 관련한 일련의 개인 차이로 개념화된다(Cohen & Morse, 2014).

품성은 동양이나 서양 모두 근세 이전의 사회에서는 좋은 국가 또는 왕도 정치를 실현하는 데 가장 중심적인 요소로 간주되었지만 근세에 들어 품성에 대한 관심은 논리실증주의 철학과 과학 발전의 영향을 받아 상대적으로 소홀히 다루어져 왔으나 최근에 다시 관심을 받기 시작하였다. 그럼에도 품성의 개념 정체성, 중요성이나 역할에 대해서 현대 철학과 심리학자들에 의해 많은 도전을 받고 있다. 다음은 품성에 대한 철학자, 심리학자, 행정학자의 이론을 간략히 소개하고자 한다.

1) 품성에 대한 철학적 시각

품성에 대한 철학자의 이론으로 플라톤, 아리스토텔레스, 공자, 칸트, 벤담과 같은 일부 철학자의 시각을 간략히 살펴보고자 한다.

플라톤은 품성을 미, 지위, 권력, 또는 부와 같은 외적 자질을 베껴낸 발가벗은 영혼(naked soul), 사후의 진정한 자신으로 기술하였다(Luke & Hart, 2018). 덕성과 품성에 대해 가장 권위 있고 상세하게 논의하여 가장 흔히 인용되는 철학자는 아리스토텔레스이다. 따라서 여러 문헌에서 그가 말하는 품성을 덕성과 연결하여 규정하는데, "좋은 품성이란 좋은 삶을 이끄는 덕성을 소유하고 있는 것 이상으로 덕성이란 행동 방식이며 좋은 품성을 실현함으로써 나오고"[Sherman, 1989, Luke & Hart(2018)에서 재인용], "개인의 도덕적 성품, 즉 중용을 지키면서 아름다움과 우수함을 능동적으로 추구하는 안정된 성품"(정소이, 2011: 47), 그리고 "인간의 기능을 잘 수행하게 하는 품성"(이주석, 2015)이라는 것이다.

아리스토텔레스는 품성의 우수함을 'ēthikē aretē'라는 용어로 표현하는데 이는 문자 그대로는 품성의 도덕이고 때로는 도덕 덕성(moral virtue)으로 번역된다(Homiak, 2019). 그에게 품성의 우수함은 어떠한 방식으로 행동하고 느끼는 성향으로 이는 적정한 비율로 두 극단의 중용을 지킬 때 도덕 성향이 덕이 있다고 생각했다(Timpe, 2007). 그는 우수함을 사람의 품성을 규정하는 모습으로 생각하며, 이러한 품성을 규정하는 우수함은 가르침으로 배양될 수 있다고 믿는다.

도덕 품성론은 동양 문화에서 더욱 강조되는 전통을 가지고 있다. 이러한 동양 사상과 문화를 대표하는 공자는 인간과 국가 철학에 대한 가장 규범적이고 이상적인 세계관을 제시하였다. 그의 공직자 관은 좋은 품성의 모범가로서의 군자 또는 모범적 개인이라 할 수 있다. 공자사상에서 군자는 인의예지(仁義禮智)의 품성을 갖춘 리더로 이해된다(김수동, 2009). 그러나 공자사상에서 현인인 성인은 도덕적으로 완벽한 사람이고 개인에게는 현실적이거나 실제적인 목표로 간주되기보다는 이상적 품성의 모형으로 제시된 것이다. 좋은 품성을 개발한다는 것은 한사람의 평생 동안 계속되는 자기 배양의 과정으로 원칙론을 주장하면서도 하나의 행동의 답이 있다고 믿기보다는 이상에 대하여 진지한 헌신을 하고, 이는 자신의 행동이 가지는 윤리적 영향을 매일 점검하고 일생 동안 도덕적 행위자의 행동을 중요하게 변혁시킬 지속적이고 끊임없는 자기 배양의 노력을 하는 과정으로 묘사한다(Cua, 1992). 다른 말로 표현하면 군자란 완벽하지는 않지만 자신의 삶과 행위에서 인이라 불리는 인류를 위한 깊은 도덕적 관심을 구현한 모범적인 사람이다. 공자 윤리에서 중요한 특징인 군자는 다른 사람을 위한 기준, 모형, 본보기로 역할을 해 왔다.

목적론자인 칸트의 도덕론을 살펴보면 다음과 같다[Kant, 1898: 346-347, Luke & Hart(2018)에서 재인용]. 칸트는 모든 개인은 욕망, 느낌, 욕구를 가지고 있고 그들은 합리적이어서 무엇이 옳은 행위인지를 구분할 수 있다는 가정으로 시작한다. 좋은 품성을 가진 개인은 옳은 행동을 추구하기 위하여 욕망, 느낌, 식욕을 합리적으로 자아 통제하여 보다 보편적이고 일반적인 원칙과 의무를 따른다는 것이다. 내적 만족감을 위해 개인적으로 만족하기 때문에 다른 사람을 도와주는 것은 도덕적 가치를 가지는 행동 유형은 아니다. 사람이 단지 의무로 취향 없이 행동할 때 처음으로 그의 행동은 진정한 도덕적 가치를 가진다.

벤담의 도덕관은 인간 개인은 행복을 극대화하고 고통은 최소화하려 한다는 공리주의 입장을 취하고 있다. 그에게 동기부여나 의무는 중요하지 않고 개인이 취하는 행동의 결과가 어떤지에 따라 개인행동의 선이 결정된다는 것이다. 쾌락은 일곱 가지 측정 기준에 의하여 평가된다. 강도, 기간, 확실성, 근접성(propinquity), 증식성(fecundity), 순수성(purity), 정도(Bentham, 1989, Luke & Hart(2018)에서 재인용). 이리하여 좋은 품성의 사람은 도덕적 결정을 하기 전에 합리적이고 공리주의적 계산을 적용하려는 자발성을 가지고 있다. 이리하여 공리주의적 시각에서 좋은 품성의 사람은 자신의 내적 충동, 성향, 마음 상태가 최대 다수에게 최대의 쾌락을 제공하는 결과를 이끌도록 이러한 감정을 통제하는 사람이어야 한다.

2) 성품에 대한 심리적 시각

심리학자들이 말하는 품성은 도덕적 질을 담고 있는 내부화된 성향으로 이는 어떤 사유와 행동의 형태나 유형으로 나타난다고 한다(Luke & Hart, 2018). 심리학자 중 펙과 하비거스트는 품성을 성격의 특별한 측면으로 보아 품성 성숙도 척도를 제시하였는데 이는 성격의 네 가지 특정 측면이 품성의 성숙도와 매우 관계 있다고 주장하였다. 첫째는 도덕적 안정성으로 이는 지역사회의 기대, 반대 성의 나이에 맞는 짝, 부모의, 특히 엄마의 기대에 동조하는 안정성을 보여준다. 둘째는 자아강도(ego strength)로 이는 관찰과 통찰력의 인지적 능력, 자신과 타인의 평가에 있어서의 현실주의, 심리적 자율성, 정서적 반응의 성숙도, 성격체제의 내적 일관성이나 통합을 보여준다. 셋째는, 초자아 강도(superego strength)로 이는 행태가 내적 도덕적 원칙에 의하여 효과적으로 안내되는 정도를 말하고 마지막으로 자발성(spontaneity)은 감정이입, 동성 친구와 아버지에 대하여 가지는 좋은 느낌을 말한다.

조직학자인 코헨과 몰스(Cohen & Morse, 2014)는 도덕 품성을 동기부여, 능력, 정체성의 세 가지 요소로 구성된 모형으로 제시하였다. 동기부여 요소는 다른 사람의 욕구와 이해를 고려하는 그리고 이러한 행동이 다른 사람에게 어떻게 영향을 주는지를 향한 성향을 말한다. 능력 요소는 자신의 행동을 효과적으로 규제하는 성향을 말하는 자기 규제이다. 세 번째 정체성 요소는 도덕 정체성으로 도덕성에 가치를 부여하고 자신을 도덕 인간으로 보고자 하는 성향을 말한다.

3) 행정학에서의 품성 논의[3]

전통적 행정학자들의 가장 공통적인 연구 관심 주제는 덕 윤리라 할 수 있다. 이를 촉발시킨 계기는 후에 신행정운동이라 불린 학계의 새로운 흐름을 형성하는 데 결정

3) 이 부분에 대해서는 Luke & Hart(2018)에서 비교적 자세히 다루고 있음.

적 역할을 한 학술대회로 1960년대 뉴욕에서 열린 미노브룩 회의였다. 당시 이를 주도한 젊은 학자들은 프레데릭슨, 챈들러, 하몬, 웜즐리, 로어, 덴하트, 쿠퍼, 도벨을 포함한다(하트, 2018: 1985).

일부 학자들을 소개하면 다음과 같다. 베일리(Stephen K. Bailey, 1964)는 도덕적 행정가의 품성의 질을 세 가지 독특한 도덕적 자질로 낙관주의, 용기, 자선으로 조절된 공정성을 제시한다. 덴하트는 핵심 도덕적 기초로 명예, 자비(benevolence), 정의를 말하고 있다. 하트는 행정은 독특한 도덕적 품성이 요구되는 도덕적인 노력으로 뛰어난 신중함, 도덕적 영웅주의, 인간애에 대한 돌봄과 사랑, 시민에 대한 믿음, 도덕적 향상을 위한 지속적인 추구를 포함한다.

4) 류크와 하트(Luke & Hart)의 "높은" 품성("High" Character)

류크와 하트는 자신의 글에서 철학자, 심리학자, 그리고 행정학자의 품성에 대한 논의를 한 후 자신의 이론을 제시하면서 규범화된 이상적인 품성으로 높은 품성이라고 부르는데 이는 품성의 강도(strength of character)와 품성의 선함(goodness of character)으로 이루어져 있다. 품성의 강도는 의지의 강도 또는 습관의 일관성으로 단순히 이해되고 품성의 선함은 돌봄, 감정이입, 인을 말하는 것으로 이는 전형적으로 행동이 다른 사람에게 주는 영향을 고려한다.

류크와 하트는 제시하기를 품성의 강도로 세 가지 요소인 자아강도 높은 추상 수준, 정체성을 부여하는 헌신을 포함한다. 첫째 요소인 자아강도의 세 가지 유익함을 말하는데, 이는 우선 자극적 충동을 억제하고 무엇이 효과적인 것인가를 발견하는 데 합리적 사고를 갖게 하고, 둘째는 가치와 내재화된 도덕적 원칙을 성찰하고 경험을 통해 수정하도록 한다는 것이다. 마지막으로 도덕적으로 옳은 것을 선택하는 데 자아 존중과 자아 관심을 제공한다는 것이다.

품성 강도의 둘째 요소인 높은 추상 수준은 우리의 행위에 대한 즉각적인 결과보다는 장기적이고 다양한 시각을 가지고 행동의 미래 이익과 영향에 대해 초점을 둔다. 셋째 요소로 정체성을 부여하는 헌신은 가장 깊은 수준에서의 도덕성으로 여러 가지의 궁극적인 헌신을 보여 주는데 이는 의지, 에너지, 불굴의 정신을 보여 주는 것이다.

류크와 하트가 말하는 품성의 다른 요소로 품성의 선함이 있는데 이는 다른 사람을 향한 느낌, 태도, 성향으로 이러한 자질은 이타주의에 대한 전통적 규정을 넘어 다른 사람들과의 연결과 상호 관계성의 인식에 기초하여 다른 사람들에 대한 관심을 말하는 것이다. 품성의 선함도 세 가지 요소로 구성되는데, 첫째는 타인 중심의 지각으로 이는 자아 집착(preoccupation with self)을 표현하는 "autocentric" 인지와 대비되는 것으로 다른 사람에 대한 돌봄과 관심을 말한다. 둘째 요소는 돌봄과 선으로 선한 품성의 목표 중의 하나는 관심을 자신으로부터 멀리 이동하여 다른 사람을 돌보며, 관심을 갖고, 발전시키며 번영시키는 것이다. 셋째는 친사회적 역량(감정이입과 사랑)으로 이는 개인이 다른 사람에게 혜택을 주기 위하여 다른 사람의 입장을 이해하고 무조건적으로 사랑하는 것을 말한다.

4. 내부고발

내부고발에 대한 관심과 연구는 외국에서는 1970년대 시작되어 본격적 논의는 1980년대에 이루어지기 시작하였으나 우리나라에서는 1990년대에 이르러 관심을 갖기 시작하였다. 내부고발자 제도는 부패를 방지하기 위한 핵심적인 수단이다. 이리하여 내부고발자 제도는 이들의 권리가 보호되어 조직의 부패와 비리가 발생했을 때 이를 자발적으로 신고하도록 장려하고자 하는 것이다. 내부고발은 전·현직 조직구성원이 조직 내에서 발생한 불법, 부정부패, 비리, 예산낭비 등의 문제를 영향력 행사가 가능한 사람이나 감독·수사 기관 등에 알리는 행위다.

그동안 우리나라에서도 수많은 내부고발 사례가 있는데 지난 30여 년간 발생했던 대표적 사례로는, 1990년 재벌의 부동산 투기 관련 감사원의 유착 비리를 고발했던 이문옥 감사관, 1990년 보안사의 민간인 불법 사찰 기록을 공개했던 윤석양 이병, 1992년 군 부재자 투표의 부정을 고발한 이지문 중위, 14대 국회의원 선거에서 여당의 단체장을 통한 선거 개입 의혹을 제기한 한준수 연기군수, 2000년 인천 국제공항 터미널 부실시공을 폭로한 정태원 감리원, 4대강 사업 연구 용역에 대한 부적절한 압력을 고발한 김이태 박사, 2003년 적십자사 혈액관리 부실로 에이즈 감염 사실을 4인이 폭로한 사례, 2009년 군납품 비리를 고발한 김영수 소령, 2014년 국방부 군사기밀 유출 관련 내부자 제보, 2019년 청와대에 의한 KT&G 인사 개입과 적자 국채 발행 강요를 폭로한 신재민 전 기획재정부 사무관 사례 등 매우 다양하다.

우리 현실에서는 내부고발자의 인권과 권리가 보호받지 못해 따돌림은 기본이고 직장을 잃거나 고소를 당하는 경우도 많고 심지어는 정신적 고통으로 극단적 선택을 하는 경우도 있다. 내부고발자들은 대개 내부고발 이후 내부고발의 대상인 개인이나 단체로부터 차별, 위협, 법적인 반발에 직면하는 경우가 대부분이다. 내부고발의 경우, 조직 내에서의 파면, 직위 해제, 승진 불이익 또는 집단 따돌림 등의 보복을 받을 수 있다. 또 민형사상의 법적 불이익을 받을 가능성도 있다.

내부고발에 대한 반응은 다양하다. 일반적으로 많은 사람들은 내부고발자가 공익과 조직의 의무를 위한 희생적인 순교자라고 생각하지만, 한편으로 내부고발자를 개인의 영광과 명예를 위한 고자질의 측면으로 보는 경우도 있다. 내부고발을 자발적으로 하겠느냐는 설문 조사에서 우리나라 조직 구성원들의 다수는 그렇지 않다고 답했다는 사실(Banisar, 2011)은 우리나라 내부고발의 상황을 잘 대변해 주고 있다. 내부고발에 대한 우리 사회의 인식과 문화가 아직 취약하고 더욱이 내부고발 제도의 실효성이 의심을 받고 있다.

내부고발제도가 많은 제도적 · 실행적 한계를 보여 주고 있지만 부패 방지를 위한 유효한 수단이 될 수 있다는 시각은 점차 확산되고 있다. 전 세계적으로도 매우 포괄적인 내부고발자 입법을 채택한 나라는 많지 않지만 30개국 이상의 나라들이 구체적인 내부고발 제도를 채택하고 있고 유럽의회(the Council of Europe)와 UN 부패방지 협약(UN Convention Against Corruption)과 같은 수많은 국제 협약과 조약이 이러한 제도가 채택되어야 할 것을 요구하고 있다(Banisar, 2011).

본 절에서는 내부고발제도에 대해서 다음과 같은 내용을 살펴보고자 한다.

1) 개념 및 정의

내부고발은 원래 영어의 호루라기 불기(whistleblowing)로부터 나왔다. 이는 영국 경찰관이 호루라기를 불어 시민의 위법 행위와 동료의 비리를 경계하던 것에서 유래하고 있듯이 내부고발은 경고의 의미를 갖고 있다. 하지만 내부고발이라는 표현은 조직의 내부 사정을 잘 알고 있는 사람에 의해 그 조직의 부패, 비리, 다른 문제를 알고 있는 사람이 이를 알리는 경우가 많은 것이 사실이지만, 최근의 내부고발에 대한 개념 규정은 내부자만이 아니라 조직 경계선 또는 외부에 있는 사람이 이를 알리고 신고하는 것도 포함하는 것이 대세인 것을 보면 우리말로 내부고발이라고 번역된 표현은 매우 협소적으로 이해된 것 같다. 이를 반영하여 우리나라에서도 공익신고라는 긍정적이고 포괄적인 용어로 대체되어 사용되고 있다. 본 글에서는 아직까지 학계에서 가장 많이 사용되고 있는 영어표현 whistleblowing의 번역어인 내부고발을 사용하고 입법 등 제도적 용어로는 공익신고라는 용어를 함께 사용하고자 한다.

현대와 들어와 내부고발을 처음으로 사용한 사람 중의 하나는 1971년의 미국의 시민운동가 네이더(Ralph Nader)로 그는 내부고발을 공익이 자신이 일하는 조직의 이익보다 우선한다고 믿고 자신의 조직이 부패하고, 불법적이고, 속임수를 쓰고, 또는 유해한 활동에 관여하고 있다고 호루라기를 부는 남자 또는 여자의 행위로 기술하고 있다(Banisar, 2011: 3). 내부고발 정의로 가장 많이 인용되는 니어와 미셀리(Near & Miceli, 1985: 4)의 글은 내부고발(whistleblowing)을 조직의 구성원이 조직 내에서 행해지고 있는 불법적, 비도덕적, 또는 비합법적인 행위에 대해 영향을 미칠 수 있는 사람이나 조직에 알리는 행위로 규정하고 있다. 쥬브(Jubb, 1999: 83)는 내부고발을 조직의 자료나 정보에 대한 특권적 접근을 가지고 있거나 있었던 사람이 조직의 통제하에 또는 연루되어 있는 사소하지 않은 불법행위(non-trivial illegality) 또는 기타 비행(그것이 실제 일어났거나 의심되거나 또는 예상되는 것이든)을 바로잡을 수 있는 잠재적 능력을 가진 외부의 실체에게 의도적, 비의무적으로 공개하는 행위라고 규정하였다.

버니서(Banisar, 2011)는 내부고발에 대해 보다 구체적이고 넓게 개념을 규범적으로 규정하고 있다. 이는 모든 형태의 제재로부터 고발자를 보호함과 동시에 비행에 대한 정보의 폭로를 허락함으로써 책임성을 진흥하는 수단으로 내외부 폭로와 관련되고 공사 모든 조직에 적용되어야 한다는 것이다. 폭로는 조직 내의 고위 관리뿐만 아니라 규제기관, 옴부즈맨, 반부패위원회 위원, 선거직 공무원, 언론과 같은 외부 기관이 해당한다. 내부고발의 초점은 표현의 자유, 윤리적 공표, 행정 체제가 된다. 결과는 개인들은 선한 양심으로 자신의 의견을 말할 수 있는 능력을 가지고 있다는 것을 보장해 주고 조직은 자신의 조직원, 주주, 일반대중에게 열려 있고 책임져야 한다는 것이다.

2) 내부고발의 여러 특징과 요소

내부고발에 대한 연구 문헌들은 내부고발을 이해하기 위해 다음과 같은 여러 내부고발에 관한 특징, 성격, 요소들을 제시하고 있다.

장용진, 박성은, 민지혜(2011)는 내부고발의 여섯 가지 성격을 소개하고 있다. 이는 내부인에 의한 행위, 공익적 행위, 윤리적 행위, 외부적 행위, 행위의 파격성, 공동체 보호적 행위의 의미를 갖는다는 것이다. 박홍식(1991)은 내부고발을 공익적 행위, 도덕적 행위, 외부행위로 구분하여 말하고 있다. 니어와 미셀리는 효과적인 내부고발을 위한 제보자 개인들의 특성으로 신뢰, 권력, 제보자의 비익명성을 든다(장용진, 박성은, 민지혜, 2011에서 재인용). 아파자와 창(Apaza & Chang, 2011: 115)은 위의 정의들에 대한 보완으로 효과적인 내부고발을 위한 네 가지의 조건을 제안한다. 그들은 효과적인 내부고발에 대하여 기존의 연구에서 언급한 1) 내부고발로 조직이 부정행위에 대한 조사를 시작했는지, 2) 조사로 인해 정책과 집행과정에 변화가 있었는지, 3) 적절한 시간 안에 그 부정 또는 불법행위가 사라졌는지, 마지막으로 4) 적절한 법적 또는 제도적 장치로 인해 제보자가 보복행위를 겪지 않았는지를 포함하여 이 네 가지 요건을 만족하는 경우를 효과적인 내부고발로 정의했다(장용진, 박성은, 민지혜(2011: 113)에서 재인용).

니어와 미셀리는 내부고발을 네 단계 과정으로 기술한다. 첫째는 의문스러운, 비윤리적인, 또는 불법적인 활동이 관여되는 촉발적 사건이 발생한다. 둘째는 조직 구성원은 활동과 그것이 부정을 관여하는지를 평가하고, 추가적인 정보를 수집하며, 그 상황을 다른 사람과 논의하는지를 논의하며 의사결정에 관여한다. 셋째, 조직 구성원은 내부고발을 함으로써 자기의 목소리를 행사하는데 대안적으로 조직을 떠나거나 충성심에 침묵하거나 무시한다. 마지막으로 조직 구성원들이 반응하고 내부고발자에 대해서 보복한다.

박홍식(1991)은 내부고발을 여러 유형으로 나누는데 시기에 따라 재직형과 이직형, 경로에 따라 내부 고지의 내부형과 외부에 대중 폭로의 외부형, 방법으로 밀고형과 공개형이 있다. 박홍식(1991)은 내부고발 재직형의 단계를 다음과 같이 나눈다. 1단계에서는 비리나 불법이 있음을 인지, 2단계로 자신의 견해를 직근 상관에게 보고하나 수용되지 않는다. 3단계로 자신의 견해를 고위층에게 보고하나 반응을 얻는 데 실패한다. 4단계에서는 의회나 법원, 규제 기관에 보고하거나 또는 언론에 공개한다. 5단계 조직에서 소외 배척당하고 동료들이 회피한다. 6단계 조직에서 추방, 해고되거나, 또는 사퇴한다. 이직형의 경우는 2단계까지는 같고 3단계에서 사직 해고를 겪고 4단계의 과정을 겪는다. 이러한 과정은 다소 일반론이고 잠복기간이 길거나 바뀔 수도 있고 또는 동시에 발생할 수도 있다.

버니서는 내부고발의 유용성으로 다음 네 가지를 설명하고 있다. 첫째로, 내부고발자는 대중의 삶에 매우 중요한 정보를 자주 밝힌다. 둘째, 내부고발은 기관이 좀 더 책임 있는 기관이 되기 위해 내부 관리를 향상시키기를 원하는 조직에게 유용하다. 셋째, 다른 폭로들은 정치적 책무를 진흥하기 위해 필요불가결하다. 넷째로 조직의 내부 삶에 내부고발이 중요하다.

박흥식(1991: 774)은 내부고발자에 대한 동료와 조직의 반응을 다음과 같이 정리하고 있다. 동료들은 고발자를 부담스러워 멀리하고 피한다. 배신자, 믿을 수 없는 사람, 문제 있는 사람, 위험하고 요주의 할 인물로 분류하고 배척한다는 것이다. 조직은 우선 폭로자를 무능력의 험담자, 배은의 이기주의자, 위계의 모해자로 매도 및 비난하고, 둘째는 다양한 형태의 불이익 처분과, 해고의 압력 및 위협을 가한다. 셋째는 폭로된 비위의 내용을 부인하거나 허위 사실의 유포라고 변명하고 문제의 축소 및 은폐를 시도한다는 것이다.

버니서는 내부고발에 대한 장애를 크게 세 범주로, 즉 보복의 두려움, 법적 책임, 문화적 장애로 나누고 각 범주마다 구체적 단계로 나누어 설명하고 있다.

〈표 9-1〉 내부고발에 대한 장애 요소(Banisar, 2011)

대분류	구체적 내용
1. 보복의 두려움 (fear of retaliation)	• 고발자의 일을 빼앗아 그를 소외시킨다. • 직업 안전을 제거해 효과적으로 해고시킨다. • 블랙리스트로 분류해 고용기회를 불가능하게 한다. • 보복 조사를 단행해 관심이 내부고발자가 폭로하려는 낭비, 사기, 또는 남용으로부터 관심을 돌린다. • 내부고발자의 정신건강, 전문직업역량, 또는 정직성을 의심한다. • 불가능한 업무를 부여하거나 옭아매려 한다. • 지리적으로 재배치하여 업무를 수행하지 못하게 한다.
2. 법적 책임 (legal liability)	• 충성과 비밀 유지 의무 • 기밀 법규 준수 • 명예훼손 • 다른 법규

대분류	구체적 내용
3. 문화적 장애 (cultural barriers)	사회 문화적으로 내부고발자를 부정적으로 인식하여 고자질쟁이(sneaks), 끄나풀(narks), 밀고자(informers), 또는 배반자(dobbers)로 부르고 또한 조직 내부 문화도 내부고발을 조직의 배반으로 느끼게 하여 사회적 제제를 한다는 것이다.

3) 내부고발자의 보호 및 관련 법률

(1) 국내법

우리나라는 매우 포괄적인 입법을 한 나라로 분류되지는 않지만(Banisar, 2011) 개별입법을 포함하여 그동안 부패 신고의 중요성을 인지하여 다양한 부패신고자 보호규정이 도입되어 왔다. 개별 입법 목적을 위해 만들어진 법으로는 대표적으로 근로기준법 제104조, 산업안전보건법 제52조, 주식회사의 외부감사에 관한 법률 제15조의3 등 다수의 법률이 해당 법률 위반에 대하여 감독기관 등에 신고할 수 있고, 이를 이유로 신고자에게 불리한 처우를 할 수 없다는 형식의 조항을 두고 있다(조한상 & 이주희, 2014: 43).

공익신고자 보호를 내용으로 하는 특별입법으로 우리나라에서는 2001년 부패방지법이 제정되었고, 2002년에는 부패방지위원회가 설립되었다. 부패방지위원회는 이후 2005년 국가청렴위원회로, 다시 2008년 국민권익위원회로 명칭을 바꾸었다. 2008년 만들어진 부패방지 및 국민권익위원회의 설치와 운영에 관한 법(부패방지권익위법)에 따라 조직의 개편이 이루어지는데 이를 살펴보면 부패 방지와 국민의 권리 보호 및 구제를 위하여 과거 국민고충처리위원회 · 국가청렴위원회 · 국무총리행정심판위원회 등의 기능을 묶어서 새롭게 설치했다. 과거에는 국민고충처리위원회의 국민권리구제업무와 국가청렴위원회의 국가청렴도 향상을 위한 활동, 행정심판위원회의 행정과 관련한 쟁송 업무 등이 여러 기관으로 나뉘어져 있어 국민에게 혼란과 불편을 초래하였다. 이에 국민권익위원회를 신설하여 고충민원처리, 부패방지 및 행정심판 기능을 통합함으로써 국민의 권익구제 창구를 일원화하고 신속·충실한 원스톱 서비스 체제를 마련하게 되었다(국민권익위원회 홈페이지 위원회 구성 및 연혁 참고). 이어 공익신고자보호법이 2011년에 별도로 만들어졌다.

부패방지 및 국민권익위원회의 설치와 운영에 관한 법률(부패방지권익위법)은 공직자의 부패행위나 법령을 위반하여 공공기관에 재산상 손실을 끼치는 행위를 알게 되었거나 이러한 행위를 강요 또는 제의받은 경우에 신고할 수 있게 되어 있다.이 법은 제1장 총칙, 제2장 국민권익위원회, 제3장 시민고충처리위원회, 제4장 고충민원의 처리, 제5장 부패행위 등의 신고 및 신고자 등 보호 등 8장으로 나누어진 전문 91조와 부칙으로 이루어져 있다. 제1조(목적)는 "국민권익위원회를 설치하여 고충민원의 처리와 이에 관련된 불합리한 행정제도를 개선하고, 부패의 발생을 예방하며 부패행위를 효율적으로 규제함으로써 국민의 기본적 권익을 보호하고 행정의 적정성을 확보하며 청렴한 공직 및 사회풍토의 확립에 이바지함을 그 목적으로 한다"고 규정되어 있다. 공익신고제도 조항인 제56조(공직자의 부패행위 신고의무)를 살펴보면 "공직자는 그 직무를 행함에 있어 다른 공직자가 부패행위를 한 사실을 알게 되었거나 부패행위를 강요 또는 제의받은 경우에는 지체 없이 이를 수사기관·감사원 또는 위원회에 신고하여야 한다"라고 규정되어 있다.

우리나라에서는 2011년 공익신고자보호법을 통해 신고자를 보호하고 있다. 이 법에서는 국민의 건강과 안전, 환경, 소비자의 이익, 공정한 경쟁 및 이에 준하는 공공의 이익을 침해하는 행위가 발생하였거나 발생할 우려가 있다고 인정하는 경우 공익신고를 할 수 있다고 규정돼 있다. 또한 공익을 침해하는 행위를 신고한 사람 등을 보호하고 지원함으로써 국민생활의 안정과 투명하고 깨끗한 사회풍토의 확립에 이바지함을 목적으로 하고 있다. 현재 공익신고 대상은 국민의 건강, 안전, 환경, 소비자 이익, 공정한 경쟁 및 이에 준하는 공공의 이익을 침해하고 284개 법률(2020년 정부 법률개정안에는 423개로 확대 예정)을 위반해 공익침해행위가 발생했거나 발생할 우려가 있는 경우다. 신고는 누구든지 가능하며 비밀보장과 신변보호, 책임감면, 불이익조치 금지, 보상금 및 포상금, 구조금 등의 지급 등의 보호를 받을 수 있다.

우리나라 내부고발 관련 입법인 국민권익위법 및 공익신고자보호법 모두 일정한 한계를 가지는데 권익위법은 내부고발행위의 대상을 불법행위로 한정하여 미국의 내부고발자보호개선법에서 규정하고 있는 공직자의 지위나 권한의 남용, 법령의 위반, 행정 실패 및 관리 실패, 예산 낭비 등 매우 포괄적인 것에 비하면 좁게 규정되어 있다. 공익신고자 보호법에서는 공익 제보자를 재직자만이 아니라 이직자, 그리고 계약거래당사자까지 확대하고 공직자만이 아니라 공공기관에 한정해 적용하던 적용 범위를 법 개정 후 민간까지 넓히고, 고발 대상 법률을 확대하였지만 공익제보 대상을 지정된 법률에 한하고 있어 누가 봐도 공익제보 대상이지만 법률에 들어 있지 않다는 이유로 공익신고로 법적 인정을 받지 못하는 경우가 있다. 보상금 제도도 있지만 경제적 보상이 미흡해 개인과 가정이 어려움에 처하는 경우가 많아 공익 신고제의 실효성을 감소시키고 있다.

(2) 미국과 영국 입법[4)]

미국의 대표적인 보호법은 허위청구금지법(False Claims Act, 1986), 샤베인옥슬리법(Sarbanes-Oxley Act, 2002), 도드프랭크법(Dodd-Frank Wall Street Reform and Consumer Protection Act, 2010), 내부고발자보호개선법(Whistleblower Protection Enhancement Act, 2012)이다.

허위청구금지법은 링컨법(Lincoln Law)으로도 불리는데 정부 프로그램을 속인 개인과 회사(연방계약자들)들에게 배상 책임을 부과하는 연방법으로 정부에 대한 민간 기업의 부정에 대해 싸울 수 있는 법정 소송 수단이다. 이 법의 특징은 정부와 연관되어 있지 않은 사람('relators' 불린다)에게도 고발을 할 수 있게 허락하고 있다. 이 법에서

4) 외국의 내부고발 관련법에 관한 내용은 박흥식(2017)과 Wikipedia 등 인터넷 사이트에서 인용함.

고발을 한 사람은 회복된 손해의 15~30퍼센트의 보상금을 받게 되어 있다. 전형적으로 고발되는 분야는 보건, 군사, 또는 다른 정부 지출 프로그램으로 규모가 큰 제약회사 건이 주를 이룬다. 정부는 1987년과 2019년 사이에 629억 불을 이법하에서 회복했다.

샤베인옥슬리법은 기업 부정을 단속하는 법으로 회계 산업을 감독하기 위해 공공기업회계감독위원회(Public Company Accounting Oversight Board)를 만들었다. 이 법은 기업 중역에게 회사가 대여하는 것을 금지하였고 내부고발자의 직업을 보호한다. 이 법은 기업 이사회의 독립과 재정 역량(financial literacy)을 강화하고 기업 CEO가 회계감사의 실수에 대해 개인적으로 책임을 지게 한다. 샤베인옥슬리법은 2000년대를 뒤흔들었던 광범위한 기업 회계 부정과 스캔들을 제어하기 위해 하원에 의해 통과된 법으로 보다 엄격한 감사 기준을 가지고 기업의 CEO에게 회사의 회계에 대해 책임을 지운다. 이 법은 법원에 고용주에 반하여 부정을 고발하고 증언하는 내부고발자를 보호한다. 회사는 고용 조건을 변경할 수 없고 견책, 해고 또는 블랙리스트화 할 수 없다. 내부고발자는 기업의 보복을 증권거래위원회에 보고할 수 있다.

도드프랭크법은 증권거래위원회(U.S. Securities and Exchange Commission)에 증권법 위반 정보를 제공하는 모든 사람을 위한 보호를 규정한다. 이 법은 정부 조사에 협력하고 정보를 제공하는 내부고발자를 차별 혹은 보복행위로부터 보호한다. 잠재적인 법 위반 신고자도 보호한다. 증권법 위반 정보 제공자는 반드시 기업이나 법인 소속 내부자일 필요가 없다고 하여 내부고발의 범위를 외부자까지 확장하였다. 증권거래위원회는 내부고발국(Office of the Whistleblower) 설치와 이 곳에 증권법, 규정, 규칙의 위반 제보 처리 업무를 부여하고 내부형 공개와 더불어 내부고발자에 대한 금전적 보상도 규정하였다. 게다가 내부고발자가 제공한 정보 덕분에 증권거래법 위반 사실을 발견하고 100만 달러 이상의 벌금을 부과할 경우 벌금의 10~30%를 포상금으로 지급한다. 고발자의 익명성은 철저하게 보장된다. 내부고발을 익명으로 한 사람이 보상금을 청구하는 경우 변호인이 대리할 수 있다. 다만 증권거래위원회가 변호인을 통하여 또는 직접 내부고발자 신분을 밝힐 것을 요구하면 따라야 한다. 법규 위반 정보가 정부규제기관, 법무부, 자체 규제조직, 상장기업 회계감사위원회, 법집행기관의 직원이거나 이었던 때 획득하였던 것인 경우 보상금은 지급되지 않는다. 내부고발자가 고의적으로 허위 정보를 제공한 경우도 보호받지 못한다고 규정한다.

내부고발자보호개선법(Whistleblower Protection Enhancement Act)은 1989년의 내부고발자보호법(Whistleblower Protection Act)을 강화한 것으로 많은 보호 범위 및 정보 공개의 범위를 매우 포괄적으로 규정하고 있다. 내부고발자보호개선법은 보호의 범위를 법규, 규칙, 또는 규정 위반뿐만 아니라 중대한 관리부실, 심각한 정부 재정의 낭비, 권한의 남용, 국민 건강과 안전에 대한 실질적이고 구체적인 위험을 포함한 모두 형태의 부정에 관한 정보 제공으로 넓게 규정하고 있다.

이 법의 다음 사유들은 내부고발로부터의 배제 사유가 되지 않는다: (1) 폭로가 직원이나 취업 지원자가 합리적으로 믿기에 중대한 부실 관리, 심각한 기금 낭비, 권위의 남용, 또는 공중 보건과 안전에 실질적이고 구체적 위험을 초래한 상관 또는 개인에게 이루어졌다. (2) 폭로가 전에 밝혀졌던 정보를 드러냈다. (3) 직원 또는 지원자의 폭로를 한 동기. (4) 폭로가 문서로 이루어지지 않았다. (5) 폭로가 직원이 근무 중이지 않을 때 일어났다. 또는 (6) 폭로에 기술된 사건의 발생 후 지난 시간의 양.

영국의 대표적 내부고발법은 공익정보공개법(Public Interest Disclosure Act, 1998)이다. 이 법은 공공 및 민간부문, 자발섹터 노동자가 공공의 이익을 위하여 부정에 대한 정보를 공개할 경우 고용주의 불리한 대우와 괴롭힘으로부터 보호한다. 공익정보공개법은 고용주에 의한 해가 되는 대우로부터 내부고발자를 보호하는 영국 의회의 법이다. 이 법은 1999년에 국민 삶 표준 위원회(Committee on Standards in Public Life)의 보고서와 함께 여러 재정 스캔들과 사건에 의한 영향으로 1996년의 고용법(Employment Rights Act 1996)에 대한 수정안으로 입안되었다. 이 법은 불법 행위 또는 환경에의 위해를 포함하여 어떤 종류의 정보 공개를 하는 직원을 해고나 승진 제외와 같은 고용주에 의한 보복으로부터 보호한다. 이러한 보복이 발생하는 경우에는 고용인은 보상을 해 줄 수 있는 고용법원에 소송을 제기한다.

제3절 행정윤리 도전과제로서의 내부통제

본 장에서는 행정통제 중 내부통제와 이와 관련이 깊은 개념과 제도에 대해 살펴보았다. 행정통제는 법과 윤리가 만나는 지점에 있는 영역으로 특히 외부통제는 행정윤리에서 중요하게 다뤄진 주제이다. 내적 통제에 직접적으로 영향을 줄 도덕발달론, 가치, 품성, 내부고발에 관해 살펴보았다. 이러한 개념과 제도는 행정통제 중 내적 또는 내부통제와 밀접하게 관련된 주제로 행정윤리의 어려움과 도전을 극복해 나가는 데 더욱 강조되어야 할 주제이다. 이러한 내용의 이해를 통해 행정윤리에 대한 이해가 깊어지고 궁극적으로 윤리 실천 역량을 키워 나가는 데 도움이 되길 기대한다.

참고문헌

김수동 (2009). 리더십의 측면에서 이해한 군자의 품성 및 그 계발. **교육실천연구**, 8(2), 87-107.

김흥회(2017). **전환기 행정학**(행정 가치와 윤리). 심익섭 외 다수. 서울: 청목출판사.

박흥식(1991). 내부고발(whistle-blowing) 이론, 실제, 그리고 함축적 의미. **한국행정학보**, 25(3), 769-782.

박흥식(2016). 한국 행정책임 연구 60년: 행정통제, 공직윤리, 공직부패를 중심으로, **한국행정학보**, 50(5), 339-366.

박흥식(2017). 내부고발의 범위: 학술연구, 보호법, 그리고 신문 보도간의 차이. **한국부패학회보**, 23(1), 5-27.

루크, 제프리 & 하트, 데이비드(2018). **공직윤리 핸드북**(공직에서의 품성과 행동: 역사적 시각의 검토) 신충식, 김종술, 김성준 외 행정사상과 방법론 연구회 옮김. 서울: 조명문화사.

이주석(2015). 덕 개념과 윤리학. **철학논총**, 80, 399-415

장용진, 박성은, 민지혜(2011). 한국의 내부고발자 사례를 통해 본 효과적인 내부고발의 조건과 함의 **행정논총**, 49(4), 111-144.

정소이(2011). 덕성(德性)에서 덕행(德行)으로. **인간 · 환경 · 미래**, 9, 43-62.

조한상, 이주희(2014). 공익신고자보호법의 의의와 개선방안에 관한 소고. **한국부패학회보**, 19(2), 41-63.

하트, 데이비드(2018). **공직윤리 핸드북**(제6장 행정과 덕 윤리: 먼저 선한 성품을 그 다음 기술적 전문지식을 선택하라.). 신충식, 김종술, 김성준 외 행정사상과 방법론 연구회 옮김. 서울: 조명문화사.

Apaza, C. & Chang, Y. (2011). What makes whistleblowing effective in Peru and South Korea. *Public Integrity*, *13*(2): 113-130.

Bailey, S. K. (1964). Ethics and the public service. *Public Administration Review, 24*: 234-243.

Banisar, David(2011). Whistleblowing: International Standards and Developments. In I. Sandoval, *Corruption and transparency: Debating the frontiers between state, market, and society*. World Bank-Institute for Social Research.

Behn, Robert D. (2001). The big questions of public management, *Public Administration Review*, *55*(4): 313-324.

Bentham, J. (1989). The principle of utility, In C. Sommers and F. Sommers(eds.), *Vice and Virtue in Everyday Life*. Harcourt Brace Jovanovich, Orlando, FL.

Bok, Sissela. (1989). *Lying: Moral Choice in Public and Private Life*. NY: Vintage Books, pp. 12-31.

Box, R. C. (2015). *Public Service Values*. Armonk, NY: M.E. Sharpe, Inc.

Cohen, Taya R. & Morse, Lily (2014). Moral character: What it is and what it does. *Research in Organizational Behavior, 34*: 43-61.

Cua, A. S. (1992). Competence, concern, and the role of the paradigmatic individuals (chun-tzu) in moral education, *Philosophy East and West*, *42*: 49-68.

Denhardt, K. (1991). Unearthing the moral foundations of public administration. *Ethical Frontiers in Public Management* (J. Bowman, ed.). San Francisco: Jossey Bass,

Finer, Herman(1936). Better government personnel. *Political Science Quarterly, 51*(4): 569-99. JSTOR link.

Frederickson H. George(1991). Toward a theory of the public for public administration. *Administration and Society*, *22*(4), 395-417.

Ginsberg, Benjamin & Sanders, Elizabeth(1990). Theodore J. Lowi and Juridical Democracy, *PS: Political Science and Politics, 23*(4): 563-566.

Hart D. K. (1984). The virtuous citizen, the honorable bureaucrat, and "public" administration. *Pubic Administration Review*, *44*: 111-119.

Homiak, Marcia(2019). Moral Character, The Stanford Encyclopedia of Philosophy (Summer 2019 Edition), Edward N. Zalta (ed.), URL = 〈https://plato.stanford.edu/archives/sum2019/entries/moral-character/〉.

Jubb, P. B. (1999). Whistleblowing: A restrictive definition and interpretation. *Journal of Business Ethics, 21*(1): 77-94.

Kant I. (1898). *Fundamental Principles of the Metaphysics of Morals* (T.K. Abbott, trans.). New York: Liberal Arts Press.

Kernaghan, Kenneth(1973). "Responsible public bureaucracy: a rationale and a framework for analysis", *Canadian Public Administration, 16*(4): 572-603.

Kohlberg, L. (1973). Stages and aging in moral development: some speculations. *The*

Gerontologist, *13*: 493-502.

Kohlberg, L. (1981). *Essays on Moral Development: Volume 1*. New York: Harper and Row,

Mosher, Frederick C. (1982). *Democracy and the Public Service*. Oxford University Press.

Near, J. P., & Miceli, M. P. (1985). Organizational dissidence: The case of whistleblowing. *Journal of Business Ethics, 4*(1): 1-16.

Near, J. P. & Miceli, M. P. (1995). Effective Whistleblowing, *Academy of Management Review*, *20*(3): 679-708.

Peck, R. F. & Havighurst, R. J. (1960). *The Psychology of Character Development*. New York: Wiley and Sons.

Sherman, N. (1989). *The Fabric of Character: Aristotle's Theory of Virtue*. Oxford: Clarendon Press.

Stewart, Debra W., Sprinthall, Norman W., & Schafer David M. (2001). Moral development in public administration. In Terry L. Cooper, *Handbook of Administrative Ethics*(pp. 457-480). Marcel Dekker, Inc.

Svara, James(2015). *The Ethics Primer for Public Administrators in Governments and Non-profits Organizations*(2nd ed.). Jones & Bartlett Learning.

Terry, Larry D. (1995). *Leadership of public bureaucracies: The administrator as conservator*. Thousand Oaks: Sage Publications.

Timpe Kevin(2007). Moral Character. Internet Encyclopedia of Philosophy(https://www.iep.utm.edu/moral-ch/).

왕양명의 지행합일과 신행정 윤리사상

제10장

생각해 보기

1. 행정윤리에서 지행합일은 무엇을 의미하는가?
2. 일상에서 양지(良知)가 발현되는 경우를 얘기해 보라.
3. 행정에서 양지에 이른다는 치양지(致良知)가 갖는 의미는 무엇인가?

제1절 신행정 윤리사상으로서의 양명학

왕양명의 사상은 그의 역동적인 삶에서 나온 것이며 자율적 실천을 통해 이루어진 것이다. 신행정 윤리는 과거의 경직된 통치 질서를 옹호한 이전의 행정윤리와 달리 행위자의 자율성을 강조한다는 점에 그 유사성이 있다. 왕양명의 실천을 중시하는 사상을 양명학이라고 하며 주자학과 다른 면모를 보이고 있다. 둘 다 유학이지만 공자 맹자 등의 시원유학[Original Confucianism]과 다르며 한당시대의 경전유학[Classical Confucianism]과도 다른 새로운 유학[Neo-Confucianism]이다.

시원유학은 아리스토텔레스의 덕 윤리와 유사하게 공자는 인(仁) 의(義) 지(智) 용

(勇) 신(信) 등의 덕목을 제시했으며, 맹자는 이것을 인의예지(仁義禮智) 4덕목으로 요약했다. 이와 함께 부자유친(父子有親) 군신유의(君臣有義) 부부유별(夫婦有別) 장유유서(長幼有序) 붕우유신(朋友有信)의 오륜(五倫)을 강조하고 양지 양능설을 제창했다. 한당유학은 시경[詩] 서경[書] 역경[易] 예경[禮] 춘추경[春秋]을 유학의 5대 경전[5經]으로 삼아 경학을 발전시켰다. 그와 동시에 원기설(元氣說)을 중심으로 우주 만물을 이해해 음양오행설(陰陽五行說)을 유학에 결합했다. 게다가 법가의 상하 주종적 이념을 받아들여 삼강(三綱)을 만들어 이것을 오륜에 끼워 넣어 삼강오륜(三綱五倫)이 되었다.

새로운 유학, 즉 신유학은 북송시대에 불교와 도교를 비판하면서 그들의 장점을 흡수해 유학을 새롭게 만든 것이다. 신유학은 시원유학의 덕과 오륜을 받아들이면서 천리(天理)라는 도덕이성[德性]을 새롭게 발견해 덕목을 해석한 것이다. 이는 칸트의 순수이성과 달리 인의예지의 덕목이 이성과 결합된 것이어서 이것을 덕성이라고 한다. 서양철학에서는 덕 윤리와 칸트의 순수이성이 별개의 윤리로 전개되고 있지만 동양의 신유학은 양자가 하나로 결합된 도덕적 이성인 덕성을 중시했다.

신유학 중에서 주자학은 한대에 생긴 상하 수직적 질서인 삼강을 그대로 받아들이지만 양명학은 사민 평등한 수평적인 시원유학의 오륜만을 계승한다는 점에서 다르다. 주자학은 누구나 다 이미 정해진 이법인 정리(定理)를 따라야 하는 타율적 도덕이지만 양명학은 상황에 맞게 합리적으로 조리(條理)에 따라서 자율적으로 처리하는 자율적 도덕이다. 주자학은 행정학적으로 외부통제를 통한 윤리행위라고 한다면 양명학은 내부통제를 통한 윤리행위라고 할 수 있다.

유학은 시원유학이든, 한당유학이든, 신유학이든 간에 모두 수기치인(修己治人)의 수신을 중심으로 내성외왕(內聖外王)을 목표로 한다는 점에서 신행정 윤리와 비슷한 면모를 가지고 있다. 수기(修己)란 자기의 인격을 닦아서 성숙한 사람, 즉 성인(聖人)의 경지에 들어간다는 말이다. 치인(治人)이란 이러한 성숙한 인격을 닦은 사람[修己]이 백성들을 위해 무질서를 다스린다[治人]는 말이다. 따라서 치인의 치(治)는 혼란을 안정시킨다는 의미에서 행정력을 발휘해 백성들이 안전하게 살 수 있도록 하는 것을 말한다.

중국의 당대 신유학자인 모종삼은 『정도와 치도(政道與治道)』에서 중국에는 정도가 없었고 치도만 있다고 했다. 정도란 정권을 획득하는 방법을 말하는데 대체로 마상(馬上), 즉 전쟁을 통해서 정권을 획득했다는 것이다. 치도란 정권을 얻은 제왕이 백성을 통치하는 것을 말하는데 두 가지 방식이 있다. 하나는 힘으로 백성을 통치하는 법치, 다른 하나는 도덕으로 백성을 교화해 다스리는 덕치이다. 유교는 바로 후자를 택하고 법가는 전자에 의존한다. 모택동은 법치를 중시하면서 모든 정권은 총구[폭력]에서 나오는 것으로 보았다. 따라서 중국에는 링컨의 "국민에 의한, 국민의, 국민을 위한"(by the people, of the people, for the people) 중에서 선거에 의해 정권을 교체하는 백성에 의한[by the people] 민주정치가 없었고 다만 백성의[of the people], 백성을 위한[for the people], 민본 통치만이 있었다. 그러니까 백성에 의해 정권이 탄생하는 경우가 없었고 정권을 안정시키는 백성의, 백성을 위한, 치도만이 있었을 뿐이다. 마상에서 정권을 얻은 역대의 제왕들은 무자비한 폭력을 사용해 통치를 했지만 민심을 얻지 못했다. 진시황의 짧은 통치가 바로 그 좋은 예이다. 한나라 때 숙손통이라는 유학자가 한무제에게 마상(馬上)에서 정권을 얻을 수 있지만 마상에서 다스릴 수 없다면서 법치가 아닌 덕치를 권했다. 덕치란 다름 아닌 도덕적인 통치방법, 즉 행정력으로 백성을 안정시키는 것이다. 오늘날의 관점에서 살펴본다면 정도를 다루는 학문이 정치학이라면 치도를 중점적으로 논의하는 학문이 바로 행정학이라고 할 수 있다. 중국은 역성혁명으로 역대 정권이 바뀌었지만 각 정권마다 치권[행정권]을 가지고 국가를 안정시킬 수 있었다.

제2절 왕양명의 초기 공직생활

명나라의 왕양명[1472~1529]은 도덕적으로 훌륭할 뿐만 아니라 행정력이 뛰어난 인물로 양명학이라는 철학을 남겨 준 위대한 존재이다. 몸이 죽어도 세 가지 썩지 않는 것을 이른바 '삼불후'(三不朽)라고 하는데 첫째, 뛰어난 덕을 세우는 입덕(立德), 둘째, 위대한 공을 세우는 입공(立功), 셋째, 탁월한 사상을 세우는 입언(立言)이 그것이다. 왕양명은 중국역사상 삼불후의 인물로 평가된다. 왕양명은 자신의 사상을 실천한 철학가인 동시에 뛰어난 행정력으로 명나라를 안정시킨 지행합일의 사상가이다.

명나라 주원장은 정권을 잡은 뒤 행정기구의 최고 책임자인 재상제도를 없애 버렸다. 그 대신 환관을 기용해 문서 수발을 시켰다. 정권을 잡은 명 태조는 육부(六府)의 치권을 행사하는 최고 책임자인 재상을 두지 않았다. 육부란 이부, 호부, 예부, 병부, 형부, 공부[吏戶禮兵刑工]를 말하는데 오늘날 행정기관인 행정안전부 및 인사혁신처, 기획재정부, 교육부 및 외교부, 국방부, 법무부, 국토교통부에 해당하는 것이다. 재상은 국무총리와 비슷한 자리다.

왕양명이 살아서 활동했던 시기는 주로 무종, 세종이 무소불위의 정권(政權)을 행사하면서 행정은 손을 놓은 채 환관에게 모든 것을 위임해 실제로 치권(治權)이 마비된 시기였다. 환관이 6부 중에서 권력의 핵심인 호부, 예부, 병부, 형부 등을 장악하고 대신들은 아무 일도 하지 못했다. 왕양명의 부친 왕화는 과거(科擧)에 장원을 해서 중요한 직책을 맡았지만 환관의 발호(跋扈, 권세나 세력을 제멋대로 휘두르며 함부로 날뜀)로 인해 능력을 발휘하지 못했다. 하지만 왕양명은 부친과 달리 온갖 시련을 겪으면서도 자기의 도덕능력을 길러 다른 사람을 안정시키는 수기치인(修己治人)을 실행했고, 유가의 이상인 내성외왕(內聖外王)을 실현했다. 내성이란 대학의 팔조목에서 수신을 중심으로 해서 안으로 격물, 치지, 성의, 정심을 하는 공부를 말하며, 외왕이란 내성을 토대로 제가 치국 평천하를 실천하는 것을 말한다. 참된 내성[윤리적 자각]이 있어야 올바른 외왕[행정]을 실현할 수 있다는 말이다. 왕양명이야말로 내성외왕을 실천한 행정윤리의 화신(化身)이라고 할 수 있다.

왕양명은 12세 때 내성을 위한 공부를 하는 것에 뜻을 세웠다[立志]. 그가 공부를 가르치는 숙사에게 인생의 제일 중요한 일이 무엇인가 질문했더니, 너의 아버지처럼 과거에 장원이 되어 벼슬하는[행정의 달인이 되는] 것이라고 했다. 그러자 왕양명은 그것이 아니라 사람이 지녀야 할 가치인 윤리를 최고로 실현한 성인이 되는 것이라고 응수했다. 그에 따르면, 벼슬은 외적인 행정사무를 기계적으로 수행하는 것일 뿐, 내적인 도덕 수양이 되지 않으면 백성을 위해서 참으로 공직에 봉사하는 것이 아니다. 공직을 위한 윤리가 더 중요하며 또 먼저 앞서야 한다는 말이다. 유가에서 말하는 성인이란 인륜의 지극한 존재, 즉 인간관계인 오륜을 지극히 잘 발휘한 인물을 말한다. 가정에서 부모 형제에게 효도하고 우애하고, 국가에 자신이 가지고 있는 능력을 최대로 발휘해 뛰어난 재질을 나타내며, 모든 이에게 신용을 얻는 사람을 가리킨다. 왕양명이 성인이 되겠다는 포부는 평생 잊지 않고 실현되었다. 그는 과거에 합격해 공직을 맡았을 때 공직윤리를 늘 염두에 두고 하고자 하는 일에 매진했다.

왕양명은 21세에 지방에서 실시하는 향시(鄕試)에 합격했지만 중앙에서 실시하는 회시(會試)에는 두 번이나 떨어졌다. 회시에 합격해야만 진사가 되어 전국의 행정에 참여할 수 있었다. 왕양명은 28세에야 비로소 회시에 합격해 진사가 되어 공부(工部)의 관정(觀政)이라는 국토교통부의 초급관리가 되었다. 그는 위령백 왕월의 묘지 조성을 감독하는 일을 맡았다. 왕양명은 묘지 조성에 동원된 사람들을 군대처럼 조직하고 병사를 훈련하듯 지휘해 공사를 진행했다. 이러한 군대식 관리는 작업의 효율성을 크게 높여 줘서 위령백의 묘지는 잘 완공되었다. 이것이 그의 첫 번째 공직관리의 경험이었다.

그다음으로 왕양명은 형부 운남청리사 주사에 임명되었다. 형부, 즉 법무부의 행정관리가 된 것이다. 33세에는 병부 무선정리사 주사에 임명되었는데 정6품에 해당한다. 병부는 바로 국방부에 해당하는데, 왕양명은 어려서부터[16세] 거용관에 가서 군사훈련을 연습했으며 병무행정에 남달리 많은 관심을 두고 이를 실행에 옮겼다.

주후조가 황제[무종]가 되자 왕양명은 큰 시련을 겪는다. 15세에 등극한 무종은 환관과 어울려 방탕한 생활을 하며 조정의 일을 거들떠보지도 않았다. 환관의 우두머리 유근은 가렴주구를 일삼는 여덟 명의 포악한 환관[八虎]과 함께 황제를 등에 업고 온갖 비리와 전횡을 저질렀다. 이를 두고 볼 수만 없었던 원로대신들은 상소를 올려 팔호를 주살할 것을 건의했으나 아무런 반응이 없었다. 이에 남경의 호과(戶科) 급사중(給事中) 대선(戴銑), 감찰어사 박언휘(朴彦徽) 등이 상소를 올려 유근 일당을 엄벌해야 조정이 정상적으로 다스려질 것이라고 했다. 급사중과 감찰어사는 조정 대신의 행동을 감찰해 그들의 비리와 전횡을 황제에게 보고하는 직책이다. 그들을 언관 또는 간관이라고도 하는데, 이들이 조정의 비리를 비판했다고 해서 처벌받을 수는 없는 자리였다. 하지만 이들이 조정을 비판하는 상소를 올렸다는 이유로 조정에서 매질[廷杖]을 가하고 감옥에 가두었다. 유근에 대항했던 사람들은 모두 투옥되거나 피살되었다. 이러한 지경에 이르자 대다수의 관리는 침묵하기 시작했다.

그러나 병부주사 하위 관직[6품관]으로 있던 왕양명은 목숨을 내걸고 대선 박언휘를 지지하는 상소를 올렸다. 성인이 되겠다고 늘 마음에 간직하고 있었던 왕양명은 이러한 비리를 보고만 있을 수 없었다. 이는 그의 올바름[義]에서 나온[aus Pflicht, 의무로부터] 도덕의식이 발로한 것이다. 왕양명은 황제에게 〈언관을 용서하고 권간을 제거해 성덕을 환히 드러내길 간걸(懇乞, 바람이나 용서 따위를 간절히 빌다)하는 소〉를 올렸다. 그 내용은 첫째, 대선 박언휘의 직책은 간언하는 자리에 있어 비판하는 것은 당연하다. 그들의 말이 옳다면 받아들여야 하고 설령 잘못이 있다 하더라도 포용하고 덮어 줘서 충직하게 말하는 길을 열어 줘야 한다. 둘째, 지금 시절은 혹한인데 그들이 옥사라도 하면 황제가 언관을 죽였다는 오명을 면하지 못할 것이므로 곧바로 석방해 그들의 지위를 원상복구 시켜야 한다. 이 상소에서 왕양명은 인간의 정감(情感)과 인정의 도리로 대선 박언휘을 석방하라고 무종에게 권했다. 상소 제목에서 권력을 휘두르는 간신을 제거[去權奸]하라는 말을 했어도 유근을 탄핵하라는 말은 없었다. 하지만 유근은 상소문을 보고 크게 분노했다. 그는 자신의 감독하에 왕양명을 정장 40대를 때리고 감옥에 가두었다. 무능한 무종을 등에 업고 유근은 무자비하게 권력을 휘둘러 많은 대신이 희생당했다. 치권[행정력]이 완전히 무너진 상태라고 할 수 있다.

그 뒤 왕양명은 귀주 용장역의 역승으로 유배되었다. 유근은 유배가는 왕양명을 죽이려고 자객을 보냈으나 왕양명의 기지(機智)로 빠져나올 수 있었다. 귀주의 용장에 가는 도중 결혼 당일 밤새도록 양생술을 문답한 도사를 다시 만나 용장역승에 부임하지 않고 은거하려고도 했으나 조정의 명령을 어겼다는 이유로 부친에게 화가 미칠 수 있다는 조언을 듣고 용장에 도착했다. 왕양명은 공직자로서 자기의 임무를 저버릴 수는 없었다.

제3절 왕양명의 깨우침과 지행합일의 행정

용장에서의 생활은 말로 표현하기 어려울 정도로 주변 환경의 열악한 상황에도 불구하고 왕양명은 어느 날 밤 마음 밖[사물]에서 도를 찾는 것은 잘못되었음을 깨닫게 되었다. 이것을 용장오도(龍場悟道, 용장에서의 깨침)라고 하는데, 여기서 왕양명 자신의 철학인 양명학이 탄생하게 된다. 이는 밖[外物]에서 도덕적 원리[天理]를 찾던 주자학적 격물치지를 지양하고 마음이 바로 천리[心卽理]임을 발견한 실로 코페르니쿠스적 전환이었다. 이것은 외부통제를 통한 윤리적 행위에서 내부통제를 통한 자각적인 윤리행위로의 전환을 의미했다.

이러한 전환을 통해 왕양명은 지행합일을 알려 주었다. 1509년 어느 날 용장으로 왕양명의 오도(悟道)와 강학(講學)에 대해 잘 알고 있었던 귀주 제학부사 석서가 가르침을 받고자 찾아왔다. 제학부사는 교육직 고급관리인데, 그는 왕양명에게 주자 육상

산의 학설에 어떠한 차이가 있는지 질문했다. 왕양명은 이에 대해 답하는 대신 용장에서 깨우친 심즉리의 내용인 지행합일을 설명했다. 심즉리는 마음 밖에 어떤 사물도 없고[心外無物] 마음 밖에 어떤 이치도 없다[心外無理]는 명제를 말한다.

이는 주자의 마음 밖에 사물이 있다는 것을 전제하고 외물을 탐구해 지식을 넓히는 격물치지의 방법을 정면으로 부인하는 것이다. 주자학의 격물은 외물에 다가가서 그 안의 이치를 캐내는 즉물궁리(卽物窮理)를 말한다. 다시 말해, 마음 밖의 사물의 이치를 먼저 안 다음에 행위를 할 수 있다는 지선행후(知先行後)의 논리를 전개했다. 이것은 외부의 지식을 많이 쌓은 뒤에 그에 따라 행위를 한다는 의미이다. 먼저 행동지침서인 매뉴얼을 익히고 난 뒤에 이에 따라서 실행해 나간다는 것이다. 지침서에 쓰여 있지 않으면 행위를 할 수도 없고 해서는 안 된다는 말이다. 오늘날에 비추어 보면 시대는 변했는데도 옛날에 정한 법에 규정한[法規] 대로 시행하는 것과 같다. 따라서 지와 행은 둘로 나뉠 수밖에 없다.

이러한 지선행후를 비판한 것이 지행합일이다. 현실적으로 일어나는 상황은 때[時]에 따라 곳[所]에 따라 다른데 기존에 있는 지침서에 의해 문제를 해결하려 함은 항해하는 배에서 검을 빠트려 놓고 배에다 금을 긋고 그 아래에서 검을 찾으려는 각주구검(刻舟求劍)과 같은 행동이다. 왕양명이 지행합일을 실천한 사례는 그가 여릉현의 최고 책임자[知縣]로서 보여 준 행정조치에 잘 나타나 있다.

왕양명이 여릉의 지현으로 부임한 첫날 관아에는 1,000명이 넘는 현지 백성이 몰려들어 민원을 해결해 달라고 호소했다. 이는 첫째, 여릉 현민이 내는 정상적인 세금 이외에 갈포(칡으로 만든 천) 등의 공물에 잡세(雜稅)가 과도하게 부과되어 백성의 생활을 더욱 궁핍하게 만든다는 것이다. 왕양명은 여릉 백성이 이렇게 가난하고 관아에서 부과하는 세금이 과중한 줄을 미처 알지 못했다. 그는 백성의 고통을 좌시하면서 구제에 나서지 않고 눈앞의 폐해를 알면서도 말 한마디 못하는 그런 관리가 되고 싶지는 않았다. 왕양명은 곧바로 백성에게 "금년에 납부할 잡세뿐만 아니라 모든 조세를 감면하도록 건의하겠다고" 약속했다. 이어서 지난해 거두어 둔 은 100냥을 상부로 올려보내는 한편, 여릉의 조세를 전액 면제해 달라는 공문을 작성했다. 왕양명은 여릉 현민의 고초를 알자마자 그대로 실행에 옮겨 상부에 공문을 보냈던[知行合一] 것이다.

둘째, 왕양명은 여릉의 실정과 민심을 살피기 위해 시찰에 나섰다. 도중에 여릉 현민이 그를 에워싸고 자신들의 억울함을 풀어 달라고 호소했다. 그는 이들에게 다음 날 관아에 오라고 했다. 다음 날 관아의 문이 열리자마자 소송을 하겠다고 수천 명이 몰려들었다. 왕양명은 소송하러 온 백성 중 특별히 억울한 사정이 있는 몇 명을 불러 사정을 물어보았다. 이들은 아주 사소한 일로 고소한 사람도 있었고, 또 터무니없이 날조하는 사람도 있었다. 이 일로 왕양명은 〈여릉의 원로 자제에게 알리는 글〉[告諭廬陵父老子第書]을 반포한다. 이 포고문에서 그는 재판하는 일[訟事]을 정돈해 기강을 바로잡고 백성들에게 송사를 중지하며 이웃에게 선행을 베풀고 인의(仁義)와 효제(孝悌)의 미풍을 기르도록 권했다. 이런 포고문이 나온 이후 관아의 소송 건이 줄어들고, 여릉의 풍속도 크게 변했다. 왕양명은 백성들의 외적인 송사보다 내적인 윤리의식을 고양해 문제를 해결했다.

셋째, 여름이 되자 여릉에 심한 가뭄과 더불어 큰 사건들이 발생했다. 1) 화재 발생; 물이 심각하게 부족해 민가 수천 채를 태워 버려 이재민이 급증했다. 2) 전염병 창궐; 전염병이 나돌기 시작하면서 병자의 가족은 사람들에게 배척되었고 가족 간에도 불신이 깊어지기도 했으며, 심지어 전 가족이 몰사하기도 했다. 이렇게 전염병은 급속도로 퍼져 나갔다. 3) 도적의 출몰; 가뭄 화재와 함께 먹을 것이 부족한 현민들은 일부 산속에 들어가 도적이 되었다. 이들은 민간에 나타나 여릉 현민들을 괴롭혔다.

왕양명은 현지 상황을 면밀하게 조사해 파악한 다음 행정력을 발휘해 문제를 해결했다. 첫째, 그는 화재문제와 관련해서 구체적인 정책을 제시했다. 불이 난 지역의 도로가 너무 좁고 집들이 밀집해 화재가 발생해도 차단되지 못하고 마을 전체가 타버렸기 때문이다. 왕양명은 사라진 마을을 재건해 새로운 가옥구조를 갖추도록 했다. 가옥 사이의 간격을 유지하고 고도를 제한했으며, 현안에 급수시설을 마련해 화재에 대비토록 했다. 둘째, 전염병 문제에 대해서도 대안을 제시했다. 먼저 환자 가족에게 환자를 방치하지 말고 잘 보살펴 주며 병사한 사람을 즉각 매장하고 주위 청소를 해서 청결을 유지하라고 강조했다. 그뿐만 아니라 마을의 부호들에게 양식과 약품을 희사해 도움을 주도록 하고, 의사를 여러 마을에 보내 제때 환자를 돌보게 했다. 셋째, 도적 출몰의 문제에 대해서도 정책을 내세웠다. 도적 떼가 출몰하자 왕양명은 여릉의 전 지역에 보갑법을 실시했다. 여릉현(縣) 내의 주민 10가구를 1갑으로 하고 촌락 단위로 1보를 조직했다. 보갑법은 평시에는 보와 갑 단위로 서로 화목하게 지내다가 도적이 나타나면 협력해서 방어하는 체계였다. 이러한 법이 시행되면서 도적 방어에 실질적 도움이 되었다.

왕양명이 여릉 현령을 지낸 지 7개월 만에 위와 같은 사건들을 때에 맞게 잘 처리했다. 그는 재임 기간에 먼저 문제가 왜 생겼는지 그 소재를 정확히 파악하고[知] 자신의 행정력을 발휘해 문제를 해결하는[行] 지행합일의 정신을 드러냈다.

제4절 행정윤리의 정신으로 양지

왕양명은 생애 중에서 3대 정란(靖亂), 즉 반란을 평정하기도 했다. 이는 병무행정으로 치안을 유지하는 것이었다. 첫째는 강서 지구에 출몰한 세 지역의 도적 떼를 소탕한 것이고, 둘째는 영왕 주신호의 반란을 평정한 것이며, 셋째는 광서 지구의 사은과 전주 반란을 설득해 해결하고 팔채, 단등협의 도적 떼를 소탕한 것이다. 이 모두가 윤리적으로 병무행정을 적절히 행한 지행합일의 모범적인 사례들이다. 첫째와 셋째 사례는 강서와 광서 지구의 도적 떼를 소탕하는 것이었으나, 두 번째 사례는 명나라의 명운(命運)이 걸린 절체절명의 사건이었다. 영왕 주신호가 천자인 무종(武宗)을 거역해 1518년 6월14일에 반란을 일으킨 일이다.

초대 영왕은 명태조 주원장의 17째 아들이었다. 그는 북쪽 대녕(大寧)에 봉해져 이

민족을 방어했으므로 영왕(寧王)이라 칭해졌다. 성조 때 어명을 거슬러 강서성에 있는 남창부로 옮겨 주신호에 이르렀다. 그는 유근에게 은 2만 냥을 바치며 영왕부의 호위와 둔전을 회복시켜 달라고 청탁해 호위를 부활시켰다. 하지만 6월 13일 조정은 영왕부의 호위를 제거하기 위해 관원들을 파견했는데 바로 그날이 주신호의 생일이었다. 그는 강서 지구의 주요 지방관을 모두 초청해 성대한 연회를 베풀었고 그 자리에는 왕양명도 초대되었다.

그런데 영왕 주신호는 자신의 호위조직을 와해시키려고 조정에서 재차 관원을 파견했다는 소식을 듣고 마음이 다급해졌다. 그는 유양정 등 참모를 불러 은밀히 대책을 상의했다. 유양정은 호위가 해체된다면 군사력이 소멸할 것이니 즉시 거사를 일으키는 길밖에 없다고 건의했다. 주신호는 모반을 결심하고 다음 날인 6월 14일에 각지의 관원들이 영왕의 생일 초대에 감사의 예의를 표하기 위해 영왕부를 방문하자, 호위들은 순식간에 이들을 에워싼 다음 단상 위에 앉아 있는 주신호가 외쳤다.

"여러분! 황제 주 후조는 조정은 안중에도 두지 않고 사방을 유람하니 나라꼴이 어찌 되겠소? 그래서 태후께서 나에게 밀지를 내려 군대를 이끌고 조정으로 들어와 국사를 맡으라고 하는데 그대들은 어떻게 하겠소?"

주신호가 반란을 선언한 것이다. 그의 함정에 빠진 대신들은 말없이 있었는데 손수는 과감하게 주신호에게 대들었다.

"태후의 밀지가 있다면 우리에게 보여 주시오."

주신호는 고함을 쳤다.

"그대는 많은 말이 필요 없다. 나는 남경으로 간다. 그대는 나를 따라오겠는가?"

이에 손수가 대답하기를,

"하늘에는 해가 둘이 없고, 백성에겐 왕이 둘이 없다. 이것이 대의(大義)다."

주신호는 크게 화를 내며 그를 참수했다. 대관료가 국가에 충성하기 위해 목숨을 바쳐서 올바름을 지킨 것이다.

주신호는 "나를 따르는 자는 살고 나를 거스르는 자는 죽는다."라고 하면서 스스로 황제라 칭했다. 곧이어 관리를 임명하고 연호도 순덕으로 바꿨다. 이 모든 일이 왕양명이 풍성에 도착하기 하루 전까지 발생한 상황이었다. 왕양명은 주신호와의 관계가 그렇게 나쁘지는 않았다. 왕양명에게 격물치지를 하면 성인이 될 수 있다고 알려 준 성리학자 누량의 딸이 주신호의 부인이었다. 또한 왕양명은 자신의 제자인 기원정을 주신호에게 보내 격물치지를 가르치기도 했다.

왕양명은 영왕의 생일을 축하하기 위해 감주를 출발했다. 그런데 칙인(임금이 하사한 도장)을 두고 온 사실을 뒤늦게 알고 사람을 보내 찾아오는 바람에 이틀 늦게 풍성에 도착했다. 제때 생일에 도착했더라면 손수처럼 처형되거나 유양정처럼 주신호의 참모 노릇을 하며 대세를 역전시켰을지도 모른다. 왕양명은 주신호의 역모 소식을 전혀 모르고 있었다. 주신호의 거병 사실을 확인한 왕양명은 곧바로 배로 돌아와 뱃머리를 길안(吉安)으로 돌리게 했다. 길안 방향으로 가려면 맞바람을 타고 강을 거슬러 올라가야 했는데 배는 움직이지 않았다. 이 결정적인 순간에 주신호가 보낸 군사 1,000여 명이 왕양명의 행방을 알고 추격해 오고 있었다. 그는 더 이상 반군의 추격을 피할 수 없음을 간파했다. 그래서 재빨리 평상복으로 갈아입고 참모 뇌제(雷濟)와 함께 작은 어선으로 갈아탄 다음에 야음을 틈타 그곳을 빠져나왔다.

한편 주신호는 사방에서 병사를 모집했는데 무려 4만여 명이나 집결했다. 박해를 받아 굴종한 군졸까지 합해 7만여 명이 되었다. 그는 먼저 남강부와 구강부를 공격해 함락시켰다. 주신호는 크게 기뻐하며 출병한 지 며칠 안 되었는데도 두 부를 연달아 정복해 군량미와 군마를 확보했다. 그러니 자신의 거사는 반드시 성공할 것이라 확신했다. 주신호는 7월 3일 100여 척의 선박을 이끌고 장강을 따라서 남경을 진격하려고 출발했다. 남경에 가려면 길목에 안경이 있었다. 주신호는 안경부터 공격하기 시작했으나 안경부 양열은 7월 18일까지 보름 이상이나 끝까지 버텼다. 주신호는 자기의 본거지인 남창성이 위험하다는 소식을 듣고 회군을 결심했다.

왕양명은 7월 13일 길안부에서 모은 의병을 통솔하고 와서 남창성을 공격했다. 총공격을 개시한 7월 18일 그는 〈성에 있는 관리 병사에게 알림〉[告示在城官兵]의 포고령을 발표했다.

> 무엄하게도 영왕이 반란을 일으켰으니 이는 천인공노할 일이다. 지금 내가 관군 20만을 이끌고 성으로 진격할 것인데, 백성들은 동요하지 말고 생업에 충실하라. 영왕부 사람들은 문을 열고 우리에게 투항하라. 성을 지키는 병사와 반군을 따르는 관리는 저항하지 말고 문을 열어 우리를 맞아라. 우리 다 함께 백성을 보살피자. 그래도 정신을 못 차리고 끝까지 저항한다면 오로지 죽음뿐이다.

이는 군사 공격에 앞서서 적에게 경고하는 것이자 반란군의 주모자와 투항한 병사들이나 관리들을 구분해서 처리하겠다는 의도를 담고 있었다.

남창에서의 총공세는 순조롭게 진행되었다. 남창을 완전히 공략한 다음 왕양명은 곧바로 후속 조처를 취했다. 제일 먼저 그는 백성들을 위무하고 환경을 정비하며 방화로 자살한 영왕부 사람들의 장례까지도 예법에 따라 치러 주었다. 이것은 유가의 인도(仁道)를 전장에서 실현한 것이다.

7월 23일 왕양명은 중요한 정보를 확보했다. 반군의 선봉이 장강을 경유해 파양호로 되돌아왔다는 것이다. 이들 배의 돛대가 강을 뒤덮을 정도로 그 수를 헤아리기 어렵다고 했다. 왕양명은 즉시 각 군을 지휘했으며, 오문정이 선봉에서 방위를 맡았다. 다음 날인 7월 24일 아침 북풍이 거세게 불어 반군은 우레같이 북을 치며 파양호 위로 바람을 타고 진격했다. 오문정의 군대가 반군과 교전하자마자 거짓으로 패하는 척하면서 반군을 유인했다. 반군은 공을 다투어 서로 앞서려고 하다가 앞뒤가 단절되어 버렸다. 관군은 측면에서 반군을 공격해 크게 혼란에 빠뜨림과 동시에 좌우에서 협공해 반군은 크게 패해 도망갔다. 7월 25일 주신호는 팔자뇌에서 공로자에게 상을 내리고 전투를 더욱 독려했다. 당일 북풍이 크게 불어 반군은 바람의 기세를 타고 출격했다. 하지만 관군에 의해 대패했다. 7월 26일 오문정이 이끄는 관군은 작은 배에다 장작을 잔뜩 싣고 반군 선박에 다가가 사방으로 방화했다. 반군은 화공에 힘을 못 쓰고 선창으로 도망갔다. 주신호는 작은 어선을 보고 큰소리로 외쳤다. "뱃사공,

그대가 나를 건네주면 큰 상을 내리겠다." 그가 배에 오르자마자 어선은 왕양명 군영에 인계되었다. 이렇게 해서 주신호의 반란은 42일 만에 평정되었다.

왕양명은 이처럼 주신호의 반란 소식을 듣자마자[知] 곧바로 신속하게 평정했다[行]. 왕양명은 백척간두에 서 있는 명(明) 왕조를 그냥 두고만 보지 않았다. 더구나 백성의 안정을 위해 일하는 공직자의 의무를 저버리지 않고 반란을 평정했다. 이는 바로 그의 지행합일의 정신이 발휘된 것이기도 하다. 7월 30일 왕양명은 반란 평정의 과정을 자세히 적어 〈신호를 사로잡아 승리한 소식을 알림〉[擒獲宸濠捷音疏]을 조정에 올리는 동시에 반군 평정의 공로자 명단을 작성해 포상을 요청했다. 곧이어서 전후 복구사업에도 착수했다. 현지 주민에 대한 행정적 조치를 통해 조속히 일상생활로 돌아올 수 있도록 지원했으며 임시로 조직된 군대도 해산했다.

왕양명이 반란을 평정하는 40여 일 동안 조정에서는 어떤 군대도 파견하지 않았고, 왕양명이 동원한 군대는 강서 지구에서 모집한 2~3만 정도에 불과했다. 주신호가 10만의 군사를 거병했을 때 왕양명은 단지 한 지방의 관리에 불과했으며 조정으로부터 그 어떤 군사적 명령을 받은 바 없었다. 이는 조정의 명령과는 전혀 무관하게 자발적으로 이룬 큰 공로였다. 바로 이 때문에 그는 조정 간신들의 시기와 중상모략을 받게 되었다.

주신호의 생포 소식을 들은 허태, 강빈, 장충 등의 간신들은 황제의 면전에서 공을 세울 방법이 없자, 비밀리에 무종이 친히 반란군을 정벌하는 방안을 건의했다. 이 건의를 받은 무종은 크게 기뻐하며 스스로 〈군사 업무를 총지휘하는 대장군 총병관〉[總督軍務威武大將軍總兵官]이라 칭하고 어가친정(御駕親征)을 결정했다.

한편 정덕 14년인 1519년 8월 17일에 왕양명은 〈친정을 그치기를 청하는 글〉[請止親征疏]을 올렸다. 하지만 무종으로부터 어떤 답도 듣지 못했다. 간신들이 교시를 내리지 않도록 부추겼기 때문이다. 그 이유는 네 가지이다. 첫째, 왕양명이 신속하게 주신호의 반란을 평정한 것이 간신들이 보기에는 그 공로가 왕양명에게 돌아가는 것이라서 시기했다. 둘째, 만약 주신호의 반란을 평정한 공로가 무종에게 돌아가지 않는다면, 이로 인해 자신들의 지위와 안전을 보전할 방법이 없게 될 것이다. 셋째, 간신들은 왕양명을 신뢰하는 병부상서 왕경에 대해서도 질시했다. 넷째, 왕양명이 당시 유행하던 주자학을 비판하고 새로운 학설을 내세우는 것도 불온하게 받아들였기 때문이다.

이 무렵 간신들은 어리석은 간계를 내었다. 그것은 주신호를 파양호에 놓아 주고 난 뒤에 무종이 군대를 거느리고 가서 그를 사로잡아 북경으로 돌아온다는 계책이었다. 만약 주신호를 파양호에 놓아 준다면, 천하에 대란을 초래할 것이라고 생각한 왕양명은 포로를 내어 주지 않았다. 그러자 간신들은 다음과 같이 신랄하게 모함했다.

> 왕양명은 먼저 영왕과 서로 내통했다. 일찍이 문인 기원정을 파견해 영왕을 만나 보게 했다. 아마도 그가 병사 3천을 빌렸을 것이다. 사건의 추이가 잘 이루어지지 못하는 것을 보고 난 뒤에 영왕을 습격해 자기 죄를 가리었을 뿐이다.

이러한 방식으로 간신들은 왕양명을 모함하고 헐뜯었다. 하지만 조정의 태감 장영은 왕양명의 충심을 알아내고 그를 옹호했다. 왕양명 역시 장영의 마음을 알고 주신호 등 포로들을 그에게 넘겨주었다.

정덕 15년인 1520년 정월 허태, 장충 등 간신들은 무종에게 참언했다. 왕양명이 모반을 도모한다는 것이다. 무종이 간신들에게 그 증거를 대보라고 하자, 허태, 장충 등은 "단지 그를 이곳으로 부르기만 하면 된다. 그는 반드시 오지 않을 것이다."라고 했다. 무종은 왕양명에게 즉시 알현하라고 명령했다. 왕양명은 바로 그날 남창을 떠나 무종의 행재소로 출발했다. 허태 등은 자기들의 참언이 들킬까 봐 왕양명이 완호에 도착했을 무렵 거짓 조서를 만들어 왕양명이 완호에서 명령을 기다리게 했다. 이를 눈치챈 장영은 부하를 보내 왕양명에게 실정을 알려 주었다. 무종은 왕양명의 진의를 알기 위해 신하를 보내 그의 동정을 탐색해 상황을 분명히 알아 오도록 했다. 그 신하는 말했다. "왕수인은 도를 배운 사람이다. 만약 소환 조서를 내리면 반드시 올 것이다. 왜 모반을 기도한다고 말하는가?" 이 진언을 듣고 무종은 비로소 왕양명에게 남창에 돌아가도록 명령했다.

정덕 16년인 1521년 왕양명은 남창에서 처음으로 치양지설(致良知說)을 제창했다. 이는 지행합일설을 달리 표현한 것이기도 하다. 그는 주신호의 반란과 허태, 장충 등의 무고(誣告)를 겪으면서 '양지'가 참으로 환난을 잊고 생사를 초월하기에 넉넉함을 알게 되었다고 했다. 그러면서 "나는 양지설에 대해서 백 번 죽고 천 번 어려운 가운데 얻어 낸 것이다."라고 고백했다. 왕양명은 양지에 의해 상황판단을 하며 문제를 해결했다. 왕양명은 다음과 같이 말했다.

> 대체로 명예, 이익[名利], 물질적 욕망[物慾]을 좋아하는 것은 사적인 나(私吾)가 좋아하는 것이며 천하가 싫어하는 것이다. 양지가 좋아하는 것은 참된 나(眞吾)가 좋아하는 것이며 천하가 다 같이 좋아하는 것이다. 그러므로 사오의 좋아함을 따라가면 천하 사람들이 모두 싫어한다. 마음이 피로하고 날마다 서툴러지며 종신토록 걱정하고 괴로워할 것이다. 이를 일러 '외물에 부림을 당한다'[物之役]고 한다. 진오(眞吾)가 좋아함을 따라가면 천하 사람들이 모두 좋아할 것이다. 가정, 국가, 천하는 어느 곳이든 합당하지 못함이 없을 것이다. 이를 일러 내가 좋아하는 것을 따라가는 것이라 한다."

왕양명이 말한 '참된 나'는 한마디로 말하면 양지다. 자아를 실현하는 것은 '사적인 나'를 버리고 양지를 따르는 것이다.

주신호는 일정한 지역을 다스리는 권한(治權)을 맡은 영왕의 지위에 만족하지 않고, 무소불위의 정권을 휘두르는 천자가 되고자 했다. 따라서 그는 명예, 이익, 물욕에 사로잡혀 있었기에 '사적인 나'를 앞세워 반란을 일으켰다. 하지만 왕양명은 자기를 잡으러 오는 주신호의 병사를 따돌리면서 탈출해 생사존망의 위기를 벗어나게 된다. 이 절박한 순간에 이루어진 판단은 '참된 나'인 양지에 의해서 이루어진 것이다. 그뿐만 아니라 만약 주신호와의 전투에서 패배했더라면 가족까지 위태하게 될 것이므로, 왕양명은 가족이 사는 주위에 장작을 쌓아 놓게 하고 전투에서 실패할 경우에는 불을 질러 버리라고 부탁해 두고 전쟁터에 나갔다.

왕양명이 말하는 양지는 '참된 나'일 뿐만 아니라 옳고 그름을 판단하는 마음[是非

之心]인 도덕원리[天理]이기도 하다. 이것이야말로 행정윤리의 최고 원칙이라 할 수 있을 것이다. 왕양명은 주신호와의 사적인 관계는 나쁘지 않았지만, 주신호가 반란을 일으킨 것은 백성의 일상적인 삶을 토탄에 빠트리는 일이라고 판단했다. 그는 남의 고통을 참으로 보고 있을 수 없는 마음[眞誠惻怛]인 양지의 즉각적인 판단에서 백성을 구하기 위해 주신호를 격파하기로 결심했다. 왕양명이 말한 양지는 '참된 나'로서 가슴속에 있는 성인[仲尼, 중니]이라고 했으며, '사적인 나'에 빠질까 봐 내 마음을 살피는 감독자라고 말하기도 했다. 이렇게 되면 외적인 감독이 필요 없는 이른바 '무감독'이며, 자기를 속이지 않는 '무자기'(毋自欺)이다. 이는 내재적이며 자율적 행정윤리의 정수라 할 수 있다. 양지는 나의 의지가 선으로 갈 수도 있고 악으로 흐를 수도 있는데, 이것을 남은 알 수 없고 자기만이 아는 것을 독지(獨知)라고 했다. 사실 양지는 행정윤리의 핵심이라고 할 수 있고, 치양지(致良知)는 양지에 의한 행위이며 지행합일의 다른 표현이다. 이 양지[知]를 구체적 현실에 실현[行]하는 치양지가 바로 행정윤리의 실천인 것이다.

제5절 병무행정과 치양지

왕양명은 국가 변란을 자행한 주신호를 격파했을 뿐만 아니라, 이와 전후해서 강서와 광서 지구의 도적을 토벌하는 공을 세우기도 했다. 정덕 11년인 1516년 8월 19일에 45세의 왕양명은 도찰원좌첨도어사(都察院左僉都御使)에 임명되어서 남감, 정, 장 지구의 순무(巡撫)를 맡았다. 그가 맡게 된 도찰원이란 국가의 각항 법령을 관장하는 기구이며, 이는 모든 관원의 죄책을 조사해 국가 질서를 파괴하고 행정 활동을 소란하게 하는 행위를 억누르고 억울한 안건을 조사해 처리하는 직책이다. 도찰원의 장관을 도어사라 하며, 부도어사는 차관에 해당한다. 이 중에서 좌첨도어사가 수석이며 우첨도어사는 차석이다. 도어사나 부도어사는 동시에 총독, 제독, 순무를 겸임한다. 순무의 직책은 지방을 순시하고 민심을 안정시키는 일이다.

왕양명은 강서, 복건, 광동, 호광의 네 성(省)을 순무하는 책임을 맡았다. 이 성들의 경계지역에서 도적 떼가 창궐했다. 인구가 밀집한 데다 그 범위도 매우 넓었으며 대모산, 대유령, 구련산, 팔면산 등 높고 험한 산들이 빽빽이 들어차 있었다. 도적들이 창궐하기에 더없이 좋은 조건을 갖추고 있었으며, 도적들은 독자적으로나 연대해 도처에서 백성을 괴롭혀 일상생활을 할 수 없는 지경에 이르렀다. 조정에서는 정덕 6년인 1511년을 전후로 관군을 파견해 이 지역들의 도적 떼 토벌에 나섰지만 거의 효과가 없는 데다가 오히려 사태를 악화시켰다. 관군의 토벌이 불가능해지자 도적 떼의 기세는 더욱 고조되었고 선량한 백성마저 도적 떼에 가담하기도 했다.

정덕 10년인 1515년을 전후해 위의 네 성 간의 경계지역에 할거한 도적 떼의 세력은 크게 세파로 나뉘었다. 첫째는 복건성 장주부, 둘째는 강서성 남안부와 감주부, 셋째는 광동성 해주부이다. 이 3대 도적 떼는 각기 수천 명 이상의 방대한 세력을 형성해 그 기세도 대단했다. 조정에서 왕양명을 내려보낸 시기는 바로 수차례에 걸친 관군의 토벌이 실패한 뒤였다.

왕양명이 감주에 도착한 것은 정덕 12년인 1517년 정월이었다. 갓 부임한 그로서는 감주의 사정에 어두웠고 도적의 실상도 아직 파악하지 못한 상태였다. 부임하자마자 그는 순무의 명의로 관할지역의 각 관아에 공문을 내려보내어 행정명령을 시달했다. 그 내용은 첫째, 자기 관할지에 있는 군사시설의 현황, 병력규모, 병사 훈련상황 및 작전수행능력 등을 정확하게 평가해 보고할 것, 둘째, 각지에 창궐한 도적 떼의 구체적 활동상황을 상세히 보고하되 특별 창궐지역, 진압된 지역, 투항 권유가 가능한 지역으로 각각 구분할 것, 셋째, 각지의 민생 현황을 정확하게 보고하되 특히 해당 지역의 지형에 익숙한 인물, 군량미 제공이 가능한 부호들, 군사 주둔지로 사용할 수 있는 유휴지 등에 대한 자료를 구체적으로 제시할 것, 넷째, 각지의 교통 상황에 대해 상세히 보고하되 도적 떼의 상습 출몰지역과 요새 구축이 필요한 지역을 명기할 것이었다. 왕양명은 공문 발송과 함께 직접 현장으로 실제 조사를 해서 과거 관군이 수차례 실패했던 도적 토벌의 경험을 세밀히 검토하기도 했다. 그는 이를 토대로 즉각적으로 전투에 돌입할 군사적 태세를 갖추었다. 그중 핵심 전략은 두 가지, 즉 '십가패법'(十家牌法)과 '민병양성'이었다.

여기서 '십가패법'이란 매 가구마다 대문에다 호주의 성명, 가족 수, 본적, 임시거주자 유무 등을 적은 나무패를 하나씩 걸어 두는 것이다. 또한 10가구를 한 행정단위로 해서 이런 방식으로 10가구 전체의 상황을 적은 나무패를 어느 한 집 대문에 걸어 둔다. 나아가 10가구 중 한 가구씩 매일 돌아가며 집마다 실제 상황을 점검한다. 그러다가 미심쩍은 자나 임시거주자 명단에 들어가지 않은 자가 있으면 즉각 관아에 알려야 한다. 사실을 숨기다가 발각되면 10가구 전체가 연좌제로 처벌받는다는 것이다.

왕양명은 현지 조사결과 과거에 관군이 여러 차례 도적 토벌을 했음에도 실패한 결정적 이유를 찾아냈다. 당시 도적들은 산속에 숨어 지내다가 자주 마을에 첩자를 내려보내 염탐했다. 첩자는 성내 주민들 속으로 잠입해 주민 중에 은밀히 내통하는 자가 있어 관군이 출동하기 전에 산 위에서 이미 그 정보를 알고 응전태세를 갖추고 있었다. 왕양명이 부임하고 나서야 비로소 십가패법을 도입해 도적과 산 아래 주민과의 내통을 차단할 수 있었다.

둘째, 민병을 양성했다. 왕양명은 감주 현지의 관군 실태를 조사한 결과 군대 내부의 심각한 문제점이 발견되었다. 이는 군량미 부족, 병력 부족, 작전 수행능력 취약, 사기 저하 등으로 드러났다. 도적 떼를 토벌할 때 토병이나 낭병(狼兵)을 동원하기도 했는데, 이 모두 소수 민족의 군대였다. 특히 낭병은 전투에 능한 용병적 성격의 군대였다. 관군은 이렇게 동원된 군대에 의존하려는 마음만 생기고 자체 전투력을 향상시키지 못했다. 왕양명은 이러한 폐단을 종식하기 위해 관군을 정예화했다. 그는 활, 석궁, 무술 등에 뛰어난 인물들을 기용해 정예부대를 조직하고 군사훈련을 실시한 결과 관군의 조직이 체계화되고 작전 능력도 강화되었다.

왕양명은 맨 먼저 장주 지구의 도적 떼를 집중적으로 공략하기로 했다. 그는 다음과 같은 구체적 전략을 수립했다. 첫째, 적의 동태파악으로, 적과 아군의 병력 규모나 작전 수행능력의 실태를 파악하고 정찰병을 통해 적의 동향을 알아냈다. 둘째, 고립화 전략으로, 도적 떼는 네 개 성에 걸쳐 근거지가 아주 넓었으나 서로 연락하며 협조체제를 구축해 관군을 고립시키곤 했다. 왕양명은 도적과 산 아래 사는 주민들의 연결망을 완전히 봉쇄함으로써 적의 정보탐색을 무력화해서 적을 고립화시켰다. 셋째, 집중포위 전략으로, 적의 근거지가 광범위하게 분포되어 있었으므로 고립화된 지역에 적보다 많은 수의 병력을 집결시켜 집중적으로 공격을 가했다. 넷째, 살상 최소화 전략으로, 도적 떼의 일부 수괴를 제외하고 양민 가운데 부득이하게 도적 떼에 가담한 경우가 있었으므로 가능한 한 살상을 하지 않으려고 노력했다. 전투가 끝날 때마다 왕양명은 도적 떼에서 넘어온 양민을 보살펴 백성으로부터 민심을 얻었다.

왕양명의 병무행정은 백성의 안전을 위해 부득이하게 도적을 토벌한 것이지, 도적 떼 전부를 소멸시키려 한 것은 아니었다. 여기서도 그의 행정윤리를 실현하는 도의정신[仁義]을 발휘한 것이다. 인(仁)은 사랑으로 백성의 삶을 보살펴 주는 것이며, 의(義)는 인명을 살상하고 재산을 빼앗는 불의한 도적을 토벌하는 것이다.

왕양명은 장남 전투와 횡수 및 통강 전투를 통해 복건, 광동의 접경지대와 횡수, 통강 등 강서 지구에 할거하던 도적 떼를 일시에 평정했다. 이제 남은 것은 광동성 해주부 경내의 이두에 포진한 도적 떼뿐이었다. 정덕 12년 9월 왕양명은 이두의 도적을 토벌하기에 앞서 〈이두의 도적에게 알림〉[告諭浰巢賊]을 반포했다. 이 글에서 왕양명은 도적들을 잘 유도하고 어진 덕을 드러내어 지성으로 그들을 감동하게 했다.

> 나는 순무하는 것이 방침이다. 전적으로 도적질을 멈추게 하고 백성을 편안하게 하는 것을 직책으로 삼는다. … 그대들의 소굴에 어찌 협박으로 따라간 사람이 없겠는가를 생각했다. 그대들은 대부분 대가의 자제들이며, 의리를 아는 자가 있다는 것을 들었다. 나는 위무하러 사람을 파견한 적이 없는데, 어찌 갑자기 군사를 일으켜 없애 버리겠는가? 이는 가르치지 않고 죽이는 것에 가깝다. … 대체로 인간의 정감은 자기 몸에 도적이라는 이름

> 이 붙는 것보다 더 부끄러운 것이 없다. 그대들은 어찌 마음으로 그 이름을 싫어하면서 몸으로 그것을 실천하고 있는 것인가? … 닭과 개를 죽여도 또한 참지 못하는데 … 인명을 가벼이 보고 죽인다면 단연코 보복받을 것이고 그 재앙이 자손에게 미친다. 왜 이런 짓을 해야 할 것인가? 나는 생각이 여기에 이르면 편안한 밤을 보낼 수 없다. 그대들을 위해 살길을 찾으려 하는데, 완고해 교화되지 않으면 부득이 군대를 일으키겠다. 이것은 내가 죽이는 것이 아니라 하늘이 죽이는 것이다. 나는 그대들을 죽이려는 마음이 전혀 없고 그대들을 속이는 것도 아니다. 만약 내가 그대들을 죽이려 한다면 또한 나의 본심이 아니다. 아아! 백성은 나의 동포이다. 그대들은 모두 나의 아이들[赤子]이다. 나는 끝내 그대들을 쓰다듬고 불쌍히 여겨 그대들을 죽일 수 없다. 아프구나! 아프구나! 말이 이에 이르자 눈물이 떨어지는 것도 느끼지 못한다.

이 고유문은 깊은 감동을 주어 읽는 사람 모두의 눈물을 흘리게 했다. 이두의 도적 떼들은 모두 깊이 감동해 많은 도적이 부대를 거느리고 항복했다고 한다. 어떤 사람은 죽어서도 왕양명의 은혜를 보답하겠다고도 했다. 고유문을 읽은 도적의 괴수 황금소 등이 모두 조정에 투항하길 원한다고 했다. 왕양명은 그들의 죄를 사면하고 황금소를 임명해 500여 명의 용병을 이끌고 횡수의 도적을 토벌하게 했다. 왕양명은 적을 죽이는 것보다는 감동하게 만들어서 자발적으로 전투에 참여하도록 했다.

왕양명은 이두를 토벌하면서도 오늘날 공직윤리 강의처럼 강학하는 일을 잊지 않았다. 그의 강학은 전투의 실제 사례를 들었기에 가슴에 와닿는 설득력이 있었다. 그는 제자 설간에게 보낸 편지에서 "내일 소굴에 들어간다. …" 나는 이전 횡수에서 사덕에게 이렇게 말했다. "산중의 도적은 깨트리기 쉽다. 마음의 도적은 깨트리기가 어렵다"[破山中賊易 破心中賊難]. 만약 제현들이 마음속의 도적을 소탕해 깨끗이 평정하는 공을 거두면, 이는 참으로 세상에 없는 대장부의 위대한 업적이 될 것이다. 행정력을 통해 겉으로 드러난 부정부패는 쉽게 없앨 수 있지만, 마음속에 있는 비리는 참으로 발본색원(拔本塞源)하기 어렵다는 말이다. 다시 말해서, 마음속에서 우러나온 공직윤리를 실행하기 어려움을 토로한 것이다.

왕양명의 세 번째 정벌은 광서성의 사은 및 전주 지방을 평정하는 것과 단등협,

팔채의 도적을 소탕하는 것이다. 가정 6년인 1527년 왕양명은 고향에서 강학하는 생활에 종지부를 찍었다. 바로 이 해에 남경병부상서의 왕양명을 도찰원좌도어사를 겸임하게 해서 사은 및 전주의 도적을 평정하도록 결정했기 때문이다. 그는 병을 무릅쓰고 천자의 명령에 따라 광서성 사은 지구의 남녕부를 향해 출발했다. 왕양명은 남녕부에서 전임 요막의 부하 군관으로부터 사은 및 전주 지구의 정황을 들었는데 반란의 무리가 귀순할 의사가 있다는 것이었다.

사은 전주 반란의 두목 노소와 왕수는 왕양명이 왔다는 소문을 듣고 투항할 생각을 했다. 왕양명은 특별히 대신을 파견해 노소와 왕수에게 사는 길을 열어 주겠다고 약속했다. 만약 그대들이 진심으로 투항하면 절대로 죽이지는 않을 것이라고 조정의 뜻을 전했다. 노소는 부하 4만 명을, 왕수는 부하 3만 명을 거느리고 정월 26일 남녕부 성 아래에서 자수했다. 다음 날 노소와 왕수는 부하 두령 수백 명을 거느리고 왕양명의 군영에 와서 스스로 몸을 밧줄로 묶고 투항하며 죄상을 고했다. 한번 살려 준다면 반드시 은혜를 갚겠다는 것이다.

왕양명이 말하기를, "그대들은 반란을 일으킨 지도 2년이 넘었다. 위로는 조정을 우려케 했고 아래로는 3성에 사는 백성의 생활을 불안하게 했다. 징벌하지 않으면 군민(軍民)의 분노를 잠재울 수 없다. 이제 그대들에게 죽을죄를 면해 주는 것은 천지의 삶을 좋아하는 인덕(仁德)이다. 그대들에게 장형(杖刑)을 내리는 것은 내가 신하가 되어 법의 정의를 지키는 것이다." 그런 다음 두 사람에게 각각 장형 100대를 쳤다. 이들을 풀어 준 뒤 왕양명은 반란 적군의 군영에 와서 대중들을 위로하자 이들은 감격해서 눈물을 흘렸다. 그는 이번 토벌의 실정을 말하면서 금후에는 토관(土官, 그 지역 사람만 임명된 관리)을 길러 내야 하며, 그렇지 않으면 이러한 반란을 면하기 어렵다고 하면서 "한 발의 화살도 쏘지 않고 한 명의 병졸도 죽이지 않으면서 수만 명의 생령(生靈)을 온전히 살렸다."라고 결론지었다. 담감천이 사은 및 전주 지구의 평정을 높이 평가하면서, "사람들은 살벌(殺伐)의 공은 알지만 신무(神武)의 죽이지 않는 공이 최상이며 인(仁)과 의(義) 둘 다 온전히 하는 것을 알지 못한다. … 어루만지며 살육하지 않고, 문무를 겸해 사용하며 인의를 아울러 행했다. 신무는 죽이지 않는다. 이를 천병(天兵)이라 한다."라고 했다. 이렇게 왕양명은 신무불살(神武不殺)의 위력을 발휘했다.

가정 4월에서 6월까지 왕양명은 팔채 단등협의 반란을 평정하고 7월 10일 〈팔채 단등협의 승리 소식〉[八寨斷藤峽捷音疏]을 올려 당시의 상황을 상세히 기술했다. 아울러 몸이 위중한 질병에 걸려 임무를 수행하기 상당히 어려우니 고향에 돌아가 병을 치료할 기회를 달라고 요청했으나 인준을 받지 못했다. 왕양명은 병의 엄중한 정황을 하정인에게 "나는 병세가 날로 악화되어 광성에 이르러서 또 설사를 보탰다. 밤낮으로 조치해도 멈출 수가 없다. 지금은 두 다리로 앉지도 설 수도 없다."라고 알렸다. 왕양명의 병세는 이렇게 엄중한데도 고향에 돌아가 문인들과 함께 강학하겠다고 했다. 왕양명은 두 차례나 주청을 올려 고향에 돌아가 병을 치료하겠다고 했으나 조정의 허락을 끝내 받지 못했다.

최후로 가정 7년인 1528년 11월 광동성 광주부에서 강서성 남안부에 들어간 뒤 왕양명은 장강에서 다시 배에 올랐다. 당시 남안부에 임직하던 문인 주적이 살피러 왔다. 병의 위급한 상태에 깜짝 놀라 곧바로 의사를 청해 약을 처방했지만 소용이 없었다. 배는 남안에서 멀지 않은 청룡포에 정박한 뒤 11월 29일 상호 8시경 왕양명은 세상을 떠났다. 향년 57세였다. 왕양명은 임종할 때 시봉하던 주적에게 유언을 남겼다. "이 마음이 환한 빛인데 또한 무슨 말을 하겠는가?"[此心光明 亦復何言] 이 마음이 광명(光名)이라는 말은 바로 양지가 생생한 빛을 발하고 있다는 뜻이다.

왕양명은 큰 공적을 남겼다. 첫째는 주신호의 반란을 평정했다. 둘째는 남감 반란 도적을 토벌했다. 셋째는 사은 전주의 난을 평정하고 단등협 팔채의 난적을 토벌한 것이다. 그가 죽을 때까지 공직을 충실히 시행한 것은 자신의 치양지, 즉 지행합일의 공직윤리를 간직하고 있었기 때문이다. 그런데도 왕양명의 공적을 질투하는 사람들은 그를 헐뜯는 일을 멈추지 않았다. 가정 8년인 1529년 2월 중요한 신하 계악이 상주하기를, 왕양명은 조정의 명을 기다리지 않고 함부로 직을 떠났다는 것이다. 세종은 이 말을 듣고 크게 화를 내며 왕양명의 작위와 세습을 정지시키고 시호도 봉하지 않았다. 아울러 왕양명의 학문을 거짓 학문[僞學]이라고 배척하고 금지했다. 더욱이 왕양명이 광서 반란을 토벌한 공로를 인정하지 않았을 뿐만 아니라, 그에게 엄한 징벌을 내렸다. 이렇게 어리석은 황제들로 인해 왕양명은 박해를 받았지만, 자신이 맡은 행정업무를 한치도 소홀함이 없이 정정당당하게 수행해 냈다. 그것은 왕양명의 행정윤리, 즉 치양지가 뒷받침되었기에 가능했다.

참고문헌

둥핑(2019). 칼과 책. 이준식 옮김. 경기: 글항아리.

왕양명(2001). 전습록 1·2. 정인재, 한정길 옮김. 서울: 청계출판사.

정인재(2014). 양명학의 정신. 서울: 세창출판사.

채인후(2019). 중국철학사 1·2. 정인재 옮김. 서울: 동방의빛

펑유란(2018). 중국철학사. 정인재 옮김. 서울: 마루비.

쿠퍼, 테리 엮음(2018). 공직윤리 핸드북. 신충식, 김종술, 김성준 외 행정사상과 방법론 연구회 옮김. 서울: 조명문화사.

王陽明(2011). 王陽明全集, 第4册 年譜. 折江古蹟出版社.

墨憨齋編(1972). 王陽明出身靖亂錄. 廣文書局.

牟宗三(1970). 政道與治道. 廣文書局.

岡田武彦(2015). 王陽明大傳 上, 中, 下. 錢明 譯. 重慶出版社.

제 6 편

윤리역량의 강화

제11장 윤리역량

생각해 보기

1. 윤리역량의 개념을 어떻게 정의할 것인가?
2. 개인적이고 조직적 수준에서 윤리역량의 구성요소는 무엇일까?
3. 현실적으로 윤리역량을 실천할 방법론을 어떻게 구성할 것인가?
4. 행정윤리에서 윤리적 판단과 결단은 왜 필수적인가?

제1절 윤리역량의 개념

1. 윤리와 역량의 개념

1) 윤리

공공분야에서 윤리역량을 이해하기 위한 수준에서 본다면 윤리를 의무론적 윤리(deontological ethics)라고 할 수 있다. 즉, 윤리적인 판단과 결정에 의한 행위나 행동이 공직이 요구하는 수준에 적합하여야 한다는 의미이다. 이와 같은 관점에서 공직의 윤리를 의무론이라고 한 것이다. 이와 같은 의무론에 기초하고 있는 윤리역량을 이해하기 위해서 먼저 윤리를 두 가지로 구분해서 이해할 필요가 있다.

첫째, 일반적으로 윤리(ethic)는 인간의 도덕성에 초점을 둔 개념이다. 즉, 인간의 생각과 판단 및 이에 기초한 행동이나 행위의 선과 악, 시(是)와 비(非), 정의와 불의 등을 설명하는 기초적인 개념이다. 그래서 윤리는 선과 옳음, 정의 등을 현실적으로 설명하는 형이상학적 개념이다.

공공분야인 행정에서의 윤리는 행정의 도덕적이고 가치적인 기준을 의미한다. 그래서 단순히 헌법이나 법령에서 규정하고 있는 법률적인 정당성이나 적법절차에 의한 법적 기준을 윤리라고 할 수 없다. 따라서 법령에서 규정하고 있는 행정의 기준이나 절차를 완수하는 것을 윤리하고 하지 않는다(Chapman, 1993: 1; Fox, 1994: 83).

대신에 행정에서의 윤리는 행정행위나 판단에 관련한 무엇이 바람직하고 선한가, 무엇이 공공가치나 목표에 적절하고 타당한가, 무엇이 공공의 정의를 위한 것인가 하는 등을 가치판단적으로 설명하는 개념이다.

둘째, 학문적 수준에서 윤리(ethics)는 일반적으로 정의하거나 인식하고 있는 윤리를 인식적이거나 가치적이며 도덕적으로 설명하는 윤리학의 내용이다. 이것은 전통적으로 윤리의 개념을 설명하는 방법이다. 그래서 이것을 윤리 또는 윤리학이라고 하기도 한다.

윤리학에서 윤리는 철학의 영역이다. 예를 들면, 규범윤리(normative ethics)는 윤리적 행위의 가치판단을 설명하는 것이다. 즉, 얼마나 윤리적으로 정당하고 타당한 행동규범인가(선악과 시비, 정의와 불의, 정당성 등) 하는 것을 설명하는 것이다. 그래서 앞서 윤리를 의무론적 개념이라고 한 것도 윤리를 규범윤리로 이해하기 때문이다. 제3절의 윤리역량의 실천방법을 설명한 것으로 칸트나 아리스토텔레스의 윤리, 공자나 맹자, 순자 등의 윤리는 규범윤리이면서 의무론적 윤리를 전제로 하는 윤리학의 내용에 해당된다고 할 수 있다.

또한 응용윤리(applied ethics)도 있다. 응용윤리를 실천철학에서는 실천윤리(practical

ethics)라고 하기도 한다. 즉, 구체적인 분야에서의 윤리의 적용을 통한 윤리적 가치의 실천을 설명하는 것이다. 마찬가지로 행정윤리(administrative ethics)도 공공분야에서 행정, 즉 공직이나 공무원 등을 중심으로 윤리적 의사결정과 판단 및 행동 등을 설명하는 응용윤리의 한 분야이다.

메타윤리(meta ethics)를 형이상학적 윤리라고 하기도 한다. 규범윤리나 응용윤리를 설명하는 이론적 체계나 논리적 구성 등에 관한 일반적인 윤리론을 설명하는 것이 메타윤리이다(Gewirth, 1960: 187). 하나의 예로서, 자연주의(naturalism)를 들 수 있다. 즉, 공간과 시간에서 존재하는 모든 법칙이나 이론은 자연적인 질서와 법칙으로 설명될 뿐이지, 초자연적이거나 영적으로 설명할 수 없다는 사상을 메타윤리의 대표적인 이론이라고 할 수 있다.

2) 역량

윤리역량을 이해하기 위해서 우선 역량의 개념을 간단히 설명할 필요가 있다. 역량이나 능력을, 일이나 사건 등을 추진하여 소기의 목적이나 목표를 달성할 육체적이거나 정신적인 근기나 그릇이라고 할 수 있다. 그 사람이 그 일을 할 수 있다고 할 때, 능력이라는 용어를 많이 사용한다. 그러나 그 사람이 그 일이나 사건을 담당할 충분한 전문적인 자격이나 요건을 소유하고 있는가 하는 것은 능력이라고 하기보다 역량이라고 할 수 있다. 즉, 충분한 정신적이고 육체적인 조건을 구비하면서 일이나 사건의 내용을 전문적으로 담당할 수 있는 자격을 역량이라고 할 수 있다.

역량은 그 일을 감당한다는 의미로, 한자어로 감임(勘任)이라고 하기도 한다. 또는 '깜이 되는가'라고 하는 구어적 표현은 역량을 의미한다. 그러나 영어권에서는 역량을 'ability, capacity, capability, competence' 등으로 조금 다양하게 이해하고 있다. 일반적으로 물리적이거나 정신적 능력을 'ability'라고 하며, 여기에 전문성을 부가한 능력을 'competence'라고 한다.

특히 'competence'의 개념의 역량을 개인을 중심으로 업무를 성공적으로 추진할 수 있는 지식이나 기술, 태도와 능력(이때에는 'ability'이다)의 집합으로 이해하기도 한다(쿠퍼, 2013).

'Capacity'는 용기나 그릇 또는 체제 등의 용적을 의미한다. 그러나 사회과학에서는 'capacity'를 조금 달리 이해하고 있다. 예를 들면, 지구촌 사회의 적정한 환경생태계에서 가장 적절한 인구규모를 인구능력이라고 하기도 한다. 또는 국가나 사회를 발전시킬 능력이나 기술적 능력 등을 의미할 때, 이것을 역량형성(capacity building)이라고 한다. 마찬가지로 경제의 최대 생산능력을 산출역량(productive capacity) 또는 역량기획(capacity planning)이라고 하기도 한다. 따라서 'capacity'의 외연은 개인이라기보다 용기나 조직, 사회, 국가 등의 능력을 설명하는 개념이다.

반면에 'capability'는 주로 개인적 수준에 한정된, 무엇이 보다 바람직하고 가치로운가 하는 개인적 판단과 결정을 할 수 있는 능력을 의미한다. 따라서 역량접근방법(capability approach)과 같이, 1980년대부터 크게 발달된 후생경제학의 개인함수의 능력을 의미하는 것과 같이, 'capability'의 용어가 전통적으로 경제학의 개인주의 접근방법의 용어로 널리 사용되고 있다.

3) 윤리역량

윤리역량의 설명에 보다 타당한 영어의 용어는 'capacity'이다. 즉, 경제학의 개인주의 중심의 후생적인 역량을 의미하는 'capability' 또는 전문적 능력이나 자격을 강조하는 의미의 'competence'보다, 용어의 외연이 광범위한, 즉 사회나 국가 또는 조직이나 용기 등의 능력을 의미하는 'capacity'가 보다 타당한 윤리역량을 의미한다. 따라서 윤리역량을 'ethic capacity'로 표기하고자 한다[1)].

---

1) 정치학 등에서는 국가능력을 'state capacity'로 통칭하는 경우가 많다. 행정 및 정책분야에서는 국가나 정부역량 또는 정책역량으로 번역하여 사용하고 있기도 하다. 따라서 능력의 'ability'와 'capacity' 등을

따라서 개인주의적 능력을 설명하는 역량접근방법(capability approach)[2]은 개인의 윤리역량을 설명하기에 적합할 수 있다. 즉, 전통적으로 후생경제학이나 인적자원관리 등에서 설명하는 개별적 인간이 일할 수 있는 능력을 지수화해서 측정(measurement of capabilities)하듯이, 인간 개인의 윤리를 조작적으로 설명할 수 있다.

예를 들면, 인간 개발지수, 성 관련 개발지수, 성불평등 지수 등을 측정하면서 개별 인간의 생명, 신체적 건강이나 청렴, 감각이나 사고, 감정, 실천이성, 연대감, 놀이, 정치적이거나 물질적 환경의 통제능력 등과 같은 핵심적 능력을 인간의 권리인 인권과 연계하여 설명하는 역량접근방법(Sen, 1993: 30-53; Nussbaum, 2011: 23-37)을 개인윤리의 개발이나 발달의 측정지표로 활용할 수 있기도 하다.

또한 공자(孔子)는 역량이나 능력 등을 구체적으로 정의하지는 않았지만 정신적 능력의 표준으로 "아는 것은 안다고 하고, 모르는 것은 모른다고 하는 것이 앎"(『논어』, 위정)이라고 했다. 그러나 순자(荀子)는 정신적이고 육체적인 능력을 총괄하는 역량이나 능력을 다음과 같이 정의하기도 했다. 즉, "올바르게 이익을 추구하는 것은 일(事)이다. 의로움을 올바르게 하는 것은 행(行)이다. 앎(知)은 인간이 인간이라는 사실을 아는 것이고 지혜는 이와 같은 앎이 축적된 것이다. 지혜로 말미암아 인간이 인간답게 될 수 있다. 충분히 할 수 있는 이것이 축적된 것을 능력"(『순자』, 정명)이라고 했다.

일반적인 수준으로 개념을 정의하기 어려울 수 있다. 그럼에도 불구하고 'capacity'를 역량으로 번역하면서, 상황의 변화에의 대응능력이나 효율적이고 효과적인 의사결정 능력 또는 개인의 업무나 리더십 능력 등으로 이해할 수 있다. 따라서 국가의 정책결정의 역량이나 행정부의 정책담당 능력 등을 정책역량(policy capacity), 행정역량 등으로 표기할 수 있다.

2) 역량접근방법(capability approach)은 후생경제학에서 개인의 후생함수를 증가시킬 개인이 할 수 있는 역할이나 자격 등을 설명하면서 1980년대 이후에 발달되기 시작했다. 그의 중심적인 논의는 생명, 건강한 신체와 온전함, 감각과 상상력 및 사고, 감성, 실천이성, 소속감, 즐거움을 누릴 놀이, 비인간에 대한 감정, 자신의 주변 환경을 정리할 자격 등을 실증적으로 검증하거나 설명하고자 한 것이다. 동시에 롤스(John Rawls) 등을 중심으로 하는 정의의 원칙이나 공리주의, 평등이나 자유주의 등과 같은 전통적인 윤리학은 인간의 동기나 능력, 조건, 선천적이거나 후천적인 교육이나 기회의 다양성 등을 설명하지 못한 것을 비판하면서, 인간은 현재의 조건 지어진 상황에서 그 기능이나 행위를 다양하게 조합하면 보다 더 큰 승수효과의 건전하고 건강한 의사결정과 판단을 할 수 있다는 역량이론으로 발달시키고 있다(목광수, 2012: 80-83; Martins, 2007: 38-41; Szekely and Mason, 2019: 669-670).

그러나 행정윤리의 윤리역량은 개인적 수준이 아닌 사회적이고 국가적 수준에서의 윤리역량을 의미한다. 따라서 국가나 사회 또는 정부의 윤리역량이다. 이와 같은 전제에서 본 서에서는 윤리역량(ethic capacity)을 다음과 같이 정의하고자 한다. 즉, '공공행정의 선악과 시비, 장단점, 정당성 등을 판단하고 결정할 경험적이거나 학습적 지식, 정신적이고 물리적인 능력이나 자격'이라고 할 수 있다.

경영학이나 관리과학 중심에서 윤리역량을 많이 설명하고 있다. 대표적으로 "관계하는 사실을 합리적으로 평가하면서 이에 근거하여 해당되는 이해관계를 적절히 고려해서 신중하게 업무를 수행할 수 있는 능력"이라고 하기도 했다. 동시에 윤리적인 행동을 하기 이전의 과정으로 윤리역량을 도덕적인 행동지각과 판단, 동기부여, 성품이라고 하면서, 윤리역량을 도덕역량(도덕원칙의 적용)으로 설명하기도 했다. 또한 개인적인 윤리역량의 소유에 초점을 두고 '가지고 있는가' 하는 문제에 윤리능력이나 자질(지식, 기술, 태도 능력)을 설명하기도 한다. 이와 같은 다양한 이론들을 종합하여 윤리역량을 이해하는 개념적인 틀을 만들면서, 윤리역량의 실천기준과 규칙으로 도덕적인 감수성(moral sensitivity), 도적적인 추론(moral reasoning), 도덕적인 동기와 인성(moral motovation and personality) 등 세 가지를 제시하기도 했다(쿠퍼, 2013).

실천적으로 윤리역량은 리더십, 보다 구체적으로 윤리적 리더십으로 설명하는 것이 많다. 앞서 제6장과 다음 12장에서 설명하고 있는 윤리적 리더십을 참조하면서, 윤리역량의 실천과 관련하여 군자(君子)리더십(Junzi leadership)을 간단히 설명하고자 한다.

군자리더십은 덕(德)과 예(禮) 및 의(義)를 닦고 실천하는 군자의 선각자 및 선도자적 역할이라고 할 수 있다. 즉, 군자라는 인간의 품성이나 자질, 선을 실천하고 향도할 수 있는 선덕과 행동지표를 설명하는 것이다. 그래서 순자(荀子)는 군자리더십에 해당될 수 있는 것으로, "군자는 자신에게는 똑바른 먹줄로 그의 법도를 심판하지만 남에게는 설(枻: 활을 구부리게 하는 물건)을 사용하듯이 한다. 자신을 먹줄과 같은 법도로 헤아리기 때문에, 충분히 천하의 규칙이나 법칙이 될 수 있다. 동시에 세상 사람을 설과 같이 대하기 때문에 능히 너그러이 용서할 수 있다. 그래서 많은 사람들을 활용해서 천하의 일을 성취한다"(『순자』, 비상)라고 했다.

그래서 군자리더십은 스스로 노력하여 군자다운 인격을 완성하는 셀프리더십(self-leadership)이다. 예나 덕과 같은 유교적 최상의 가치를 실천하면서 수신의 기초인 호학(好學)으로 자애롭고도 공정하며 겸손과 절제, 너그럽고 편하며, 의연함 등과 같은 리더십의 자질을 갖춘 것을 군자리더십으로 이해할 수 있다(이해영, 2020).

이와 같이 다양하고도 복잡하게 윤리역량을 설명하는 것을 특성에 따라서 다음과 같이 정리할 수 있다.

첫째, 개인적 수준의 윤리역량이 개인수준에 머무는 것이 아니라 사회적이고 공공적으로 연계되고 통합되어야 공공분야인 행정윤리의 윤리역량이 될 수 있다는 것을 전제로 한 정의이다.

물론 개인적 수준의 윤리역량은 군자 수신이론의 기본적인 소양의 조건이기도 하다. 군자는 우선 자신의 윤리역량을 키워 가는 수신의 노력을 다하여 이것을 기초로 사회적이고 공공적인 윤리역량에 기여하고자 하는 것이 군자 수신론의 핵심이다. 행정윤리의 윤리역량도 개인의 윤리역량에 의한 공공윤리의 역량을 설명하고자 하는 것이지, 개인 수준을 무시하거나 부정하면서 공공의 윤리를 설명하는 것은 아니다.

따라서 앞서 역량 개념을 설명하면서 지적했듯이 엄격히 'capacity'와 'capability'의 역량 개념을 구분하기보다, 우리말의 '역량(力量)'이라는 어휘가 의미하듯이 개인과 사회적 역량을 통합적으로 이해하는 것으로 윤리역량을 정의한 것이다.

둘째, 윤리역량에는 물리적이거나 신체적인 조건과 자격 및 능력뿐만 아니라 정신적인 형이상학적 요소도 포함되는 개념이다. 따라서 윤리역량의 정의는 물질과 정신의 이원론이 아니라 정신과 몸의 일원론(mind-body monism)에 의한 정의라고 할 수 있다. 즉, 앞서 순자가 정의하는 정신적이고 육체적인 능력의 축적 개념이라고 할 수 있다.

셋째, 윤리역량은 개인적 수준의 윤리역량이 사회나 국가 또는 정부 등의 공공적 윤리역량으로 총합되는 집합개념이다. 즉, 개인적 수준의 효용이 사회효용으로 집합되듯이 개인적 수준의 윤리역량이 사회적으로 총합되는 것으로 이해한 것이다. 그렇다고 단순히 개인의 산술적인 윤리역량이 더해져서 사회적 윤리역량이 결정된다는 것은 아니다.

넷째, 윤리역량은 개인수준에서 교육과 훈련 및 자아진단과 학습 등을 통하여 개발되고 발전될 수 있다. 그러나 이것이 개인수준에서 잠재된 것이 아니라 사회적이고 조직적으로 발현되고 실천되어야 하는 의무론적 개념이다.

다섯째, 윤리역량을 규범윤리, 응용윤리, 메타윤리 등으로 체계화하여 설명할 수 있다. 규범윤리를 때로 도덕이나 행동강령 등으로 좁게 이해할 수 있다. 도덕을 윤리적 행위규범이나 양식에 타당하고 어울리는 행동강령의 구체적인 조목이라고 할 수 있다. 반면에 응용윤리는 윤리를 개인적이거나 조직적 수준에서 적용하는 분야이다. 이것을 총괄적으로 설명하는 윤리가 메타윤리이다. 행정윤리로서 윤리역량은 물론 위의 세 가지의 윤리분야를 아우르는 개념이지만, 특히 메타윤리의 기능과 역할을 강조한다고 할 수 있다.

제2절 윤리역량의 구성요소

윤리역량의 구성요소를 다양하게 설명할 수 있다. 가장 대표적으로 간호학 등과 같이 윤리적 실천이 일상적으로 중요한 분야에서 간호사의 윤리역량과 구성요소 등을 자세히 설명하고 있다.

예를 들면, 간호사의 윤리역량의 구성요소(attributes)로 다양한 연구를 하나의 표로 정리한 것에 의하면(서형은, 2018: 402), 사회성의 관계를 정립하고자 하는 정향, 자기관리와 리더십, 외적 시민정신, 성찰적이고 비판적 사고, 실천의지, 선이나 정의 및 공정성 등의 개념, 삶의 가치, 진실과 정직, 이타적 행위 등을 나열하고 있다.

교육학, 특히 윤리교육이나 도덕교육 분야에서 윤리역량이나 구성요소 등을 설명하고 있다. 대표적으로 2015년에 개정된 교육과정에 따른 초·중등학교 도덕과 평가기준을 개발하면서 제시된 윤리역량을, 물론 구성요소라고 하지는 않았지만 자기존중 및 관리능력, 도덕적 사고능력, 도덕적 대인관계 능력, 도덕적 정서 능력, 도덕적 공동체 의식, 윤리적 성찰 및 실천 성향 등으로 구성하였다(김국현, 2017: 90).

교육학은 아니지만 행정윤리에서 윤리역량의 교육문제를 설명하면서 윤리역량의 개념적 체계를 다섯 가지로 구분한 것이 있다. 예를 들면, 규칙과 기준으로 법과 윤리강령, 규칙 및 절차 등이다. 구체적으로 사회와 조직에서의 지위에 따른 도덕적 민감성과 도덕적인 논거(주장)와 규칙 및 절차, 타인과 동시에 자신을 위한 결과인 도덕적 추론, 규칙과 타인을 위한 결과가 자신을 위한 결과보다 더 중요하다는 도덕적 동기와 품성 등과 같은 네 가지를 제시하기도 했다(김성준 외, 2015: 2643).

심리학 등에서 논의되고 있는 도덕발달(moral development)에서도 전통적으로 윤리역량이나 개발방법 등을 자세히 제시하고 있기도 하다. 대표적으로 나베이즈(Darcia Narvaez)와 베이딕(Jenny Vaydich), 엔티코트(Leilani Endicott) 등은 도덕발달의 네 가지 요소를 민감성, 판단, 동기화, 실행 등으로 구분하였다. 물론 이것을 윤리적 민감성 등으로 이야기하기도 했다. 이에 따라서 자기 행동이 타인에게 미칠 영향을 분석하는 상황분석, 구체적인 상황이나 조건에서 도덕적 이상을 공식화는 단계, 도덕적 이상이나 기타의 가치를 추구할 것인가를 판단하고 결정하는 결정단계 그리고 결정된 도덕 이상이나 가치를 실현하는 행동 단계 등으로 설명하기도 했다(Narvaez & Vaydich, 2008: 296-300; Narvaez & Endicott, 2009: 11).

〈표 11-1〉 통합윤리 교육모형

윤리과정 모형	기술적인 요소
윤리적 민감성	• 감성표현의 이해, 역지사지, 타인과의 연계, 다양성에의 반응, 사회적 편견의 통제, 상황해석, 효과적인 소통
윤리적 판단	• 윤리적 문제의 이해, 판단기준의 확인과 강령의 이용, 윤리적이고 보편적인 추론, 결과의 이해, 과정과 결과를 반영, 탄력적 대응
윤리적 동기	• 타인의 존경, 양심의 개발, 대응하는 행동, 조직이나 사회의 구성원으로 가입, 생활의 의미 발견, 전통과 제도의 가치화, 윤리적 정체성과 진실성 개발
윤리적 행동	• 갈등이나 문제의 해결, 공손한 주장, 리더로서의 이니셔티브를 취함, 의사결정의 실행, 용기의 개발, 보존, 근면

출처: Narvaez & Lapsley(2008).

렙슬레이(Daniel Lapsley)와 나베이즈 등은 윤리적 민감성, 윤리적 판단, 윤리적 동기, 윤리적 행동 등에 관련된 기술적 요소를 통합윤리교육 모형으로 정리하기도 했다(〈표 11-1〉).

즉, 윤리적 민감성으로 정서적 표현의 이해, 타인의 관점보기, 타인에의 관심, 다양성의 인정과 대응, 사회적인 편견의 통제, 상황이나 조건의 이해, 효과적인 소통 등이라고 했다. 윤리적 판단을 일반적이거나 도덕적인 추론능력, 도덕적으로 문제를 이해하기, 규칙의 사용이나 판단에 관한 준거기준의 활용, 결과의 이해, 과정과 결과의 성찰, 대응능력 등으로 제시했다. 윤리적 동기로 타인의 존중, 양심의 존중, 책임감 있는 행동, 타인을 도와 줌, 삶의 의미를 발견, 전통의 존중, 도덕적 정체성으로 청렴의무 등을 제시했다. 윤리적 행동을 갈등과 문제의 해결, 공손한 주장, 솔선수범, 결정의 실행계획, 용기와 인내, 부지런함 등이라고 했다(Narvaez and Lapsley, 2008: 156-172).

지금까지 소개한 윤리역량의 개념이나 개념체계 또는 구성요소에서 '도덕성'이나 '도덕적'이라는 용어를 혼합하여 사용하고 있음을 발견할 수 있다. 물론 그들이 윤리와 도덕을 구분하지 아니하고 사용한 이유 등을 밝히고 있지 않아서 그 원인을 알 수 없다. 그러나 일반적으로 윤리 또는 윤리학은 행위나 판단의 도덕성(morality)을 설명하는 학문이라고 할 수 있다. 때문에 윤리역량의 구성요소로 도덕적 판단 또는 도덕적 품성 등이라고 한 것을 이해할 수 있기도 하다. 즉, 윤리는 도덕보다 상위의 개념인 반면에 도덕을 선(goodness)이나 옳음(rightness) 등과 같은 구체적인 행동가치로 이해한다는 전제에서 보면, 윤리의 하위개념이라고 할 수 있다. 그렇다면 윤리역량의 실천이나 구성요소로 도덕을 이야기할 수 있다. 그럼에도 불구하고 도덕을 도덕철학(moral philosophy)과 같이 윤리학과 구분해서 설명하고 있기도 하다.

위에서 소개하고 설명한 윤리역량의 구성요소 등을 종합적으로 정리하면서 다음과 같이 윤리역량의 구성요소를 개인 수준과 조직 수준으로 구분해서 설명할 수 있다.

1. 개인 수준에서의 구성요소

1) 자아 존중 및 관리

윤리역량의 구성요소로 가장 중요하면서도 기초적인 것이 자아에 관한 문제이다. 특히 윤리적으로 정당하고 타당하면서도 적절하게 의사를 결정하고 판단할 수 있는 자기 자신에 관한 인식에 기초한 진단과, 이에 따라서 자신을 관리하고 존중할 수 있는 능력을 자아존중 및 관리라고 할 수 있다.

자아 진단과 관리는 또한 자아 존중과 관리에의 기초되고 있다. 즉, 자신의 개인적인 자질이나 성격, 특성, 교육이나 근무경력, 전문분야의 전문성의 윤리, 일반적인 학습이나 이해의 능력 등을 진단하면서 자신의 윤리적 능력을 스스로 진단하고 객관화 하고자 하는 것이 자아 진단이다. 이에 따라서 자신의 존재의 값이나 개인적이거나 조직 수준에서의 윤리성에 기여하고 공헌할 가능성 또는 실천성 등을 평가하여,

자기 존재의 위치를 확인하고 이것을 관리하는 정신적이고 육체적인 능력이 윤리역량의 구성요소이다.

2) 윤리적 사고 및 성찰

자아 존중과 관리는 자아 진단에 의한 성찰과 사고로 연계되고 있다. 윤리적 사고를 성찰한다는 구성요소는 개인적 수준에서 사고의 신중함(prudence)이라고 할 수 있다. 신중함을 실천지혜라고 하기도 하지만, 윤리적인 타당성이나 적절성 등을 판단하고 실행하기 위한 자신의 사고를 내적으로 관찰하고 그의 결함이나 문제점 등을 객관적으로 찾아볼 수 있는 능력으로 성찰이라고도 할 수 있다.

하나의 예로서, 주자(朱子)는 안다는 것을 "각자의 처지와 위치에 따른 사물의 각각의 차이점이나 특성 등을 아는 것"(『주자어류』, 권 58)이라고 했다. 따라서 각각 사물의 본질적 특성을 아는 것뿐만 아니라, 이에 기초해서 각 사물의 특성을 판단할 수 있는 능력을 윤리적 사고나 성찰이라고 할 수 있다. 사물의 윤리성은 각 사물의 분명한 차이점이나 특성을 알고 이해하는 사고작용이라고 할 수 있다.

나아가 성찰을 순자(荀子)의 다음과 같은 설명에서 이해할 수 있다. 즉, "사물의 본질에 정통하면 구체적인 안내책자에 따라서 작업이나 일을 할 수 없다고 해도, 그와 같은 일들을 관리하고 다스릴 수 있다"(『순자』, 해폐)고 했듯이, 사물의 본질을 알고 그의 역할이나 기능과 상태 등을 명확하게 판단할 수 있는 것을 성찰로 이해할 수 있다. 이것이 윤리역량의 요소인 사물에의 사고에 의한 성찰요소를 주자나 순자가 설명한 것이라고 할 수 있다.

3) 윤리적 감성

윤리적 사고나 성찰은 자아 중심적이지만 본질적으로 객관적 윤리역량을 진단하고 평가할 수 있는 요소이다. 반면에 윤리적 감성(ethical emotion)은 사고와 성찰에 따라서 주관적인 감정이나 관계에서 윤리적으로 반응하고 결정하게 될 능력이라고 할 수 있다.

일반적으로 인간의 감성은 사건이나 일을 평가하게 될 인식평가, 감성적 경험에 관한 심리현상, 감성에 따른 행위나 표현, 느낌을 들 수 있다. 이것을 윤리역량의 요소로 보면, 자신이 개인적으로 평가하는 윤리적 사고와 성찰의 능력에 대한 인식을 평가하는 요소, 이에 따라서 심리적인 변화에 따른 윤리적 규범이나 가치 등에 관한 자신의 변화, 이와 같은 변화에 따라서 행동할 수 있는 능력 등으로 다시 정리할 수 있다.

감성지수(emotional intelligence)는 감성적인 사고와 변화를 경험하면서 스스로 감성을 제어하고 통제하여 타인과의 관계를 설정할 수 있는 역량이다. 따라서 감성지수를 윤리역량의 지수로 측정할 방법이나 가능성 등은 아직까지 개발되고 있지 않지만 행정윤리의 역량으로 윤리감성 지수를 잠정적으로 네 가지로 정리할 수 있다. 즉, 감성적 사고를 윤리규범에 적응시킬 수 있는 적응지수, 적응하면서 실천할 수 있는 실천지수, 환경과 조건의 변화에 의한 자신의 윤리감성을 변동 또는 변화시킬 수 있는 변동지수, 사회적이고 공공적인 윤리욕구 수준에 대응할 수 있는 자기규제(self-regulation) 지수 등으로 구분해 볼 수 있다.

2. 조직 수준에서의 구성요소

1) 윤리적 인간관계

윤리능력은 개인적 수준뿐만 아니라 사회적이고 조직적인 관계에서 결정된다. 특히 인간관계는 전통적으로 경제적이거나 심리적이고 정치적인 이해관계에 의한 사회연결망 속에서 인간과의 협업 또는 조합에 의하여 결정된다는 인적 자원론(HRM: Human Resource Management) 이론을 중심으로 하고 있다.

윤리역량에서 인간관계는 윤리규범이나 가치에 의한 인간관계이다. 특히 공자는 인간관계에 의한 인(仁), 즉 윤리적 행위나 모범으로 "세 명의 사람만 있어도 그중에 내가 본받고 배울 수 있는 스승이 있다. 좋은 것들을 내가 선택해서 본받고, 나쁜 것을 보면 그것을 거울삼아 나 자신을 고칠 수 있다"(『논어』, 술이)라고 했다. 즉, 공자는 인간관계에서 자신의 윤리적 행동이나 판단 및 사고의 수준을 진단하고 관리할 수 있다는 것을 가르쳤다고 할 것이다.

그래서 공자는 능근취비(能近取譬)라는 인간관계의 전형을 설명했다. 즉, "일반적으로 인(仁)은 내가 서고자(독립, 출세, 달성, 성공 등) 하면 남을 먼저 서게 하고, 내가 도달하고자(성공이나 입신양명 등) 하면 남을 먼저 도달하게 하는 것이다. 따라서 가까이 있는 자신으로부터 남의 입장을 헤아리는 것이 인을 실천하는 것이다"(『논어』, 옹야)라고 했다. 또한 공자는 그의 제자(자공)가 우리 인간이 평생토록 지켜야 할 윤리적 덕목을 묻자 그것을 서(恕), 즉 남을 이해하고 배려하는 것이라고 했다. 그래서 자신이 하고 싶지 않은 것을 남에게 강요하고나 시키지 말라고 했다(물시어인(勿施於人)(『논어』, 위령공).

능근취비는 적극적이고 능동적인 윤리적 인관관계의 덕목이라고 할 수 있다. 그러나 물시어인은 남의 입장을 헤아리고 이해하는 소극적인 인관관계의 덕목이다. 물론 이것은 인(仁)의 실천방법을 제시한 것이지만 인(仁)의 체(體)인 작용은 윤리이다. 때문에 윤리역량의 구성요소로서 인간관계는 윤리적 감성이나 성찰을 통하여 경제적이거나 사회적인 이해관계에 의한 관계(networking)가 아니라 남을 배려하면서, 남의 입장이나 관점을 먼저 이해하고 살피는, 사회적이고 조직적인 수준에서 인간관계를 계속할 수 있는 능력을 의미한다.

2) 공동체의 존중 및 관리

인간은 공동체의 구성원이다. 가족구성원의 공동체 사회에서부터 국가나 세계시민 사회의 구성원으로서 공동체에 속해 있다. 따라서 윤리역량으로서 공동체가 추구하는 공공선(the public good)이나 공통선(the common good), 사회적 정의, 공익 등과 같은 공동체 사회의 기본적 가치를 존중하고 이것을 관리하면서 준수할 수 있는 능력은 윤리역량의 사회적 기준의 또 하나의 주요한 바로미터라고 할 수 있다.

이와 같은 공동체 사회를 존중하고 관리하는 대표적인 예로서 『예기』에서 묘사하는 대동(大同)사회를 들 수 있다. 즉, "천하는 개인이나 집단이 아닌 공공을 위하여 존재한다. 현명하고 능력있는 자를 선발하며 신뢰하고 화목을 강설한다. 따라서 사람들은 남의 부모나 자식도 자신의 부모와 자식으로 생각한다. 노인이 편안하게 생을 마치게 하고, 청장년이 일할 수 있게 하며, 어린이는 성장할 수 있도록 한다. 장애인을 위한 복지, 모든 남자는 각자의 응분의 직업이 있고 여자에게도 돌아갈 곳(남편이나 의지할 곳)이 있게 한다. 재화를 낭비하지 아니하며 독점하지도 아니한다. 힘들여 노력하고 애쓰지만 그것이 자신만을 위한 것은 아니다. 따라서 모략이나 간사한 꾀를 낼 수 없고 도적이나 난적도 없다. 때문에 대문을 항상 열어 둘 수 있다. 이것이 대동(大同)이다"(『예기』, 예운)라고 했다.

그래서 공자도 "덕(德)으로 정치를 하고, 예(禮)로서 질서를 지킨다면 백성들이 스스로 부끄러움을 느끼면서 자신의 품격(즉, 윤리적 성찰과 판단에 의한 인간다움)을 지킨다"라고 했다(『논어』, 위정). 더욱이 맹자(孟子)는 여민동락(與民同樂) 사상에서 "천하의 모든 사람과 함께 즐거워하고 다 같이 근심한다면, 지금까지 임금 노릇을 못할 사람이 어디 있겠는가"(『맹자』, 양혜왕장구 하)라고 했다.

지금까지 설명한 윤리역량의 구성요소를 〈표 11-2〉와 같이 요약 정리할 수 있다.

〈표 11-2〉 윤리역량의 구성요소

구성요소		특성
개인 수준	자아존중 · 관리	• 윤리적 정당성과 타당성의 결정과 판단에 관한 자기 존중과 관리 • 윤리적 능력의 자기 진단과 객관화
	윤리적 사고 · 성찰	• 윤리적 정당성이나 타당성의 내적 관찰과 장단점의 비판적 사고 • 사물의 본질에 정통할 수 있는 성찰 능력
	윤리적 감성	• 주관적 감성이나 관계의 윤리적 반응 • 윤리적 감성지수(적응지수, 실천지수, 변동지수, 자기규제 지수 등)
조직 수준	윤리적 인간관계	• 윤리규범과 가치에 의한 인간관계 • 공자의 능근취비, 물시어인 사상
	공동체의 존중 · 관리	• 공동체의 가치(공공선, 공통선, 사회정의, 공익)를 실현할 윤리적 역량 • 대동사회나 덕치, 여민동락 등에 의한 공동체 윤리 역량

제3절 윤리역량의 실천방법[3)]

1. 개인 수준에서의 실천방법

1) 윤리실천의 자기확신 및 내재화

개인 수준에서 윤리역량의 구성요소를 설명하면서 자기존중이나 관리는 자기진단과 객관화가 선행되어야 한다고 했다. 따라서 윤리적 사고나 성찰 및 감성 등의 구성요소를 실천하는 것은 이와 같은 구성요소를 자신이 먼저 확신하면서 내면적으로 체화하는, 즉 내재화가 우선적인 방법이라고 할 수 있다.

자기확신에 의한 내재화는 개인의 윤리역량을 실천하는 장기적인 방법이다. 자기확신이나 내재화를 공자는 군자 수신론의 하나로 비유적으로 설명했다. 즉 "군자는 사물의 이치나 진리뿐만 아니라 세상살이의 처세술 등도 자신에게서 구하지, 소인과 같이 남을 의지하거나 의존해서 찾지 아니한다"(『논어』, 위령공)고 했다. 그래서 공자는 "남이 나를 이해하거나 알아주지 아니한다고 걱정하지 말고, 내가 남을 이해하거나 헤아리지 못하는 것을 걱정하라"(『논어』, 학이)고 했다.

윤리역량의 실천방법에서 윤리덕목의 구성요소를 자신의 입장에서 확신하고 내재화할 수 있어야 기타의 윤리덕목을 실천하면서, 주어진 과업을 성공적으로 수행하거나 목표를 달성할 수 있는 동기부여와 에너지 충전이 될 수 있다. 또한 자기확신의 내재화는 자신감이나 자존감에 기초하고 있다. 따라서 이것은 일의 전체적인 과정에서 어려움이나 곤란함, 위기 등을 극복하고 계속해서 장기적으로 일을 추진할 추진력의 근원이 될 수 있다.

---

3) 윤리역량의 실천방법에 관한 것은 Edward Muller 등(2015)의 책 제9장(Capacity Development)에서 조직역량을 획득하기 위한 다섯 가지의 핵심역량을 설명한 것을 기초로 하였다.

2) 윤리실천의 자기학습 및 경험에 의한 적용과 개선

자기학습과 경험은 윤리덕목의 실천과정에서 겪게 되는 진행형의 실천방법이다. 따라서 OJT(on the job-training)와 마찬가지로, 행정현장에서 윤리적 문제를 해결하거나 결정해야 할 단계에서 자기확신에 의한 내재화된 윤리덕목을 적용하는 것이다. 물론 적용에서 그의 장단점을 발견하게 된다. 이에 따라서 내재화된 윤리역량의 구성요소라 하더라도 수정하거나 변경할 수 있다. 그러나 보다 바람직한 방향으로의 수정이기 때문에 이것을 개선이라고 할 수 있다.

그래서 "군자는 자신의 결점이나 잘못을 발견하는 즉시 머뭇거리지 말고 고쳐야 한다"(『논어』, 학이)라고 했다. 따라서 "허물(過)이나 잘못은 이와 같이 자신의 허물이나 잘못을 알면서도 고치지 아니하는 것"(『논어』, 위령공)이라고 공자는 지적했다.

인간의 성품은 본성적으로 악하다는 주장을 한 순자(荀子)의 성악설에 따른다면 윤리능력의 실천방법으로 자기개선을 이해하기 어려울 수 있다. 그러나 이기적이고 미워하면서 질투하는 인간의 성품을 개선해야 한다고 하는 순자의 방법론은 타당할 수 있다. 즉, 순자는 "마치 굽은 나무를 불로 찌거나 댈 나무로 고정시켜야 곧은 나무를 만들 수 있다. 무딘 쇠를 숫돌에 갈아야 날카로워지듯이 반드시 스승과 법이 있어야 악한 본성이 바르게 되고(正), 예와 의를 갖춘 후에야 다스려질 수 있다"(『순자』, 악성)라고 했다. 즉, 인간의 악한 본성이 교육되고 교정된 후에야 윤리적 인간으로서의 조건과 능력을 다할 수 있다고 하는 순자의 설명은 윤리역량의 실천방법으로 활용될 수 있을 것이다.

2. 조직 수준에서의 실천방법

1) 구체적인 윤리규정 · 윤리항목의 기술적 · 행정적 실천

조직 수준에서의 윤리규정이나 윤리항목은 행정윤리의 경우에 공무원윤리강령 등으로 자세히 규정되어 있다. 예를 들면, 일반적이고 포괄적으로 「공무원헌장 실천강령」에 공직자는 '부당한 압력을 거부하고 사사로운 이익에 얽매이지 아니한다'라고 하는 실천규정이 있다. 더욱 구체적으로 「공직자윤리법」에 규정된 공직후보자의 재산등록이나 공개, 공직자의 선물신고 및 주식백지신탁, 퇴직공직자의 취업제한 등과 같은 구체적이고 기술적인 실천사항이나 방법이 정해져 있다. 또한 「국가공무원 복무규정」에서 공직자의 윤리에 해당될 친절하고 공정한 업무처리, 품위유지를 위한 복장 및 복제 등과 같은 윤리실천 덕목에 해당될 사항을 규정하고 있다. 구체적인 공직분야, 즉 법관 및 검사윤리강령 등과 같은 실천법령이나 지침이 있다.

2) 윤리실천에의 지지와 자원의 동원 및 소통

윤리역량의 실천은 개인수준에 한정되어서는 성공적으로 기대하거나 또는 바라는 윤리수준이 달성되기 어렵다. 따라서 윤리강령이나 법령의 지침뿐만 아니라, 개인 수준에서 진단하고 확신하여 내재화된 윤리역량의 요소들이 실천되기 위해서는 조직수준에서의 지지, 특히 리더십이 있어야 한다. 동시에 윤리역량을 실천할 수 있는 인적, 물리적, 문화적 자원이 동원되어야 한다.

나아가 보다 더 중요한 것으로 개인수준의 실천이 조직수준의 구성요소와 소통되고 공유되면서 공감되어야 한다. 소통방법의 대표적인 예로서 공자의 범애중(汎愛衆) 사상을 들 수 있다. 즉, 널리 모든 사람을 사랑한다는 것이다. 물론 군자는 "인자와 친하게 지낸다"(『논어』, 학이)라고 했다. 그러나 "군자는 현자를 존중하지만 동시에 일반인도 포용한다. 선한 사람도 좋아하지만 그렇지 못한(즉, 윤리역량이나 인격 등) 사람도 아끼고 불쌍히 여긴다”(『논어』, 자장)라고 했다. 이것이 조직수준에서의 윤리역량의 실천방법으로, 개인윤리의 완성과 더불어 조직적이고 사회적으로 실천될 가능성을 열어 가는 윤리소통 실천의 하나의 방법이 될 수 있을 것이다.

3) 윤리실천의 일관성 대 다양성에 관한 균형화

윤리실천은 일관적이어야 한다. 동시에 윤리실천은 상황과 조건에 의한 다양성을 수용하면서 신축적이어야 한다. 이와 같은 상대적인 두 가지의 실천요소를 동시에 조화시키고 조정할 수 있는 것이 윤리역량의 균형화 실천방법이다.

균형화는 정신적이고 감성적 측면에서 안정된 상태나 균형을 유지하거나 창출할 수 있는 능력과 자질에 관한 문제, 즉 균형감각(sense of balance)을 중심적인 개념으로 하고 있다. 이와 같이 심리적이고 정신적 상태에서 모든 요소를 고려하는 균형은 윤리능력의 실천방법이 될 수 있다.

이와 같은 균형화를 실천할 수 있는 하나의 가까운 방법으로 공자가 “여러 사람이 싫어하는 것도 자세히 살피고 동시에 여러 사람이 좋아하는 것도 자세히 관찰한 이후에 행동하거나 결정해야 한다”(『논어』, 위령공편)고 한 것을 들 수 있다. 노자(老子)는 수신한 군자들이 국가정책을 결정하고 시행하여 균형된 사회를 형성하는 방법을 활대에 활줄을 메우는 장궁(張弓)에 비유하기도 했다. 즉, “높은 쪽은 억누르고, 낮은 쪽은 추켜올리고, 부족하면 보태고, 남으면 덜어내는 것은 하늘의 도이다. 이것은 모든 조건을 보편적으로 조화시킬 수 있는 상태이다. 그러나 사적인 이해관계에 몰입하여 국가의 균형된 국익과 사회의 조화를 외면하는 인간무리의 도는 하늘의 도와 반대로, 모자라면 더욱 덜어내서 그것을 넘치는 곳에 보태 주는 것”(『도덕경』, 77장)이라고 했다. 따라서 노자는 인간이 인간의 능력으로 일관성과 다양성의 균형을 실천하기 어려울 수 있다는 점도 이야기했다.

지금까지 설명한 윤리역량의 개념과 구성요소 및 실천방법에 기초해서 [그림 11-1]과 같이 윤리역량 실천모형을 구성해 볼 수 있다.

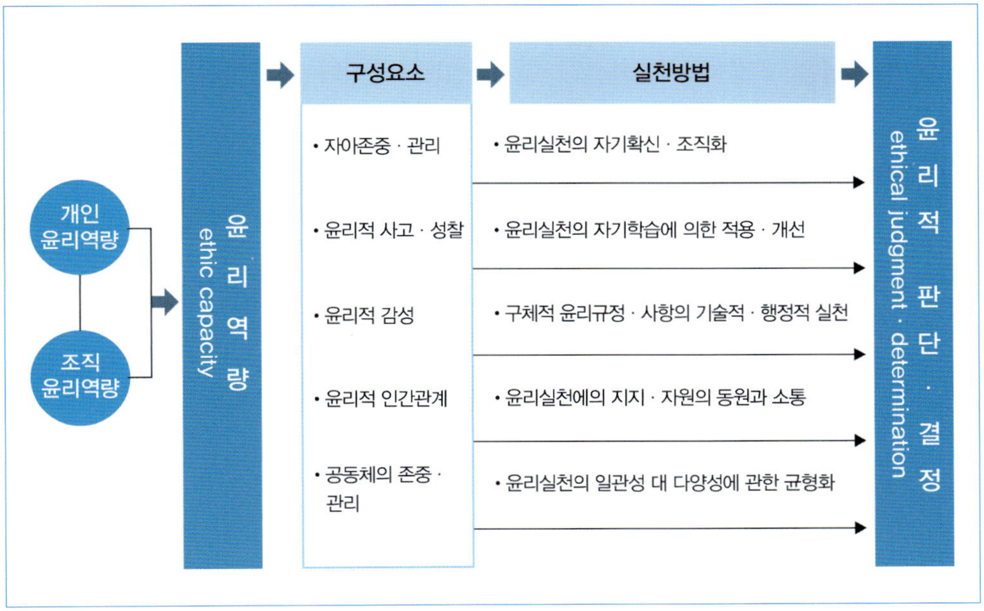

[그림 11-1] 윤리역량 실천모형

윤리역량 실천모형(PPEC: Practical Paradigm of Ethic Capacity)은 윤리역량의 개념적 정의에 따라서 개인 수준의 윤리역량(capability)이 조직 수준의 윤리역량과 총합적으로 연계되어 있다는 전제에서 출발하고 있다. 이와 같은 윤리역량을 구성하는 요소로 앞에서 설명한 자아 존중이나 관리, 윤리적 사고에 의한 성찰, 윤리적 감성 등은 본질적으로 개인 수준의 윤리역량의 구성요소라고 할 수 있다. 반면에 윤리적 인간관계와 공동체의 존중과 관리 등은 사회적이고 조직적인 수준에서의 구성요소이다.

총합적으로 집합되는 윤리역량의 구성요소들이 분산 또는 분리되어 실천되기보다 상황과 조건 및 실천하는 행정인에 따라서 다양한 방법이 사용될 수 있다. 이것을 개인이나 조직 수준으로 확연히 구분하거나 분리할 수 없지만, 앞서 설명한 윤리역량의 실천방법에 따라서 첫 번째 소개한 윤리실천의 자기확신이나 조직화, 윤리실천의 자기학습에 의한 적응이나 개선 등은 개인 수준의 실천방법이라고 할 수 있다. 구체적인 윤리규정이나 사항을 기술적이고 행정적으로 실천하거나, 조직 내외적으로 지지와 동원을 유도하고 조직구성원이나 일반시민과의 소통의 실천, 윤리실천의 일관성 대 다양성을 조정하고 조화롭게 할 수 있는 균형화 노력 등은 총체적인 접근(holistic view)에 의한 조직 수준의 실천방법이라고 할 수 있다.

윤리역량의 실천은 그 결과로 윤리적 판단이나 결정을 할 수 있는 자기 확신의 신념과 의지에 의한 윤리적 판단과 결단으로 이어지고 있다. 실질적으로 윤리역량 그 자체가 실천되어서 현실적으로 윤리적 판단에 의한 행동의 결정과 실천인 결단으로 연계되어야 윤리역량이 공공분야에서 그 가치를 발휘할 수 있다.

3. 윤리적 판단과 결단

이와 같은 윤리역량의 실천에 의한 결과적 특성인 윤리적 판단과 결단을 조금 더 자세히 설명할 필요가 있다.

1) 윤리적 판단[4)]

윤리적 판단(ethical judgment)은 윤리적 요소를 현실에 실천하면서 발생되는 윤리적 결정을 실행할 수 있는 능력이다. 윤리적 판단은 윤리적 의사결정과 실천의 정당성을 결정하는 것이다. 예를 들면, 공직행위나 결정은 그의 '윤리적 정당성이 있어야 한다' 또는 '확보되어야 한다' 는 등과 같은 정당성과 당위성 등을 결정하는 것이다. 즉, 윤

4) '윤리적 판단'은 이해영의 『정책사상 대계』의 제6장의 현실주의의 '정책의 실천판단'에서 관련되는 내용을 간략히 정리한 것이다.

리적 결정의 사회적 정당성의 충족 요건이나 개인 수준의 충족요건을 판단하고 결정하면서, 그것이 충분하고도 타당하다는 것을 설명하는 것을 윤리적 판단이라고 할 수 있다. 또한 현장에서 윤리성을 설명하고 그의 정당성을 판단하는 것도 포함된다. 이때의 경우를 실천판단(practical judgment)이라고 할 수 있다[5].

실천판단으로서의 윤리적 판단(judgment)을 지식과 지혜를 전제로 하는 실천적이고 인식적인 윤리작용이라고 할 수 있다. 특히 개념적 속성에서 볼 때 윤리판단은 현장 중심적이고 구체적이라고 할 수 있다.

윤리판단의 현실적 특징으로 공자가 지적한, "말을 알지 못하면 사람의 됨됨이를 알 수 없다"(『논어』, 요왈)라는 것을 들 수 있다. 즉, 말을 안다는 것은 말의 의미나 내용을 안다는 것을 의미하기도 한다. 그러나 말하는 사람의 의도나 말의 명시적이거나 묵시적인 의미뿐만 아니라, 말을 하는 사람의 인격이나 성품, 학식이나 교양정도, 예의범절, 상황이나 사건에 타당하고 적절한 단어의 선택이나 사용방법, 말하는 사람의 태도 등을 보면서 그의 사람 됨됨이, 즉 군자나 소인 등을 판단할 수 있다는 의미이다.

사람의 성격이나 됨됨이를 판단하는 전통적인 신언서판(身言書判)과 같은 기준은 사람의 됨됨이인 인간다움이나 인간의 품격을 판단하는 기준이다. 그 사람의 신체, 즉 현재의 모습을 보고, 그 다음에 그 사람의 말(내용이나 태도, 단어선택, 모습 등등)을 보고, 그 이후에 그 사람의 글을 보면 그 사람의 인품이나 인격을 판단할 수 있다는 것이다. 그래서 공자는 "지자는 혹하지 아니하고(『논어』, 자한), 인(仁)으로 인간의 본성과 성품에서 사람을 판단하거나 교육하여 이로움을 얻는다"(『논어』, 이인)라고 했다.

그래서 칸트도 "일반적으로 판단력은 보편적 법칙에서 구체적인 법칙으로 사고하

5) 판단(judgment)과 정당성(justification)과의 개념적 관계는 고전철학에서부터 시작해서 심리학이나 윤리학, 도덕철학, 법학이나 정치학 등과 같은 다양한 분야에서 여러 가지 접근방법으로 설명되고 있다. 따라서 판단이론의 판단 중심과 정당성이론의 정당성을 중심으로 하는 논쟁과 논법이 철학적이거나 실증적으로 설명되고 있기도 하다.

는 능력이다. 일반적인 법칙은 주어진 것이라고 한다면 판단력은 구체적인 법칙을 포괄할 수 있는 결정력이라고 할 수 있다. 그러나 주어진 구체적인 법칙에서 일반적인 법칙을 찾아야 한다면 판단력은 단순히 성찰일 수 있다" 라고 했다. 나아가 이와 같은 성찰적 판단이나 결단력 등과 같은 이론적인 판단은 그 자체로서 실천적이 될 수 없다. 그래서 행동이나 행위를 지도하는 하는 것이 아니라 그 맥락을 이해하는 가운데서 판단력이 필요하다. 그래서 실천판단은 구체적인 법칙이 주어지지 아니했을 때 완성된다고 칸트는 설명하였다(Kant, 1996: 279-280).

공자의 시중(時中) 사상도 윤리적 판단을 설명할 또 하나의 패러다임이 될 수 있다. 시중은 중의 시(時)로서, 중이 나타나거나 또는 나타나지 아니하는 경우에도 모두가 중이다. 때문에 군자의 판단과 그의 행동은 중용에 어그러짐이 없는 것으로 시중 사상을 이해할 수 있다.

또한 공자는 벼슬살이(사: 仕)를 해야 할 때와 그만두어야 할 때 그리고 오래 하거나 일찍 떠나야 할 때를 알고 판단해서 그에 따라서 행동하는 것과 같이, 때와 조건과 상태에 따라서 합리적이고 적절하며 타당한 판단에 의한 행동을 하는 것이 시중의 도를 실천하는 것이라고 했다. 이것은 윤리적일 뿐만 아니라 현실적으로도 판단력을 이야기했다고 할 수 있다.

또 하나의 예로서 정책판단(policy judgment)을 들 수 있다. 정책 자체의 문제점이나 정책의 결정과정이나 제도, 정책에 관련된 다양한 유형의 정보와 자료, 지식과 증거의 의한 정책의 성공이나 실패 등을 정책평가의 정보와 패러다임에 따라서, 정책을 계속할 것인가 또는 정책을 종결할 것인가, 종결한다면 부분적인가 아니면 전면적인가 하는 등의 정책의 운명에 관한 판단이라고 할 수 있다. 물론 정책평가나 판단에의 초점으로 정책의 윤리적 성격이나 가치문제를 설명할 수 있고, 정책목표의 달성도나 정치적인 이해관계에 의한 정치적 영향에 관한 문제 등을 설명하기도 한다. 그래서 정책의 윤리적 판단이나 과학적이고 정량적인 증거나 정보에 초점을 둔 과학적 평가에 의존하는 객관적 판단, 정치적 의사결정에 의존하는 정치적 판단 등과 같이 정책

판단을 여러 가지로 설명하고 이해할 수 있기도 하다. 그러나 윤리적 요소의 정책판단이 윤리역량의 실천방법에서는 보다 중요할 것이다.

2) 윤리적 결단[6)]

윤리적 결단(ethical determination)은 '윤리적 결정에 의한 윤리적 판단이 무엇이 바람직하고 필요한가, 그리고 무엇이 인간존재의 실현에 타당하고 적절한가' 하는 의사결정의 본질을 결단하고 결정할 수 있는 윤리역량의 지각(知覺) 결정력이라고 할 수 있다. 즉, 윤리적 결단의 본질은 윤리적 행위나 결정의 본질을 파악하고 분석할 수 있으면서, 윤리실천의 구체적 수단이나 프로그램 등을 행정목표와 관련하여 보다 조화롭고 균형 있게 준비하고 이를 시행할 수 있는 능력과 자격을 종합하는 결정력으로 이해할 수 있다.

즉, 윤리역량의 구성요소에 의하여 자아 존중과 관리 등과 같은 덕목에 의한 자신의 훈련된 자질과 지식의 수용과 이해의 정도, 행정환경과 문제에 대한 분석능력과 경험 및 이를 활용할 수 있는 윤리적이고 도덕적이며 정신적 수준 등을 총체적으로(holistic) 진단하고 결정할 수 있는 것을 윤리적 결단이라고 할 수 있다.

윤리적 결단은 실질적인 윤리적 행동과 결정의 실행력을 향상시킬 수 있다. 즉, 군자 수신이라고 하면 수신 이후의 윤리적 행동에 도달하는 것이고, 속(内)을 경유하여 겉(外)으로 나타나는 효능의 결정이라고 할 수 있다. 물론 수기의 최종적인 목표나 도달점은 군자의 위상을 완성하는 것이다. 그래서 "군자는 남에게 은혜나 혜택을 제공하더라도 항상 절도와 중용을 지키며, 힘써서 일을 하여도 원망하지 않으며, 큰일을 한다고 교만하지 않고, 욕심을 가지지만 탐하지 아니하며 또한 위엄을 갖추면서도 사납거나 포악하지 않다"(『논어』, 요왈)라고 한 공자의 가르침은 인간적 완성을 달성한

6) 윤리적 결단'은 이해영의 "정책리더십의 접근방법으로 자정모형의 가능성탐색"(2005)(「한국정치학회보」, 39(2): 18-22)의 내용을 요약 · 발췌한 것이다.

군자의 윤리적 결단의 전형이라고 할 수 있다.

윤리적 결단은 우유부단하거나 용두사미와 같은 윤리적 행위의 정당성이나 판단이 아니다. 나아가 조직이나 개인 수준에서도 조화와 공존의 원만한 인간관계를 형성하면서, 현실적으로는 시기와 조건 또는 장소에 따라서 필요하고도 충분한 윤리실천의 조건을 실현할 수 있는 내적 능력과 자질을 갖춘 상태라고 할 수 있다. 그래서 공자도 정치의 조건을 질문하는 제자에게 "처음에는 열심히 노력하라고 했지만, 이것을 구체적으로는 다시 질문한 제자에게 결단력"(『논어』, 자로)이라고 했다.

참고문헌

김국현(2017). 도덕과 교육과정상의 윤리적 역량 재구조화. 윤리연구, 114, 89-116.

김성준, 허찬무, 신충식, 이재권(2015). 윤리역량의 교육, 어떻게 실천할 것인가. 한국행정 학회 학술발표논문집, 2618-2658.

목광수(2012). 역량 중심근법의 윤리적 함의: 아마티아 센의 논의를 중심으로. 윤리학, 1, 79-118.

서형은(2018). 학생간호사의 윤리역량에 대한 개념분석. *Journal of the Korea Academia-Industrial Cooperation Society*. *19*(1), 398-407.

이해영(2020). 정책사상 대계. 서울: 박영사.

쿠퍼, 테리(2013). 공직윤리: 책임있는 행정인. 행정사상과 방법론연구회 옮김. 서울: 조명문화사.

Chapman, Richard A. (1993). "Introduction." in Chapman edited. *Ethics in Public Service*. 1-6. Ottawa; Canada: Carleton University Press.

Fox, Charles J. (1994). "The Use of Philosophy in Administrative Ethics." in Terry L. Cooper edited. *Handbook of Administrative Ethics*. 83-105. New York: Marcel Dekker, Inc.

Gewirth, Alan(1960). "Meta-Ethics and Normative Ethics." *Mind, 69*(274), 187-205.

Kant, Immanuel(1996). *Practical Philosophy*. Translated and edited by Mary J. Gregor. Cambridge; UK: Cambridge University Press.

Martins, Nuno(2007). "Ethics, Ontology and Capabilities." *Review of Political Economy, 19*(1), 37-53.

Muller, Edward, Michael R. Appleton, Glenn Ricci, Allan Valverde, and David W. Reynolds. (2015). "Capacity Development." in *Protected Area Governance and Management*. Graeme L. Worboys, Michael Lockwood, Ashish Kothari, Sue Feary, and Ian Pulsford. Edited. 251-290. Canberra; Australia: ANU Press.

Narvaez, Darcia & Daniel K. Lapsley(2008). Teaching Moral Character: Two Alternatives for Teacher Education. *Teacher Educators*. 43(1): 156-172.

Narvaez, Darcia & Jenny L. Vaydich(2008). Moral Development and Behaviour Under the

Spotlight of the Neurobiological Sciences. *Journal of Moral Education*. 37(3): 289-312.

Narvaez, Darcia & Leilani G. Endicott(2009). *Nurturing Character in the Classroom: Ethical Sensitivity*. EthEx Series Book I. Notre Dame; Indiana: Alliance Catholic Education Press.

Nussbaum, Martha C(2011). Capabilities, Entitlements, Rights: Supplementation and Critique. *Journal of Human Development & Capabilities,* 12(1): 23-37.

Sen, Amartya(1993). Capability and Well-being. in *The Quality of Life*. Martha C. Nussbaum and Amartya Sen. Edited. 30-53. New York: Oxford University Press.

Szekley, Emilia & Mark Mason(2019). Complexity Theory, the Capacity Approach, and the Substantiality of Development Initiatives in Education. *Journal of Education Policy, 34*(5): 669-685.

제12장

행정윤리 교육

생각해 보기

1. 행정윤리 교육에서 가르쳐야 할 기본 내용이 무엇인가?
2. 행정윤리 교육을 왜 실시해야만 하는가?
3. 행정윤리 교육은 어떤 실천방법으로 가능한가?
4. 한국 행정윤리 교육이 바른 길로 가려면 어떤 변화와 개혁이 필요한가?

제1절 행정윤리란 무엇인가

하나의 학문 분야가 독자적 영역으로 인정받기 위해서는 몇 가지 기준을 충족시켜야 한다. 첫째는 주제에 관하여 지속적 관심을 가지는 일단의 학자들이 있고 그들 중에 자신을 전문가라고 생각하는 사람들이 있어야 한다. 둘째는 이론발전을 지향하는 저서, 선도 학술지, 학회의 학술발표문 등과 같은 간행물이 계속해서 발행되어야 한다. 셋째는 대학교의 전문적 교육프로그램에서 학문과정을 개설하는 것이다. 이러한 기준을 충족한 행정윤리가 본격적으로 행정학의 하위 학문으로서 연구되기 시작한 것은 1970년대 이후라 할 수 있으며, 이 분야는 미국의 행정학 발달사에서 언제나 행정학의 중요한 관심 사항 중의 하나였다(Cooper, 2001, 1-2).

이 장에서는 행정윤리란 학문의 전통과 역사 속에서 '한국 행정윤리 교육의 현실과 과제, 그 당위성'에 대해 이해해 보고자 하는 것이다. 글의 순서는 다음과 같다. 첫째, 행정윤리란 무엇인가. 둘째, 행정윤리 교육에서 가르쳐야 할 내용은 무엇인가. 여기에서 행정윤리 교육에서 다루어야 할 교과과정을 모색하게 될 것이다. 셋째, 행정윤리 교육이 왜 필요한가. 여기서는 그동안 행정학의 빈자리, 즉 연구의 주요 영역에서 경시되었거나 놓쳤던 분야에 대한 성찰이라 할 수 있다. 넷째, 행정윤리 교육을 어떻게 실천할 것인가. 여기서는 행정윤리의 이론과 기술을 통합하여 결단에 이를 수 있는 통합교육방식인 강의실 문화를 살펴보게 될 것이다. 마지막으로 한국 행정윤리 교육이 바르게 진행되려면 어떤 길을 준비해야 할 것인가. 이러한 논의를 통해 한국의 행정윤리가 더욱 성숙하고, 행정이 사회적 기대에 부응하면서, 행정과 행정학이 그 본질에 더욱 가까이 근접할 수 있는 사유의 여정을 마련하고자 한다.

1. 윤리란 무엇인가

우리 인간은 사는 동안 어떤 행위를 하게 마련이다. 여기에는 하고 싶어도 해서는 안 되는 행위가 있고, 하기 싫어도 해야 하는 행위가 있는 것이다. 그래서 인간집단이 있는 곳에는 관습과 법과 도덕률과 같은 사회규범이 있는데, 우리 사회의 여러 가지 도덕률을 하나로 묶어서 그 전체를 지칭할 때 '윤리' 또는 '도덕'이라는 말을 사용한다. 관습과 법과 윤리 가운데서 가장 근본적이며 중요한 것은 윤리규범인데, 이는 관습 또는 법률을 평가하는 기준이 되기 때문이다(김태길, 1998, 432-433).

동서양의 어의적 역사에서 보면, 윤리(ethics)와 도덕(morality)이란 두 낱말은 일상생활에서 엄격히 구분된 의미로 사용되지 않고 융통성 있게 활용되고 있는 편이다. 먼저 '윤리(倫理)'라는 한자어의 윤(倫) 자는 사람 인(人)과 뭉치 윤(侖)을 합해서 된 글자로서 '인간의 뭉치' 곧 인간 집단을 가리키며, 리(理)라는 글자는 석리(石理, 돌의 결), 목리(木理, 나무의 결) 또는 도리(道理)라는 말에서 알 수 있듯이, '결' 또는 '길'을 가리키는 한자이다. 그러므로 '윤리'라는 말의 기본 뜻은 '인간 사회의 결 또는 길'이라 풀이할 수 있을 것이다. 또한 '도덕(道德)'의 도(道)는 '길 또는 사람으로서 마땅히 행해야 할 도리'를 뜻하고, 덕(德)은 '얻음(得)'을 뜻한다. 곧 도덕이란 인간이 지켜야 할 도리(道理)를 체득한 상태(德)를 일컫는다.

서양에서 윤리(학)를 의미하는 명사 'ethics'는 형용사 'ethical'이나 'ethic'에서 유래했는데, 형용사 'ethical,' 'ethic'은 '성격', '풍습', '인간의 정상적 상태' 등을 뜻하는 고대 그리스어 'ethos'에 근거하고 있다. 한편 도덕(성)을 의미하는 명사 'morality'는 사회적 '관습', '범절' 등을 뜻하는 라틴어 'mores'에서 파생되었다.

『철학백과사전』(The Encyclopedia of Philosophy, 1967)에 의하면 윤리라는 용어는 다음과 같이 서로 관련되어 있으면서도 세 가지의 서로 다른 뜻으로 사용되는데, 그것은 즉, (1) 삶의 일반적 문양이나 일반적 "삶의 방식(way of life)", (2) 일단의 행동규칙이나 "도덕강령"(moral code) 또는 (3) 삶의 방식이나 행동의 규칙들에 대한 연구(Abelson and Nielson, 1967: 82)이다. 첫 번째 의미는 불교적 윤리라든지 기독교적 윤리와 같은 것을 가리키며 두 번째 의미는 직업윤리에서 발견될 수 있는 것과 같은 강령(code)의 개념을 가리키며 세 번째 의미는 철학의 한 분파로서의 고차윤리를 가리킨다.

이상에서 보듯이 윤리와 도덕이란 두 낱말의 의미는 어원적으로 볼 때 대동소이함을 알 수 있다. 그런데 우리는 언어를 사용할 때 두 가지 관점으로 나누어 사용되는 예를 볼 수 있다. 하나는 집단과 개인의 관점에서 구분하여 쓰는 경우이다. 흔히 기업윤리, 공직윤리, 국회윤리위원회, 방송윤리위원회라는 표현은 사용하지만 기업도덕, 공직도덕, 국회도덕위원회, 방송도덕위원회라는 표현은 거의 쓰지 않는다. 이런 점에서 '윤리'는 한 집단 사회의 윤리적 기준 또는 어떤 직업이나 직책에 관련된 도덕 문제에 해당하는 것이라 할 수 있다. 반면 '도덕'은 개인 자신의 행동을 살펴보는 기준,

개인의 덕성 또는 도덕적 인격, 그리고 성품에 해당하는 개념이라 할 수 있다. 다른 하나는 이론적 측면과 실천적 측면으로 구분하여 사용하는 경우로서, '도덕'이란 낱말은 실천적 측면에, '윤리'란 낱말은 이론적 측면에 보다 밀접하게 연관되고 있다. 즉, 공중도덕은 사회 안에서의 개인의 실천적 행위에 관한 것을 말하지만, 사회윤리는 전체 사회의 구조나 제도 또는 규범의 윤리적 근거에 관한 것을 말한다.

2. 행정이란 무엇인가

행정학 연구에서 당면하는 가장 어려운 문제는 그 연구 대상인 '행정'의 뜻을 밝히는 일, 즉 '행정'을 정의(定義; define)하는 일인데, 연구자의 접근방법에 따라 행정을 정의하는 방식과 내용이 달라질 수 있다. 여기서는 좀 더 넓은 의미의 행정 개념을 모색하고자 하는데, 그 이유는 다음과 같은 두 가지 점에서 찾고자 한다.

첫째, 우리는 행정윤리의 역사와 맥락을 이해할 필요가 있다. 이는 행정과 행정학의 오랜 전통과 역사에 직결되기 때문에 더욱 그렇다. 행정의 윤리차원을 가장 적절하게 검토하기 위해서는 윤리가 작동하는 사회적 · 문화적 맥락과 관련된 행정역할을 이해할 필요가 있는 것이다(쿠퍼, 2013: 57). 우리는 오랜 기간에 걸쳐 서로 부대끼면서 자신의 가치, 신념, 윤리규범을 사회적으로 구성한다는 것이다. 그러므로 우리는 담론과 숙의(熟議; deliberation)를 통해 자신의 삶에 의미와 질서를 부여하는 가치, 신념, 윤리규범과 같은 관행을 스스로 만들어 가고 있는 것이다.

쿠퍼도 '행정재량의 불가피성'을 인정하게 되면서 행정의 역할을 정의함에 있어 중대한 문제점을 제기하고 있다. 즉, 행정인은 정책제안 시점부터 예산편성 전략에 이르기까지, 그리고 입법자가 의도적으로 모호하게 만들어 놓은 법률준수를 위한 광범위한 규칙에 이르기까지 정치적 판단을 한다는 사실이 분명하게 되었다. 행정인은 재량권을 행사하며 나아가 입법자와 의뢰인 집단 양자와 관련해 정치적 판단을 해야 한다. 행정인은 공공정책의 형성과 집행의 정치과정에서 핵심적 참여자로서 정책의 "철의 삼각지대" 안에 확고하게 몸을 도사리고 있는 것처럼 보인다(쿠퍼, 2013: 84). 하지만 정책과정의 정치에서 행정인의 의무를 정의해 줄 행정역할에 관해 적절한 처방을 내릴 수 있는 정치이론에 근접하는 길은 거의 없다는 점이다. 이처럼 규범적 측면의 명료성 부족으로 공공정책과정의 세 가지 연계적 측면인, 즉 대의, 교육, 집행을 중심으로 윤리문제가 나타나게 된다.

포스트모더니티의 행정사상[1]은 모더니티의 행정사상의 한계를 벗어나 보고자 하는 것이지만, 그동안 지배적이었던 모더니티의 사상을 완전히 대체할 수 있는 것은 아니다. 그러나 행정에서도 적대감, 증오, 이기심보다는 사랑, 열정, 이타심, 내면적 정신의 힘과 같은 것을 강조하고 감각과 감성, 집단소속, 도덕성, 자기희생, 도리와 의무 등을 인식할 수 있는 윤리의 중요성이 더욱 강조될 것으로 전망한다(강신택, 2013: 58).

둘째, 우리는 현재와 미래의 융합을 지향하는 행정 개념의 재형성이 필요하다. 예를 들면, 현재를 넘어 미래와 소통하는 환경윤리와 책임의 존재론적 확장 같은 개념 형성이 필요하다는 점이다. 환경윤리에서처럼 인간의 미래를 보호하는 일이 모든 인류에게 주어진 당면과제이기는 하나, 인간과 이들의 관심사만이 도덕적으로 옳다고 믿는 기존의 윤리학 역시 근본적으로 재검토가 필요한 시점에 와 있다는 것이다. 레오폴드(Aldo Leopold)의 대지윤리(The Land Ethic)와 요나스(Hans Jonas)의 이른바 '책임윤리'는 자연세계에 대한 인간의 권력을 제한하려는 두 가지 윤리모형으로서 인간 바깥세계에 윤리적 관심을 확장하려는 시도로 이해될 수 있다(신충식 · 김성준, 2018: 415-417). 오늘날 인간의 권력과 이의 과잉 행사가 곧 윤리문제이며, 동시에 책임이 과거 어느 때보다 더 윤리의 중심문제로 부각되고 있는 것이다. 미래를 위한 윤리는 지구상의 대지 및 모든 동식물을 포함한 '확장된 존재론'에 기반을 두어야 하며, 이에

1) 여기에서 말하는 행정사상(administrative thoughts)은 행정 철학과 윤리 및 행정이론의 원리 및 접근방법 등에 관한 주장과 생각(thoughts; ideas)을 포괄하는 넓은 개념이다(강신택, 2013: 1).

기반을 둔 책임윤리에 여전히 누가 책임을 질 것이며, 어떻게 실현해 나갈 것인가의 문제가 남는다. 이처럼 행정윤리는 현재와 미래에 대한 개인 및 집단책임의 윤리라 할 수 있다.

펀토위츠와 라베츠(Funtowicz and Ravetz)는 우리가 연구하는 환경의 사회적, 윤리적 복잡성을 인정할 때, 행정학을 포스트정상과학(PNS; postnormal science)으로 생각해 볼 수 있다고 주장한다. "포스트정상과학은 객관성을 항상 획득할 수는 없는 탐구과정으로서, 고도의 위험(risk), 불확실성, 상치하는 가치가 만연할 때 적절한 과학이다. 이때는 과학적 지식의 개발과 적용에 새로운 방법이 촉구되며, 실증주의를 하나의 최선의 길로 보는 편협한 개념을 배척하고 보다 광범위하며 상이한 인식적 전통과 방법론에 보다 포용적인 접근방법을 수용해야 한다(Riccucci, 2010: 28-30)."

이와 같이 행정의 본질을 '윤리'와 '책임'을 강조하는 규범행정학의 기초 위에서 행정학의 학문적 성격과 역할이 확장될 필요가 있다고 본다. 이러한 맥락에서 좀 더 넓은 정치사회학적인 견지에서 '행정'(공공 행정; 정부 행정)을 정의하고자 한다.

> … 행정이란 특정한 전체사회의 정치, 경제, 사회, 문화적 제 영역과의 관계에서 집행기관(또는 그 기능적 대체조직)이 정치공동체 구성원의 요구와 욕구(demands and wants)에 대응하는 정책을 형성하고 집행해 정치공동체의 정의(justice)와 복지(welfare)를 구현할 수 있는 질서(order)를 유지, 향상, 발전시키려는 일련의 활동과 상호 작용의 제도와 과정이다(강신택, 2013: 30). …

이러한 정의(定義)에 포함된 '정책을 형성하고 집행하여 정치공동체의 정의(正義)와 복지를 구현할 수 있는 질서를 유지, 향상, 발전시키려는 일련의 활동과 상호 작용의 제도와 과정'은 바로 행정윤리가 기초하는 토대에서 행정이 뿌리 내리고 또한 공직자의 윤리적 의사결정과 윤리역량 성취를 통하여 행정의 풍성한 결실을 기대하고 희망할 수 있을 것이다.

3. 행정윤리란 무엇인가

윤리는 철학, 가치 및 도덕의 세계이고 행정은 의사결정과 행위의 세계다. 윤리는 옳고 그름을 탐구하는 것이지만 행정은 일이 되게 해야 한다. 윤리는 추상적인데 행정실무는 되돌리기 불가능하리만치 구체적이다. 윤리는 행정에 어떻게 영향을 미칠 수 있을까? 행정은 윤리에 어떻게 영향을 미칠 수 있을까? 질서, 능률, 절약, 생산성과 같은 행정이념이 윤리를 정의하는 데 어떻게 도움을 줄 수 있고, 옳고 그름과 같은 윤리이념들이 행정을 정의하는 데 어떻게 도움을 줄 수 있을까?(쿠퍼, 2018: 53)

이와 같이 행정과 윤리는 따로 떨어져 존재하며 움직일 수 있는 것인가. 그렇지 않다. 행정윤리는 지속적으로 행정과 윤리 간에 대립과 갈등 속에서 균형과 조화를 통하여 미래지향적인 하나의 확장적 방향을 지향하며 나아가는 존재라 할 수 있다. 행정인이 윤리적 딜레마를 경험하는 가장 전형적인 방법은 책임충돌에 대면하는 것이다. 행정인이 "해도 비난받고 하지 않아도 비난받는 것"이라는 말은 양립할 수 없는 대안 사이에서 고민하는 이러한 감정을 표현하는 일상적인 방식이다. 행정세계에서 행정인은 주관적 책임과 객관적 책임 사이의 갈등만 있는 것이 아니며, 그들이 경험하는 행정책임의 가장 일상적인 세 충돌은 권위의 충돌, 역할의 충돌, 이해관계의 충돌로 요약할 수 있다. 이처럼 서로 충돌하는 역할요구와 이에 결부된 가치를 다루는 것이 바로 윤리문제인 것이다.

우리가 정부윤리에 초점을 두는 이유는 국가의 이름으로 정당화되고 행정권을 포함한 권력을 행사하는 정부의 역할이나 역량에서 찾을 수 있다. 옳고 그름의 문제들은 국가가 답하고 행정이 실행하는 경우에만 윤리연구가 추상적인 것이나 철학과 대면하는 것이 아니라, 권력의 권위주의적인 적용과 대면하는 것이다. 이러한 맥락에서 윤리문제는 긴박하고 즉각적이고 실제적이라 할 수 있다.

가치는 공공행정의 영혼(Values are the sole of public administration.)(Cooper, 2001)이므로, 모든 정부부문마다 가치가 깃들어 있음은 주지의 사실이다. 행정연구자들은 가치를 매기는 것이고, 행정인은 가치를 배분하는 것이다. 가치는 우리의 신념체계와 태도의 중심에 위치하고 있어, 우리가 가지고 있는 다른 신념보다 더 기본적 신념의 유형이라 할 수 있다. 또한 가치는 우리가 살아가는 방법에 영향을 주는 세 요소, 즉 인지적, 정서적, 실천적 요소를 가지고 있기 때문에, 우리 인간의 경험에 강력한 영향력을 행사하게 된다. 그래서 정부행정에서 가치는 매우 빈번하게 정치적 가치와 정책 가치를 의미하게 되며, 이러한 정치적 · 정책 가치 및 선호는 자주 윤리문제와 관련되는 것이다.

그렇다면 행정학자들은 행정윤리를 어떻게 정의하고 있는지를 보자. 캐서린 덴하트(Kathryn Denhardt, 1984: 37)는 "행정윤리"를 다음과 같이 정의했다.

> … 행정인이 윤리적이려면 행정결정들이 이루어지는 기준들을 이성적으로 검토하고 질문을 제기하는 과정에 독자적으로 관여할 수 있어야 한다. 행정인은 적어도 결정이 그 조직 수준에서 정당하게 이루어지는 만큼 이성적으로 그 기준들을 검토하고 질문을 제기하는 과정에 독자적으로 관여할 필요가 있는 것이다. 기준의 내용은 시간이 지남에 따라 사회가치가 더 잘 이해되거나 사회관심사들이 표출되면서 변할 수 있다. 행정인은 이 변화에 맞추어 우리 사회의 핵심가치에 대한 헌신과 조직목표의 인지를 항상 반영하도록 준비되어야 한다. 행정인은 개인, 전문직업인, 조직 내에서 이루어진 결정과 이 결정을 하게 하는 윤리기준에 책임을 견지하게 될 것이다. …

또한 쿠퍼는 행정윤리를 "우리가 정의할 수 있는 조직의 경계선 안에서 발견될 수 있는 핵심적 사회적 가치들 위에 기초하여 개인적 및 전문적 직업의 책임을 지면서 의사결정의 표준들을 독립적으로 비판하는 과정"으로 규정하고 있다.

그동안 국내에서 진행되어 온 행정윤리에 관한 한국 학자들의 정의를 살펴보고자 한다. "행정윤리는 행정을 위한 윤리적 규범 및 판단이다. 윤리적 규범은 행정조직이나 공무원이 바람직한 행동을 하도록 이끌어 주는 행동지침(또는 준거)으로서, 옳거나 좋은 행정행위의 모습과 장려할 만한 공무원의 동기(태도)를 담고 있다. 윤리적 판단은 윤리적 규범의 실천적 작용이다(김호섭, 2018: 25-26).” 행정윤리란 공직자가 공공 업무를 수행할 때 준수해야 할 올바른 행동강령(code of conduct)이다(이종수, 2012: 43). 행정윤리를 좀 더 넓은 시각에서, “행정윤리를 행정활동을 둘러싸고 일어나는 일체의 옳고 그름에 대한 논의”로 파악하는 정의도 있다(임도빈, 2007: 9-10). 행정윤리란 전체 사회 속에서 행정이 담당하는 모든 역할을 보다 바람직하고 공평한 방향으로 수행되도록 인도하는 규범적 행동기준이다(유종해 · 김택, 2010: 3). 행정윤리란 정부에 종사하는 공무원이 지켜야 할 행동강령을 의미한다(강성철 외, 2018: 531).

우리의 경우는 행정윤리에 관한 논의가 소수의 학자들을 중심으로 전개되어 왔다. 심각한 부패 스캔들로 사회적 관심이 커질 때는 부패 관련 연구가 갑자기 늘어나는 해프닝도 있었다. 최근에는 부패 대신 윤리라는 용어가 자주 사용되고, 관심영역도 넓어지고 있다. 하지만 학자들 간 학문적 교류가 부족하고, 특히 행정윤리가 무엇인지, 무엇을 다룰 것이지, 어떻게 이를 교육해야 하는지에 대한 공감대가 형성되어 있지 않다는 점이 한계이다(김호섭, 2018: 3).

이상에서 우리는 윤리와 행정, 그리고 행정윤리의 뜻을 개략적으로 살펴보았다. 앞에서 윤리의 의미를 ‘인간 사회의 결과 길’이라 하였듯이, 필자는 행정윤리를 ‘공직 사회의 결과 길’로 대체하여 그 개념을 파악할 때, 행정윤리를 ‘특정한 전체사회와 관계를 맺고 있는 공직자와 공공조직이 조직구조와 조직문화 속에서 정치공동체의 정의와 복지를 구현하는 데 지켜야 할 행동강령과 원리’라고 정의하고자 한다.

행정윤리와 유사한 용어로 공직윤리, 정부윤리, 공공윤리 등의 개념이 사용되고 있다. 좁은 의미의 행정윤리는 ‘행정부’소속 공무원에 한정된 윤리 규범을 말한다. 그러나 그 적용 범위를 ‘행정부’소속 공무원에 한정하지 않고 ‘정부조직’에 종사하는 모든 공무원이 지켜야 할 행동강령으로 폭넓게 정의할 경우, 이런 의미의 행정윤리는 공직윤리의 의미와 동일하다고 할 수 있다. 또한 공공윤리(public ethics, public morality)의 경우, 좁은 의미의 공공윤리는 공공 업무에 종사하는 공직자들이 지켜야 할 행동강령을 의미하나, 그보다 넓은 의미의 공공윤리는 사회공동체 구성원 전체가 지켜야 할 행동강령을 의미한다(이종수, 2012: 43-44). 쿠퍼는 행정윤리, 정치윤리, 정책윤리를 포괄하는 공직윤리로서의 윤리분석 범위를 확장해 나갈 수 있다고 보면서도 행정윤리에 그 무게중심을 두고 있다(쿠퍼, 2013: x-xi).

제2절 행정윤리 교육의 주요 내용

쿠퍼에 의하면, 1994년『공직윤리 핸드북』제1판의 출간 이래 공직윤리연구에 상당한 진전이 있었다고 보고 있다. 그것은 공직윤리주제를 다루는 세계학자 연구모임이 괄목할 정도로 성장했고, 문헌도 꾸준히 증가 일로에 있으며, 이러한 노력을 후원하는 여러 조직도 등장했기 때문이다. 그러므로 2001년『공직윤리 핸드북』제2판의 출간은 지금까지의 공직윤리연구와 이론발전의 업적을 정리해 보려는 취지를 가지고 있다. 그 주된 동기는 연구 분야로서 공직윤리에 접근하려는 학자와 학생에게 도움을 주고, 나아가 실무진에게 배경지식을 제공해 자신이 대면한 실제 윤리문제를 더 광범위하고 풍요로운 맥락에서 확고히 이해하도록 하는 것이다. 그래서 이 절에서는 미국에서 진행된 행정윤리 연구의 흐름을 살펴본 후, 한국 행정윤리 교육에서 다루어야 할 내용을 중심으로 '행정윤리 교과과정'을 모색해 보고자 하는 것이다.

1. 미국 행정윤리 연구의 주요 흐름

다원주의 사회에서 공직자와 시민의 역할을 분리하려는 경향이 무의미해지고, 정치와 행정이 일원화되고 있는 현실을 직시한 신행정 운동의 지지자들은 공직자가 공공정책을 결정하고 집행함에 있어 전문직업상의 윤리원칙이라 할 수 있는 사회적 형평의 원리와 시민참여에 따라서 재량권을 행사하는 데 헌신할 수 있어야 한다고 역설한다. 이러한 측면에서 공직윤리는 "행정의 정치이론"이라 할 수 있으며 행정윤리, 정치윤리, 정책윤리를 포괄하는 광의의 개념이다(김종술 · 신충식, 2013: 380-382).

공직윤리분야에서 이러한 노력의 첫 번째 결과물로 1978년 존 로어(John Rohr, 1934~2011)가 출간한 『관료를 위한 윤리』를 들 수 있을 것이다. 로어는 자기의 저서를 행정윤리에 관한 대부분의 다른 저서들과 구별하고 있다. 행정윤리라고 하면 뇌물, 공무원의 부정한 이성 관계, 이해관계의 충돌, 거짓말 등과 같은 행정윤리의 부정적 측면을 회피하는 것을 의미하던 시기가 있었다. 워터게이트와 같은 공무원의 비리를 생각한다면 공무원의 윤리적 질을 다루는 학자들의 마음속에는 그러한 부정적 문제들이 중요시되었던 것은 놀라운 일이 아니지만, 이제 공무원 임용에 있어서 기회평등정책을 얼마나 강력하게 적용할 것인가, 또는 어떤 특정한 인구 집단에게 공무원 서비스가 제공될 것인가와 같은 문제들에 관한 의사결정을 내리는 과정도 공무원 윤리와 관련이 있는 것으로 간주하게 되었다. 따라서 로어의 저서는 윤리적 문제가 관심대상이 되는 상황이 일시적인 공무원 비리 사건들이 시사한 것보다 훨씬 더 일상적이라는 사실을 상기시켜 준다는 점에서, 그의 저서는 공무원 윤리에 관한 접근방법의 방향을 재정립하였다고 할 수 있다(Denhardt, 1988: 1-36). 그는 미국의 헌법전통에 담겨 있는 "체제가치"에 근거해서 국민의 관심사와 가치에 적절히 대응하고 공익에 따라 행동할 필요가 있다고 보았다. 그에게 있어 가치란 압도적 다수의 국민에 의해 오랫동안 유지되어 온 신념, 정서 및 원칙이다. 로어는 확실히 체제가치에 기초한 윤리적 접근을 통해서 현실적이면서도 관리 가능한 방식으로 행정윤리를 추구할 수 있는 가능성을 제시했다는 점에서 공직윤리분야의 새로운 장을 열었다.

쿠퍼(2001: 16-17)는 행정윤리에 관한 포괄적 연구를 담고 있는 교재 6편을 소개하고 있다. 첫째, 로어의 『관료를 위한 윤리』는 새로운 서언과 교재의 내용이 약간 수정된 채로 1989년에 제2판이 출판되었다. 쿠퍼의 비판에 따르면, 로어의 선구적인 규범적 행정윤리가 놓치고 있는 차원은 "윤리적 의사결정의 과정"이다. 로어의 주장처럼 특수한 사태에 적합한 체제가치를 끌어낼 수 있으나 이러한 가치만으로는 윤리적 난국이나 윤리적 딜레마를 헤쳐 나갈 수 없다는 점이 문제이다. 쿠퍼는 로어보다 4년 늦게 출간한 자신의 기념비적 저작 『공직윤리: 책임있는 행정인』에서 행정윤리의 규범적 기초[2)]를 체제가치로부터 찾고자 하는 로어와 달리 책임 있는 행동에 도움이 되는 '의사결정과정과 조직의 조건'을 집중적으로 조명하고자 했다.

둘째, 쿠퍼 자신의 『책임 있는 행정인(1982)[3)]』은 1986년에 제2판이, 1990년에 제3판이, 그리고 1998년에 제4판이 출판되었다. 쿠퍼는 자기 저서의 궁극적 목적이 행정인의 윤리적 상황을 밝히고 풍부한 상상력을 가지고 그것에 대한 성찰을 하는 데 있는 것이지, 공공서비스에 관한 특정한 가치들에 대한 처방을 내리려는 데 있지 않다. 그는 행정인을 위한 실질적 윤리의 발전을 시도하지 않았다고 한다. 이와 같이 그는 주로 윤리의 내용적 차원보다는 그 과정적 차원 위에 초점을 맞추고 있다.

셋째, 1980년대 말과 1990년대 초에 네 권의 포괄적 교재, 즉 덴하트(K. G. Denhardt, 1988)의 『공공 서비스 윤리: 공공 조직 내부의 윤리적 딜레마 해결』, 고트너(Gortner, 1991)의 『공공 관리자를 위한 윤리』, 루이스(Lewis, 1991)의 『공공 서비스에 있어서의 윤리적 도전』, 보우만(Bowman, 1991)이 편집한 『공공 관리에 있어서의 윤리적 전선: 윤리적 딜레마 해결을 위한 새로운 전략 추구』가 출판되었다. 덴하트의 저서는 행정

---

2) 그렇다고 쿠퍼가 공직윤리의 규범적 토대를 간과한 것은 아니다. 그에 따르면, 전문직업의 규범적 토대는 첫째, 체제가치, 헌정이론, 건국이념, 둘째, 시민권 이론, 셋째, 사회적 형평, 넷째, 덕 또는 성품에 기초한 윤리, 다섯째, 공익을 들 수 있다. 첫째, 체제가치는 분리된 흐름보다는 함께 다루어져야 할 가치 있는 여러 기본이념과 깊은 관련이 있다. 둘째, 시민권 이론은 이러한 체제가치들과 부분적으로 관련이 있고 일관성이 없는 것은 아니지만 분명히 어떤 차이를 요구하는 전혀 다른 문제이다. 셋째, 사회적 형평은 롤스의 정의론과 유사한 구조를 가지고 있는 이른바 1960년대 후반의 신행정과 관련된 대안이라 할 수 있다. 넷째, 덕 윤리는 다른 대안들과 양립할 수 있는 품성윤리의 중요성을 강조한다. 다섯째, 공익은 여전히 행정윤리의 근간이 되는 규범적 윤리방식이라 할 수 있다(Cooper 2004, 396).

3) 쿠퍼의 『공직윤리: 책임있는 행정인』은 2006년에 5판이, 2012년에는 제6판이 출간되었다. 이 책은 기술역량뿐만 아니라 윤리역량을 발전시키고자 하는 행정학도와 실무자를 위해 집필되었는데, 제4판과 제5판은 중국어로 번역되어 현재 중국에서 100개 이상의 MPA 프로그램 필수교과서가 되었다(Cooper, 2012: viii).

윤리에 관계된, 포괄적 개념의 틀을 만들기 위한 여러 시도를 다시 요약하고 있으며 동시에 종전의 노력들을 새롭게 그리고 창조적으로 바꾸어 자기 자신의 틀을 제시하였다. 고트너의 저서는 공공 관리자들과의 면접을 통하여 연구한 사례들에 기초하고 있으나 행정윤리에 관계된 기존의 문헌에 관련된 자료들을 포함시키고 있다. 이 두 권의 책은 조직의 맥락(context)을 행정인들이 윤리적으로 사고하고 행동하려고 시도하는 문제 있는 조직 환경으로 취급하여 중요하게 다루고 있다. 루이스의 저서는 이들 세 권의 저서들 가운데에서 가장 실제적 정향을 가진(practically oriented) 교과서로서 윤리적 의사결정을 고취시키고 윤리적 행위로 이어지는 조직 환경을 창조하기 위한 여러 기법과 시사점을 제시한다. 보우만이 편집한 저서는 13장을 통하여 여러 강조점을 제시하고 있다. 이들 가운데 여섯 개의 장은 조직 맥락(organizational context)에 관계된 구체적 측면들을 다루며 다른 일곱 개의 장은 철학적, 심리학적, 법적 및 역사적 자료들을 포함한 다양한 내용을 담고 있다.

이와 같이 1970년대 후반부터 지난 20년 동안에 출판된 행정윤리에 관한 문헌에서는 다음과 같은 일곱 개의 주제들이 발견된다. 첫째는 시민권 및 민주주의 이론이다. 둘째는 덕 윤리이다. 셋째는 건국사상과 헌법적 전통이다. 넷째는 윤리교육이다. 다섯째는 조직의 맥락이다. 여섯째는 철학적 이론 및 시각들이다. 일곱째는 인지적 도덕발달이다. 이 주제들은 모두 그 주제들이 구체적으로 다루어지는 가운데 눈에 띄게 되고 그리고 즉시 다른 주제들과 얽히게 되는 경향이 있다(Cooper, 2001: 17-24).

2000년대 들어 행정윤리에 관한 다음과 같은 주요 저작 두 편이 나왔다. 그중 하나는 쿠퍼가 『공직윤리: 책임있는 행정인』(*The Responsible Administrator: An Approach to Ethics for the Administrative Role*)을 2012년에 제6판을 발간하였다. 이 저작은 크게 세 영역, 즉 개별 행정인을 위한 윤리, 조직 내 윤리, 설계적 접근방법으로 나누어 입체적이고 전체적 관점에서 공직윤리를 설명하고 있다.

다른 하나는 쿠퍼와 멘젤이 『윤리역량: 공직리더십을 위한 윤리역량 성취』(*Achieving Ethical Competence for Public Service Leadership*)을 2013년에 공동으로 편저하였다. 이 저작은 윤리역량 추구의 전반적 내용을 개괄적으로 소개하면서도 특히 윤리역량의 새로운 정의와 개념화, 윤리역량과 리더십 관계, 그리고 교육학적 접근방법인 통합교육방식을 중심으로 다루고 있다.

이상에서 행정윤리의 시대별 연구흐름과 주요 주제를 미국 사례를 중심으로 살펴보았다. 그 흐름 속에서 세 종류의 저작[4] 즉, 쿠퍼가 편집한 『공직윤리 핸드북』 제2판(2001), 쿠퍼의 단독 저작인 『공직윤리: 책임있는 행정인』 제6판(2012), 쿠퍼와 멘젤이 공동으로 편저한 『윤리역량: 공직리더십을 위한 윤리역량 성취』 초판(2013)은 지금까지의 공직윤리의 학문적 역사와 주요 쟁점과 미래과제를 담고 있기에, 공직윤리 분야의 중요한 위치에 자리매김하고 있다고 볼 수 있다. 그래서 공직윤리의 학문적 전통과 역사 속에서 한국 행정윤리가 지향해야 할 길을 찾고 모색하는 일은 당연한 일이라 생각한다. 이러한 맥락에서 한국 행정윤리의 교과과정을 다음 〈표 12-1〉과 같이 정리하고자 한다.

2. 행정윤리 교과과정

이상에서 살펴본 미국 행정윤리 연구의 주요 흐름과 본 서가 다루고자 하는 '행정윤리' 내용을 연계하여 행정윤리 교과과정을 구성해 보면 다음과 같이 정리할 수 있다.

---

4) 한국행정학회 산하 행정사상과 방법론 연구회는 위에서 인용한 세 종류의 저작을 번역·발간한 바 있다. 연구회의 첫 사업으로 『공직윤리: 책임있는 행정인』을 2013년도에 발간했고, 이어서 『공직윤리 핸드북』을 제1권과 제2권으로 나누어 2018년도에, 그리고 『윤리역량: 공직리더십을 위한 윤리역량 성취』를 2018년도에 발간하였다. 우리 행정사상과 방법론 연구회에서는 이들 세 저작을 '공직윤리 3부작'이라 부르고 있으며, 또한 이 3부작은 이번 한국 행정윤리의 교재를 구상하는 데 커다란 기여를 하고 있는 셈이다.

〈표 12-1〉 행정윤리 교과과정(안)

주별	교육 주제	교육 내용
1주	교수계획 소개	
2주	행정윤리의 맥락	행정윤리의 필요성 대두
3주	윤리적 의사결정의 처방모형	선형/비선형의 활용
4~5주	행정윤리의 철학적 토대	공익 공리주의 의무론 덕 이론 등
6~7주	행정의 책임성과 책임의 충돌	객관적 책임 주관적 책임 윤리적 딜레마: (권위 · 역할 · 이해관계의 충돌)
8~9주	조직 내 책임 있는 행동유지	외부통제 내부통제
10~11주	윤리와 조직규범 그리고 조직구조의 통합	통제 수단 간의 갈등 책임 있는 행동의 구성요소
12~13주	조직 내 윤리적 자율성 보호하기	대리인으로의 전환 내부고발 개인적 자율성의 구성요소
14~15주	윤리역량 성취 및 윤리적 리더십	윤리역량 성취 윤리적 리더십 발휘
16주	윤리교육 방법론	통합교육방식 실천적 마음가짐의 모형 강의실 문화의 고취 작은 사례 발표

출처: 필자가 구성함.

3. 행정윤리의 연구방법론

프레데릭슨과 월링[5]은 공직윤리에 관한 상이한 연구방법들을 기술하면서, 네 가지 범주, 즉 가치의 식견, 기준, 맥락 및 행태로 나누어 살펴보고 있다. 다음 〈표 12-2〉는 『공직윤리 핸드북』 제2장에서 기술한 여러 연구방법론의 역량이라는 측면에서 지식 발전을 촉진하기 위한 지식의 범주들을 요약한 것이다.

1) 가치

가치는 생명, 정의, 평등, 정직, 능률, 자유 등처럼 수단이나 목적 그 자체로 바라마지 않는 어떤 대상이나 속성이다. 이는 개인, 집단, 공동체, 갈등하는 것, 계층 내 또는 애매성과 모호성의 대상일 수 있다. 가치관련 식견을 구축하는 가장 유용한 연구방법들로 설문조사, 면담, 역사 및 민속지방법이 있다.

〈표 12-2〉 행정윤리의 특정한 지식범주에 필요한 가장 유용한 연구방법들

연구에 사용한 방법	가치	기준	맥락	행태
실증적				
설문조사	+	+		
실험		+		+
면담	+			
자료		+	+	
사례				

5) 『공직윤리 핸드북』 제2장은 공직윤리의 연구와 지식에 대해 프레데릭슨과 월링(*H. George Frederickson and Jeremy David Walling*)이 공동으로 정리한 내용이다. 여기서는 공직윤리에 관한 연구와 현대사회과학(설문조사, 실험, 면담, 자료, 사례연구), 공직윤리의 후기실증주의 접근법(역사, 자연주의 탐구 또는 민속지 연구, 서사), 그리고 연구와 공직윤리의 몇 가지 결론에 대해 다루고 있다(쿠퍼, 2018: 53-84).

연구에 사용한 방법	가치	기준	맥락	행태
후기실증주의				
역사	+	+	+	+
자연주의 연구 또는 민속지방법	+	+	+	+
서사		+	+	+

출처: 쿠퍼(2018). p. 78.

2) 기준 또는 규범

기준 또는 규범은 한 집단의 구성원을 구속하는 바른 행동원칙으로서 적절하고 수락된 형태를 인도, 통제 또는 규제하는 데 원용된다. 기준이나 규범은 집단, 조직, 공동체 또는 정부가치를 규정으로 성문화한 것이다. 법률, 규정, 윤리 규약 및 규칙은 기준과 규범의 전형적인 예라 할 수 있다. 법률을 통과시키고 규정을 만드는 것은 아마도 정부가 윤리문제를 다루는 가장 일반적인 방법일 것이다. 설문조사, 문헌 및 역사연구, 사례연구들은 윤리기준과 규범에 관심이 있는 사람들이 채택할 수 있는 방법이다.

3) 맥락

윤리기준과 행태는 언제나 맥락 내에 있고 맥락은 흔히 행태의 강력한 결정요인이다. 맥락은 사례연구, 역사, 서사, 민속지방법의 활용을 통해 가장 잘 연구된다. 맥락들은 고유하기 마련이라서 비교가 어렵다. 그래도 넓은 의미에서 기업/정부 또는 정치・행정 등과 같은 맥락들은 가치, 기준, 행태의 차이를 비교하는 유용한 방식이다. 덴마크와 독일의 경력직 공무원들이 유대인을 처리한 방식을 비교한 것은 그 점을 잘 드러낸 사례다(Frederickson & Hart, 1985).

4) 행태

윤리연구가 행정행태에서보다는 윤리의 가치, 기준, 맥락에 관한 사항을 더 잘 알게 한다는 것은 어쩌면 역설이다. 비록 행정행태연구가 윤리를 연구하는 진정한 이유이기는 하나, 이 또한 윤리를 연구하고 측정하며 설명하는 데 가장 어려운 부분이다. 공직윤리지식의 네 범주 중 우리가 가장 무지한 분야가 행태이다. 그 이유는 부분적으로 가장 유행하는 연구방법론이 실증주의 방법론인데 반해서, 이 방식이 행태를 연구하는 데 그 효과가 가장 미미한 측면이 있기 때문이다.

그러므로 후기실증주의 방법에 사례연구와 실험을 추가하면 상당히 유망할 것이다. 윤리연구의 최대 기회는 행태와 관계되어야 한다는 점이다. 이는 행정윤리를 연구하고자 하는 사람들에 대한 방법론적 교육이 민속지방법, 사례연구, 역사, 실험에 대한 노출을 포함해야 한다는 것을 시사한다(쿠퍼, 2018: 78-80).

근대 행정학이 과학성을 주장하여 여러 가지 도덕과 윤리의 문제를 소홀히 한다는 주장은 대표적인 과학적 연구방법으로서의 실증주의를 비판하고 그 대안으로 현상학과 같은 접근방법을 제안한다. 후기실증주의 과학철학에서는 설명(explanation), 해석(interpretation), 비판(critics)이라는 세 가지 연구논리를 모두 사용해 사회적 행위자들 간의 가치와 사실을 파악하고 해석해서 상호 적절한 영향을 미치게 하는 전략적 재배치를 시도해 왔다. 이러한 접근방법에서는 해석학(hermeneutics)과 비판이론(critical theory)의 시각들이 수용되고 있다. 이렇게 보면 지금까지 다양한 시각을 수용하고 재배치하려 했던 행정학의 정체성과 연구의 논리가 실망스러운 것은 아니라(강신택, 2013: 49-53), 오히려 행정윤리 연구가 지향해야 할 바람직한 방향이라 할 수 있다.

제3절 행정윤리 교육의 필요성

『공직윤리 핸드북』 초판(1994)에서 캐트런과 덴하트가 윤리교육 목표의 공동이해개발, 윤리교과 담당자를 위한 연수기회의 확대, 윤리교과과정의 범위확대와 조정개선의 진일보에 대해 논의한 이래, 오늘날 공직의 윤리교육 분야가 지난 수십 년보다 더욱 건실하고 활력이 있다고 언급하고 있다. 다시 말해서 행정학과 공공문제에서 윤리교육이 정당화되고 점차 확대되고 있으며, 교수자들이 색다른 교육접근방식들을 실험하고 있다는 점이다. 그렇지만 이러한 진전에도 불구하고 대학원 교과과정 내 윤리체험이 공직자가 직장에서 대면하는 도덕 딜레마에 더 능숙하게 대처하고 있는지 그리고 윤리교육이 행정대학원생의 도덕행위나 능력에 일정부분 변화를 가져오는 것인지에 대한 질문이 제기되는 것도 사실이다. 그렇지만 여기서는 행정학 및 공공문제에서 윤리교육의 역사에 나타난 행정윤리 교육의 당위성과 그 근거에 대해 살펴보게 될 것이다.

19세기 말까지 윤리는 고등교육기관의 통합교과과정의 한 요소로 생각되면서, 철학과와 종교학부로 이관하게 된다. 그래서 미국은 1914년부터 행정학 및 공공문제 대학원들에서 꾸준히 학위를 제공하면서도, 초기 행정대학원은 윤리를 공식적으로 가르치지 않았다. 학생들이 윤리를 소개받는 경로는 공공행정 논의에서 '민주적이면서 도덕적인 것'으로 이해되는 일반적 민주기풍이었다. 그렇지만 과학적 관리와 합리적 분석도구를 강조하는 시대사조는 민주정신에 그림자를 드리우면서, 과학과 기술이 공공행정교육의 핵심인 규범과 가치를 대체하게 된다.

1960년대 후반과 1970년대에 윤리교육과 민주정신이 부활하면서, 프레데릭슨(Frederickson)은 공공행정 교육프로그램이 공직자상을 변화의 주역으로 내세워야 한다는 주문과 함께 사회적 형평, 정의처럼 가치가 공공행정을 교육하는 데 핵심적인 것으로 대두하게 된다. 이에 전국행정대학원연합(NASPAA)은 1989년에 교과표준이 효력을 가지려면 교과과정에 윤리담당부분이 핵심임을 분명히 하고, “공동교과과정 요소들은 학생이 ‘윤리적이고’ 효과적으로 ‘행동할 수 있는 가치, 식견, 기능들을 향상’시킬 수 있도록 교과표준을 수정한 바 있다. 이러한 명백한 표현에도 불구하고, 캐트런과 덴하트는 1980년대 말경 소수학교에서만 윤리교육을 필수로 지정했다고 보고서에서 밝힌 바 있다.

1990년대에 행정학 프로그램에서 가르친 윤리교과의 숫자가 전체적으로 증가하는데, 이는 명백한 교과표준과 함께 공공행정의 규범기능과 민주정신으로의 회귀이며 그 속에서 점증하는 윤리교육의 중요성과 상관이 있는 것이다. 프레데릭슨이 지적하는 것처럼, 정부개혁운동의 규범적 · 철학적 리더십의 많은 부분이 대학에 있었고 이것이 오늘날 윤리운동으로 이어지고 있다는 것이다. 또한 교과의 변화는 공공서비스에 대한 요청과 직결되고 있다. 애덤스와 벨푸어(Adams & Balfour)는 우리가 무엇을 하는지 알지 못한 채 악행에 관여할 수 있다고 주장한다. 행정악(行政惡, administrative evil)은 “인간이 알면서도 교묘한 방식으로 다른 인간에게 고통을 주는 사례들”로 특징지을 수 있는 본래적 인간조건을 의미하는데, 그들은 이러한 행정악을 막으려면 행정이 “공공기관, 권위의 행사, 전반적 문화에 대한 비판적 반성의 태도를 발전시키고 육성할 필요가 있다”는 점을 제시한다(Adams & Balfour, 1998: x x ix).

일부 학자들은 모더니스트의 행정과 조직이론이 해악을 가져올 가능성이 있다고 경고한다. 즉, 모더니티에 관한 개념정의가 다양하지만, 그 두드러진 점들은 과학적 합리성, 기술적 상상, 지배하는 것이다. 이 특징들은 일종의 태도 또는 분위기라고 할 수 있는데, 이러한 분위기가 능률성, 효용, 목적-수단 합리성을 통해 문화와 전통 그리고 인간의 실존문제를 소홀하게 다루게 됨으로써 결국에는 무자비한 결과를 가져오는 행정악을 조장할 위험성이 있다고 경고하는 것이다. 그러한 위험 중 가장 두드러진 양상은 정치적으로 부도덕한 정책을 행정인의 중립성과 효과성이라는 미명하에 무비판적으로 충실하게 집행할 인간에 대해 참혹한 결과를 가져오기도 한다는 것이다. 이것을 시정하려면, 인간의식의 형성에 관해 성찰해야 한다고 강조한다(강신택,

2013: 49-50).

이제 우리는 행정악을 막으려는 비판적이고 성찰적 태도의 함양과 공직자들에 대한 점증하는 불신을 불식시키기 위해 공직자에 대한 윤리교육을 시작할 수 있고 또 시작해야 하는 시대에 놓이게 된 것이다.

멘젤은 NASPAA의 인증이 윤리교과를 제도화하거나 필수로 하는 프로그램에 거의 어떤 동기도 제공하지 못하고 있고 또한 멘젤과 보우만(Bowman & Menzel, 1998)은 "교과과정에서 교수들이 윤리중요성의 공유를 제시한 증거도 거의 없다"고 주장하고 있다.

> … 더 나아가 결국 많은 학생이 관리에는 대학원 수준의 견해를 지니고 있으나. 윤리에는 초등학교 수준의 개념 정도를 지니고 있을 것으로 보고 있으며, 대체로 석사학위를 수여하는 행정대학원의 전문 직업지식은 다만 기술적 재능들(technical skills)로만 이루어진다(Bowman, 1998: 29)고 주장한다. …

파머(Farmer, 1998)는 행정에서 윤리교육을 검토하며 "윤리연구는 단순한 기법사안처럼 작동하기보다는 철학성을 필요로 한다"라고 주장한다.

행정윤리를 발달시킴에 있어서 하나의 커다란 약점은 우리의 철학적 전통과의 연결이 결여되어 있다는 데 있다. 도덕철학과 정치철학은 둘 다 오늘날 행정인이 당면한 중대한 난제들을 해결하기 위한 많은 접근방법을 포함하고 있고, 둘 다 행정실무의 배경이 되는 역할과 맥락을 정의하는 데 큰 공헌을 하였으며 도덕철학과 정치철학을 사용하여 어려운 문제들을 해결하는 것은 가치가 있는 일이다. 정치철학은 많은 생각을 제시하여 주고 도덕철학은 그런 생각들을 비판하고 그것들을 행정실무에 적용하는 데 도움을 줄 수 있기 때문이다.

캐트런과 덴하트(Catron & Denhardt, 1994)는 가치를 가르쳐야 하는지에 대한 광범위한 토론을 반영하며 다음과 같이 경고한다.

> … 윤리교육의 목표는 학생들이 윤리적으로 행동하는 것을 확인할 수 있는 것도 아니고 그들에게 새로운 형태의 가치를 주입하는 것도 아니다. 오히려 이는 성찰과 판단에 대한 개인의 능력들을 정교화하고 향상하려 시도하면서 전문직업적 규범과 가치를 모형화하고 강화하는 것이라 할 수 있다(55). …

그들은 도덕의 토대를 다루지 않고 학생들이 윤리적 딜레마를 확인할 수 있도록 가르침을 받을 수 없다면, "새 전문직업인들은 조직충성도, 도덕 판단으로 단련되지 않는 기술능력, 또는 권위에 대한 수동적 복종에 심하게 의존하게 될 것이다."라고 경고한다.

윤리적 행정인은 비판적이고 독립적인 방법으로 의사결정의 표준들을 검토하는 사람이다. 그는 그러한 검토를 하면서 조직과 행정인이 공식적으로 책임을 지는 다른 개인들 및 집단들에 대한 언질과 의무와 책임을 고려하여 행동할 뿐만 아니라 사회의 도덕을 반영하려고 시도할 수 있기 때문이다.

쿠퍼는 '공직자의 교육, 연수 및 일상 업무를 보면 임무수행을 위해 부딪치는 실제 문제에 치이는 경향이 있다. 무엇을 해야 하고 왜 그래야 하는 것인지에 대한 관심사는 폭주하는 업무일정과 업무량으로 인해 등한시된다. 현대사회는 가치와 원칙에 대한 성찰은 뒷전이고 행위에만 집착한다. 이론도 수단을 중시하는 이론, 즉 "어떻게"가 "어떤 목적으로"를 밀어내는 이론으로 환원된다(쿠퍼, 2013: viii).'고 지적한다. 쿠퍼와 멘젤은 이러한 경고와 염려에 대응하고 새로운 해결책을 제시하기 위한 방안으로서 2013년 『공직리더십을 위한 윤리역량 성취(*Achieving Ethical Competence for Public Service Leadership*)』을 발간하면서, 그들은 두 가지의 집필 동기를 내세우고 있다. 하나는 전국행정대학원연합(NASPAA)은 행정학 석사학위 인증 프로그램에 지원할 수 있는 역량기반 기준 채택에 전력을 경주해 왔다는 사실이다. NASPAA는 무엇이 역량이고 역량이 아닌지를 알아내려고 시도하지 않고, 확실한 역량(예를 들면, 특별한 기술, 자질, 지식, 역량상태로 이끄는 태도)의 함양, 훈련, 교육에 책임 있는 회원학교를 보유하려고 하였다. 그렇게 되면 윤리교육과 훈련은 줄어들게 될 것이 자명하기 때문이다. 이 저작의 발간은 이러한 반갑지 않은 결과를 막아 내는 데 첫걸음을 내딛게 될 것으로 믿고 있다. 다른 하나는 역량중심의 직장이 필요하고 중요한 것은 사실이나, 직장에서의 윤리적 문화에 대한 이해가 가끔 홀대되는 경향이 너무 많은 조직에서 당연시되고 있다는 확신에서 비롯된 것이다. 그래서 윤리역량 추구는 개인을 넘어 직장의 윤리적 문화를 강화시키는 과제에 매우 적실한 것으로 믿고 있기 때문이다(쿠퍼와 멘젤 2018, x-xi).

현재 한국행정학회는 지방캠퍼스를 포함하여 165개 대학교를 회원으로 가지고 있으며, 대부분의 4년제 대학에는 행정학과가 설치되어 있다. 이 중 행정윤리나 행정철학을 교과과정에 편성한 대학은 많으나, 실제 강좌를 제공하는 학과는 많지 않다. 기존 연구(윤태범 · 강성남, 2001: 19-20; 강인호 외, 2011: 244-246; 김성준 · 박광욱, 2013: 1-40)에 의하면[6], 행정학과 내에 행정윤리 교과목이 점차 증가해 온 것이 사실이나 여기에는 심층적 연구가 필요한 부분이라 할 수 있다. 앞으로 중요한 사실은 '공직분야에서 행정윤리 교육이 차지하는 역할이 더욱 높아지고 있다'는 점이다.

대부분의 학과들은 조직 관리자를 양성하는 데 초점을 두고, 관리자로서 '옳은 일하기'(do the right things)보다 일을 '잘' 할 수 있도록(do things right) 가르치는 데 치중하고 있다는 점이다. 조직, 예산, 인사 관련 업무를 효율적으로 수행할 수 있는 창의적 관리자를 양성하려는 것이다. 우리나라 행정의 가장 두드러진 특징 중 하나가 행정의 '권력성'임을 감안하면, 이런 능률성과 효율성 중심의 현상은 다소 아쉬움을 남긴다.

---

6) 윤태범 · 강성남(2001)의 연구에 의하면, 독립 교과목으로 행정윤리 또는 정부윤리 교과목을 개설하고 있는 곳은 10개 대학과 5개 대학원이며, 강인호 외(2011)의 연구에 의하면, 2010년 4년제 대학 행정학과(부)는 99개이다. 이 중 행정윤리관련 교과목을 개설하고 있는 학과는 44개(44%)이며, 강좌 수는 48개이다. 김성준 · 박광욱(2013)의 연구에서는 4년제 대학 104개 행정학과(지방캠퍼스 포함)에서 행정윤리관련 교과목(행정윤리, 행정 철학, 행정철학과 윤리 교과를 중심으로 분석함)을 개설하고 있는 학과는 59개(56.7%)이며, 강좌 수는 65개로 조사된 바 있다. 대학원의 경우는 일반대학원(석사 · 박사) 교과과정(서울대 행정대학원과 성균관대 국정관리대학원 포함)을 중심으로 분석하였다. 대학원 과정이 설립된 대학의 교과과정 모집단은 89개에 이르며, 이 중 행정윤리관련 교과목을 개설하고 있는 대학원은 78개(87.6%)이며, 강좌 수는 103개에 이르고 있다. 2개 강좌이상 개설된 대학원은 25개에 이르고 있으며, 행정윤리란 독립과목으로 개설된 곳은 16개 대학원으로 파악된 바 있다.

공무원들의 전문성보다 이들이 개입된 정치역학 관계가 행정의 내용과 질을 결정짓는 중요 변수라면, 미래의 정책결정자들에게 관리기술을 가르치기에 앞서 이들이 옳은 일을 할 수 있도록 또는 옳은 일이 무엇인지를 판단할 수 있도록 윤리역량을 높여 주는 것이 보다 중요할지 모른다(김호섭, 2018: 3-4).

윤리역량이란 분명히 정의될 수 있는 것이며, 교육을 통해 증진될 수 있으며 그리고 측정될 수 있다는 것이다. 직장에서 직원들은 더 높은 윤리적 기준을 보유하기를 원한다. 그렇지만 종종 이를 저해하는 가장 큰 장애물은 그들이 준수해야 할 각종 시책 및 방침이며, 이밖에 그들이 참여하고 속해 있는 조직문화이다. 윤리교육은 사람들이 윤리적이지 못한 행동을 하도록 압력을 받았을 때 윤리적 태도를 견지하는 능력을 보여 주는 데 매우 중요한 파급영향을 가지고 있다. 반면에 의사결정자들이 윤리교육을 받지 못하게 되면 여러 가지 선택 및 결정을 할 때 윤리적 차원을 인지하지 못하게 된다. 상황이 이러한데 행정윤리 교육을 새롭게 접근해야 할 것이 아닌가.

제4절 행정윤리 교육의 실천전략: 통합교육방식

행정윤리 교육이 지향하는 바는 학생 및 공직자의 성품에 윤리역량의 속성들이 뿌리내려 공직의 실무현장에서 그 윤리역량을 입증하는 데 있다. 이러한 윤리역량을 성취하는 데 사용할 수 있는 교수법은 다양할 수가 있다. 멘젤은 윤리교육에 활용되는 교수법을 소개하면서, 여기에 다섯 가지 상위기법으로 소집단토론, 사례연구, 의사결정 시나리오, 연구보고서 및 강의가 있으며, 그 다음으로 역할놀이, 자기평가, 비디오/영화 상영, 초청강사, 시뮬레이션, 소설/영화, 생애사 연구, 현장연구, 마지막으로 다매체 컴퓨터 자료가 있다고 하였다.

우리는 윤리역량이 존재한다는 가정하에 이를 가르칠 수 있는 방식을 기술하고자 한다. 윤리역량 추구에는 여러 길이 있을 수 있지만, 그중에서도 가장 장래성을 보장해 주는 길은 대학원 수준의 공식교육인 통합교육방식이라 할 수 있다. 이 방식은 윤리적 사고 또는 규범적 준거틀에 대한 식견이 거의 없거나 전혀 없는 학생들에게 "공공행정윤리의 실제를 구성하게 되는 지속적인 학습여정을 준비해 줄 것이다"라고 믿고 있기 때문이다.

통합교육방식은 강의실 문화에서 이행하거나 적용할 수 있는데, 강의실 문화의 전반과 후반에서 진행되는 주요 절차는 이렇다. 공직윤리 교과목의 전반부에서 학생들은 공직윤리의 토대에 대한 지식을 얻고, 자신의 세계관에 윤리역량의 속성들을 병합하기 시작한다. 멘젤은 『정부의 윤리적 순간』(*Ethics Moments in Government*, 2010)에서 윤리역량의 속성을, 첫째, 개인적 또는 전문직업적 행태의 높은 표준에 대한 헌신, 둘째, 관련된 윤리강령과 법률에 대한 지식, 셋째, 도전적인 윤리 상황에 직면했을 때 윤리적 추론에 관여할 수 있는 능력, 넷째, 공공서비스 윤리와 가치들을 식별하고 실행할 능력, 다섯째, 공공기관과 조직에서 윤리적 관행과 행태를 증진하는 역량으로 정의하고 있다. 윤리역량의 다섯 가지 속성은 통합교육방식을 통하여 심화되고 입증될 것인데, 이처럼 마음과 성품의 형성과정을 거친 후에 학생들은 강좌 후반부에서 사례연구를 분석하고 해결할 준비를 한다. 이어서 사례연구경험은 공직윤리의 토대를 더욱 공고히 하며 윤리역량의 속성들을 예증할 수 있는 다양한 기회를 제공하게 된다. 그렇지만 강의실 문화에서 이뤄지는 통합교육방식의 모든 노력은 예비적이라 할 수 있다. 학생들이 과정을 마친 후 세월이 지나면서 윤리적으로 사고하고 윤리적 의사결정을 내려 조직문화를 이뤄 나가는 것처럼, 결국 장기적인 목표는 학생들이 자기 전문분야의 실무 작업에서 윤리역량을 예증하는 것이기 때문이다. 따라서 이하에서는 통합교육방식의 실제에 대하여 구체적으로 살펴보고자 한다.

1. 윤리역량을 강조하는 강의실 문화조성

강의실 문화의 유용성은 빌라노바 대학의 MPA 프로그램 리더십 윤리강좌를 개발하여 20년 이상 가르쳐 온 제이콥스(Jacobs)에 의해 검증되고 주창되어 온 것이다. 강의실 문화는 학생들을 "여기서" "저기로" 최대한 빨리 효율적으로 인도해 주는 도시간 고속도로이기보다는 갈등을 일으키는 원칙들의 범퍼충돌 강좌와 더욱 가까운 것으로서, 여기서는 상아탑 이론과 직장의 현실이 부딪치게 될 것이다. 이러한 강의실 문화는 두 가지 성과를 이끌어 낼 수 있는데, 즉 첫째, 윤리역량과 관련이 있는 성품의 속성들을 지지하는 이론적 · 실천적 토대가 강화되고, 둘째, 학생들은 자신이 택한 직장에서 "공익을 진전시키는 데 필요한 리더십을 제공할 수 있는 윤리역량을 갖추어" 들어갈 수 있도록 준비시켜 준다. 이 접근방식은 두 고대철학자 아리스토텔레스와 그의 스승 플라톤에서 찾고 있다. 그들은 자신들의 사상에 대한 "새로운" 독해에서 숙고, 검토 및 평가가 필요한 세 가지 제안을 제공하고 있는데, 그것은 (1) 이론적인 것과 기술적인 것을 통합하는 의사결정과정으로 이행하며, (2) 학생들이 주장하는 바가 "최상의" 해법이라는 것에 대해 지속적으로 문제를 제기하고, (3) 학생들이 모르고 있는 것을 더 잘 알려 줄 수 있도록 지원하는 것을 포함하고 있다. 이러한 강의실 문화는 소크라테스의 문답법에 근원을 두고 있는 것으로, 이러한 문답법은 논박과 산파술로 불리는 두 단계의 절차로 이루어진다. 첫째 단계의 논박을 통하여 자신의 무지의 무지를 드러냄으로써 학생을 당혹감에 빠뜨린 후, 다음 단계에서 무지의 자각은 제대로 알고자 하는 강한 욕구를 불러일으켜 스스로 앎을 갖게(낳게) 되도록 돕는 것이 이른바 소크라테스의 산파술이다. 그러면 이 세 가지 제안을 중심으로 자세히 검토해 보자.

1) 이론적인 것과 기술적인 것을 통합하는 윤리적 의사결정과정을 이행하라

아리스토텔레스는 전문영역 교육에 헌신하는 강의실 문화와 이 문화가 교수자 및 학생에게 제시하는 독특한 도전을 잘 이해했다. 그는 추상이론과 기술적 재능을 통합하는 규범적인 의사결정모형인 "실천적"이거나 "실천지향적인" 마음가짐의 모형을 정식화했는데, 이 모형은 학생들에게 성공적인 전문직업 관행을 익히고 자신의 성품이 이러한 학습과정을 통해서 형성될 수 있도록 하는 탄탄한 토대도 제공한다. 결국 리더십 윤리교과가 학생들에게 심어 주어야 할 것은 단순히 이론을 알려 주기 위해서뿐만 아니라 더욱 실질적으로 공직자로서의 윤리적 리더십을 제공하기 위한 공직윤리의 여러 이론 토대이다. 학생들의 목표는 단지 윤리에 관해 생각하는 것이 아니라 윤리적으로 숙고하는 것이어야 한다.

아리스토텔레스에게서 윤리적 결정은 "실천적인" 결단이다. 즉, 선한 것에 관한 여러 이론을 통합하는 숙의과정과 이를 실제로 실천에 옮기는 것의 결과물이다. 여기서 여러 이론의 추상은 숙고될 수 있으며 구체적인 기법과 재능은 학습될 수 있을 것이다([그림 12-1] 참조).

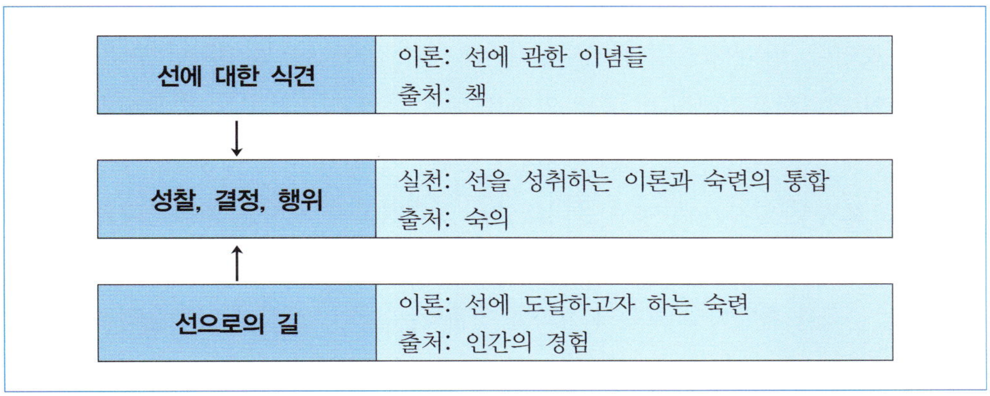

출처: 아리스토텔레스(1958: 183).

[그림 12-1] 아리스토텔레스의 윤리적 의사결정 모형

실천적 결단을 내릴 수 있는 능력은 작업실에서의 정교한 장인정신에 가까운 것이어서 지속성, 인내, 실천이 필요하다. 제이콥스는 아리스토텔레스가 실제로 이를 행하는 모형을 "실천적" 마음가짐("practical" mindset)으로 정식화하고, 이러한 윤리적 의사결정모형은 선(善)에 대한 이론과 실무에서 실질적으로 작동되는 것의 통합으로 이루어진다. 또한 그는 "윤리교육의 성공"은 교수자가 자기 학생들을 위해 "이론과 기술의 신중한 혼합을 나타내는 실제적 결정"을 만드는 방법을 모형화하는 것에 좌우되므로, 그것은 "매우 높게 평가되는 내과의사, 법률가, 엔지니어, 예술가, 교사, 당연히 행정인이 의사결정을 하는 방식과 상당히 비슷하다."고 보고 있다.

아리스토텔레스 모형의 목표는 각 학생의 마음형성 과정은 물론 그 마음이 각 학생의 성품에 뿌리내려, 이 성품에 영향을 주고 이를 형성하는 데 있다. 이와 같은 학생의 '마음형성'과 '성품형성'의 교육적 성과는 공직윤리 교과의 존재이유와 직결된다. 결국 학생들은 법의 위력과 전문직업적 행동강령에 의해 형성된 외적통제 소재(locus)에 의지하기보다는 윤리이론을 숙지하고서 윤리통제의 내적 소재를 찾게 되는 것이다. 이러한 차이를 "법령은 범죄자를 위해 있는 것이며 순응을 그 목표로 하는데, 원칙은 전문직업인들을 위해 존재하는 것이며 개별책임을 그 목표로 한다."와 같은 경구로 대치될 수 있을 것이다.

동시에 이 모든 학습과정은 학생들이 오랜 세월이 흐른 미래 어느 날 평가될 목표를 위한 것이다. 따라서 졸업생들은 공직자로서 자기 자신을 차별화할 수 있어야 하며, 그들의 리더십은 자신들이 조직 영역을 헤쳐 나가고 조직 내외의 문제들을 적용하는 과정에 전문직업의 역량을 숙지하게 된다. 더 나아가 졸업생들은 윤리역량을 보여 줌으로써 후임자들 편에서 윤리역량을 장려하고 지지하는 조직문화를 이루어 나가는 역할모형으로 활동하게 될 것이다.

강의실 문화를 함양하고 교육적 성과를 창출하는 아리스토텔레스의 윤리적 의사결정모형을 가르치는 데, 교수자가 극복해야 하는 두 가지 유혹이 있다. 첫 번째 유혹은 행정실무에 적용하는 것과 무관하게 윤리이론을 학생들에게 소개하려는 것이다. 이러한 소개는 학생들이 윤리이론을 실무에 적용하거나 어떤 이론이 자기가 대면한 딜레마를 해결하는 데 정말 연관이 있는지를 판단하는 마음가짐을 향상하는 데 도움이 되지 않는다는 것이다. 예를 들면, 하버드 의대를 GPA 4.0의 성적으로 졸업한 초임의사가 유능한 신경전문의나 심장전문의가 된다거나, 밴더빌트 사범대학을 월등한 성적으로 졸업한 초임교사가 유능한 교사, 상담사 또는 교장이 된다는 보장이 없는 것과 같은 이치이다. 두 번째 유혹은 예컨대, "전쟁 스토리들"처럼 정확히 실제 사안에 주안점을 두려는 것이다. 이러한 서사는 학생들이 전문직 업무에서 대면할 수 있는 전형적인 윤리적 딜레마에 대한 생생한 사례를 제공해 줌으로써, 경험상 학생들은 이러한 스토리를 듣고 논의하는 것을 즐길지 모르나, 이러한 실무지향적 접근법은 학생들이 종종 딜레마에 가려진 미묘한 윤리원칙을 확인하려는 경우에 필요한 지적 능력을 키우는 데 도움이 되지 않는다는 점이다.

이러한 두 가지 유혹을 극복하기 위해 공직윤리 교과의 전반부에 아리스토텔레스의 실천적 마음가짐을 채택한 것은 학생들이 이론, 기술, 실무의 통합을 학습할 수 있는 강의실 문화를 조성하도록 공직윤리를 가르칠 교수자를 대비시키는 것이다. 이러한 조언을 따르는 교수자는 이론과 실천 간의 균형화, 강의실 문화의 전개에 따른 필수적 조정을 위한 방식들의 모형화를 더 잘 준비하게 된다. 마지막으로 교수자는 강의 후반부에 사례연구의 분석과 해결을 통해 공직윤리의 토대를 행정실무에 적용함으로써 학생들이 이 토대를 명료화하는 데 도움을 주게 된다. 이러한 과정에서도 행정윤리를 가르치는 교수자는 복잡한 윤리적 딜레마를 해결하는 실제 행정실무가 요청될 때, 각 학생의 성품이 "확고하고 변하지 않도록" 자신이 아리스토텔레스의 규범적 의사결정과정을 이행하는 것을 반드시 자각해야 할 것이다.

강의 후반부에 이를 때 멘젤이 말하는 윤리역량의 속성 중 "성품의 강인함"이 나타나는데, 이 강인함은 "공론장"인 강의실에서 종종 갈등을 빚으며 해결하는 것을 통해 학생들이 능숙하게 옹호하는 방식과 자신들의 사례연구를 분석하고 해결하는 방식으로 드러난다. 물론 논의마당에서 당혹스런 딜레마에 대한 단순하고 직접적인 해결은 존재하지 않지만, 학생들이 해결을 표명하는 데 편안함을 느끼게 될 때까지 조금 시간이 걸릴 수 있다는 것이다.

2) 학생들이 주장하는 것에 대해 계속 질문하라

학습은 교수자가 학생의 지적 능력을 이의 억압적 요소에서 자유롭게 해 준 연후에야 이루어질 수 있으며, 이는 결국 소크라테스가 "올바른" 의견과 "그릇된" 의견이라 불렀던 것 사이를 구별하는 능력을 보강하고 강화할 수 있다.

이 방식은, 플라톤의 초기 대화인 『메노』(Plato, 1981 b)에서 비롯되는데, 가르치는 입장의 소크라테스는 학생역할의 메노에게 계속 도발적 질문을 던짐으로서 실천적 마음가짐을 이행할 수 있는 정신적 토대모형을 보강하고 강화하는 교육방법을 인격화한 것이다.

학생들은 아주 광범위하고 다양한 의견들을 가지고 강의실에 처음 들어서게 된다. 이 강의에서 학생들은 자기 의견들을 내고 검토하며 문제를 해결하게 되는데, 교수자와 학생 간의 상호교류는 양켈로비치의 7단계 경로, 즉 자각에서 시작해 책임 있는 판단으로 종결되는 유사한 과정으로 펼쳐질 것이다. 또한 소크라테스는 자기 학생이 올바른 의견을 지닐 때조차 그 학생이 이 의견을 마무리 짓지 않는다면, 즉 메노가 도전받는 자기 의견을 방어할 수 없으면 문제라고 지적하면서 교수자는 지속적인 문제제기를 함으로써 이 특별한 학생을 도울 수 있다는 점이다. 계속 질문해야 하는 이유는 첫 수업에 오는 많은 학생이 박식함, 환원주의, 즉시성과 같은 세 가지 잘못된 의견에 매여 있다는 사실을 발견했기 때문이다.

이러한 세 가지 잘못된 의견이 특히 행정실무의 딜레마에 관련될 때 이를 접하고 극복하는 데 성공함에 따라 윤리적 사고의 규범토대를 공부하면서 학생들이 관여할 수 있는 이론적 · 기술적 · 실천적 토대가 공고해진다. 집요하게 문제제기를 함으로써 학생들의 마음은 올바른 의견을 발전시키고 궁극적으로 지식을 얻게 되는 것을 방해하는 지적 제약으로부터 해방된다. 그렇지만 동시에 성공을 통해서 학생들은 여전히 또 다른 불편한 경험을 예비할 필요가 있다. 즉, 많은 학생은 자신이 강의 초반에 알고 있다고 생각한 만큼 공직윤리에 대해 그렇게 많이 알고 있지 못하다는 사실을 깨닫게 된다. 이는 세 번째 교육적 도전으로 이어지는데, 학생들이 알지 못하는 것을 알도록 도와주어야 한다.

이상에서 설명한 내용을 정리하면, 공직윤리를 가르치는 교수자는 공직윤리 강의 전반부에 자기 학생들이 윤리역량과 연관 있는 속성들을 계발하도록 그 토대를 보강하고 강화할 필요가 있다는 점이다. 교수자는 이러한 경험을 전달할 수 있는 강의실 문화를 조성해야 한다. 그 방식은 첫째, 윤리적 의사결정의 규범모형을 이해하고, 둘째, 학생들이 알지 못한 것을 아는 데 도움을 줄 목적으로 생각 없이 주장하는 것에 끊임없이 문제를 제기한다. 셋째, 교수자는 학생들에게 철학 및 윤리와 연관있는 지적 분야를 소개해 주어야 한다. 더욱 중요한 점은 이런 활동을 통해 학생들은 다음과 같은, 즉 학생들은 더 높은 기준의 개인행동과 전문직업 행동을 발견하며, 적절한 윤리이론에 식견을 보이며, 도전적 윤리상황에 직면할 때 윤리적 추론에 관여하며, 공직 서비스 윤리와 가치를 확인하고 이를 실행에 옮기며, 공공기관과 조직에서 윤리적 실천과 행동을 장려하는 방법을 고려한다는 점을 드러내기 시작하는 증거를 보여준다는 점이다.

2. 더 복잡다단한 인식을 심어 주기 위한 강의실의 네 가지 활동

공직윤리 강좌는 '응용윤리' 교과로서 교수자가 간결하면서도 흥미롭고 도발적인 방식으로 학생들에게 윤리적 사고를 소개하는, 다음과 같은 다양한 강의실 활동을 실시할 필요가 있다.

1) 적절한 교재를 선정하라

교재선정의 목표는 일반적으로 철학윤리 개관을 학생들에게 제공하는 것이고 특히 윤리사상학파와 연관이 있는 원칙들을 가지고 윤리와 윤리사상의 역사 및 발전을 제공하는 것이다. 도덕철학과 윤리교과를 위해 아주 광범위하게 원용되고 좋은 평가를 받는 여러 교재 가운데 하나는 레이첼스(Rachels)의 『도덕철학의 요소』(*The Elements of Moral Philosophy*, 2011)이다. 이 책은 대학원 수준의 미래 행정인을 위한 것으로서, 저자는 독자들이 아홉 가지 윤리사상학파로 널리 알려진 기본원칙에 동의하도록 현혹하는 방식으로 각 장을 구성하고, 각 학파에 따르는 지적 오류와 실천문제를 소개함으로써 독자들을 "곤혹스럽게" 한다.

이러한 교재는 많은 학생이 가지고 있는 세 가지 나쁜 의견인 박식, 환원주의, 즉시성에 대한 해법으로 리쾨르의 "해석학적 의심"을 그들 마음에 일깨워 주는 식으로 제공한다. 이러한 접근은 학생들에게 진리가 무엇인지 스스로 결정할 수 있도록 다른 사람이 주장했던 것을 조심스레 비판하는 지적 자기훈련을 주입함으로써, 행정실무를 위한 중요한 자기훈련이 될 수 있다. 또한 윤리이론과 관련해 보완적인 온라인 논의와 논평도 도움이 될 수 있는 방법이다.

강의 전 교재를 읽는 것은 멘젤의 윤리역량 속성의 첫 번째인 개인적 · 전문직업적 행태에 대한 높은 수준의 헌신을 얻기 위한 토대를 제공하는데, 강의 준비를 하지 못한 학생들은 캄캄한 밤에 자동차의 헤드라이트를 응시하고 있는 사슴처럼 아주 쉽게 표시가 날 수밖에 없다.

2) 학생들이 공공행정윤리의 잠정 진술을 작성하도록 하라

이 진술은 미래 어느 날 그들이 행정인으로서 자신의 전문직업 실무를 평가할 수 있는 기준으로 기능할 수 있기 때문에 매우 필요하다. 강의 초반에 공직윤리와 관련된 자신의 현재 생각을 확인할 수 있는 3~5쪽짜리 짧은 에세이를 작성하거나 윤리사상학파에 구체적으로 맞춰져 있는 "윤리목록"을 제공하는 것이다. 윤리목록의 경우는 강의 전반부에서 윤리사상학파가 연구될 수 있도록 이를 나열한 후, 소제목 형태로 각 사상학파와 관련된 기본원칙들을 진술하는 것이다. 나중에는 학생들이 리더십 윤리에 대한 첫째 진술을 프레임하기 위해 가장 동의하는 항목들을 활용하고 자신의 논의에서 가장 동의하지 못하는 항목들을 원용하라고 지침을 줄 수 있다.

강좌가 전개되면서 학생들이 처음 진술을 수정하도록 하고, 강의 말미에 리더십 윤리에 대한 마지막 진술을 작성하도록 하는 의미는 통상 다음 세 결과를 통해서 드러난다. 첫째, 그 진술은 잠정적이지만 공직윤리에 대한 포괄적 정의를 제공해 각 학생이 윤리적으로 훨씬 더 정치한 것을 얻는 것을 보여준다. 둘째, 그 진술은 윤리원칙들과 이들을 공직윤리 실무에 적용하는 능력에 각 학생이 친숙해함을 보여준다. 셋째, 그 진술은 각 학생이 멘젤의 다섯 가지 윤리역량 속성을 숙고하고 이행하는 정도를 예증한다.

3) 학생들에게 서로 충돌하는 윤리사상학파를 소개하라

강의 전반부에 다양한 사상학파와 윤리사 및 그 발전을 설명함으로써 많은 학생이 당연히 여겼던 여러 가지가 동요하게 된다. 예를 들면, 이 책에서 다루고 있는 중요한 사안으로 강조했던 베버의 균형이론과 윤리삼각형의 균형적 사고, 내적 통제와 외적 통제의 사상적 토대가 되는 유가의 공맹사상과 순자와 한비자로 이어지는 법가사상 등에 대한 소개가 될 것이다. 이러한 경험은 학생들이 윤리원칙에 대해서 더 신중하고 비판적으로 사유하는 편이 낫다는 것을 인정하도록 학생들의 주의를 부드럽게 환기하고 때로는 다그치게 된다. 이는 학생들이 윤리이론을 직장현실에 적용하기 시작하는 동시에 다섯 가지 윤리역량 속성을 계발하게 되는 지식의 토대를 보강하고 강화한다. 이 토대가 보강되고 강화됨으로써 통합교육방식은 학생들이 사례분석을 할 수 있도록 준비하게 된다.

이 목적을 위해 각 윤리사상학파와 관련이 있는 작은 사례연구가 과제물로 주어진다. 이러한 그럴듯한 작은 사례분석은 각 이론의 기본원리를 풀어 설명하고 이러한 부연설명이 현재 작은 사례를 소개 중인 학생이 작업하고 있는 조직지도자가 대면한 딜레마에 적용하며, 이론 그리고/또는 리더십 해결에 대한 원칙적 비판을 제공한다.

이처럼 작은 사례의 준비와 발표는 단순히 윤리이론을 일상적인 직장 딜레마에 적용하는 것 이상으로 해석학적 의심을 키우고 더 심각한 인지적 복잡성을 주입하는데 도전하게 한다. 학생들은 윤리사상학파를 작은 사례에 적용하고 연구하여, 리더십 윤리에 대한 마지막 진술서를 작성하는 데 "철야작업"을 통해 할 수 있는 것보다 훨씬 더 많은 시간, 심사숙고와 주의력이 필요하게 된다. 마지막으로 학생들은 이 모든 것에 초점을 잘 맞춘 정교하고 포괄적인 논점으로 통합하도록 장려되어야 할 것이다.

4) 공직윤리강령을 비판하라

전문직업은 규범적 윤리강령을 가진다. 전문직업의 실무자는 이 강령에 "선서할 것"으로 기대되며, 실무자는 이를 전문직업으로서 자신의 품성과 행동과 관련해 판단을 내리는 기준으로 활용할 것이다. 학생들은 전문직업 웹페이지에 들어가 그 강령에 접근해 읽고 나면 그 강령이 전형적으로 윤리이론이나 원칙이 아니라 법과 행동을 강조함을 발견하게 된다. 그래서 그들은 자신의 비판을 제시하기에 앞서 어떤 조직은 행동강령을 "윤리강령"이라 부르는 것을 깨닫게 된다. 이러한 발견을 하게 되면서 학생들은 강령을 비판하고 행정인을 위한 윤리강령을 더욱 정확하게 적용하도록 개선책을 제공한다. 여기서 이러한 발견을 한다는 것은 공직윤리의 토대에 대한 식견을 확실히 한다는 의미라 할 수 있다.

이러한 네 가지 강의실 활동을 리더십 윤리강좌 전반부에서 통합교육방식으로 엮었기에 학생들은 일반적으로 행정의 토대발전 및 이의 역사에 대한 더 포괄적인 이해와 통찰을 하게 되었음을 주목했다. 게다가 작은 사례들은 공직윤리의 토대가 공직실무에 어떻게 적용되는지를 숙고할 때 학생들이 갖는 관심의 깊이를 나타내 준다. 마지막으로 강의실 담론에 적극적으로 참여한 학생들은 윤리역량의 다섯 가지 속성을 계발하고 있다는 증거를 보여 주었다. 강의실 담론이 정확히 학생들의 헌신을 대변하는 정도에 따라 이 속성들이 그들의 마음과 성품에 뿌리를 내리기 시작했다는 증거로 간주할 수 있다.

3. 통합교육방식이 가져다줄 기대 효과

진화하는 윤리역량의 의미가 행정인의 기대에 부응하는 일반 윤리의 역량보다 더 많은 요구 기준을 제공한다는 사실을 알게 되면서 다음과 같은 세 가지 "성공지표"와 같은 결과를 확인할 수 있다.

첫째, 원칙 있는 추론으로의 이행이 이루어진다. 학생들은 단순히 느낌에 반응하기보다는 더 원칙에 입각한 추론으로 이행하게 된다. 이러한 원칙 있는 추론으로의 이행은 행정윤리 교과목이 장려해야 하는 인지복잡성의 지적 형성과 발전에 대한 경각심, 무심한 진술, '감정이 항상 원칙을 이긴다'는 사실을 뒤엎는 것과 같은 교육적 개입을 통해 가능하다.

둘째, 맥락변수에 대한 감수성과 대응성이 점증하게 된다. 학생들이 작은 사례들을 분석하기 시작할 때 이들의 결정은 점진적으로 맥락변수들에 대한 감수성과 대응성이 증대하고 있음을 드러낸다. 이때 쿠퍼의 의사결정모형은 다음 세 가지 주요방식으로 이 변수들에 대한 설명과 "윤리적 상상력"의 발전을 강조한다. 첫째, 학생들은 자신의 역할과 책임이 필요로 하는 것을 설명함으로써 윤리적 의사결정과정의 초입에 이 변수들을 확인하는 것은 배운다. 둘째, 학생들은 찬반을 두고 다층적 해결을 그려보고 각 해결을 위한 원칙적 반응, 즉 "옹호의 예행연습"을 정식화함으로써 딜레마에 대한 자신들의 이해를 복잡하게 한다. 셋째, 학생들은 최상의 해결책을 선정하고 행정인들이 통상 탐문기자나 성난 군중으로부터 기대하게 될 유형의 은밀한 조사에 종속시킨다. 이 세 가지 활동은 학생들에게 사례연구 분석을 위한 맥락변수에 대한 더 날카로운 감수성과 대응성을 심어 주고 윤리적 결단을 집행단계로 이어 주는 '조직의 설계적 접근방법'을 통해 조직이론과 행태에 행정윤리에 대한 자신들의 연구를 근거 짓게 된다. 이러한 방식으로 다음 세대의 행정인은 (1) "통일된 공적 판단"을 목적으로 한 자신의 의제를 발전시키기 위해서 학습하고, (2) 더욱 윤리적인 조직문화를 구성하며, (3) 이상적으로 더 윤리적인 사회발전에 기여하는 것을 학습한다.

셋째, 무엇을 대표할 수 있는 힘을 얻게 된다. 학생들은 시의적절하게 의사결정에 대해 소통하고 그 의사결정 배후에 있는 논리를 배울 필요가 있을 것이다. 쿠퍼의 지적처럼, 행정인은 어렵고 험한 결정을 내려야 할 때가 많으며, 또한 행정인은 이러한 결정 및 이행과 관련된 합의도 형성해야만 하는 것이다. 대부분의 행정인이 경험하듯이, 모든 의사결정에 동의하기보다는 동의하지 않는 추종자, 당사자, 당사자 집단이 있기 마련이다. 그렇지만 행정인은 윤리에 대한 식견을 의사결정과정에 병합하고, 이러한 의견을 지지하는 원칙을 백주에 드러냈던 행정인은 자신들이 내렸던 결정에 대한 개인적 책임을 지고 용기 있게 대변할 때 윤리역량을 드러내게 되는 것이다.

이러한 목적을 위해 작은 사례 분석은 매우 중요한 학습과정이 되는 것이다. 강의실 내에서 반대 목소리와 대립에 직면할 때, 더 가까이는 일부 학생들에게, 더 먼 훗날에는 타인에게 이들은 자신의 결정을 지지하는 윤리원칙 같은 어떤 것을 대변하기 시작하게 될 것이다. 이러한 통합교육방식은 당연한 성과들의 성취를 고양하게 될 것이며, 이는 학생들 안에 더 큰 자신감과 자세의 발전을 촉진시켜 줄 것이다. 또한 그들이 덕성스런 품성과 윤리역량을 보여 줌으로서 다른 동료의 존경을 얻게 될 때 이런 발전을 촉진하게 된다.

4. 통합교육방식이 근거하고 있는 세 가지 가정

통합교육방식은 다음의 세 가지 가정에 입각하고 있다. 첫째, 윤리역량은 무(無)로부터 나타나지 않는다는 점이다. 윤리역량은 “낮은 차원의 순응 주도”의 외적통제를 맹목적으로 따르고 학습하는 학생들의 결과물이 아니다. 그 반대로 통합교육방식은 이른바 쿠퍼와 멘젤이 “높은 수준의 통합기반” 접근방식이라고 하는 것으로서 MPA 학생들에게 의도적으로 윤리역량을 계발시켜 주고자 하는 방법이다.

두 번째 가정은 공직윤리 교과 교수자가 윤리적 지도자를 키워 내지 않는다는 점이다. 그러나 사실은 그렇지 않다. 윤리적 지도자는 윤리역량이 있다는 것에 가치를 두기에 그들 스스로 지도자가 된다. 그래서 교수자는 강의실 문화를 조성해야 하는 것이다.

세 번째 가정은 학생들이 나이키 광고에서 “바로 그것을 행하라!”(Just do it)라고 선언하는 문화를 통해 성장해 왔다는 점이다. 공직윤리를 가르치는 교수자는 “바로 그것을 행하라!”라는 유혹에 굴복해서는 안 된다. “바로 그것을 이행한다”는 것은 ‘행정악’ 과 ‘대리인으로의 전환’ 문제와 직결될 수 있기 때문에, 공직윤리 교수자나 공직자는 ‘윤리역량’을 가져야 하는 것이다. 공직자들은 자신의 노력이 지향하는 목적에 대해서 결코 의문을 제기하지 않고 결국 의문을 제기하는 것이 나쁘다는 신념을 지니게 되어 “올바른 것을 행하는 데” 실패하게 된다.

공직자가 “바로 그것을 행할 때” 자기 행위는 역량 있고 신뢰할 만한 공직자와 자랑스러운 공복으로서 정시에 열차운행을 유지했던 제3제국의 전문직업의 역장과 기관사를 상기시킨다. 그렇지만 그들은 승객들이 다카우, 아우슈비츠-비르케나우, 트레브링카 같은 기착지에 도착하게 되면 무슨 일이 일어날지에 대해 전혀 의문을 제기하지 않았다. 이처럼 공직윤리 교수자나 공직자가 윤리역량을 지니게 될 때 “바로 그것을 행하라”는 것을 거부할 수 있는 공직윤리의 토대에 대한 ‘식견’을 가질 수 있다.

쿠퍼와 멘젤은 “강의실에서 강의와 직장 현실 사이의 커다란 간극”(Cooper & Menzel,

2013: 3)에 주목했다. 이러한 통합교육방식을 활용하고 개선하면서 겪은 다년간의 경험에 비추어 보건대, 이는 그 간극을 좁히는 잠재력이 있거나 아마도 이를 제거하고 공직을 윤리적 실천으로 바꾸어 놓을 수 있는 잠재력이 있다고 주장한다.

제5절 한국 행정윤리 교육의 새로운 길을 향하여

우리는 한국 행정윤리 교육이 새로운 길을 준비할 때가 지금이라고 생각한다. 늦었다고 생각할 때가 가장 빠른 준비라 생각하면서, 몇 가지의 길을 공유하고자 한다.

1. 윤리연수의 확대

윤리연수를 이수해야 할 대상자들을 구분하여 체계적인 연수가 이루어질 필요가 있다. 우선 행정윤리 교과과정 이수자와 미이수자를 구분하여 연수계획을 실시할 수 있다. 좁은 의미에서 대학 학부와 대학원 수준의 윤리교육은 물론 공공부문의 재직자를 대상으로 윤리연수를 실시하면서, 더 넓은 의미에서 공공부문에 종사하는 공직자와 시민을 대상으로 윤리연수를 확대할 필요가 있다.

로어는 윤리적 의사결정을 하는 과정에 대비하여 행정가들을 훈련시키는 데는 세 가지 접근방법이 있다고 한다. 첫째의 접근방법은 "고차원적 길(high road)"이라고 한다. 여기서는 윤리적 공무원으로부터 훈련에 있어서나 모든 행위와 의사결정에 윤리성을 통합시키는 데 있어서 가장 많은 것이 요구된다. 이것은 롤스가 제시한 정의의 원칙들이 행정가들에게 윤리적 결정을 위한 지침을 제공하는데, 그는 행정윤리 강의를 위하여 롤스의 정의론을 출발점으로 받아들이는 것은 무리라고 믿고 있다. 둘째의 접근방법은 "저차원적 길(low road)"이다. 이것은 윤리적 문제를 거의 조직기구의 규칙 준수에 의해서만 이해하는 것을 말하는데, 이는 공무에 대하여 지나치게 소극적이라고 비판하고 있다. 셋째의 접근법은 전문적 행정가나 행정 프로그램에 적합하다고 생각되는 "중용의 길(middle road)"을 제한한다. 이것은 중요한 정책결정을 하는 행정 실무자가 필요로 하는 윤리적 표준들이 갖추어야 할 과정과 내용을 둘 다 고려하고 있는 접근법이라 할 수 있다.

그동안 윤리연수 및 훈련분야의 영역은 〈표 12-3〉이 지적하는 것처럼, 주로 법규준수와 청렴 위주의 교육 중심으로 이루어져 온 것이 사실이다.

〈표 12-3〉 공공부문 윤리교육 모형 유형

요소	Ⅰ. 법규준수	Ⅱ. 청렴	Ⅲ. 융합	Ⅳ. 통합
대상	개별적	개별적	개별적	개별적 조직적
특성	합법적	규범적	둘 다	양자, 그러나 좀 더 규범적
결과	법적으로 올바른 행태	윤리적으로 옳은 행위	둘 다	양자, 그러나 더 윤리적인 이상주의
내용	윤리법률, 법규, 규칙	윤리기준과 의사결정과정	둘 다	양자, 그러나 더 윤리적인 기준과 의사결정과정
학습방법	교육적	성인교육적	둘 다	양자, 그러나 더 성인교육적

출처: 쿠퍼(2018: 130).

확실히 윤리연수의 네 가지 접근법은 더 발전할 필요가 있는 공직자와 서비스 실무자들이 윤리행동을 향상할 수 있는 상황접근법을 제공하지만, 윤리교육에서 더 광범위한 효과를 미칠 수 있는 접근법은 공공서비스에 영향을 미치고 기여하며 점점 더 중요한 역할을 수행할 적극적인 시민을 포함해야 한다. 킹과 스티버스(King & Stivers, 1998: 204)는 "정부에 대한 미국인의 감정뿐만 아니라 미국의 미래 거버넌스까지도 더

참여하는 능동적 시민과 시민성의 함양을 중심에 두는 적극적 행정의 필요성에 달려 있다."라고 믿는다. 만일 우리가 시민사회를 향해 실제로 나아가고자 한다면, "윤리연수"라는 용어는 "시민교육"으로 변환되어야 한다. 공직자와 공공서비스 실무자들뿐만 아니라 시민도 시민덕성함양을 중시하는 교육과정에 참여해야 한다(쿠퍼, 2018: 146-147).

2. 행정윤리 교수자의 양성

메인저(Mainzer, 1991)는 행정(행정학)이 윤리를 가르칠 수 있는 적절한 교원을 확보했는지를 의문시하며 다음과 같이 묻고 있다. "철학적으로 정치(精緻)하면서도(지적 능력을 갖춘 정교한 추론가) 실천지향적인(공직자들이 대면하는 문제들을 조율할 수 있는) 교수들이 있는가?" 또한 "어떻게 일반교수가 일반 행정학도에게 윤리를 유용하게 가르칠 수 있는가?" 자신의 질문에 대하여 "도덕철학, 행정학, 공공정책을 위해 실제로 준비된 학자들은 거의 존재하지 않는다."고 답하고 있다.

K. 덴하트의 지적처럼, 윤리적 주제에 대한 논의와 대화가 가능하기 위해서는 행정인은 논의를 진행하는 과정에서 능률성과 효율성에 관한 조직의 언어 이외의 언어와 어휘를 필요로 할 것이다. 행정인은 기술적 문제를 이야기할 때와 마찬가지로 윤리적 주제를 이야기할 때에도 능숙하지 않으면 안 될 것이다. 그러한 능숙성을 발달시킬 책임은 바로 행정학 교수에게 있기 때문이다.

행정윤리 교육에서 주목할 필요가 있는 분야로 교수발전을 들 수 있다. 보우먼과 멘젤은 교수의 발전과 충원에 "더 많은 작업"이 필요하다는 점을 지적한다. 그들은 미국행정학회와 미국정치학회와 같은 대학과 전문가 단체들이 교수들의 자질을 발전시킬 수 있는 워크숍과 컨퍼런스를 제공할 수 있다는 것이다. 구체적으로 미국행정학회(ASPA) 윤리분과는 연수 자료와 워크숍을 제공할 수 있다.

현재 행정학분야에서 윤리교육이 필수과목으로 다루어야 하는 시대정신에 대해 우리의 현실은 어떤가. 한국행정학회에서 윤리교과를 필수과목으로 합의한 사실이 있는가. 없다. 대학마다 학문풍토와 교수자의 성향에 따라 달리 시행되고 있는 현실[7]이다. 윤리과목을 필수로 이수하게 하는 데 반대하는 사람들의 주장처럼, MPA 교과과정은 이미 필수과목이 빈틈없이 짜여 있고, 사실 필수과목을 가르칠 수 있는 교수를 찾기 어려울지도 모른다. 그렇지만 막상 이 문제에 봉착했을 때 학문제도상 윤리가 우선순위에 포함되지 않는다. 윤리가 중요하기는 하지만 여러 상이한 과목 안에서 단편적으로 충분히 다루어질 수 있다는 주장은 우리가 재정학, 공공정책, 인적자원관리, 공공관리와 같이 중요하다고 생각하는 다른 과목을 가르치는 방법과 일치하지 않는 것처럼 보인다. 윤리가 행정의 모든 다른 영역에 확산되어 있는 것은 사실이나 그렇다고 다만 독립교과로 가능한, 즉 일관되고 집중적인 개입 없이 충분히 가르쳐질 수 있는 것은 아니다. 이에 대한 행정학계의 성찰과 준비가 있어야 한다. 그러므로 교과과정의 변화와 혁신에 보조를 맞추기 위해서는 행정학 교수들은 윤리를 가르치고 영감을 불어넣으며 윤리교육연수를 더 잘 받을 필요가 있다. 이러한 학문풍토를 조성하기 위한 학계와 한국행정학회의 성찰이 더 요구되는 시점에 와 있다고 볼 수 있다.

3. 행정윤리 교육의 개혁

행정윤리 교육개혁을 위한 노력은 대학의 행정학 교육 프로그램의 변화를 요구한다. 교수들은 학생들이 공무원이 되었을 때 당면하게 될 윤리적 딜레마를 해결하기 위하여 준비하도록 능동적 역할을 해야 할 것이다. 이러한 목적으로 "정책분석", 조직

7) 공직시험과 '행정윤리'교과목의 관계, 지속가능하고 성숙한 국가 관리와 정부 경쟁력을 위해 공직자의 '윤리역량'은 반드시 전제되어야 하는데, 우리 현실은 어떠한가. 학부, 대학원, 인재개발원 등의 재직자 훈련교육에 '행정윤리'가 어떤 의미와 위상을 가지고 있는가. 이러한 현실인식과 미래준비에 대한 '행정윤리 교육'의 새로운 접근과 발상이 나와야 할 시점이다.

이론, 조직 행태론과 같은 과목에서 윤리를 고려하는 프로그램이 많이 소개되었다. 그러나 이러한 것만으로는 미래의 직업 공무원들에게 윤리적 행정의 특징이 되고 있는 사고방식을 충분히 소개시킬 수는 없다.

"사고방식"이란 단순히 가치문제들을 제기함으로써 발달되는 것은 아니다. 이러한 가치문제들에 대한 대답을 추구하기 위하여 필요한 어떤 지침이 있어야 할 것이다. 이러한 노력에 성공하기 위해서는 윤리적 의사결정에 관한 교육이 행정학 교육 프로그램의 일부가 되어야 하며, 윤리적 의사결정과정상의 비판적 윤리분석이 이루어지기 위해서는 학생들은 상황에 대한 사고와 공공정책에 대한 비판뿐만 아니라 자기 자신의 도덕적 확신에 대한 비판을 인도해 줄 수 있는 철학적 개념들을 학습할 필요가 있다. 철학적 개념들은 윤리적 문제들을 밝혀내고 철학적 분석의 도구들을 사용하여 주제들을 철저하게 생각하게 하고 그 다음에 의사결정을 하는 데 도움을 줄 것이다.

행정인이 관리자뿐만 아니라 철학자가 되어야 한다는 생각은 저항을 받을지 모르나 그럼에도 불구하고 그것은 윤리적 행정을 위해서는 중요하다. 이러한 견해를 지지하는 상당수의 학자들은 과학(관리과학, 의학 또는 다른 분야의 과학 등)과 철학의 결합은 양쪽에 다 도움을 준다고 시사한다. "과학은 연구와 검증 가능한 사실을 강조한다. 예술과 철학은 창조성과 가치들–인간이 되는 것의 중요성(the importance of being human)과 관계된 가치들–을 강조한다(Cousins, 1983: 144).

"인간의 조건의 전체"를 지향하는 윤리적 또는 가치적 고려가 행정실무의 일부가 되기 위해서는 행정인은 철학자의 언어를 배워야 하고 또 철학자는 행정인의 언어를 배워야 한다. 이렇게 하여 사실은 검증될 수 있으며 판단은 도덕적 및 윤리적 고려에 의하여 깊어지고 완화될 수 있다.

교육과정을 통하여 학생들은 행정의 도덕적 기초뿐만 아니라 철학의 기초적 언어를 배울 수 있다. 그들은 후에 행정실무자가 되어 행정에 있어서의 윤리적 주제들을 논의할 수 있는 공통된 언어와 개념의 틀을 갖게 될 것이다. 이러한 행정인들은 장기간에 걸쳐서 직업적 전문가로서 분석적 기법과 윤리적 판단의 기법을 발달시켜 나가게 될 것이다. 실무자와 행정인 집단 전체의 언질(성찰, 각성)이 없으면 조직개혁과 교육개혁의 어느 것도 필요한 변화를 가져올 수는 없을 것이다. K. 덴하트는 행정에서 윤리와 가치를 고려하는 행정인을 "신행정인(the new public administrator)"이라고 부르며 그녀는 그러한 신행정인이 행정을 주도해 나갈 것을 기대하고 있다.

또한 행정윤리 교육개혁은 공직시험과의 연계정책과도 심도 있게 논의되어야 할 분야이다. 이것은 정부 경쟁력과 국가경쟁력은 물론 국민을 위한 행정의 공익 실현과 정부신뢰와 직결되기 때문이다.

4. 윤리적 리더의 양성: 윤리적 리더십의 구성요소

윤리적 리더십은 경험적 연구에서 수많은 긍정적 결과를 가져올 수 있다고 시사한다. 구체적으로 말해, 윤리적 리더십은 조작(속임수), 사기, 부정행위, 약자 괴롭히기 또는 재정적 자원 남용의 감소 외에도 이타심 발휘, 헌신적이고 조직과의 일체감, 협력자 간의 신뢰 함양 등 긍정적이고 밝은 측면이 더 많기 때문이다. 결론적으로 윤리적 리더십은 윤리 이상으로 더 이로운 것이며 전반적으로 좋은 리더십 전략이라 할 수 있다. 다시 말해서 윤리적 지도자는 윤리역량의 다섯 번째 속성인 '공공기관과 조직에서 윤리적 관행과 행태를 증진'시킬 수 있는 계층제의 상층부와 경계에 존재하는 주체이기 때문이다. 지도자는 조직구성원들이 윤리적 혹은 비윤리적으로 행동하는 경향을 유도하거나 반대로 억제할 수 있다. '생선은 머리부터 썩어 내려간다'나 '윗물이 맑아야 아랫물이 맑다'라는 경구가 암시하듯, 비윤리적인 지도자는 비윤리적인 추종자로 가득한 조직을 만든다는 것이다. 지도자는 그의 말보다는 행동을 보여 줌으로써 윤리적인 조직문화를 조성하게 된다. 따라서 지도자는 그가 창출하는 문화에 대해 책임이 있는 것이다.

윤리 지도자가 아니라도 윤리역량을 갖춘 사람이 될 수 있으나, 윤리역량 없이는 윤리적 지도자가 될 수 없다. 브라운, 트레비노, 해리슨은 윤리 리더십이 갖추어야 할 세 가지 요소를 제시하고 있다. 첫째, 윤리적 지도자는 도덕적 인간이 되어야 한다. 다시 말해서 윤리적 지도자는 강직한 도덕적 가치와 도덕적 용기를 지녀야 한다. 둘째, 지도자와 추종자 간 적극적 관계를 형성해야 한다. 높은 자질의 지도자와 추종자 관계에 대한 두 가지 핵심 수단은 상호관계(호혜성)와 보살핌(애정)이다. 셋째, 윤리적 지도자는 도덕적 관리자가 되어야 한다. 윤리적 지도자가 갖추어야 할 세 가지 핵심 요소는 가시적 행동을 통한 지도자의 역할모형 되기, 보상과 규율의 사용을 통한 강화, 윤리와 가치에 관한 소통하기이다.

높은 수준의 윤리역량을 개발하는 공공서비스 관리자는 그러한 윤리역량을 효과적인 윤리적 리더십으로 옮기게 됨으로써 더 많은 약속을 지킬 수 있다. 따라서 윤리역량이 있다는 것은 어디까지나 윤리적 지도자가 되는 과정의 첫 단계에 불과하므로, 우리는 지도자들에게 윤리역량에서 윤리적 리더십으로 옮겨 가도록 가르쳐야 한다(쿠퍼 · 멘젤, 2018: 57-76).

5. 공직윤리 운동의 확대

공공부문 역량의 핵심은 윤리역량 성취여부에 달려 있다. 공공부문에 종사하는 사람들은 그들 자신의 고유한 정서가 있으며, 그 정서는 공직가치라고 일컬어지는 일단의 도덕적 기준을 포함해야 한다는 믿음이 있다. 여러 연구에 따르면, 공직가치의 개념정의는 매우 다양하고, 공직가치란 더 이상 공공부문에만 지배적이거나 고유한 가치는 아니다. 하지만 공직가치는 여전히 소중히 간직해야 할 것으로 남아 있다. 공공부문 가치의 개념은 사회전체가 정부를 대신하는 사람들로부터 기대하는 여러 가지 질을 망라하여 포함한다. 사회는 정부 대표자들이 봉사, 평등성, 공정성, 이타성 등에 의해서 동기부여 되기를 바라고 있다. 사회는 정부 대표자들이 공익까지는 아니더라도 개인적 이익의 추구를 넘어서는 그 이상의 것을 원하고 기대하며, 정부 대표자들이 정치적 이해관계나 개인적 선호를 떨쳐 버리고 일반 공중에게 봉사한다는 목표를 가지고 행동하기를 바라고 있다. 사회는 공공부문 구성원들이 사적부문이나 비영리부문의 구성원들보다 더 도덕적이고 더 윤리적이기를 바라며, 이러한 바람은 과거에는 통했을지 모른다. 하지만 오늘날 대부분의 사람은 그들의 전체 경력과정을 통해서 볼 때 공공부문, 민간부문, 비영리부문을 모두 왔다 갔다 하면서 종사하는 사례가 더욱 일상화되고 있는 현실이다. 따라서 어떤 개인이 공공부문에 고용되었을 때 갑자기 더 윤리적이 되고, 반면에 공공부문을 떠나게 되면 윤리적이지 못하게 되리라고 생각하는 것은 현실에 맞지 않을 수도 있다. 모든 부문에서 윤리적 행동의 증진 필요성이 증가하는 상황에서 한때 공직윤리라고 알려졌던 것은 조직 윤리의 목적을 더 일반적으로 기술하고 있다고 해도 좋을 것이다.

그러나 공직가치의 필요성은 여전히 실존한다. 공공부문 구성원들은 공직 이외의 부문에 종사하는 사람들이 갖고 있지 않은 권력을 가지고 있다. 그 권력이란 우리의 자유, 생활양식, 생사(生死)에 관한 통제권을 포함한다. 공직에 근무하는 사람들은 공직 이외의 부문에 종사하는 사람들과 기본적으로 동일한 가치를 가지고 공직에 들어온다는 점을 감안할 때, 공직윤리 증진에 필요한 것은 훈련, 교육, 감시 · 감독 정책이다.

우리나라 헌법 제7조는 제1항에서 "공무원은 국민전체에 대한 봉사자이며, 국민에 대하여 책임을 진다."그리고 제2항에서 "공무원의 신분과 정치적 중립성은 법률이 정하는 바에 의하여 보장된다."고 규정하고 있다. 21세기 공직자상은 어떠해야 하는가. 국민의 공복으로서 공직자는 어떠한 존재인가? 이는 칸트의 『계몽이란 무엇인가』에서처럼, 공직자가 진정으로 공적(공복)이기 위해서는 국가 또는 공공조직(자신이 소속된 기관 또는 조직; 입법부, 사법부, 행정부, 헌법기관 등)을 넘어선 사인(私人)이어야 한다는 것을 동시에 의미한다. 행정인은 '다양성을 겸비한 관리자'의 역할과 '조직적 인간'의 시대소명을 요구받고 있는 것이다.

참고문헌

강신택(2013). 행정사상과 연구의 논리. 서울: 조명문화사.

강인호, 백형배, 이계만(2011). 행정윤리 교육 실태에 관한 시론적 연구. 한국거버넌스학회보, 18-2.

김성준, 박광욱(2013), 한국 행정윤리의 연구동향. 한국행정학회 2013년도 춘계학술대회 발표논문, pp. 1-40.

김태길(1998). 윤리학. 서울: 박영사.

김호섭(2018). 현대 행정의 가치와 윤리. 경기: 대영문화사.

레이첼즈, 제임스(2006). 도덕철학의 기초. 노혜련, 김기덕, 박소영 옮김. 서울: 나눔의 집.

신충식, 김성준(2018). 생태문명 생각하기: 내 삶을 바꾸는 환경철학(환경윤리). 한국환경정책・평가연구원 엮음. 서울: 크레파스북.

아리스토텔레스(2006). 니코마코스 윤리학. 이창우, 김재홍, 강상진 옮김. 서울: 이제이북스.

유종해, 김택(2010). 행정의 윤리. 서울: 박영사.

윤태범, 강성남(2001). 행정윤리의 연구: 이론과 현실적용. 한국행정학회 2001년도 동계학술대회 발표논문, pp. 19-20.

이종수(2012). 새 행정윤리. 경기: 대영문화사.

임도빈(2007). 글로벌 공공윤리. 경기: 법문사.

쿠퍼, 테리(2013). 공직윤리: 책임있는 행정인. 행정사상과 방법론연구회 옮김. 서울: 조명문화사.

쿠퍼, 테리(2018). 윤리역량: 공직리더십을 위한 윤리역량 성취. 행정사상과 방법론연구회 옮김. 서울: 조명문화사.

쿠퍼, 테리 엮음(2018). 공직윤리 핸드북 1, 2권. 신충식, 김종술, 김성준 외 행정사상과 방법론연구회 옮김. 서울: 조명문화사.

파머, 데이비드(1999). 행정학의 언어. 강신택 옮김. 서울: 박영사.

플라톤(2010). 플라톤의 프로타고라스/라케스/메논. 박종현 옮김. 경기: 서광사.

Terry L. Cooper(2001). Big Questions in Administrative Ethics: A Need for Focused, Collaborative Effort. *Public Administrative Review, July/August, Vol. 64*, No. 4.

Thomas D. Lynch & Peter L. Cruise, eds.(2006). *Handbook of Organization Theory and Management: The Philosophical Approach.* 2nd ed. Boca Raton, FL: CRC Press.

Riccucci, Norma M. (2010). *Public Administration: Traditions of Inquiry and Philosophies of Knowledge.* Georgetown University Press.

찾아보기

인 명

내 용

ㄱ

ㄴ

ㄷ

ㅁ

저 / 자 / 소 / 개

■ 김성준

동국대학교 행정학박사

현) 국립제주대학교 행정학과 교수

〈저서〉 공공조직 내 윤리적 의사결정연구, 윤리역량 외 다수

■ 김흥회

남가주대학교(USC) 행정학박사

현) 동국대학교 경주캠퍼스 행정경찰공공학부 교수

〈저서〉 학교자치경영, 생태문명 생각하기 외 다수

■ 배귀희

남가주대학교(USC) 행정학박사

현) 숭실대학교 행정학부 교수

〈저서〉 공공갈등과 정책조정리더십, 리더와 리더십 외 다수

■ 배수호

노스캐롤라이나대학교 정책학박사

현) 성균관대학교 행정학과 및 국정전문대학원 교수

〈저서〉 산림공유자원관리로서 금송계 연구, 한국적 지역공동체 사례연구: 복내이리송계 외 다수

■ 신충식

뉴스쿨 사회과학대학원 철학박사

현) 경희대학교 후마니타스칼리지 교수

〈저서〉 생태문명 생각하기, 공직윤리핸드북(공역) 외 다수

■ **윤태범**

서울대학교 행정학박사

현) 한국방송통신대학교 행정학과 교수

〈저서〉 거버넌스의 이해, 한국의 부패와 반부패 정책 외 다수

■ **이해영**

메릴랜드대학교 정책학박사

현) 영남대학교 행정학과 교수

〈저서〉 정책사상 대계, 정책학신론 외 다수

■ **정인재**

타이완 중국문화대학 철학박사

현) 서강대학교 명예교수

〈저서〉 양명학의 정신 외 다수

■ **최태현**

남가주대학교(USC) 행정학박사

현) 서울대학교 행정대학원 교수

〈저서〉 정부역할의 재정립, 현대국가의 행정학 외 다수

행정윤리

1판 1쇄 인쇄 — 2021년 1월 4일
1판 1쇄 발행 — 2021년 1월 8일

저　　자 - 김성준 김흥회 배귀희 배수호 신충식
윤태범 이해영 정인재 최태현

발 행 인 - 강철원
발 행 처 - 양성원
주　　소 - 경기도 파주시 검산로 173번길 29-20
전　　화 - 031-946-3861(代)
팩　　스 - 031-946-3864
이 메 일 - tnwpub@naver.com
홈페이지 - tnwpub.co.kr
출판등록 - 2015년 8월 31일 제 2015-000211 호

ISBN 979-11-6126-301-4

정가 30,000원